DIE BESTEN STELLPLÄTZE AN DER OSTSEEKÜSTE SCHLESWIG-HOLSTEINS

Camping Fehmarnbelt, Fehmarn 57

Schön am Nordwestzipfel Fehmarns gelegener Platz am naturbelassenen Sandstrand und dem Naturschutzgebiet Nördliche Seeniederung. Verhältnismäßig wenig Dauercamper, daher gibt es auch für Wohnmobile viele Stellplätze in erster Reihe (s. S. 77).

001wo-he

002wo-he

88 Naturcamping Spitzenort

Idyllischer, an drei Seiten von Wasser umgebener Campingplatz auf einer Halbinsel im Plöner See. Naturnahes Gelände ohne Zäune und Absperrungen, zahlreiche Stellplätze liegen unmittelbar am Seeufer. Wohnmobilisten, die nur kurz bleiben, finden einen separaten Wohnmobilhafen (s. S. 128).

Wohnmobilstellplatz Förde- und Kanalblick, Kiel 106

Zwar nur ein sehr einfacher Platz, dafür aber direkt an der Einfahrt zum Nord-Ostsee-Kanal, der am meisten befahrenen künstlichen Wasserstraße der Welt. Einzigartiger Blick auf die kleinen und großen Schiffe, die fast zum Greifen nahe am Stellplatz vorbeigleiten (s. S. 161).

003wo-he

004wo-he

133 Camping Lindaunis, Schlei

Direkt am Ufer der Schlei gelegener Campingplatz für Badefans und Wassersportler. Guter Ausgangspunkt für Radtouren in die sanft hügelige Region. Das Restaurant auf dem Platz ist nicht nur bei Campern für seine Fischgerichte bekannt (s. S. 203).

Stellplatz Sörup Südensee 149

Kleiner, nur wenigen bekannter Stellplatz am Ufer des Südensees, wenige Schritte von der wunderschönen Seebadeanstalt mit Spielplatz und Kiosk entfernt. Der einfache Stellplatz ist besonders für Familien mit Kindern geeignet (s. S. 226).

005wo-he

DIE SCHÖNSTEN LANDSCHAFTEN

006wo-he

Priwall

Die Halbinsel auf der Ostseite der Trave ist zweigeteilt. Der südliche Bereich ist Naturschutzgebiet, der nördliche gehört den Touristen. Durch das Naturschutzgebiet führt der Priwall-Rundwanderweg, im nördlichen Teil lockt ein schier endloser Sandstrand Sonnenhungrige an (s. S. 24).

007wo-he

Fehmarn

Die drittgrößte Insel Deutschlands bietet wunderbare, naturbelassene Strände, mehrere ausgedehnte Naturschutzgebiete, zahlreiche kleinere Dörfer, die ihre bäuerliche Struktur noch erhalten haben, kleine Häfen und nicht zuletzt die sehenswerte Inselhauptstadt Burg (s. S. 55).

008wo-he

Holsteinische Schweiz

Die sanft hügelige Landschaft mit ihren mehr als 200 Seen, den kleinen Dörfern und sehenswerten Städten verspricht einen geruhsamen, naturnahen Urlaub. Es gibt zahlreiche Wander- und Radwege und Wassersportler finden ebenfalls viele Möglichkeiten (s. S. 107).

009wo-he

Schlei

Entlang der Schlei, die sich weit ins hügelige Landesinnere schlängelt, liegen malerische Dörfer und interessante Städte. An den Ufern gibt es zahlreiche Badestellen, die sich oft weitab der Hauptverkehrsströme befinden und kaum besucht sind (s. S. 187).

010wo-he

Holnis

Die fast naturbelassene Halbinsel, die tief in die Flensburger Förde ragt, hat besondere Bedeutung für die Vogelwelt, die hier ideale Bedingungen zum Brüten und Rasten oder für die Winterpause findet. Wander- und Radwege erschließen das Landesinnere und die Küste (s. S. 231).

DIE SEHENSWERTESTEN ORTE

011wo-he

Lübeck

Die Hauptstadt des Marzipans ist mit ihrer malerischen, auf einer Insel gelegenen Altstadt und den mehr als tausend historischen Baudenkmälern, darunter das weltbekannte Holstentor, mehr als nur eine Stippvisite wert (s. S. 16).

012wo-he

Plön

Der von mehreren Seen umgebene Ort mit dem auf einem Hügel thronenden Renaissanceschloss ist das Zentrum der Holsteinischen Schweiz. Unbedingt besuchen sollte man den Lieblingsplatz der Kaiserin Auguste Viktoria auf der Prinzeninsel (s. S. 123).

013wo-he

Eckernförde

Der Ort am Ende der Eckernförder Bucht punktet mit seiner gut erhaltenen historischen Altstadt, dem geschäftigen Hafen, in dem auch heute noch zahlreiche Fischer ihren Fang anlanden, und dem wunderbaren, fast 2 km langen Sandstrand, der bis an das Zentrum reicht (s. S. 171).

014wo-he

Schleswig

Schleswig trägt zu Recht den Titel „Kulturhauptstadt". Neben den Landesmuseen im Schloss Gottorf mit seinem sehenswerten Barockgarten lohnt ein Besuch des Wikinger-Museums Haithabu und eine Besichtigung des Doms mit dem weltberühmten Brüggemann-Altar (s. S. 190).

015wo-he

Flensburg

Flensburg, das „Tor zum Norden" und „Deutschlands Rum-Hauptstadt", lockt mit einer Mischung aus altehrwürdiger Hafen- und weltoffener Handelsstadt, maritimem Flair und dänischer Beschaulichkeit. Ein absolutes Muss ist ein Spaziergang entlang der Hafenmeile (s. S. 234).

ZOLL
KÜSTENWACHE
PRIWALL

DIE SCHÖNSTEN ROUTEN AN DER OSTSEEKÜSTE SCHLESWIG-HOLSTEINS

Blick von der Halbinsel Priwall (s. S. 24) über die Trave auf den Alten Leuchtturm von Travemünde (s. S. 23, Foto: 215wo-he)

Flens-
burg
Schleswig
Fehmarn
Kiel
Neu-
münster
Lübeck
Wismar

Flens-
burg
Schleswig
Fehmarn
Kiel
Neu-
münster
Lübeck
Wismar

Flens-
burg
Schleswig
Fehmarn
Kiel
Neu-
münster
Lübeck
Wismar

Flens-
burg
Schleswig
Fehmarn
Kiel
Neu-
münster
Lübeck
Wismar

VORWORT

Die Ostseeküste Schleswig-Holsteins gehört zu den beliebtesten Ferienregionen in Deutschland. Von Lübeck bis Flensburg stehen dem Urlauber **über 300 km Küstenlinie** zur Verfügung. Hier findet man hauptsächlich Sandstrände, meist feinsandig, manchmal auch mit Steinen durchmischt, und vereinzelt trennen Steilküsten die See vom Land. An der Küste haben sich bekannte, teils mondäne **Badeorte** entwickelt, die für jeden Urlaubstyp das passende Angebot bereitstellen.

An vielen Stellen reicht die Ostsee tief ins Landesinnere hinein und formt schöne Buchten und Förden. Auch hier sind attraktive Ferienregionen entstanden, die die Ostseeküste Schleswig-Holsteins in einem ganz anderen Licht zeigen. Aber auch etwas abseits der Ostsee bietet sich mit der **Holsteinischen Schweiz** eine weitere Urlaubsdestination an, die wegen ihrer außergewöhnlich schönen Landschaft und ihrer attraktiven Ortschaften zu den wichtigsten Tourismusgebieten Norddeutschlands zählt.

Außer den Stränden und der schönen Landschaft bietet die Region aber noch viel mehr: alte **Klöster** und **Schlösser,** malerische kleine Dörfer und sehenswerte größere Städte mit z. T. historischen Altstädten, von denen das Zentrum Lübecks genauso zum **UNESCO-Welterbe** gehört wie die mittelalterliche Wikingersiedlung Haithabu bei Schleswig.

Aktive Urlauber, die gern mit dem Rad oder zu Fuß unterwegs sind, finden ideale Bedingungen vor. Das gilt insbesondere auch für **Wassersportfans.** Paddlern, Surfern, Kitern und Seglern steht sowohl im Binnenland als auch auf der Ostsee ein schier endloses Revier zur Verfügung.

Mit diesem Buch möchte ich Ihnen Lust auf eine Reise in den östlichen Teil Schleswig-Holsteins machen und Ihnen die Natur und Landschaft, das reiche kulturelle Erbe und die historischen Zeugen der langen Geschichte des nördlichsten Bundeslandes näherbringen. Während der Reise soll es darüber hinaus ein verlässlicher Begleiter sein, der Ihnen vor Ort Fragen beantwortet und die interessantesten und wichtigsten Informationen liefert.

216wo-he

Blick auf die Innenstadt Flensburgs *(s. S. 234)*

Im Buch finden Sie **acht Touren** mit einer Länge zwischen 70 und 150 km. Sie erschließen die attraktivsten Landschaften und führen zu den wichtigsten Sehenswürdigkeiten. In den Routenbeschreibungen finden Sie Tipps zu Aktivitäten, Ausflügen, Einkehrmöglichkeiten und vielem mehr. Natürlich erhalten Sie auch Informationen, wo Sie mit Ihrem Fahrzeug parken können und wo es die besten Übernachtungsmöglichkeiten gibt.

Die Recherchen zu diesem Buch fanden vor und während der Einschränkungen wegen der **Covid-19-Pandemie** statt. Es kann daher gut sein, dass manche im Buch erwähnten Geschäfte, Restaurants, Campingplätze oder andere Einrichtungen die Krise nicht überlebt haben und inzwischen geschlossen sind. Das gilt auch für Öffnungszeiten, die sich geändert haben können. Bitte teilen Sie dies und weitere Veränderungen oder Ergänzungen dem Verlag unter info@reise-know-how.de mit, damit sich andere Leser über diesen Service darüber informieren können.

Ich wünsche Ihnen eine gute Reise, viele schöne Erlebnisse und bleibende Eindrücke.

Ihr Hartmut Engel

DIE REGION ENTDECKEN

Ganz im Norden Deutschlands liegt Schleswig-Holstein. Wie die Marketingstrategen seit einigen Jahren behaupten und es unübersehbar an den Landesgrenzen auf großen Schildern kundgetan wird, handelt es sich dabei um den „echten Norden“. Mit diesem Werbeslogan macht Schleswig-Holstein seit einigen Jahren auf sich aufmerksam und verärgert damit einige Anrainer. Denn wie kann etwas der echte Norden sein, was südlich von Dänemark liegt, fragen die Dänen. Auch in Niedersachsen ist man verschnupft, weil nun plötzlich die Holsteinische Schweiz im echteren Norden liegen soll als der Harz. Und die Hamburger? Denen geht die ganze Diskussion „am Mors“ vorbei.

Wir wissen nun aber, wo Schleswig-Holstein liegt: Im Norden grenzt es an Dänemark, im Süden an Niedersachen und Hamburg und im Südosten an Mecklenburg-Vorpommern.

Im Westen und Osten schwappen gleich zwei Meere an die Küste. Im Westen ist es die Nordsee und im Osten die **Ostsee,** um deren Küste und küstennahen Bereiche es in diesem Buch geht. Die Ostsee ist ein Binnenmeer. Mit einer Fläche von etwas über 400.000 km² ist es etwas größer als Deutschland und dennoch weltweit das kleinste. Und es ist noch sehr jung, erst etwa 12.000 Jahre alt. Die Ostsee entstand am Ende der Weichsel-Eiszeit durch das Abschmelzen riesiger Gletscher, die sich weiter nach Norden zurückzogen. Aus der Eiszeit stammen auch die Buchten und Förden, die weit ins Landesinnere reichen. Die sanft hügelige Seenlandschaft der Holsteinischen Schweiz wurde ebenfalls in dieser Zeit geformt.

Die Luftlinie zwischen Lübeck und Flensburg ist nur 130 km lang, die Küstenlinie zwischen den beiden Orten dagegen etwa 330 km. Genug Platz für eine der beliebtesten Ferienregionen Deutschlands, die schon seit dem 19. Jh. Touristen anlockt. Hinzu kommen die Sonneninsel Fehmarn und etwas abseits der Ostsee im Landesinnern die Holsteinische Schweiz, beide ebenfalls sehr beliebte Touristenregionen.

Die Abgrenzung der einzelnen Regionen orientiert sich im Wesentlichen an den Buchten und Förden. Im Süden beginnt die Reise mit der **Lübecker Bucht,** die von Travemünde, einem Ortsteil Lübecks, bis nach Großenbrode am Zugang zur Insel Fehmarn reicht. An der weit geschwungenen Bucht liegen mit Travemünde, Timmendorfer Strand, Scharbeutz, Pelzerhaken, Grömitz, Dahme und vielen weiteren die bekanntesten und ältesten Ostseebäder Schleswig-Holsteins. Mit ihren meist feinsandigen Stränden und dem flach abfallenden Wasser sind sie bestens geeignet für Strandfans und Wassersportler, die hier ein vielfältiges Freizeitprogramm geboten bekommen.

Ein Alleinstellungsmerkmal besitzt **Fehmarn.** Sie ist die einzige Ostseeinsel Schleswig-Holsteins und zählt in Deutschland zu den Gebieten mit den meisten Sonnenstunden und den geringsten Niederschlägen. Darüber hinaus punktet sie mit wunderbaren Stränden, die sich rund um die Insel verteilen und sowohl für Badetouristen als auch für SUP-Paddler, Kiter und Surfer ideale Bedingungen bieten. Das Inselinnere ist ländlich geprägt, mit einer dörflichen Struktur, die noch weitgehend erhalten geblieben ist. Riesige Touristenburgen gibt es bis auf den Ferienkomplex am Südstrand nicht, dafür aber einige Naturschutzgebiete, sodass außer Strand- und Wassersportfans auch Naturfreunde die Insel für sich entdeckt haben.

Die **Hohwachter Bucht** steht etwas zu Unrecht im Schatten der „großen Schwester“ Lübecker Bucht, denn auch sie verfügt über erstklassige Sandstrände und hat vereinzelt spektakuläre Steilküsten. Bekannt sind vor

⊡ Idyllisch gelegen: der Leuchtturm Westermarkelsdorf (s. S. 76) im Norwesten Fehmarns

016wo-he

allem die kilometerlangen Sandstrände bei Heiligenhafen, Weissenhäuser Strand, Hohwacht, Schönberger Strand und natürlich die in Brasilien und Kalifornien.

Im Süden der Hohwachter Bucht liegt etwas von der Ostsee abgeschnitten der Naturpark **Holsteinische Schweiz,** der zu den wichtigsten und schönsten Tourismusregionen Norddeutschlands gehört. In der sanft hügeligen Landschaft mit ihren zahlreichen Seen und Flüssen, den Wäldern, Wiesen und Äckern liegen sehenswerte, herzogliche Städte wie Eutin, Plön oder Preetz, in denen man gut erhaltene historische Schlösser und Klöster besichtigen kann.

Wieder zurück an der Küste schließt sich westlich an die Hohwachter Bucht die **Kieler Förde** an. Sie ragt 17 km ins Landesinnere, ist am Anfang sehr breit und wird Richtung Kiel immer enger, bleibt dabei aber tief, sodass auch die großen Fähr- und Kreuzfahrtschiffe bis ins Zentrum der Landeshauptstadt fahren können. Die Förde ist durch den Kieler Hafen und vor allem durch den Nord-Ostsee-Kanal stark von der Schifffahrt geprägt. Die schönen Strände rechts und links der Bucht liegen alle in Sichtweite der großen Pötte.

An die Kieler Förde schließt sich die **Eckernförder Bucht** an. Der Tourismus spielt sich vor allem auf der Nordseite der Bucht auf der Halbinsel Schwansen ab, wo sich von Eckernförde bis zur Schleimündung einige bekannte Ostseebäder befinden, darunter Damp und Schönhagen. Die Südseite der Bucht auf der Halbinsel Dänischer Wohld führt touristisch noch ein Schattendasein und es gibt relativ wenig Unterkunftsmöglichkeiten. Hier findet man aber neben makellosen, oft einsamen Sandstränden noch große Wälder, die bis an die Küste heranreichen. An der Spitze der Bucht liegt Eckernförde. Die über 700 Jahre alte Hafenstadt besticht mit ihrer maritimen Ausstrahlung, der historischen Altstadt und dem bis an das Zentrum reichenden langen Sandstrand.

Die **Schlei** schlängelt sich von der Ostsee mehr als 40 km tief in Landesinnere bis nach Schleswig. Der langgestreckte Ostseearm

017wo-he

liegt in einer leicht hügeligen, von Landwirtschaft geprägten Landschaft. Rechts und links liegen zahlreiche Dörfer, die sich oft noch ihren ursprünglichen Charakter erhalten haben. Meist kleine, idyllische Badebuchten säumen in einigen Abständen die Ufer. Bekannte und touristisch stark frequentierte Städte des „Wikingerlandes“ sind Kappeln, Arnis, die kleinste Stadt Deutschlands, und vor allem die Wikinger- und Kulturstadt Schleswig am Ende der Bucht.

Die leicht hügelige Halbinsel **Angeln** zwischen Schlei und **Flensburger Förde,** die im Westen in etwa durch die Autobahn A7 begrenzt wird, ist das ursprüngliche Siedlungsgebiet des germanischen Stammes der Angeln, die ab dem 5. Jh. nach England auswanderten, das Land mehr und mehr in Besitz nahmen und es später unter dem Namen Angelsachsen beherrschten. Im nur locker besiedelten Landesinneren der Halbinsel liegen kleine Dörfer mit historischen Kirchen und alten Windmühlen. Entlang der Förde, die Deutschland von Dänemark trennt, gibt es zahlreiche schöne Sandstrände, die noch nicht vom Massentourismus geprägt sind. Naturfreunde finden mit der Geltinger Birk und der Halbinsel Holnis zwei überregional bedeutende Naturschutzgebiete, die auf Wander- und Radwegen erkundet werden können. Nicht zuletzt lockt mit der Hafen- und Rum-Stadt Flensburg die nördlichste Stadt Deutschlands, in der man sich schon ein wenig wie in Dänemark fühlt.

Neben den vielen landschaftlichen Höhepunkten, den sehenswerten Städten und Dörfern und anderen Sehenswürdigkeiten bietet Schleswig-Holsteins Ostseeküste auch einige **kulinarische Spezialitäten** und Besonderheiten. Die Nähe zum Meer bringt es mit sich, dass besonders **Fisch und Meeresfrüchte** angeboten werden. Plattfische wie Scholle oder Seezunge, Hering, Makrele, Aal und Dorsch werden je nach Jahreszeit fangfrisch zubereitet. Wer selbst kocht, kann die Fische in vielen Häfen direkt vom Kutter kaufen.

Man sollte Schleswig-Holstein auch nicht verlassen, ohne ein **Fischbrötchen** probiert zu haben. Sie gibt es in vielen Variationen: Belegt mit Bismarckhering, Seelachsschnitzel, Fischfrikadelle, Krabben und vielem mehr, hat es die kleine Zwischenmahlzeit

219wo-he

sogar zu einem eigenen Themenradweg gebracht (siehe Route 1, s. S. 29).

Eine weitere Fischspezialität sind die **Kieler Sprotten,** ein kleiner, heringsartiger Seefisch, der geräuchert ohne Kopf und Schwanz oder auch ganz gegessen werden kann. Echte Kieler Sprotten werden nach einem besonderen, traditionellen Verfahren in Altonaer Öfen geräuchert. Nur so schmecken sie den wahren Kennern.

Labskaus, ein jahrhundertealtes Seemannsgericht aus Kartoffeln, Roter Beete, Pökelfleisch und weiteren Zutaten, die zu einem rötlichen Brei zerstampft werden, sieht zwar etwas gewöhnungsbedürftig aus, schmeckt aber sehr gut, wenn es fachgerecht zubereitet und mit einem Bismarckhering oder Matjesfilet und Spiegelei serviert wird.

In der kalten Jahreszeit wird vielfach **Grünkohl** gegessen. Als Beilage gibt es geräucherte Schweinebacke, Kassler und eine spezielle Kohlwurst. Das Besondere sind die Bratkartoffeln, die mit Zucker bestreut gereicht werden.

Besondere Getränke sind Grog, Pharisäer und Tote Tante. **Grog** wird vor allem in der kalten Jahreszeit getrunken. Er besteht aus heißem Wasser, viel Rum und Zucker und wärmt so richtig durch. Ein **Pharisäer,** der zu jeder Jahreszeit getrunken werden kann, besteht aus starkem, gesüßtem Kaffee, in den ein ordentlicher Schuss Rum hineinkommt. Obendrauf deckt eine Haube aus geschlagener Sahne das Ganze ab. Bei der **Toten Tante** ist der Kaffee durch Kakao ersetzt.

Der Jachthafen von Maasholm (s. S. 212) zieht viele Segler an

In Damp (s. S. 180) zwischen Strand und Jachthafen

GPS-KOORDINATEN

Alle GPS-Daten in diesem Buch sind als **geografische Koordinaten** (Breite/Länge; Lat./Lon.) in Dezimalgrad (hddd.dddd) angegeben, also z. B. 54.33590, 11.07127. Die erste Angabe zeigt den Wert für die nördliche Breite (°N), die zweite den für die östliche Länge (°O) an. Alle modernen GPS-Geräte akzeptieren die Schreibung als Dezimalgrad, gegebenenfalls muss das Eingabeformat in den Einstellungen des Gerätes aber erst ausgewählt werden. Einige Geräte verlangen möglicherweise statt des Punktes ein Komma als Trennzeichen.

Das **Kartendatum** ist WGS84.

UMRECHNUNG DER KOORDINATEN

Wenn Sie die GPS-Angaben **von Dezimalgrad in Dezimalminuten** (dd°mm,mmm') umrechnen müssen, so beachten Sie bitte, dass ein Grad 60 (nicht 100!) Minuten hat. Die Angaben in Dezimalgrad können daher nicht einfach durch Kommaverschiebung in Dezimalminuten umgewandelt werden! 53.54616°N sind nicht 53° 54,616'N, sondern 53° 32.770'N. Wer dies nicht beachtet, erhält beträchtliche Fehler. Ein Datenkonverter wie z. B. www.geoplaner.de erleichtert die Umrechnung.

NUTZUNG DER GPS-KOORDINATEN

Wer ein GPS-Gerät oder Navigationssystem benutzt, das Koordinaten-Eingaben akzeptiert, der kann sich direkt zu den jeweiligen Punkten führen lassen. Praktisch alle GPS-Handgeräte bieten diese Möglichkeit, während manche Navigationssysteme nur Eingaben von Adressen akzeptieren – und Park- oder Stellplätze haben nicht immer eine Adresse. Einige **Internet-Kartendienste oder Routenplaner** wie GoogleMaps™ (http://google.de/maps) zeigen nach Eingabe der geografischen Daten den gesuchten Punkt an, auf Wunsch mit Satellitenansicht und an vielen Stellen mit StreetView-Funktion.

KOORDINATEN ZUM DOWNLOAD

Die **GPS-Koordinaten der Stell-, Park- und Campingplätze im Buch** können auf der Verlags-Homepage www.reise-know-how.de von der Artikelseite dieses Buches unter der Rubrik Datenservice als Waypoint-Liste heruntergeladen werden.

Benötigt Ihr Gerät ein **anderes Datenformat als kml oder gpx,** kann die Umrechnung beispielsweise unter www.routeconverter.de oder www.gpsvisualizer.com erfolgen.

SERVICE FÜR MOBILGERÄTE

Durch Einscannen des QR-Codes auf dem Umschlag bzw. die Eingabe der Internet-Adresse **www.reise-know-how.de/wohnmobil-tourguide/ostsee-SH21** wird ein für den mobilen Einsatz optimierter Internet-Dienst aufgerufen. Damit kann die Lage der Stell- und Campingplätze auf einer Karte und die Route dorthin angezeigt werden. Außerdem können darüber Updates nach Redaktionsschluss aufgerufen werden.

Voraussetzung ist eine Datenverbindung über das Mobilfunknetz oder WLAN.

Stell- und Campingplätze

In diesem Wohnmobil-Tourguide wird eine breite Auswahl der in der Region verfügbaren Stell- und Campingplätze mit allen wichtigen Angaben beschrieben. Darüber hinaus listen einschlägige Apps und Stellplatzführer weitere Übernachtungsmöglichkeiten auf. Die Nichterwähnung in unserem Buch bedeutet nicht, dass ein Platz nicht mehr existiert oder eine geringe Qualität aufweist.

ROUTE 1

LÜBECKER BUCHT

019wo-he

Flensburg
Schleswig
Kiel
Fehmarn
Neumünster
Lübeck
Wismar
Lensahn
Kabelhorst
Grömitz
Cismar
Haus der Natur
Zoo Arche Noah
Käsestraße
Lensterstrand
Grömitzerhagen
Schashagen
Bliesdorf
Scharbeutz
Yachthafen
Beschendorf
Manhagen
Altenkrempe
Basilika
Neustadt i.H.-Pelzerhaken
Brodauer Mühle
NEUSTADT in Holstein
Rettin
Pelzerhaken
Cap Arkona-Gedenkstätte
Neustädter Bucht
Hansa-Park
Rasthof Neustädter Bucht
Sierksdorf
Haffkrug
Scharbeutzer Seebrücke
Scharbeutz
Ostsee-Therme
Timmendorfer Strand
Sealife-Center
Niendorf
Vogelpark
Brodtener Steilufer
Travemünde
Priwall
Rönnauer Mühle
Pötenitzer Wiek
Dassower See
DASSOW
Lübecker Bucht
EUTIN
Schloss
Süsel
Pansdorf
Ratekau
BAD SCHWARTAU
Holstein-Therme
Stockelsdorf
Kücknitz
Herrenwyk
Schlutup
Selmsdorf
Steingrab
Vorwerker Kleinbahn
Stadion Lohmühle
St. Gertrud
Holstentor
Marienk.
Dom
LÜBECK
Lübeck-Moisling
St. Lorenz
St. Jürgen
Moisling
Eichholz
Herrnburg
Lüdersdorf
Europäische Route der Backsteingotik
Rasthof Schönberger Land
SCHÖNBERG
Erlebnisstraße der deutschen Einheit
Sagen- und Märchenstraße
Flughafen Lübeck-Blankensee
Lübeck-Genin
NSG

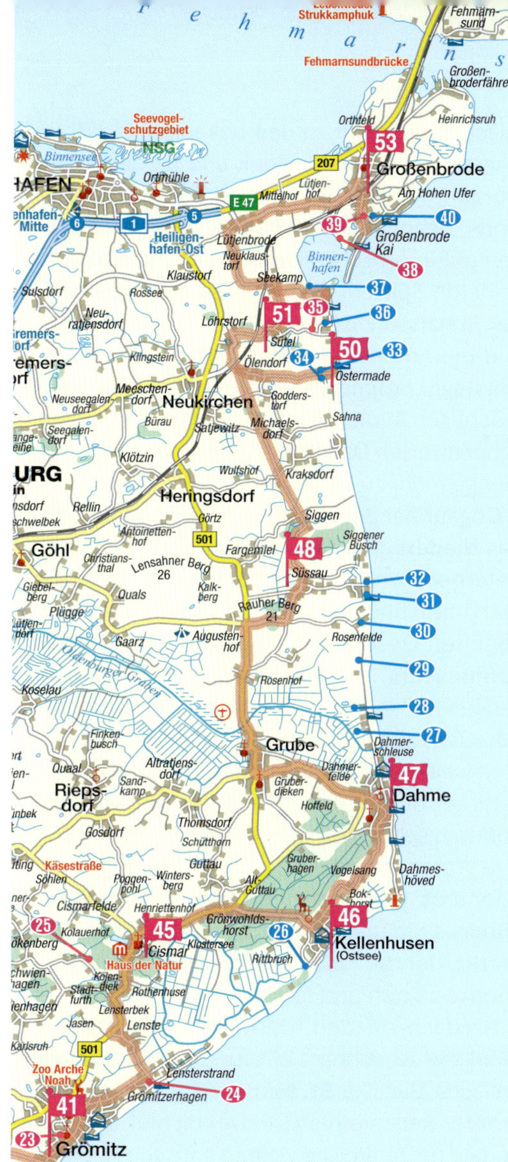

ROUTENÜBERSICHT

Von Lübeck bis Großenbrode führt die Route über mehr als 100 km entlang der Lübecker Bucht und keine Region an den Küsten Deutschlands ist so dicht mit Ferienorten und Seebädern besetzt wie deren Ostküste. Nach Sonne, Strand und Wasser klingende Orte wie Travemünde, Timmendorfer Strand, Scharbeutz, Pelzerhaken, Grömitz und Dahme reihen sich dicht an dicht. Mit ihren meist feinsandigen Stränden und dem flach abfallenden Wasser sind sie ein Eldorado für Strandfans und Wassersportler.

Die Lübecker Bucht aber nur auf Strand und Ostsee beschränken zu wollen, würde ihr nicht gerecht werden, denn gleich zu Anfang wartet die alte Hansestadt Lübeck, die mit ihrer auf einer Insel liegenden Altstadt wohl die schönste Stadt Schleswig-Holsteins ist. Nach Sierksdorf pilgern Jahr für Jahr über 1,5 Millionen Besucher, um sich in einem der größten Freizeitparks Deutschlands zu amüsieren und in Niendorf lockt ein Vogelpark, in dem man 250 verschiedene Vogelarten bestaunen kann. Weiter im Norden kann man in Cismar ein bedeutendes mittelalterliches Kloster besuchen. Wer Sonne und blauen Himmel liebt, macht hier auch nichts verkehrt, denn je weiter man in den Norden kommt, desto besser verspricht das Wetter zu werden. Die Region an der Nordspitze der Bucht bei Großenbrode gehört mit der Insel Fehmarn zu den sonnenreichsten und regenärmsten Gebieten Deutschlands.

Strecke:

Lübeck (s. S. 16) – **Travemünde** (19 km, s. S. 23) – **Niendorf** (6 km, s. S. 26) – **Timmendorfer Strand** (2 km, s. S. 27) – **Scharbeutz** (7 km, s. S. 29) – **Haffkrug** (2 km, s. S. 30) – **Sierksdorf** (4 km, s. S. 31) – **Neustadt in Holstein** (4 km, s. S. 32) – **Pelzerhaken** (5 km, s. S. 36) – **Rettin** (4 km, s. S. 38) – **Bliesdorf** (4 km, s. S. 39) – **Grömitz** (4 km, s. S. 41) – **Cismar** (7 km, s. S. 45) – **Kellenhusen** (5 km, s. S. 46) – **Dahme** (5 km, s. S. 47) – **Süssau** (10 km, s. S. 48) – **Abstecher: Ostermade** (hin und zurück 5 km, s. S. 50) – **Sütel** (9 km, s. S. 51) – **Großenbrode** (10 km, s. S. 53)

⊠ *Kapitelstartseite: Blick von der Halbinsel Priwall (s. S. 24) auf Travemünde (s. S. 23)*

Streckenlänge:

ohne Abstecher ca. 107 km
mit Abstecher ca. 112 km

LÜBECK

Ausgangspunkt der Route ist Lübeck. Die 1143 gegründete Hansestadt ist mit über 200.000 Einwohnern nach Kiel die bevölkerungsreichste Stadt Schleswig-Holsteins und was den Tourismus angeht unangefochten die Nummer eins im nördlichsten Bundesland. Das hat sie vor allem der Altstadt, die auf einer Insel zwischen Trave und Elbe-Lübeck-Kanal liegt, zu verdanken. In diesem 1987 in die **UNESCO-Liste des Kultur- und Naturerbes der Welt** aufgenommenen Stadtteil mit seinen teils schmalen Gassen und urigen Hinterhöfen findet sich eine fast unüberschaubare Zahl – es sollen mehr als tausend sein – historischer Baudenkmäler.

Die Silhouette der Altstadt, in die man über zahlreiche Brücken kommt, wird von den Hauptkirchen mit ihren sieben Türmen geprägt. Bekanntestes Bauwerk und zugleich Wahrzeichen ist aber das **Holstentor,** durch das man von Westen in die Altstadt gelangt. Vielen ist es noch vom alten Fünfzigmarkschein bekannt, dessen Rückseite es jahrzehntelang zierte. Das markante Stadttor mit seinen dreistöckigen Türmen und dem spitzen Dach beherbergt in den bis zu 3,5 m dicken Mauern heute das **Holstentor-Museum,** in dem man eine Menge über die Geschichte der „Königin der Hanse" erfahren kann.

Hinter dem Holstentor überquert man die Trave. Von den Anlegern rechts und links der Brücke verkehren Ausflugsschiffe, die **Kanal- und Hafenrundfahrten** anbieten, aber z. B. auch nach Travemünde fahren. Neben dem Holstentor stehen die historischen **Salzspeicher** malerisch an der Westseite der Obertrave. Die von 1579 bis 1745 erbauten Gebäude im Stil der Backsteinrenaissance werden heute als Lager von einem Textilkaufhaus genutzt.

Im Zentrum der knapp 1 km breiten und 1,5 km langen Altstadtinsel befinden sich das Rathaus und die Marienkirche. Das **Rathaus** hat seine Ursprünge im 13. Jh. und wurde im Laufe der Zeit mehrfach verändert, sodass sich Gotik, Renaissance und Neugotik mischen. Es zählt zu den bekanntesten Bauwerken der Backsteingotik und ist eines der größten mittelalterlichen Rathäuser Deutschlands. Besonders sehenswert sind die Fassaden mit ihren schlanken Türmen mit den vergoldeten Spitzen, die Renaissancetreppe und der Renaissance-Erker an der Breiten Straße und die Arkaden am Marktplatz. Im Inneren gibt es im Rahmen einer Führung neben dem prächtigen Audienzsaal und dem nicht minder sehenswerten Danzelhus (Tanzsaal) noch eine Menge mehr zu bestaunen.

Gegenüber der Rathaustreppe befindet sich das **Niederegger Stammhaus.** Das berühmte Unternehmen produziert seit 1806 feinstes Marzipan und Konditorei-Spezialitäten. Im obersten Geschoss befindet sich ein **Marzipanmuseum,** im Laden kann man die süßen Leckereien kaufen oder im Café direkt probieren. Gegenüber gibt es mit dem Arkadencafé eine weitere Möglichkeit, sich zu verwöhnen.

Hinter dem Rathaus liegt der **Marktplatz,** auf dem schon seit dem Mittelalter Verkäufer ihre Waren anpreisen. Heute ist montags und donnerstags Markt. Weit über die Grenzen Lübecks hinaus bekannt ist der **Weihnachtsmarkt,** der der jedes Jahr Scharen von Besuchern aus nah und fern anlockt.

Nördlich an den Marktplatz angrenzend steht die zwischen 1250 und 1350 erbaute gotische Basilika **St. Marien.** Sie ist die drittgrößte Backsteinkirche Deutschlands und Vorbild für zahlreiche weitere gotische Kirchen im gesamten Ostseeraum. Mit ihren 125 m hohen Türmen ist sie nicht nur von außen sehenswert, sondern birgt in ihrem Innern auch zahlreiche kostbare Kunstwerke wie den reich verzierten Altar oder die eindrucksvolle astronomische Uhr, die in einem Seitenflügel steht. Bei einer Führung werden nicht nur die Sehenswürdigkeiten gezeigt, sondern auch drei spannende Legenden erzählt, die im Zusammenhang mit der Kirche stehen.

▷ *Das Holstentor ist das Wahrzeichen der Stadt*

In der Mengstraße, gleich nördlich der Kirche, befindet sich das **Buddenbrookhaus,** das sich ausführlich den beiden berühmten Lübecker Schriftstellern **Thomas und Heinrich Mann** widmet. Das Haus ist allerdings bis voraussichtlich 2023 wegen Umbaumaßnahmen nur von außen zu besichtigen.

Die im Jahr 1334 erbaute Kirche **St. Jacobi** an der Breiten Straße ist das Gotteshaus der Seefahrer. Auch sie ist mit ihrem 112 m hohen Turm schon von Weitem sichtbar. Im Innern beherbergt sie die Stellwagenorgel aus dem 16. Jahrhundert, die eine der ältesten bespielbaren Orgeln der Welt ist. Die nördliche Kapelle ist heute „Nationale Gedenkstätte der zivilen Seefahrt". Dort steht ein Rettungsboot der 1957 untergegangenen Viermastbark „Pamir", deren Schwesterschiff „Passat" in Travemünde zu sehen ist (s. S. 24).

Hanse

Die Hanse, eine schon im 12. Jh. entstandene Vereinigung norddeutscher Kaufleute, gilt als erster gemeinsamer europäischer Markt. Die Gründung Lübecks wird von den meisten Historikern als entscheidend für die Entwicklung der Hanse angesehen. Das Ziel war zunächst, die Schifffahrt, die unter Piraten zu leiden hatte, zu sichern und die wirtschaftlichen Interessen der Kaufleute im Ausland zu wahren. Im 13. Jh. entwickelte sich aus der Hanse der Kaufleute eine Städtehanse. Als Gründungsjahr wird vielfach das Jahr 1241 angesehen, als Lübeck und Hamburg ihre Partnerschaft vertraglich besiegelten. Die Städtehanse gewann nun auch politisch und kulturell mehr und mehr Einfluss und wurde ein wichtiger bestimmender Faktor in Europa. Zwischen 1350 und 1400 galt sie als europäische Großmacht.

Zur Blütezeit gehörten mehr als 300 Städte im nördlichen Europa zur Hanse, die mit ihren Koggen einen Großteil des Warentransports in der Ost- und Nordsee erledigten. Darüber hinaus wurden viele Handelsstraßen wie die Alte Salzstraße von Lübeck nach Lüneburg geschaffen, über die der Warentransport im Binnenland erfolgte. Durch den freien Handel gelangten viele Hansestädte zu großem Reichtum, wie sich am Beispiel Lübecks zeigt.

Anfang des 15. Jh. begann der langsame Niedergang der Hanse. Die Gründe waren vielfältig. Die Territorialstaaten gewannen mehr und mehr Macht, einige Handelswege verlagerten sich von der See aufs Land, die Entdeckung Amerikas ließ den Atlantikhandel, an dem bis auf Hamburg und Bremen kaum eine Hansestadt beteiligt war, immer wichtiger werden und Konflikte innerhalb des Städtebundes nahmen zu.

1669 wurde in Lübeck, das sich eine Vormachtstellung in der Hanse erworben hatte und als Hauptstadt des Bundes galt, der letzte Hansetag abgehalten. Allerdings erschienen auch nur noch Vertreter von neun Städten, die ohne Beschlüsse zu fassen auseinander gingen. Obwohl sie nie offiziell aufgelöst wurde, war damit das Ende der Hanse besiegelt.

1980 wurde in Zwolle die Neue Hanse, zu der sich etwa 200 Städte aus dem nördlichen Europa zusammengetan haben, aus der Taufe gehoben. Als Lebens- und Kulturgemeinschaft der Städte soll sie die Tradition des alten Städtebundes fortführen.

018wo-he

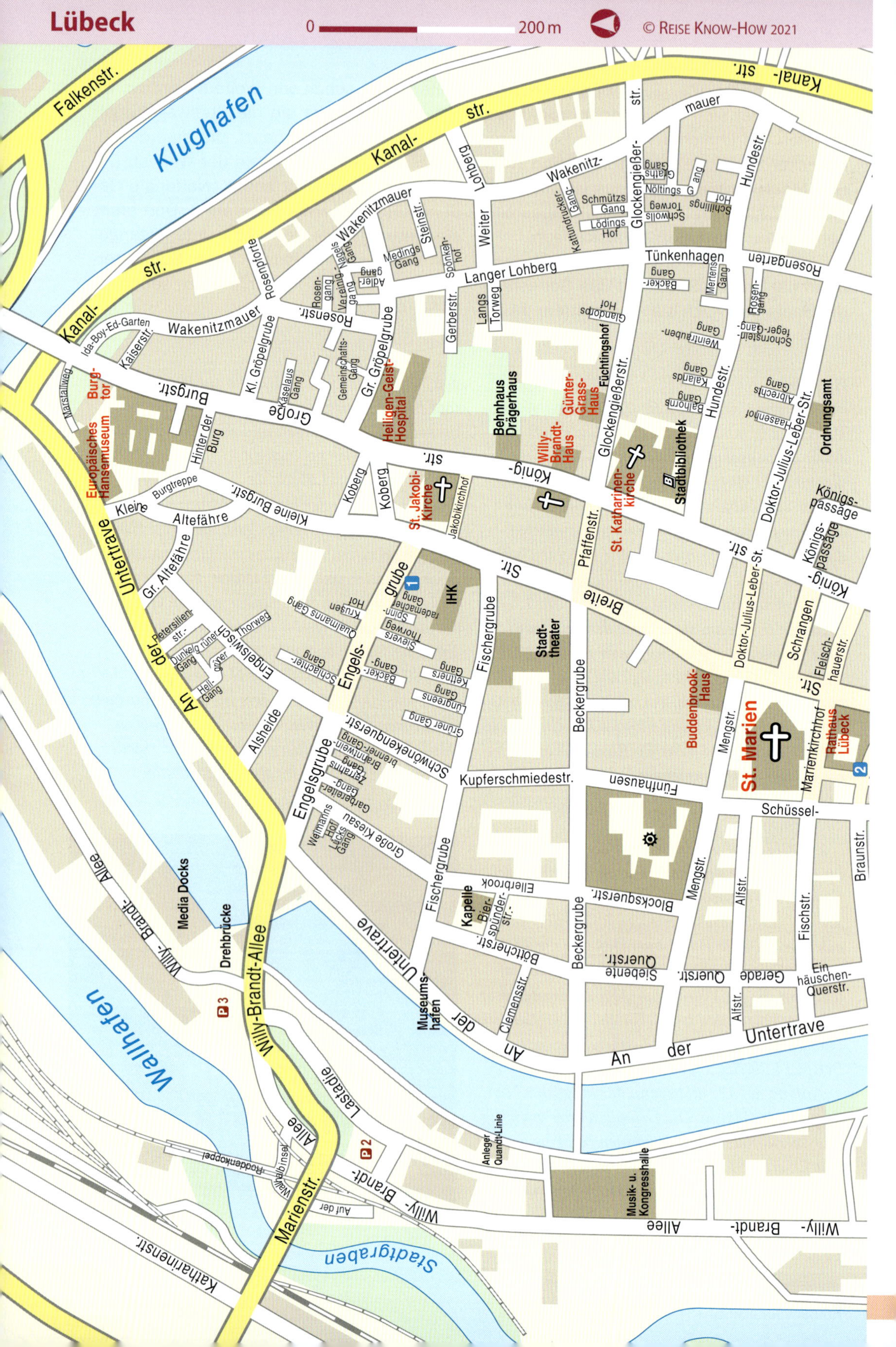
Klughafen
Kanal-str.
Falkenstr.
Wakenitzmauer
Rosenforte
Langer Lohberg
Lohberg
Glockengießerstr.
Hundestr.
Tünkenhagen
Rosengarten
Burgtor
Europäisches Hansemuseum
Burgstr.
Große Burgstr.
Kl. Gröpelgrube
Gr. Gröpelgrube
Heiligen-Geist-Hospital
Behnhaus Drägerhaus
Günter-Grass-Haus
Willy-Brandt-Haus
Füchtingshof
St. Katharinenkirche
Stadtbibliothek
Ordnungsamt
Doktor-Julius-Leber-Str.
Königstr.
Königspassage
Koberg
St. Jakobi-Kirche
Jakobikirchhof
Kleine Burgstr.
Altefähre
Gr. Altefähre
Untertrave
An der Untertrave
Engelsgrube
IHK
Fischergrube
Stadttheater
Breite Str.
Pfaffenstr.
Beckergrube
Buddenbrook-Haus
Mengstr.
St. Marien
Marienkirchhof
Rathaus Lübeck
Schrangen
Fleischhauerstr.
Kupferschmiedestr.
Fünfhausen
Schüssel-
Alfstr.
Fischstr.
Braunstr.
Ellerbrook
Blocksquerstr.
Kapelle
Böttcherstr.
Siebente Querstr.
Gerade Querstr.
Einhäuschen-Querstr.
Clemensstr.
Museumshafen
Media Docks
Drehbrücke
Willy-Brandt-Allee
Wallhafen
Lastadie
Anleger Quandt-Linie
Musik- u. Kongresshalle
Marienstr.
Stadtgraben
Katharinenstr.
Roddenkoppel
Auf der
Walltinsel
Alsheide
Engelswisch
Schwönekenquerstr.
Große Kiesau
Gr. Petersgrube
Hinter der Burg
Burgtreppe
Marstallweg
Kaiserstr.
Ida-Boy-Ed-Garten
Weiter Lohberg
Langs Torweg
Gerberstr.
Rosenstr.
Steinstr.
1
2
P 2
P 3

Stellplätze und Parken
1 Campingplatz Lübeck-Schönböcken
P1 CITTI-Park Lübeck
P2 Lastadie P4
P3 Parkplatz nördliche Wallhalbinsel/ Media Docks
Einkaufen/Sonstiges
3 Niederegger Marzipan und Konditorei-Spezialitäten
4 Tourist Information Lübeck und Travemünde
Gastronomie
1 Schiffergesellschaft
2 Ratskeller
Holstentor
Salzspeicher
Holstentormuseum
Holstentorhalle
Der Kolk und die Gruben
St. Petri-Kirche
Theater-Figuren-Museum
Marktplatz
Niederegger Stammhaus
St. Aegidien
Sozialamt
Synagoge
St.-Annen-Museum
Herz-Jesu-Kirche
Marien-Krankenhaus
Dom
Museum für Natur und Umwelt
Bauverwaltung
Stadthalle
Krähenteich
Mühlenteich
Puppenbrücke
Holstentorplatz
Holstenbrücke
Obertravenbrücke (Liebesbrücke)
Possehlstr.
Wallstr.
An der Obertrave
Holstenstr.
Lederstr.
Kohlmarkt
Breite
Hüxstr.
Fleischhauerstr.
Bei St. Johannis
Doktor-Julius-Leber-Str.
Hüxtertorbrücke
Hüxtertorallee
Bismarckstr.
Schillerstr.
Schmiedestr.
Sandstr.
Wahmstr.
Königstr.
Aegidienstr.
Mühlenstr.
Pferdemarkt
Parade
Kapitelstr.
Fegefeuer
Domkirchhof
Mühlenbrücke
Mühlendamm
Musterbahn
Dankwartsgrube
Hartengrube
Marlesgrube
Depenau
Kl. Kiesau
Große Petersgrube
Kl. Petersgrube
Pagönnienstr.
Petrikirchhof
Kolk
Düstere Querstr.
Lichte Querstr.
Kl. Bauhof
Gr. Bauhof
Effengrube
Krähenstr.
Balauerfohr
Schlumacherstr.
Rehderbrücke
Stavenstr.
Weberstr.
St.-Annen-Str.
Düvekenstr.
An der Mauer
Schildstr.
Pergamentmachergang
Alter Posthof
Durchgang
Bruskaus Gang
Pelzer Gang
Kindts Gang
Zobels Hof
Dornes Hof
Zobels Gang
Haudels Gang
Küter-Gang
Rosenbergs-Gang
Brigitten-Hof
Wulffs Gang
Behrends Hof
Aegidienhof
Brandes Hof
Röm. Reich
Kellings Gang
Schwans Hof
Stitens Gang
Nagelschmieds-Gang
Heynaths Gang
Kalands Gang
Im Reinfeld
Winters Gang
Donats Gang
Stüwes Gang
Blohms Gang
Grützmacher Hof
Rademacher Gang
Markttwiete
Marktwiete

Katharinenkirche, Petrikirche und **Aegidienkirche** und der **Dom zu Lübeck,** der bereits 1173 von Heinrich dem Löwen in Auftrag gegeben wurde, vervollständigen die Liste der großen Kirchen, darüber hinaus gibt es noch einige kleinere Gotteshäuser. Sehenswert ist auch das **Heiligen-Geist-Hospital.** Das gut erhaltene Gebäudeensemble mit Kirche und Langhaus ist eine der ältesten, noch bestehenden Sozialeinrichtungen der Welt und dient auch heute noch als Altenheim. Besonderes Interesse verdient die dreischiffige, reich ausgestattete Hallenkirche mit ihrem über 500 Jahre alten Altar.

Wer sich für die Geschichte der Hanse interessiert, kommt um einen Besuch des **Europäischen Hansemuseums** nicht herum. Das spannende, moderne Museum zeigt eindrucksvoll die Geschichte des Handelsbundes von seinen Anfängen bis zum Niedergang im 17. Jh. Es befindet sich im Norden der Altstadtinsel, nur unweit vom spätgotischen, aus roten Backsteinen errichteten **Burgtor.**

Außer Thomas Mann ist auch den anderen beiden Lübecker Nobelpreisträgern jeweils ein eigenes Dokumentationszentrum gewidmet. Im **Willy-Brandt-Haus** wird in sieben Räumen der ehemalige Bundeskanzler und Friedensnobelpreisträger gewürdigt. Im **Günter Grass-Haus,** das ein Forum für Literatur und Bildende Kunst ist, wird das Schaffen des Literaturnobelpreisträgers beleuchtet.

Abschließend soll noch das 1535 erbaute, schöne Giebelhaus der **Schiffergesellschaft Lübeck** erwähnt werden, in dem früher das Versammlungshaus der Schiffer und Bootsleute war und das heute eine viel gepriesene Gaststätte beherbergt.

⊡ *Die ab Mitte des 16. Jh. erbauten Salzspeicher an der Obertrave*

011wo-he

Sehenswertes

- **Holstentor-Museum,** Holstentorplatz 1, Tel. 0451 1224129, https://museum-holstentor.de, geöffnet: Januar–März Di–So 11–17 Uhr, April–Dezember tägl. 10–18 Uhr, Eintritt: Erw. 8 €, bis 18 Jahre 2,50 €, ermäßigt 4 €, für Familien lohnt sich u. U. eine der Familienkarten
- **Rathaus,** Breite Straße 62, Tel. 0451 1221005, Führungen: Mo–Fr 11, 12 und 15 Uhr, Eintritt 4 €, ermäßigt 2 €
- **St. Marien,** Marienkirchhof 1, Tel. 0451 397700, geöffnet: tägl. 10–18 Uhr, 4.10–10.1. bis 17 Uhr, 11.1.–31.3. bis 16 Uhr, Eintritt: Erw. 2 €, ermäßigt 1,50 €, Kirchenführungen Mai–Oktober werktags 12.15 und 15 Uhr (kostenlos, Spende erbeten), Turm- und Gewölbeführungen April–Dezember Sa 15.15 Uhr, Juni–September zusätzlich Mi 15.15 Uhr, Erw. € 5, Schüler und Studenten 3 €, Familien 10 €
- **St. Jacobi,** Jakobikirchhof 3, Tel. 0451 308010, https://st-jakobi-luebeck.de, geöffnet: Januar–April Di–Sa 10–15 Uhr (April bis 16 Uhr), So bis 13 Uhr, Mai–Oktober Mo–So 10–17/18 Uhr, November Mo–So 10–16 Uhr, Dezember Mo–So 10–18 Uhr
- **Heiligen-Geist-Hospital,** Koberg 11, Tel. 0451 7995610, geöffnet: Di–So 10–17 Uhr, Oktober–März bis 16 Uhr, Eintritt frei
- **Europäisches Hansemuseum,** An der Untertrave 1, Tel. 0451 8090990, www.hansemuseum.eu, geöffnet: tägl. 10–18 Uhr, Erw. 13 €, ermäßigt 9 €, Familientickets ab 19 €
- **Willy-Brandt-Haus,** Königstraße 21, Tel. 0451 1224250, https://willy-brandt.de, geöffnet: tägl. 11–18 Uhr, Eintritt frei
- **Günter Grass-Haus,** Glockengießerstraße 21, Tel. 0451 1224230, https://grass-haus.de, geöffnet: tägl. 10–13 Uhr, Januar–März bis 17 Uhr, Erw. 8 €, ermäßigt 4 €, bis 18 Jahre 2,50 €, Familienkarten ab 9 €

Information

- **Tourist Information Lübeck und Travemünde,** Holstentorplatz 1, Tel. 0451 8899700, www.luebeck-tourismus.de, geöffnet: Januar–Ostern und November Mo–Fr 9–17 Uhr, Sa 10–15 Uhr, Ostern–Mai, September und Oktober Mo–Fr 9–18 Uhr, Sa 10–16 Uhr, So und feiertags 10–15 Uhr, Juni–August Mo–Fr 9–19 Uhr, Sa 10–16 Uhr, So und feiertags 10–15 Uhr, Mo vor dem 1. Advent–Dezember Mo–Fr 9–19 Uhr, Sa 10–16 Uhr, So 10–15 Uhr

Marzipan

Auch wenn eine Lübecker Legende erzählt, dass die kalorienreiche Süßware aus gemahlenen Mandeln und Zucker 1407 in Lübeck erfunden wurde, ist das wenig plausibel. Marzipan wurde wahrscheinlich zuerst im heutigen Iran hergestellt und im Mittelalter nach Europa – zunächst nach Spanien – gebracht. Im deutschsprachigen Raum gründete Johann Georg Niederegger in Lübeck 1806 die erste Marzipanmanufaktur. Heute ist Lübecker Marzipan neben dem Königsberger und dem Mazapán de Toledo aus Spanien weltweit am bekanntesten.

Gastronomie

- **Schiffergesellschaft,** Breite Straße 2, Tel. 0451 76776, https://schiffergesellschaft.de, geöffnet: Di–So ab 11 Uhr. Vorwiegend norddeutsche Küche mit Fleisch und vor allem Fisch, auch Traditionelles wie z. B. Labskaus. Historisches Ambiente.
- **Ratskeller,** Markt 13, Tel. 0451 72044, geöffnet: Mo–Sa 12–21.30 Uhr. Regionale und gutbürgerliche Küche in den historischen Gewölben unterhalb des Rathauses.

Einkaufen

- **Niederegger Marzipan und Konditorei-Spezialitäten,** Breite Straße 89, Tel. 0451 5301126, www.niederegger.de, geöffnet: Mo–Fr 9–19 Uhr, Sa 9–18 Uhr, So 10–18 Uhr

Aktivitäten

Kanal- und Hafenrundfahrten bieten mehrere Reedereien an. Informationen und Fahrpläne gibt es jeweils online und direkt an den Anlegern beim Holstentor.

- **Quandt-Linie Lübeck,** Tel. 0451 77799, www.quandt-linie.de
- **City Schifffahrt H. Gabriel,** Tel. 0451 2963424, www.cityschifffahrt.de

Nach Travemünde (s. S. 23) kommt man mit MS Hanse.

› **MS Hanse,** Tel. 0163 5475773, www.hanse-travemuende.de

Parken

Wer nahe der Altstadt parken möchte, kann dies auf den kostenpflichtigen Parkplätzen Lastadie P4 oder nördliche Wallhalbinsel tun. Einen kostenlosen Parkplatz mit sehr guten Einkaufsmöglichkeiten und einer Sanitärstation findet man hier:

P 1 **CITTI-Park Lübeck,** GPS 53.85964, 10.62610, Herrenholz 14. Die Parkplätze befinden sich gegenüber vom Einkaufszentrum CITTI-Park, kostenlose Entsorgungsstation für Abwasser und Chemie-WC, Frischwasser 1 €/100 Liter

P 2 **Lastadie P4,** GPS 53.87164, 10.67918, nordwestlich der Altstadtinsel, von der Willy-Brandt-Allee in die Straße Lastadie abbiegen (mit P4 ausgeschildert). Der kleine Parkplatz liegt neben großen Pkw- und Busparkplätzen nur knapp 700 m vom Holstentor entfernt. Er ist eng und für Wohnmobile über 8 m nicht geeignet. Man darf hier max. einmal übernachten, allerdings ist es zeitweise sehr laut. Tagesticket 6 €/Fahrz., ansonsten 1,20 € je angefangene Stunde.

P 3 **Parkplatz nördliche Wallhalbinsel/ Media Docks,** GPS 53.87274, 10.68152, Willy-Brandt-Allee, im Nordwesten der Altstadtinsel. Der große Parkplatz befindet sich neben alten Hafenanlagen, auch für größere Fahrzeuge geeignet, relativ ruhig. Auf die Altstadtinsel und zum Museumshafen sind es weniger als 100 m, zum Holstentor 900 m. Tagesticket 10 €/Fahrz. inkl. Personen, ansonsten 2 € je angefangene Stunde. Maximal eine Übernachtung.

Von Lübeck fährt man entweder über die B75 und den kostenpflichtigen (Pkw 1,90 €, Wohnmobil 3,50 €) Herrentunnel oder auf der A1/A226 nach Travemünde.

1 Campingplatz Lübeck-Schönböcken

GPS 53.86976, 10.63082

Der ruhige Campingplatz befindet sich etwa 4 km vom Holstentor entfernt. Sehr gute Busverbindung und durchgängiger Radweg in die Altstadt, Kiosk mit Brötchenservice und kleiner Auswahl an Lebensmitteln. **Lage/Anfahrt:** Der Platz liegt im Lübecker Bezirk Schönböcken, von der Autobahn A1 in Lübeck-Moisling abfahren und weiter Richtung Schönböcken, nach 1,5 km erreicht man den Platz, ab Autobahnausfahrt ausgeschildert; **Platzanzahl:** 70; **Untergrund:** Wiese; fest; **Service:** Strom, Trinkwasser, Abwasser, Chemie-WC, WLAN; **Sicherheit:** umzäunt; **Preise:** 22–25 €/ Fahrz. inkl. 2 Pers., Strom 3 €, Hund 1 €, Duschmarke 0,50 €; **Max. Stand:** unbegrenzt; **Geöffnet:** Mitte März–Oktober, 1. und 2. Advent; **Kontakt:** Steinrader Damm 12, 23556 Lübeck, Tel. 0451 893090, www.camping-luebeck.de

020wo-he

TRAVEMÜNDE

(19 km – km 19)

Travemünde liegt an der Mündung der Trave in die Lübecker Bucht. Der Ort wurde 1187 gegründet, verlor aber 1913 seine Selbstständigkeit, als er nach Lübeck eingemeindet wurde. Das Ostseebad ist eines von vielen, die sich in langer Reihe entlang der Küste von Lübeck bis Großenbrode kurz vor Fehmarn erstrecken, dennoch bietet der Ort, der mit dem Slogan „Strand und dicke Pötte" für sich wirbt, einige Besonderheiten, die seinen ganz besonderen Reiz ausmachen.

Da ist zunächst der kilometerlange, feinsandige **Strand,** der sich zu beiden Seiten der Mündung der Trave erstreckt und stellenweise bis zu 200 m breit ist. Für Urlauber stehen fast 2000 Strandkörbe zur Verfügung. Das sind Dimensionen, die ansonsten kein schleswig-holsteinischer Ostseestrand zu bieten hat. Parallel zum Strand verläuft die bereits 1904 eingeweihte **Strandpromenade,** die den Blick auf den Badebetrieb und die dicken Pötte ermöglicht. Sie endet an der Mündung der Trave, wo das Maritim Strandhotel Travemünde steht, das mit seinen 35 Stockwerken zwar eine weithin sichtbare Landmarke ist, aber nicht so recht in die Landschaft passen will. Sehr viel besser fügt sich der 31 m hohe **Alte Leuchtturm** ein, der nur wenig entfernt steht. Das 1539 im klassizistischen Stil erbaute Seezeichen – heute ein technisches Kulturdenkmal – ist der älteste Leuchtturm Deutschlands. 1972 wurde er abgeschaltet, weil er durch das Maritim-Hochhaus auf See nicht mehr überall gesehen werden konnte, und beherbergt heute auf acht Geschossen eine kleine maritime Ausstellung. Von der umlaufenden Aussichtsgalerie hat man einen wunderbaren Blick über Travemünde bis zum Skandinavienkai, über die Lübecker Bucht bis Grömitz und über die Küste Mecklenburgs.

Von der Mündung der Trave verläuft die **Travepromenade** mit schönem Blick auf das Museumsschiff „Passat" am gegenüberliegenden Ufer in Richtung der Altstadt, in deren Zentrum die **St.-Lorenz-Kirche** steht. Das 1522 geweihte Gotteshaus birgt in seinem Innern einen wertvollen Holzaltar. Lohnend ist ein Gang durch die Straße **Vorderreihe,** wo in den historischen Häusern heute Geschäfte und Restaurants untergebracht sind. Die denkmalgeschützte Straße ist eine beliebte Einkaufsmeile. Am westlichen Ende der Travepromenade befindet sich der Anleger der Fähre zur Halbinsel Priwall. Gleich daneben ist der **Fischereihafen,** wo auch heute noch Fisch angelandet und zum Teil direkt vom Kutter aus verkauft wird.

Der **Skandinavienkai,** einer der größten RoRo- und Fährhäfen Europas, liegt etwas flussaufwärts. Von hier fahren die dicken Pötte nach Schweden, Finnland, Lettland, Litauen und Russland.

023wo-he

Der legendäre Flying P-Liner „Passat" liegt heute als Museumsschiff an einem Anleger auf der Halbinsel Priwall (s. S. 24)

Die **Halbinsel Priwall** auf der anderen Seite der Trave gehört seit 1226 zu Lübeck. Zu DDR-Zeiten war sie nur mit der Fähre zu erreichen, der Landweg führte über DDR-Gebiet und war gesperrt. Auch heute ist der schnellste Weg auf die Halbinsel von Travemünde aus mit der Fähre. Die Autofähre legt am Fischereihafen ab, die Personenfähre an der Nordermole.

Der südliche Teil des Priwalls ist Naturschutzgebiet, der nördliche gehört den Touristen, die einen riesigen Strand vorfinden. Am Segelhafen, wo eine moderne Ferienanlage entstanden ist, liegt die **Viermastbark „Passat"** als Museumsschiff vor Anker. Das stolze Schiff gehörte zur Flotte der legendären Flying-P-Liner der Hamburger Reederei F. Laeisz, die seinerzeit die schnellsten Segler auf den Weltmeeren waren. Heute existieren von den vor über 100 Jahren gebauten Schiffen weltweit nur noch vier. Eine Besichtigung der „Passat" ist ein Erlebnis der besonderen Art.

Sehenswertes

- **Alter Leuchtturm,** Am Leuchtenfeld 1, Tel. 04502 8891790, www.leuchtturm-travemuende.de, geöffnet: 4. April–1. Mai und 28. September–31. Oktober 11–16.30 Uhr, 11. Mai–27. September 10–17 Uhr, Eintritt: Erw. 2 €, bis 14 Jahre 1 €
- **Passat,** Priwallpromenade 3a, Tel. 0451 1225202, www.luebeck.de/passat, geöffnet: April–Juni, September und Oktober Di, Do, Sa, So 13–16 Uhr, Juli und August tägl. 11–16 Uhr, Eintritt: Erw. 4 €

2 Stellplatz Fischereihafen

GPS 53.95449, 10.85516

Geräumiger Platz neben einem großen Pkw-Parkplatz an einer Werft mit Jachthafen knapp 1 km westlich der Altstadt. Nachts ruhig. Der Ort versprüht den Charme eines Großraumparkplatzes, was er ja auch ist. **Lage/Anfahrt:** In Travemünde den Schildern „P-Fischereihafen" folgen; **Platzanzahl:** 50; **Untergrund:** Pflaster; **Service:** Strom, Trinkwasser, Abwasser, Chemie-WC; **Sicherheit:** beleuchtet; **Preise: je nach Saison** 8–12 €/Fahrz. inkl. Kurabgabe für eine Person; **Max. Stand:** 1 Nacht; **Geöffnet:** ganzjährig; **Kontakt:** Travemünder Landstraße 304, 23570 Travemünde

021wo-he

3 Stellplatz Passathafen

GPS 53.95467, 10.88535

Der großflächige Stellplatz liegt nur knapp 500 m vom Jachthafen und der „Passat" entfernt, auch der Strand ist fußläufig schnell erreicht. **Lage/Anfahrt:** Mit der Fähre auf die Halbinsel Priwall, dort der Straße etwa 700 m folgen, links in den Dünenweg und nach 100 m rechts; **Platzanzahl:** 35; **Untergrund:** Asphalt; **Service:** Strom, Trinkwasser, Abwasser, Chemie-WC; **Sicherheit:** umzäunt; **Preise:** 16 €/Fahrz. inkl. Personen und Strom, Kurabgabe extra; **Max. Stand:** 1 Nacht; **Geöffnet:** 14.4–1.10.; **Kontakt:** Priwallpromenade 32, 23570 Travemünde, Tel. 0151 20402479, www.passathafen.luebeck.de

022wo-he

Information

- **Travemünde Tourismus,** Strandbahnhof, Bertlingstraße 21, Tel. 0451 8899700, www.travemuende-tourismus.de, geöffnet: Januar–Ostern, November und Dezember Mo–Fr 10–17 Uhr, Ostern–August Mo–Fr 9–17 Uhr, Sa, So und feiertags 10–15 Uhr, September und Oktober Mo–Fr 9.30–17 Uhr, Sa 10–15 Uhr, So und feiertags 11–15 Uhr

Gastronomie

- **Traveblick,** Vorderreihe Brücke 148 (neben der Prinzenbrücke), Tel. 04502 2645, https://traveblick-travemuende.de, geöffnet: tägl. ab 11 Uhr, Sa, So und feiertags ab 10 Uhr. Das Café und Restaurant bietet zahlreiche Fisch- und Fleischgerichte an. Wegen seiner reizvollen Lage auf Pontons in der Trave verfügt es über ein besonderes Ambiente.
- **Fischtempel,** Auf dem Baggersand 7, Tel. 04502 7089831, www.fischtempel.de, geöffnet: tägl. 11–22 Uhr. Wie der Name schon vermuten lässt, bietet sich das Restaurant am Fischereihafen direkt an und auf einem Ponton auf der Trave vor allem für Fischliebhaber an. Die Gerichte sind reichhaltig, schmackhaft und werden zu fairen Preisen angeboten.

Einkaufen

- **Wochenmarkt,** Am Fährplatz (neben dem Anleger der Autofähre), Mo, Do 8–13 Uhr

Aktivitäten

- **MS Hanse,** Vorderreihe 64a, Tel. 0163 5475773, www.hanse-travemuende.de. Ausflüge mit dem Schiff nach Lübeck. Informationen und Fahrpläne online und direkt am Anleger (neben Gosch).

Parken

P 4 Parkplatz Leuchtenfeld, GPS 53.96098, 10.87747. Der große, gebührenpflichtige Parkplatz liegt nah am Strand und der Altstadt. Obwohl man offiziell nicht übernachten darf, wird offensichtlich eine Übernachtung toleriert.

024wo-he

Zwischen Travemünde und der Halbinsel Priwall verkehrt eine Autofähre

RoRo-Schiffe

RoRo-Schiffe (aus dem Englischen von „Roll on Roll off") sind Spezialschiffe, die direkt mit Fahrzeugen (Kfz oder Züge) und nicht über Kräne oder Verladebrücken beladen werden. Der RoRo-Warentransport hat vor allem im Kurz- und Mittelstreckenverkehr auf See große Bedeutung.

4 Stellplatz Kowitzberg

GPS 53.97558, 10.87801

Geräumiger Stellplatz mit allen Ver- und Entsorgungsmöglichkeiten im äußersten Norden von Travemünde, begrenzt von Bäumen und Büschen. Zur Seebrücke und zum Anfang des Sandstrands sind es ca. 800 m. **Lage/Anfahrt:** Die Anfahrt zum Stellplatz und Pkw-Parkplatz ist ausgeschildert, man kann auch den Wegweisern zum Golfplatz folgen, der gleich nördlich an den Stellplatz anschließt; **Platzanzahl:** 50; **Untergrund:** Schotter, Rasengitter; fest; **Service:** Strom, Trinkwasser, Abwasser, Chemie-WC; **Sicherheit:** umzäunt; **Preise:** je nach Saison 8–12 €/Fahrz. inkl. Kurabgabe für eine Person; **Max. Stand:** 1 Nacht; **Geöffnet:** ganzjährig; **Kontakt:** Kowitzberg, 23570 Travemünde

Von Travemünde führt die Route auf der B76 weiter Richtung Niendorf/Timmendorfer Strand. Als erstes erreicht man nach wenigen Kilometern das Ostseeheilbad Niendorf.

NIENDORF

(6 km – km 25)

Niendorf, das heute der östlichste Ortsteil von Timmendorfer Strand ist, ist ein altes Fischerdorf, das bereits Ende des 14. Jh. urkundlich erwähnt wurde. Auch wenn heute der Tourismus dominiert und sich der Ort dementsprechend verändert hat, findet man noch einen ursprünglichen Kern rund um den Hafen, wo man fangfrischen Fisch kaufen kann. In der Saison findet hier jeden Sonntag ab 9 Uhr ein **Fischmarkt** statt.

Größtes Kapital des Ortes ist der flach abfallende, feinsandige **Strand,** der sich über mehrere Kilometer erstreckt. Vom Hafen aus verläuft eine sehr schöne **Promenade** an der **Seebrücke** vorbei bis zum **Meerwasserhallenbad,** wo man auch unabhängig von Wind und Wetter im 28° warmen Salzwasser baden kann.

Außer Strand und Meer hat der Ort noch mehr zu bieten, z. B. den **Vogelpark Niendorf,** in dem 250 verschiedene Arten, darunter einige Raritäten, zu sehen sind. Südlich des Ortes erstreckt sich rund um den Hemmelsdorfer See das **Naturschutzgebiet Aalbeek-Niederung,** das vor allem für Vögel und Insekten große Bedeutung hat. Vom Wohnmobilstellplatz führt am Vogelpark vorbei ein Wanderweg (hin und zurück 5 km) zum **Hermann-Löns-Blick** an der Nordseite des Sees, wo ein Turm eine grandiose Aussicht über den in der Aalbeek-Niederung liegenden See und zur Küste ermöglicht.

Sehenswertes

› **Vogelpark Niendorf,** An der Aalbeek, Tel. 04503 4740, www.vogelpark-niendorf.de, geöffnet: tägl. 9–19.30 Uhr, in der Nebensaison von 10 Uhr bis zum Einbruch der Dämmerung, Eintritt: Erw. 10 €, 3–15 Jahre 5 €, im Winter reduzierte Eintrittspreise

⊡ *Timmendorfer Strand ist das meistbesuchte Ostseebad an der Lübecker Bucht*

Information

› **Tourist-Information Niendorf,** Strandstraße 121a, Tel. 04503 357760, https://niendorf-ostsee.de, geöffnet: Juni–August Mo–Fr 9–17 Uhr, Sa, So 13–17 Uhr, Mai, Juni, September, Oktober Mo–Fr 9–17 Uhr, Sa, So 13–17 Uhr, November–April Mo–Fr 10–17 Uhr

Aktivitäten

› **Meerwasserhallenbad,** Strandstraße 133, Tel. 04503 5456, www.meerwasserhallenbad-niendorf.de, geöffnet: Mo, Di 8–18 Uhr, Mi 7–18 Uhr, Do, Fr 8–20 Uhr, Sa, So 8–16 Uhr, Eintritt: Erw. 5 €, 2–18 Jahre 2 €, für Familien gibt es günstige Kombikarten

› **Reederei Belis,** Strandstraße 32, Tel. 0170 7747237, www.ostsee-rundfahrten.de. Die Reederei bietet neben Fahrten entlang der Küstenorte von Niendorf bis Scharbeutz auch Ausflugstouren auf der Ostsee an. Informationen und Fahrpläne s. Website.

Parken

Es gibt den großen Parkplatz P4 neben dem Stellplatz am Vogelpark 5, der aber in der Saison am frühen Vormittag oft schon belegt ist.

5 Stellplatz Niendorf am Vogelpark

GPS 53.99090, 10.81379

Langgestreckter Stellplatz mit teilweise schattigen Bereichen neben dem Parkplatz P4 am Vogelpark. Die Stellplätze sind relativ schmal, bei Regen ist der Untergrund stellenweise sehr weich. Überdachte Sanitärstation mit WC, durch die nahe Bundesstraße etwas laut, zum Hafen knapp 200 m, zum Strand 400 m. **Lage/Anfahrt:** In Niendorf von der B76 abfahren, P4 und Vogelpark sind früh ausgeschildert; **Platzanzahl:** 50; **Untergrund:** Schotterrasen, Sand; **Service:** Strom, Trinkwasser, Abwasser, Chemie-WC, WLAN; **Preise:** 10 €/Fahrz., Kurtaxe extra; **Max. Stand:** 1 Nacht; **Geöffnet:** ganzjährig; **Kontakt:** Bäderrandstraße (B76), 23669 Niendorf/Ostsee

Von Niendorf geht es übergangslos in den Hauptort der Gemeinde, nach Timmendorfer Strand.

TIMMENDORFER STRAND

(2 km – km 27)

Timmendorfer Strand ist der meistbesuchte Badeort an der Lübecker Bucht. Das noble Ostseebad versprüht einen Hauch von Exklusivität, was möglicherweise den Umstand erklärt, dass es hier, im Gegensatz zu den anderen Ostseebädern, keinen Camping- oder Wohnmobilstellplatz gibt.

Der **Strand** ist feinsandig, lang und stellenweise breit, mit einer schönen Promenade und **zwei Seebrücken.** An der Maritim-Seebrücke in Höhe des Kurparks gibt es eine große **Freilichtarena,** wo auch internationale Künstler auftreten oder Sportveranstaltungen wie Beachvolleyball durchgeführt werden.

Angrenzend an den Vorplatz der Seebrücke, am Rand des Kurparks, befindet sich die 1952 erbaute, denkmalgeschützte **Trinkkurhalle.** Hier finden Ausstellungen, Vorträge und Konzerte statt. Der **Kurpark** lädt zu gemütlichen Spaziergängen oder zum beschaulichen Rasten ein.

Eine Attraktion des Ostseebads ist das **Sea Life Timmendorfer Strand.** Das 1996 eröffnete Großaquarium zeigt auf einer Fläche von 1500 m² einen umfangreichen Querschnitt durch verschiedene Lebensräume in europäischen und tropischen Gewässern. Größte Attraktion ist der acht Meter lange Unterwassertunnel, in dem die Besucher auf Höhe des Meeresbodens durch ein riesiges Aquarium schlendern.

Etwas Besonderes hat Timmendorf noch für Freunde **Udo Lindenbergs** zu bieten. An der Kurpromenade beim Seehotel Maritim steht eine gut zwei Meter hohe Eisenskulptur des Panikrockers, der sich viel im Ort aufhält und hier 1986 das berühmte Lied „Horizont" zu Papier gebracht hat.

Sehenswertes

› **Sea Life Timmendorfer Strand,** Kurpromenade 5, Tel. 01806 66690101, https://visitsealife.com/de/timmendorfer-strand, geöffnet: tägl. 10–18 Uhr, Eintritt: 12–17 €, online günstiger

Information

› **Tourist-Information Timmendorfer Strand,** Timmendorfer Platz 10, Tel. 04503 35770, https://timmendorfer-strand.de, geöffnet: Mai–September Mo–Fr 9–17 Uhr, Sa 10–15 Uhr, März, Oktober Mo–Fr 9–17 Uhr, Sa 9–15 Uhr, November–Februar Mo–Fr 9–17 Uhr, Sa 11–14 Uhr

025wo-he

› Timmendorfer Strand bietet seinen Gästen flächendeckend ein kostenfreies, nicht passwortgeschütztes **WLAN** (ostholstein.freifunk), weist aber darauf hin, dass es während der Hauptsaison zu längeren Ladezeiten kommen kann.

Gastronomie

In Timmendorf gibt es zahlreiche Möglichkeiten, um sich zu verköstigen. Etwas Besonderes ist das **Seebrückenrestaurant Wolkenlos,** das sich auf einer Plattform am Ende der über 100 m langen Seeschlösschen-Seebrücken im sogenannten **Mikado Teehaus** befindet. Von dort hat man einen schönen Blick auf die Ostsee und Timmendorf. Im Dunkeln, wenn man auf die funkelnden Lichter des Ortes schaut, ist der Blick besonders romantisch.

› **Seebrückenrestaurant Wolkenlos im Mikado Teehaus,** Seeschlösschen-Seebrücke (die östliche, kürzere der beiden Timmendorfer Seebrücken), Tel. 04503 779570, https://wolkenlos-timmendorf.de, geöffnet: tägl. 11–23 Uhr, Sa, So ab 9 Uhr. Das Restaurant bietet Gerichte aus aller Welt zu angemessenen Preisen.

☑ Das Mikado Teehaus in Timmendorfer Strand am Ende einer der beiden Seebrücken

Aktivitäten

Die **Reederei Belis** bietet Fahrten entlang der Küstenorte von Niendorf bis Scharbeutz an (s. S. 26).

Parken

Strandnahes, kostenpflichtiges Parken in der Strandallee oder in Nebenstraßen ist prinzipiell möglich. Vor allem in der Hauptsaison ist es aber schwer, einen freien Platz zu finden. Zudem sind die Straßen eng und mit größeren Wohnmobilen nur mit Schwierigkeiten zu befahren. Genügend Platz gibt es auf den folgenden Parkplätzen:

P 5 **P1 Wohldstraße,** GPS 53.99990, 10.77337. Großer, kostenloser Parkplatz im Westen des Orts in der Nähe des Kurparks und der Seebrücke.

P 6 **P2 Zentrum/Höppnerweg,** GPS 53.99389, 10.78052. Großer, kostenloser Parkplatz neben einem Einkaufszentrum, zentrumsnah, 500 m zum Strand.

P 7 **P3 Wiesenweg,** GPS 53.98964, 10.79252. Großer, kostenloser Parkplatz im Osten des Orts, 500 m zum Strand.

Von Timmendorfer Strand geht es auf der B76 weiter bis Scharbeutz, wo die Bundesstraße hinter der Ostsee Therme für ein kurzes Stück gleich neben dem Strand verläuft.

026wo-he

029wo-he

SCHARBEUTZ

(7 km – km 34)

Auch Scharbeutz, das etwas beschaulicher ist als Timmendorfer Strand, gehört zu den klassischen Seebädern der Lübecker Bucht. Der feinsandige, mehrere Kilometer lange und bis zu 50 m breite **Strand,** der flach abfällt, ist das Pfund, mit dem die Einwohner wuchern. Der steinlose Strand wurde in verschiedene Zonen unterteilt. So gibt es z. B. eigene Bereiche für Kinder, Sportler, Hunde, einen Action-Strand mit Unterhaltung oder einen zum Relaxen. Auch für FKK-Anhänger sind zwei Abschnitte reserviert. Parallel zum Strand kann man auf einer schönen Promenade, der sog. **Dünenmeile,** oder auf einem Bohlenweg durch die Dünen wandern. Ein kleiner **Kurpark** vervollständigt das Angebot. Sehr beliebt ist auch das Erlebnisbad **Ostsee Therme** mit Tropenlandschaft, Whirlpools, Wasserrutschen, Saunen und Bar.

Überall gibt es sie, nicht nur an der Küste, auch im Binnenland: die **Fischbrötchen.** Einmalig, wahrscheinlich sogar weltweit, ist aber die 44 km lange Radtour **„Fahrrad findet Fisch“,** die von Scharbeutz bis Rettin und zurück führt. Routenführung, ein kleines Fischbrötchen-Einmaleins und sogar die Gebrauchsanweisung „How to handle Fischbrötchenessen“ findet man unter https://luebecker-bucht-ostsee.de/fischbroetchenstraße.

Am Strand von Scharbeutz

Information

› **Tourist-Info Scharbeutz,** Strandallee 134, Tel. 04503 7794160, https://luebecker-bucht-ostsee.de/scharbeutz, geöffnet: Juli, August Mo–Fr 9–17 Uhr, Sa 10–16 Uhr, So 10–14 Uhr, Mitte Mai–Juni und September Mo–Fr 9–17 Uhr, Sa, So 10–14 Uhr, Oktober Mo–Do 9–16 Uhr, Fr 9–14 Uhr, Sa, So 10–13 Uhr, im Winter Mo–Do 9–16 Uhr, Fr 9–13 Uhr

Gastronomie

› **Pfannkuchenhaus Scharbeutz,** Seestraße 8, Tel. 04503 75014, www.pfannkuchenhaus-scharbeutz.de, geöffnet: tägl. außer Mi 11.30–14.30 und 17.30–21 Uhr. Mal etwas anderes: Es gibt eine große Auswahl an süßen und herzhaften Pfannkuchen. Wer die nicht mag, findet aber auch andere Gerichte.

Aktivitäten

› **Ostsee Therme,** Strandallee 143, Tel. 04503 35260, https://ostsee-therme.de, geöffnet: tägl. 10–22 Uhr, Eintritt: Erw. ab 18 €, ermäßigt ab 15 €, Kinder ab 12 €

› **Waldhochseilgarten Scharbeutz,** Kammerwald, Tel. 04503 8981080, www.waldhochseilgarten-scharbeutz.de, Öffnungszeiten je nach Wetter und Saison (s. Website), Hauptsaison meist Mo–Fr 12–18 Uhr, Sa, So ab 10 Uhr, Eintritt: ab 17 Jahre 22 €, 14–16 Jahre 19 €, bis 13 Jahre 17 €

› Die **Reederei Belis** bietet Fahrten entlang der Küstenorte von Niendorf bis Scharbeutz an (s. S. 26).

Parken

P 8 Großparkplatz Waldweg, GPS 54.04681, 10.74862, Strandallee 87. Ein größerer Parkplatz neben dem eines großen Supermarkts. Es sind nur 100 m zum Strand und 750 m zur Seebrücke von Haffkrug.

Von Scharbeutz führt die Route immer am Strand entlang weiter nach Haffkrug.

❻ Womohafen Scharbeutzer Strand

GPS 54.03117, 10.75231

Sehr schön angelegter Wohnmobilplatz unter Bäumen, nur etwas mehr als 100 m vom Strand entfernt, zum Kurpark und zur Seebrücke etwa 700 m. **Lage/Anfahrt:** Der B76 durch Scharbeutz folgen, beim Kreisverkehr am Einkaufszentrum geradeaus (zweite Ausfahrt), dann nach 900 m die Einfahrt auf der linken Seite nehmen; **Platzanzahl:** 85; **Untergrund:** Schotterrasen, Sand; fest; **Service:** Strom, Trinkwasser, Abwasser, Chemie-WC; **Sicherheit:** umzäunt, beleuchtet; **Preise:** 12,50 €/Fahrz. inkl. 2 Pers., Strom und Wasser je 1 €, Kurtaxe zusätzlich; **Max. Stand:** unbegrenzt; **Geöffnet:** ganzjährig; **Kontakt:** Ronald Harms, Womohafen Scharbeutzer Strand, Hamburger Ring 6–8, 23683 Scharbeutz, Tel. 01525 2885844, https://womohafen-scharbeutzer-strand.de

027wo-he

HAFFKRUG

(2 km – km 36)

Haffkrug ist ein ehemaliges Fischerdorf und gehört mit seinen gut 1000 Einwohnern zur Gemeinde Scharbeutz. Der kleine Ort gibt sich noch etwas beschaulicher und das Motto lautet: „Ich kann, wenn ich will; aber ich muss nicht!“

❼ Ostseestrand Ferienpark Scharbeutz

GPS 54.03533, 10.74772

Separater Bereich für Wohnmobile in einem großen Ferienpark mit Ferienhäusern und Dauercampern, schattenlos, bei Trockenheit sehr staubig, etwa 200 m zum Strand, 1,2 km zur Seebrücke. **Lage/Anfahrt:** In Scharbeutz der Strandallee (B76) nach Norden folgen, gleich hinter der nach links abzweigenden Zufahrt zur A1 ebenfalls links abbiegen; **Platzanzahl:** 88; **Untergrund:** Schotter; fest; **Service:** Strom, Trinkwasser, Abwasser, Chemie-WC; **Sicherheit:** umzäunt, beleuchtet; **Preise:** je nach Saison und Stellplatz 15–25 €/Fahrz. inkl. 2 Pers., Strom 0,50 € pro kWh, Kurtaxe zusätzlich; **Max. Stand:** unbegrenzt; **Geöffnet:** ganzjährig; **Kontakt:** Ostseestrand Ferienpark Scharbeutz, Strandallee 98b, 23683 Scharbeutz, Tel. 04503 7794755, https://ferienpark-scharbeutz.de

028wo-he

Haffkrug, in dem der Badebetrieb schon 1813 begann, ist das wohl älteste Seebad an der Lübecker Bucht. Der drei Kilometer lange, weiße **Strand** fällt flach ab und viele behaupten, hier sei der Sand am feinsten. An der attraktiven Promenade wurde ein **Fischerei-Erkundungspfad** eingerichtet, wo man interessante Informationen über die Meeresfische und Fischerei erhält. Eine knapp 200 m lange **Seebrücke** und einen kleinen **Kurpark** gibt es auch.

Parken

P 9 **Am Waldwinkel,** GPS 54.05596, 10.75415. Gebührenpflichtiger Parkplatz, der zwar schon zu Sierksdorf gehört, aber nur etwa 500 m von der Seebrücke in Haffkrug entfernt ist.

Kurz hinter Haffkrug verlässt man den Strand und fährt am Camping Hof Sierksdorf 8 vorbei zum Großparkplatz des Hansa-Parks, der weiträumig ausgeschildert ist.

030wo-he

SIERKSDORF

(4 km – km 40)

Obwohl das langgestreckte Dorf auch einen schönen **Sandstrand** hat, kommen die meisten Besucher nicht seinetwegen, sondern wegen des **Hansa-Parks,** einem riesigen Freizeit- und Familienpark mit vielfältigen Angeboten, der zu den besten seiner Art in Deutschland gezählt wird. Sieben Achterbahnen, sechs Wasserbahnen, drei Freifalltürme und zahlreiche andere Spiel- und Mitmachattraktionen stehen den Besuchern zur Verfügung. Insgesamt gibt es mehr als 125 Attraktionen.

Sehenswertes

› **Hansa-Park,** Am Fahrenkrog 1, Tel. 04563 4740, https://hansapark.de, geöffnet: meist April–Mitte Oktober 9–20.30 Uhr, aktuelle Öffnungszeiten s. Website, Eintritt: ab 12 Jahre 39,50 €, 4–11 Jahre 31 €, unter 4 Jahre und Geburtstagskinder bis einschließlich 12 Jahre frei

Information

› **Tourismus-Service Sierksdorf,** Vogelsang 1, Tel. 04563 478990, www.sierksdorf.de, geöffnet: Mo–Fr 10–12 Uhr, Mai–September auch Mi 15–17 Uhr

Parken

Wohnmobile dürfen in Sierksdorf mit Ausnahme von dem des Hansa-Parks 9 auf allen Parkplätzen nur zwischen 9 und 18 Uhr abgestellt werden.

› **Am Waldwinkel** (s. oben). Gebührenpflichtiger Parkplatz, nur etwa 50 m vom Strand entfernt.

P 11 **Altonaer Straße,** GPS 54.05985, 10.75844. Kostenpflichtiger Platz etwa 100 m zum Strand.

P 12 **Am Fahrenkrog,** GPS 54.07428, 10.7829. Kostenpflichtiger Parkplatz unterhalb des Hansa-Parks, 200 m zum Strand.

Der Freifallturm im Hansa-Park ist 120 m hoch

8 Camping Hof Sierksdorf

GPS 54.06033, 10.75810

Der ebene Stellplatz, nur 150 m vom Strand entfernt, liegt auf einem für Wohnmobile abgetrennten Areal vor dem Campingplatz. Teilweise schattig, nach Haffkrug zur Seebrücke 1 km, zum Hansa-Park 2,5 km. **Lage/ Anfahrt:** Von Haffkrug kommend am Ende des Dorfs links in die Altonaer Straße, nach 100 m erneut links, der Platz ist rechtzeitig ausgeschildert; **Platzanzahl:** 15; **Untergrund:** Wiese; fest; **Service:** Strom, Trinkwasser, Abwasser, Chemie-WC; **Sicherheit:** umzäunt, beleuchtet; **Preise:** 13 €/Fahrz. inkl. 2 Erw. und 2 Kinder, mit persönlichem Duschbad und WC 23 €, Mindestaufenthalt 2 Nächte; **Max. Stand:** unbegrenzt; **Geöffnet:** April–September; **Kontakt:** Altonaer Straße 7, 23730 Sierksdorf, Tel. 04563 478026, www.camping-hofsierksdorf.de

9 Großparkplatz Hansa-Park

GPS 54.07451, 10.77503

Für Wohnmobile und Caravans ausgewiesener Bereich auf dem Großparkplatz des Hansa-Parks gegenüber dem Eingang, ohne Ver- und Entsorgungsmöglichkeiten. **Lage/Anfahrt:** An der Pohnsdorfer Straße (K45), weiträumig ausgeschildert; **Platzanzahl:** 100; **Untergrund:** Asphalt; **Sicherheit:** umzäunt, beleuchtet; **Preise:** 6 €/Fahrz. Die entsprechenden Parkscheine erhält man von den Mitarbeitern auf dem Parkplatz; **Max. Stand:** 1 Nacht; **Geöffnet:** ganzjährig; **Kontakt:** Pohnsdorfer Straße, 23730 Sierksdorf, https://hansapark.de

Vom Parkplatz am Hansa-Park folgt man der Pohnsdorfer Straße nach Neustadt, wo man nach wenigen Kilometern ankommt.

Das Hospital zum Heiligen Geist an der Westseite des Neustädter Hafens

NEUSTADT IN HOLSTEIN

(4 km – km 44)

Das im Jahre 1244 gegründete Neustadt ist mit seinen gut 15.000 Einwohnern nach Lübeck die erste größere Stadt entlang der Bucht. Der geschützte, fjordähnliche **Naturhafen** war in früheren Zeiten ein wichtiger Fischereihafen und Umschlagsort für Viehtransporte. Eine große Werft baute Schiffe für das dänische Königshaus und dänische Reeder.

Auch heute verströmt der Hafen, in dem einige sehenswerte Traditionssegler liegen, noch viel maritimes Flair, auch wenn es nur noch wenige Fischer gibt, kaum noch Güter umgeschlagen und große Teile als Jachthafen genutzt werden. Wer ein Restaurant sucht, findet hier einige empfehlenswerte und ins Milieu passende Lokale.

Auf der Westseite des Hafens steht in der Nähe der Brücke das 1344 gegründete **Hospital zum Heiligen Geist.** Hier wurden kranke Pilger, die auf dem Weg zum Kloster Cismar waren, gepflegt. Heute leben hier Senioren. Die zugehörige Kirche stammt aus dem Jahr 1408. Weithin sichtbar ist ein westlich des Hafens stehender weißer Turm, der **Tauchtopf** der Bundesmarine. Im bis zur oberen Etage mit Wasser gefüllten Gebäude übt die Marine das Aussteigen aus U-Booten in bis zu 30 m Tiefe. An der Ostseite der Brücke steht der **Pagodenspeicher.** Der 1830 errichtete Kornspeicher erinnert an fernöstliche Pagoden, daher sein Name. Passend auch, dass man hier Tee in allen Variationen trinken kann.

Im Zentrum der Stadt befindet sich der **Marktplatz.** Er gehört zu den größten in Schleswig-Holstein. Dienstags und freitags wird von 9 bis 13 Uhr Markt abgehalten. Am Südrand des Platzes steht die evangelische **Stadtkirche.** Mit dem Bau der Basilika wurde 1244 begonnen. Der quadratische Turm hat eine Höhe von 56 m. Im Inneren sind ein Triumphkreuz (15. Jh.), die Holzkanzel (1571) und der Altar (1643) besonders sehenswert.

Bemerkenswert ist auch die Ausmalung der Seitenschiffe, die Mitte des 14. Jh. entstanden und 1957 freigelegt bzw. wiederhergestellt wurden.

Von der Nordostecke des Marktplatzes geht es durch die Fußgängerzone (Kremper Straße) zum **Kremper Tor** aus dem Jahr 1244. Es ist das letzte noch erhaltene der drei Stadttore Neustadts. Heute ist dort das **zeiTTor,** das Stadtmuseum, untergebracht. Das zeiTTor versteht sich als Museum mit Pfiff, das das Leben der Menschen in der Zeit von vor 7000 Jahren bis in die jüngste Vergangenheit zeigt. Es ist ein modernes Erlebnis- und Mitmachmuseum, das für die ganze Familie geeignet ist.

Etwas außerhalb, am Südstrand (wenige Meter östlich vom Campingplatz Lotsenhaus (12)), befindet sich der **Ehrenfriedhof Cap Arcona,** wo ein Ehrenmal an die Schiffstragödie erinnert.

Sehenswertes

- **zeiTTor,** Haakengraben 2–6, Tel. 04561 619305, https://zeittor-neustadt.de, geöffnet: Ostern–Oktober Di–Sa 10.30–17 Uhr, So und feiertags 14–17 Uhr, Juli und August auch Mo, November–Ostern nur Sa, So 14–16 Uhr, Eintritt: Erw. 3,50 €, ermäßigt 2,50 €, bis 18 Jahre freier Eintritt

Untergang der „Cap Arcona" und der „Thielbek"

Am 3. Mai 1945, nur fünf Tage vor der Kapitulation Deutschlands im Zweiten Weltkrieg, kam es in der Bucht vor Neustadt zu einer schrecklichen Tragödie. Ein Passagierdampfer namens „Cap Arcona" und der Frachter „Thielbek", die drei Kilometer vor der Küste lagen und auf denen KZ-Häftlinge transportiert wurden, wurden Opfer eines folgenschweren Irrtums. Britische Bomber versenkten die beide Schiffe in der Annahme, es handele sich um Truppentransporter der Deutschen. Mehr als 7000 Menschen starben dabei einen qualvollen Tod, nur wenige überlebten.

Die Opfer stammten zumeist aus dem Hamburger KZ Neuengamme, das von der SS kurz vor dem Eintreffen der Alliierten geräumt worden war. Die Nazis wollten damit verhindern, dass auch nur ein Gefangener von den Alliierten befreit würde, um so die grausamen Verbrechen des Regimes zu vertuschen. Indizien sprechen dafür, dass die beiden Schiffe mit allen Häftlingen in der Ostsee versenkt werden sollten.

031wo-he

032wo-he

⑩ Stellplatz Neustadt P5 Am Binnenwasser

GPS 54.11083, 10.81532

Enger Platz, für große Fahrzeuge ungeeignet, nur durch eine Straße vom Binnenwasser getrennt, ruhig, 300 m zum Marktplatz, 650 m zum Hafen. **Lage/Anfahrt:** Aus allen Richtungen schon weit vorher gut ausgeschildert, den Hinweisen zum P5 folgen; **Platzanzahl:** 8; **Untergrund:** Pflaster; **Service:** Strom; **Preise:** 5 €/Fahrz., Strom 0,50 € pro kWh; **Max. Stand:** unbegrenzt; **Geöffnet:** ganzjährig; **Kontakt:** Am Binnenwasser, 23730 Neustadt in Holstein

⑪ Camping Am Strande

GPS 54.09292, 10.82576

Sehr schön an einem Südhang gelegen. Der Platz erstreckt sich zwischen Straße und Strand. Stellplätze für Wohnmobile z. T. auch nah am Strand. Schöner Spielplatz. **Lage/Anfahrt:** In Neustadt am Hafen der Hauptstraße Richtung Rettin folgen, knapp 700 m nach dem Verlassen des Hafens an einer größeren Kreuzung mit Ampel rechts in den Sandberger Weg fahren, dann nach 1,5 km gleich nach einem Supermarkt rechts; **Platzanzahl:** 375, davon 170 für Touristen; **Untergrund:** Wiese; fest; **Service:** Strom, Trinkwasser, Abwasser, Chemie-WC, WLAN; **Sicherheit:** umzäunt, beleuchtet; **Preise:** 9–11 €/Fahrz., 5–8 €/Pers., Strom 2 €; **Max. Stand:** unbegrenzt; **Geöffnet:** April–September; **Kontakt:** Camping Am Strande, Sandberger Weg 94, 23730 Neustadt, Tel. 04561 4188, https://amstrande.de

033wo-he

Information

› **Tourist-Info Neustadt Hafen,** Schiffbrücke 2–4, Tel. 04503 7794290, https://stadt-neustadt.de oder https://ostsee-schleswig-holstein.de/neustadt-in-holstein, geöffnet: Juni–Oktober Mo–Fr 10–13 Uhr und 13.30–16 Uhr, Sa, So 11–14 Uhr

Gastronomie

› **Klüvers Brauhaus,** Schiffbrücke 2–4, Tel. 04561 714811, https://kluevers.com/brauhaus.html, geöffnet: tägl. 10.30–22 Uhr. Das 1993 in die alte Fischhalle direkt am Hafen eingezogene Brauhaus mit schöner Terrasse hat sich zu einem kleinen Hotspot in Neustadt entwickelt. Hier werden nicht nur schmackhafte Gerichte zu einem moderaten Preis und selbstgebraute Biere angeboten, sondern auch Events wie der „Kutter-Rock" veranstaltet.

› **Krabbes Restaurant,** Grüner Gang 17, Tel. 04561 71242, https://krabbes-restaurant.de, geöffnet: Di–Fr 12–15 und 17.30–22 Uhr, Sa, So 12–22 Uhr. Empfehlenswertes, gemütliches Restaurant mit Außenbereich, sehr schmackhafte Speisen zu einem fairen Preis.

Aktivitäten

Die **Reederei Böttcher** bietet vom Anleger „Schiffbrücke" am Hafen von Neustadt aus verschiedene Schiffsfahrten an.

Beliebt sind die einstündigen Ostseerundfahrten. Es werden aber auch Ausflüge nach Travemünde oder Boltenhagen und Wismar in Mecklenburg-Vorpommern angeboten (Informationen online unter www.boettcher-schifffahrt.de).

12 Campingplatz Lotsenhaus

GPS 54.09285, 10.82706

Der sehr schön an einem Südhang gelegene Platz erstreckt sich zwischen Straße und Strand. Es sind keine Hunde erlaubt. Wer seine Katze dabei hat, muss sie anleinen. Mehrere Wohnmobil-Stellplätze befinden sich dicht am Strand. **Lage/Anfahrt:** Hinter dem Camping Am Strande die nächste Einfahrt rechts nehmen; **Platzanzahl:** 320, davon 80 für Touristen; **Untergrund:** Wiese; fest; **Service:** Strom, Trinkwasser, Abwasser, Chemie-WC, WLAN; **Sicherheit:** umzäunt, beleuchtet; **Preise:** 8–12 €/Fahrz., 6–8 €/Pers.; **Max. Stand:** unbegrenzt; **Geöffnet:** April–Oktober; **Kontakt:** Campingplatz Lotsenhaus, Sandberger Weg 96, 23730 Neustadt, Tel. 04561 2557, https://campingplatz-lotsenhaus.de

034wo-he

Parken

Neben der begrenzten Parkmöglichkeit auf P5 kann man auch auf dem großen, kostenpflichtigen Parkplatz P6 nah am Marktplatz parken.

P 13 **Neustadt P6,** GPS 54.10871, 10.81286

13 Camping Südstrand

GPS 54.09026, 10.83607

Sehr schöner, im unteren Teil ebener, im oberen Teil terrassierter Platz, der an den Golfplatz angrenzt. Sauna, Spielplatz und weitere Angebote für Kinder, viele Wohnmobilstellplätze in Strandnähe, Hunde nicht erlaubt. **Lage/Anfahrt:** 500 m hinter dem Camping Lotsenhaus rechts abbiegen; **Platzanzahl:** 533, davon 133 für Touristen; **Untergrund:** Pflaster, Wiese; fest; **Service:** Strom, Trinkwasser, Abwasser, Chemie-WC, WLAN; **Sicherheit:** umzäunt; **Preise:** 8–14 €/Fahrz., 7–9 €/Pers., Strom 2,50 €; **Max. Stand:** unbegrenzt; **Geöffnet:** April–Oktober; **Kontakt:** Camping Südstrand, Pelzerhakener Straße 65, 23730 Neustadt, Tel. 04561 7238, https://camping-ostsee.de

035wo-he

14 Campingplatz Seeblick

GPS 54.09116, 10.83990

Sehr schön gelegener, umweltfreundlicher, von Hecken und Bäumen durchzogener Platz mit großem Kinderspielplatz. Wohnmobilstellplätze z. T. mit Seeblick, am Steilufer mit Zugang zum Sandstrand, u. a. über eine platzeigene Treppe, Hunde nicht erlaubt. **Lage/Anfahrt:** 300 m nach der Zufahrt zum Camping Südstrand rechts; **Platzanzahl:** 215, davon 75 für Touristen; **Untergrund:** Wiese; fest; **Service:** Strom, Trinkwasser, Abwasser, Chemie-WC, WLAN; **Sicherheit:** umzäunt; **Preise:** 10–12 €/Fahrz., 7–8 €/Pers., Strom 2,50 €; **Max. Stand:** unbegrenzt; **Geöffnet:** Mai–Oktober; **Kontakt:** Campingplatz Seeblick, Pelzerhakener Straße 55–59, 23730 Neustadt, Tel. 04561 7428, https://campingplatz-ostsee.de

Vom Hafen folgt man der L309 (Waschgrabenallee) ins Landesinnere und biegt etwa 600 m nach dem Hafen an einer großen Ampelkreuzung rechts in den Sandberger Weg ab. Vorbei an den vier Neustädter Campingplätzen erreicht man Pelzerhaken.

PELZERHAKEN

(5 km – km 49)

Der kleine, zu Neustadt gehörende Ort hat einen sehr schönen feinsandigen Strand, der bis zum Nachbarort Rettin reicht. Dank mehrerer Sandbänke, die auch noch weit vom Ufer für ein Stehrevier sorgen, hat sich Pelzerhaken in den letzten Jahren zu einem **Hotspot für Surfer, Kiter und Stand-up-Paddler** entwickelt. Bei starken Ostwinden bilden sich an einigen Sandbänken hohe Wellen, die von Wellenreitern genutzt werden. Deshalb bezeichnen einige, auch wenn es vielleicht ein wenig übertrieben ist, Pelzerhaken als „Hawaii der Ostsee“.

Außer Wassersport hat der Ort noch ein Kleinod zu bieten: den quadratischen **Backsteinleuchtturm** mit seinem weißen Lampenhaus. Der 1842 unter dänischer Herrschaft erbaute Turm wurde 1936 auf knapp 20 m erhöht. Er ist noch in Betrieb, kann aber leider nur von außen besichtigt werden.

Aktivitäten

› **Sail & Surf Pelzerhaken,** Auf der Pelzerwiese 24, Tel. 04561 5248172, https://sailandsurfpelzerhaken.de. Angeboten werden Wind- und Kitesurfkurse sowie Segel- und SUP-Kurse. Darüber hinaus werden Surfbretter, SUP-Boards und Segelboote vermietet.

⑮ Campingplatz Am Hohen Ufer

GPS 54.09152, 10.84778

Der Campingplatz befindet sich auf einer Wiese zwischen Straße und Strand. Außer Stellplätzen im straßennahen Bereich gibt es besondere, durch Hecken abgetrennte Panoramastellplätze in erster Reihe mit schönem Blick auf die Ostsee. Hundefreundlich mit separater Hundewiese und -dusche. **Lage/Anfahrt:** 500 m nach der Einfahrt zum Campingplatz Seeblick kurz hinter dem Ortschild Pelzerhaken rechts; **Platzanzahl:** 300, davon 30 für Touristen; **Untergrund:** Pflaster, Wiese; fest; **Service:** Strom, Trinkwasser, Abwasser, Chemie-WC; **Sicherheit:** umzäunt; **Preise:** 10–15 €/Fahrz., 6,50–7,50 €/Pers., Strom 2,50 €, Hund 3,50–5 €; **Max. Stand:** unbegrenzt; **Geöffnet:** April–Oktober; **Kontakt:** Campingplatz Am Hohen Ufer, Pelzerhakener Straße 47, 23730 Neustadt/Pelzerhaken, Tel. 04561 7222, https://camping-neustadt.de

Man verlässt Pelzerhaken auf dem Mastkobener Weg nach Norden und trifft am Ende auf die nach rechts in Richtung Rettin führende, kurvenreiche Straße, von der man stellenweise einen schönen Blick über die hügelige Landschaft auf die Ostsee hat. In Rettin findet man erneut mehrere Übernachtungsmöglichkeiten.

⑯ Stellplatz Ostsee Pelzerhaken

GPS 54.08891, 10.87204

Großzügige Anlage mit Ver- und Entsorgungseinrichtungen, nur 150 m vom Strand entfernt, ins Zentrum mit Supermarkt, Restaurants und Kneipen 400 m, Brötchenservice. **Lage/Anfahrt:** Von Neustadt kommend biegt man in Pelzerhaken am Ende der Pelzerhakener Straße rechts in die Wiesenstraße ab, nach 500 m links in die Straße Auf der Pelzerwiese, dann nach 400 m links; **Platzanzahl:** 90; **Untergrund:** Rasengitter; fest; **Service:** Strom, Trinkwasser, Abwasser, Chemie-WC, WLAN gegen Gebühr (Tickets am Kiosk); **Sicherheit:** beleuchtet; **Preise:** 15–17 €/Fahrz. inkl. zwei Pers., Strom 1 € für 2 kWh, Duschen 1 €, Kurabgabe extra; **Max. Stand:** unbegrenzt; **Geöffnet:** März–Dezember; **Kontakt:** Wohnmobilstellplatz Ostsee, Auf der Pelzerwiese 45, Neustadt/Pelzerhaken, Tel. 04561 5277469, https://wohnmobilstellplatz-ostsee.de

036wo-he

Der Backsteinleuchtturm in Pelzerhaken wurde 1842 erbaut

RETTIN

(4 km – km 53)

Das auch noch zu Neustadt gehörende ehemalige Fischer- und Bauerndorf Rettin hat sich inzwischen ebenfalls zu einem sehr beliebten Badeort entwickelt. Es hat einen kilometerlangen Sandstrand zu bieten, der zudem flach abfällt. Besonders Familien mit Kindern fühlen sich deshalb hier gut aufgehoben.

Gastronomie

› **Restaurant & Café Strandliebe,** Strandweg 62, Tel. 04561 7147014, https://strandliebe.de, geöffnet: in der Regel Mi–So 12–20 Uhr. Mitten in den Dünen mit herrlichem Blick auf die Ostsee werden in der einfache, aber sehr schmackhafte Speisen serviert.

Aktivitäten

› **Surfschule Rettin,** Strandweg 66 (am Campingplatz An der Düne 17), Tel. 04561 528393, https://surfschule-pelzerhaken.de. Es werden Surf- und SUP-Kurse angeboten und Boards vermietet.

Parken

P **14 Parkplatz Rettin,** GPS 54.0975, 10.88988. Gebührenpflichtiger Parkplatz für Pkw bis 3,5 t, nur wenige Schritte vom Strand entfernt.

Von Rettin führt die Route weiter Richtung Brodau. Vorbei am Campingplatz Brodauer Eiche, auf dem ausschließlich Dauercamper stehen, und dem Campingplatz Elfenschlucht/Kleine Elfe 19 kommt man nach **Brodau.** Hier endet die Straße an einem See, auf dem sich auf einer natürlichen Insel das 1530 erbaute **Gut Brodau** befindet.

17 Campingplatz An der Düne

GPS 54.09518, 10.89000

Der Campingplatz befindet sich direkt hinter der Düne, aber er ist überwiegend von Dauercampern belegt. Für Urlaubsgäste stehen nur wenige Stellplätze zur Verfügung. **Lage/Anfahrt:** In Rettin Richtung Strand fahren, der Platz ist rechtzeitig ausgeschildert; **Platzanzahl:** 250, davon überwiegend Dauercamper; **Untergrund:** Wiese, Sand; fest; **Service:** Strom, Trinkwasser, Abwasser, Chemie-WC, WLAN; **Preise:** 10 €/Fahrz., 4 €/Pers., Strom inkl., Hunde 3 €, Kurtaxe extra; **Max. Stand:** unbegrenzt; **Geöffnet:** April–September; **Kontakt:** Campingplatz An der Düne, Strandweg 66, 23730 Rettin, Tel. 04561 7318, im Winter 04528910191, https://ostseecamping-duene.de

037wo-he

⑱ Campingplatz Rettin

GPS 54.09692, 10.89141

Der gepflegte Platz ist nur durch eine kleine Promenade vom kinderfreundlichen Ostseestrand getrennt, wird allerdings von Dauercampern dominiert. **Lage/Anfahrt:** In Rettin Richtung Strand fahren, der Platz ist rechtzeitig ausgeschildert; **Platzanzahl:** 200, davon acht Touristenplätze; **Untergrund:** Wiese, Sand; fest; **Service:** Strom, Trinkwasser, Abwasser, Chemie-WC; **Preise:** 14 €/Fahrz., 5 €/Pers., Strom inkl., Hund 3 €, Kurabgabe extra; **Max. Stand:** unbegrenzt; **Geöffnet:** April–September; **Kontakt:** Campingplatz Rettin, Strandweg 93, 23730 Rettin, Tel. 04561 7322, https://camping-rettin.de

038wo-he

⑲ Campingplatz Elfenschlucht/ Kleine Elfe

GPS 54.10849, 10.89929

Gepflegte, ruhige Anlage, die direkt an den Naturstrand angrenzt. Für Familien mit Kindern besonders gut geeignet, hundefreundlich und in der Hauptsaison Brötchenservice. **Lage/Anfahrt:** Auf dem Weg zwischen Rettin und Brodau; **Platzanzahl:** 39 Touristenplätze; **Untergrund:** Wiese, Sand; fest; **Service:** Strom, Trinkwasser, Abwasser, Chemie-WC; **Sicherheit:** umzäunt; **Preise:** 12–19 €/Fahrz., 4,50 €/Pers., Strom inkl., Hund/Katze 2,50 €; **Max. Stand:** unbegrenzt; **Geöffnet:** ganzjährig; **Kontakt:** Campingplatz Elfenschlucht/ Kleine Elfe, Elfenschlucht 1, 23730 Schashagen/ Brodau, Tel. 04561 7419, www.campingplatz-elfenschlucht.de

Die Route führt nun nach rechts weiter bis nach Bliesdorf. Dort kann man nach rechts in Richtung **Bliesdorf-Strand** abbiegen, wo man erneut einige Übernachtungsmöglichkeiten findet.

BLIESDORF

(4 km – km 57)

Wer gern einen ruhigen Familienurlaub genießen möchte, der ist im Ortsteil Bliesdorf-Strand genau richtig, denn der dortige fünf Kilometer lange **Naturstrand,** der durch die dahinter liegende Steilküste windgeschützt ist, fällt kindgerecht flach ab. Drei Campingplätze bieten sich für einen geruhsamen Urlaub an.

⑳ Camping und Ostseeferienpark Walkyrien

GPS 54.11953, 10.92120

Der familienfreundliche Platz ist besonders schön oberhalb der Steilküste gelegen. Es gibt Wohnmobilstellplätze in erster Reihe mit atemberaubendem Blick auf die Ostsee. Weitere Stellplätze mit ebenfalls sehr guter Aussicht befinden sich vor der Schranke auf einer Wiese. Zugang zum 250 m entfernten Strand über eine Treppe, Kinderspielplatz und -animation, Brötchenservice. **Lage/ Anfahrt:** In Bliesdorf auf dem Strandweg Richtung Strand fahren, dort bis zum Ende der Straße, weit im Voraus ausgeschildert; **Platzanzahl:** 370, davon 130 für Touristen; **Untergrund:** Wiese; fest; **Service:** Strom, Trinkwasser, Abwasser, Chemie-WC, WLAN; **Sicherheit:** umzäunt, beleuchtet; **Preise:** 10–22 €/Fahrz. inkl. zwei Pers., Strom 0,50 € pro kWh, Ver- und Entsorgung 1 €, Hund je nach Saison bis zu 3,50 €; **Max. Stand:** unbegrenzt; **Geöffnet:** Ende März–Dezember; **Kontakt:** Camping und Ostseeferienpark Walkyrien, Strandweg 26, 23730 Schashagen/Bliesdorf-Strand, Tel. 04562 6787, https://camping-walkyrien.de

039wo-he

Gastronomie

› **501 Bar & Grill,** Bundesstraße 3, 23730 Schashagen/Bliesdorf, Tel. 04562 2669155, www.diner501.de, geöffnet: Di–So 17–22 Uhr. Wer auf American Food steht, ist hier genau richtig. Neben Burgern gibt es auch Spare Ribs und Steaks.

Einkaufen

› **Regio-Box,** Brodauer Straße 15, 23730 Schashagen/Bliesdorf. Eine pfiffige Idee sind die Regio-Boxen von Carl-Philip Laubmann. Der Fleischer, der den Betrieb in vierter Generation führt, verkauft in seinen Selbstbedienungsautomaten Fleischwaren von regionalen Rindern und Schweinen aus artgerechter Haltung.

㉑ Campingland Ostsee

GPS 54.12310, 10.92242

Das überwiegend ebene Wiesengelände reicht bis an die Steilküste, für Wohnmobile auch Plätze mit Ostseeblick. Zugang zum Strand an der Gaststätte, Kinderspielplatz und -animation. **Lage/Anfahrt:** In Bliesdorf auf dem Strandweg Richtung Strand fahren, dort nach 1,2 km links und gleich wieder rechts, weit im Voraus ausgeschildert; **Platzanzahl:** 400, davon 110 für Touristen; **Untergrund:** Wiese; fest; **Service:** Strom, Trinkwasser, Abwasser, Chemie-WC, WLAN; **Sicherheit:** umzäunt; **Preise:** 8–9 €/Fahrz., 6,50–7,50 €/Pers., Strom 3 €, Hund 4–5 €; **Max. Stand:** unbegrenzt; **Geöffnet:** April–Oktober; **Kontakt:** Campingland Ostsee, Furthkoppel, 23730 Schashagen/Bliesdorf-Strand, Tel. 04562 6056, https://campingland-ostsee.de

㉒ Ostsee-Campingplatz Kagelbusch

GPS 54.12617, 10.92849

Sehr großer Platz, der bis an den Strand reicht, eigener Strandzugang, hauptsächlich Dauercamper, Kinderspielplatz und -animation. Für Wohnmobile auch Stellplätze vor der Schranke. Hunde in der Hauptsaison nicht erlaubt. **Lage/Anfahrt:** In Bliesdorf auf dem Strandweg Richtung Strand fahren, dort nach 1,2 km links und weiter bis zum Ende der Straße, weit im Voraus ausgeschildert; **Platzanzahl:** 660, davon 80 für Touristen; **Untergrund:** Rasengitter, Wiese; fest; **Service:** Strom, Trinkwasser, Abwasser, Chemie-WC, WLAN; **Sicherheit:** umzäunt; **Preise:** 13,50–19 €/ Fahrz., 5,50–7 €/Pers., Strom 3,50 €, Hund (nicht in der Hauptsaison) 6,50–8 €; **Max. Stand:** unbegrenzt; **Geöffnet:** Ende März–Mitte Oktober; **Kontakt:** Ostsee-Campingplatz Kagelbusch, Scharberg, 23730 Schashagen/Bliesdorf-Strand, Tel. 04562 7122, https://ostseecamping.de

In Bliesdorf erreicht man die B501, auf der es nach rechts weiter Richtung Grömitz geht. Schon nach 1,7 km biegt man rechts in den Ort ab.

040wo-he

GRÖMITZ

(4 km – km 61)

Grömitz hat etwas mehr als 7000 Einwohner. Der Ort hat sich ganz dem Tourismus verschrieben und gehört zusammen mit dem Ortsteil Lensterstrand zu den größten Seebädern Deutschlands. Um die 1,5 Millionen Übernachtungen von 250.000 Gästen zählt der Ort jährlich.

Der **Strand** ist 8 km lang und wird von einer fast 4 km langen Promenade begleitet. Die Seebrücke ragt 400 m in die Ostsee und hat an ihrem Ende mit der **Tauchgondel** eine ganz besondere Attraktion zu bieten. In der 2009 eingeweihten Gondel finden bis zu 30 Menschen Platz, die 4 m in die Tiefe auf den Grund der Ostsee fahren und mit Glück Fische, Quallen, Krebse, Muscheln und andere Meerestiere in ihrem natürlichen Lebensraum beobachten können. Dabei erfährt man noch viele interessante Dinge über den Lebensraum Ostsee. Eine Tauchfahrt dauert etwa 30 bis 40 Minuten. Ein Blick lohnt auch der gut 1 km weiter südwestlich liegende **Jachthafen.** Hier gibt es fast 800 Liegeplätze.

Wer in Grömitz noch etwas von dem alten Dorf sehen möchte, sollte in die Fußgängerzone Kirchenstraße gehen, wo die Kirche **St. Nicolai** zu sehen ist. Der wuchtige Backsteinbau mit dem etwas kurz geratenen quadratischen Turm wurde um 1230 errichtet. Der Turm soll ursprünglich deutlich höher gewesen sein und seine Spitze während eines Sturms im 17. Jh. verloren haben. Im Innern sticht der barocke Altar aus dem Jahre 1734 ins Auge. Auch die Rokokokanzel aus der Mitte des 18. Jh. ist sehenswert. Die Taufkrone des hölzernen Taufbeckens wird zu den wertvollsten in Norddeutschland gerechnet. In der Kirche befindet sich heute allerdings nur eine originalgetreue Kopie.

Wem die Ostsee zum Schwimmen zu kalt ist, der kann es in der **Grömitzer Welle** versuchen, einem Freizeitwellenbad mit verschiedenen Becken, Wasserrutschen und Saunen. Bei einer Lufttemperatur von 33° kann man es im 26° warmen Ostseewasser lange aushalten.

Der nordöstlich an den Hauptort anschließende Ortsteil **Lensterstrand** ist im Wesentlichen eine Campingplatz- und Ferien-

Blick auf die Seebrücke mit Tauchgondel in Grömitz

haussiedlung. Hier breiten sich neun Plätze verschiedener Größe aus. Für Wohnmobilisten gibt es neben einem sehr großen, neuen Stellplatz auch einen Parkplatz, auf dem übernachtet werden darf.

Direkt am Deich finden Kletterfreaks mit dem **Hochseilgarten Kraxelmaxel** ein schwindelerregendes Betätigungsfeld. An über 60 Stationen kann nach Herzenslust in Höhen von 4 bis 10 m geklettert werden.

An der B501, am Ortsausgang Richtung Cismar, befindet sich der **Zoo Arche Noah,** in dem man neben heimischen Tieren auch solche beobachten kann, die aus anderen Regionen der Welt stammen, z. B. Löwen oder Leoparden.

Sehenswertes

- **Tauchgondel Grömitz,** Kurpromenade an der Seebrücke, Tel. 04562 225130, https://tauchgondel.de, geöffnet: April, Mai, September und Oktober tägl. 10–19 Uhr, Juni–August tägl. 10–21 Uhr, November–März tägl. 11–16 Uhr, Eintritt: Erw. 9 €, ermäßigt 7 €, Kinder bis 15 Jahre 6 €, für Familien gibt es günstigere Familienkarten
- **St. Nicolai,** Schulweg 1, Tel. 04562 6018, https://ev-kirche-groemitz.de, geöffnet: tägl. 8–18 Uhr
- **Zoo Arche Noah,** Mühlenstraße 32, Tel. 04562 5660, https://zoo-arche-noah.de, geöffnet: in der Sommerzeit tägl. 9–18 Uhr, in der Winterzeit 9 Uhr bis zum Einbruch der Dunkelheit, Eintritt: Erw. 11 €, Kinder bis 15 Jahre 7 €

Information

- **Tourismus-Service Grömitz,** Kurpromenade 56 (am Vorplatz der Seebrücke), Tel. 04562 2560, https://groemitz.de, geöffnet: Juni–Oktober Mo–Sa 9–17 Uhr, So 10–16 Uhr, ansonsten Mo–Sa 10–16 Uhr, So 11–15 Uhr

Gastronomie

- **Fish & Coffee,** Kurpromenade 54 (an der Seebrücke), Tel. 04561 714811, www.facebook.com/FishandCoffee, geöffnet: tägl. 11–21 Uhr. Wie das Firmenlogo verspricht, soll man hier die leckersten Fischbrötchen von Grömitz bekommen. Sehr schmackhaft sind sie auf jeden Fall. Auch die anderen Speisen, z. B. Fish & Chips, sind empfehlenswert.

Aktivitäten

- **Grömitzer Welle,** Kurpromenade 58, Tel. 04562 220421, https://groemitzer-welle.de, geöffnet: tägl. 7–22 Uhr, Eintritt: Erw. ab 5 €, Kinder ab 2,50 €
- **Kraxelmaxel,** Blankwasserweg 120, Tel. 04562 2662940, https://kraxelmaxel.de/kletterpark-groemitz, geöffnet: meist tägl. ab 11 Uhr, im Winter geschlossen, Buchung und aktuelle Öffnungszeiten s. Website, Eintritt: Erw. 23 €, Jugendliche (13–17 Jahre) 20 €, Kinder ab 18 €

Einkaufen

- **Wochenmarkt** immer donnerstags von 8 bis 13 Uhr auf der Parkfläche Neuer Markt an der Theodor-Klinkforth-Straße.

Parken und Übernachten

Die **Parkplätze** sind in Grömitz nur für Pkw bis 2,8 t zugelassen. Am besten parkt man für einen Stadtbesuch auf dem kostenpflichtigen Wohnmobilstellplatz in der Gildestraße 23.

Informationen zu den **Campingplätzen** von Grömitz finden sich unter www.groemitz.de/camping-jugendcamps.

23 Stellplatz Grömitz Gildestraße

GPS 54.14495, 10.95236

Offizieller, nachts ruhiger Stellplatz am Großparkplatz P2. Für Wohnmobile gibt es einen separaten Teil, schattig, etwa 500 m zum Strand. **Lage/Anfahrt:** In Grömitz den Schildern „Großparkplatz P2" folgen; **Platzanzahl:** 20; **Untergrund:** Asphalt; **Service:** Strom, Trinkwasser, Abwasser, Chemie-WC; **Preise:** 15 €/Fahrz., im Winter nur 6 €, Strom 1 € für 2 kWh, Wasser 0,50 € für 100 l, Kurabgabe extra, Bezahlung am Automaten; **Max. Stand:** 1 Nacht; **Geöffnet:** ganzjährig; **Kontakt:** Gildestraße 17, 23743 Grömitz

041wo-he

S 15 Stellplatz Lensterstrand Blankwasserweg, GPS 54.15597, 10.98978, Blankwasserweg 98, 23743 Grömitz/Lensterstrand. In Lensterstrand den Lenster Weg vorbei am Camping Mare bis zum Ende fahren, dann rechts und nach 100 m links. 10 €/Fahrz., inkl. Pers., Kurtaxe extra, max. eine Übernachtung. Einfacher, unbefestigter Platz direkt am Deich, nur 150 m zum Strand, tagsüber etwas unruhig, nachts ruhig, kein Campingverhalten erlaubt.

Von Grömitz oder Lensterstrand fährt man wieder auf die B501 und dort rechts Richtung Cismar/Heiligenhafen. Im Weiler Ziegelhof kommt man in einen Wald und passiert dann

24 Wohnmobilpark Achtern Diek

GPS 54.15815, 10.989

Sehr großer Platz, gute Sanitäranlagen, Grillplätze vorhanden, 200 m vom Strand. **Lage/Anfahrt:** In Lensterstrand am Lenster Weg knapp 200 m vor dem Deich; **Platzanzahl:** 154; **Untergrund:** Asphalt, Schotter; fest; **Service:** Strom, Trinkwasser, Abwasser, Chemie-WC, WLAN; **Sicherheit:** umzäunt, beleuchtet; **Preise:** 16–18 €/Fahrz. inkl. 2 Pers., Duschen 1 €, Strom 0,60 € pro kWh, Wasser 1 €/80 l, Kurtaxe extra; **Max. Stand:** unbegrenzt; **Geöffnet:** ganzjährig; **Kontakt:** Wohnmobilpark Achtern Diek, Lenster Weg 1, 23743 Grömitz/Lensterstrand, Tel. 04562 2661028, www.womo-groemitz.de

042wo-he

eine kleine Siedlung, an deren Ende eine Straße links zum ausgeschilderten Stellplatz Hof Dammer 25 in **Kattenberg** führt. Er bietet sich für eine ruhige Übernachtung an, vor allem wenn man vorhat, das Kloster Cismar zu besichtigen. Dort gibt es kaum Parkmöglichkeiten für größere Wohnmobile. Zu Fuß oder mit dem Fahrrad sind es vom Stellplatz durch einen schönen Buchenwald etwa 3,5 km (hin und zurück) bis zum Kloster.

25 Wohnmobilstellplatz Hof Dammer

GPS 54.18634, 10.96534

Der kleine Stellplatz liegt auf einem Bauernhof. Sehr ruhig am Waldrand abseits vom Trubel in den Ostseebädern. Besonders geeignet für Radfahrer, Wanderer und Ruhesuchende. Sabine Höft-Dammer betreibt eine Kreativwerkstatt und bietet Workshops an, die im umgebauten ehemaligen Kuhstall stattfinden. **Lage/Anfahrt:** Von Grömitz kommend kurz vor Cismar am Ende einer kleinen Siedlung links abbiegen (Hinweis zum Stellplatz) und der Straße durch dichten, schönen Buchenwald folgen, nach 1,4 km rechts; **Platzanzahl:** 5; **Untergrund:** Wiese; fest; **Service:** Strom, Trinkwasser, Abwasser, Chemie-WC; **Sicherheit:** umzäunt; **Preise:** 10 €/Fahrz., Strom 2 €; **Max. Stand:** unbegrenzt; **Geöffnet:** April–Oktober; **Kontakt:** Mathias Dammer, Kattenberg 8, 23743 Cismar, Tel. 04366 1241, www.kreativ.cismar.de.

043wo-he

An der Abzweigung zum Hof Dammer fährt man weiter geradeaus und erreicht nach wenigen Hundert Metern Cismar.

CISMAR

(7 km – km 68)

Der kleine, etwa 800 Einwohner zählende Ort gilt heute als Künstlerdorf. Hier hat sich unter anderem der bedeutende Keramiker **Jan Kollwitz** niedergelassen. In seinem Atelier findet man japanische Keramik, die in einem besonderen Ofen gebrannt wird. Kollwitz ist ein Urenkel von Käthe Kollwitz, die zu den bekanntesten deutschen Künstlern des 20. Jh. zählt.

Cismar ist aber nicht allein wegen der Künstler ein vielbesuchter Ort, sondern vor allem wegen des **Klosters Cismar.** Die 1231 gegründete ehemalige Benediktinerabtei ist das größte und bedeutendste mittelalterliche Kloster in Ostholstein. Es handelt sich um eines der ersten Bauwerke der norddeutschen Backsteinarchitektur. Der Not gehorchend wurde es nicht aus den sonst üblichen großen Sandsteinblöcken errichtet, sondern aus kleinen Ziegeln.

Auch wenn man das Innere des Klosters nur während einer Führung zu sehen bekommt, lohnt sich der Besuch. Schon von außen sind die Gebäude beeindruckend, der Klostergarten lädt zu einem gemütlichen Spaziergang ein und im Klostercafé kann man sich stärken.

Einen Blick auf den **weltberühmten Altar** kann man aber auch ohne Führung werfen, denn die Vorhalle zur Kirche ist zugänglich. Durch eine Glasscheibe kann man in die Kirche blicken und den um 1315 geschaffenen Altar sehen. Er ist einer der ältesten Flügelaltäre der Welt und präsentierte im Mittelalter die klösterlichen Reliquien.

Wer am zweiten Wochenende im August in der Nähe ist, sollte sich keinesfalls das **Klosterfest** entgehen lassen. Das jährlich stattfindende Ereignis lockt Besucher von weit her an. An mehr als 100 Ständen bieten Kunsthandwerker und Künstler ihre Werke an und zeigen, wie sie entstehen. Natürlich wird auch ausreichend für das leibliche Wohl gesorgt.

Sehenswertes

› **Kloster Cismar,** Bäderstraße 42, Tel. 04366 8846522, https://kloster-cismar.sh, geöffnet: April–Oktober Di–So 10–17 Uhr, einstündige Führungen Mi und Sa 17 Uhr, Erw. 2 €, Kinder 1 €. Außerhalb der Führungen kann das Kloster bis auf den Vorraum der Klosterkirche (nur von Ostern bis Oktober) nur von außen (ganzjährig) besichtigt werden. Klosterfest am zweiten Augustwochenende Fr–So 10–23 Uhr.

› **Haus der Natur,** Bäderstraße 26, Tel. 04366 1288, www.hausdernatur.de, geöffnet: tägl. 10–19 Uhr, Eintritt: Erw. 4 €, Kinder 1 €. Das Naturmuseum ist vor allem wegen seiner Molluskensammlung (Muscheln und Schnecken) bekannt. Mit mehr als 5000 Arten, die Schalen von Sandkorngröße bis zu 1 m Länge aufweisen, ist es die größte Ausstellung ihrer Art in Deutschland.

Gastronomie

› **Klostercafé Cismar,** Bäderstraße 42, im Klosterhof, im ehemaligen Speisesaal der Mönche, Tel. 04366 888881, https://klostercafe-cismar.de, geöffnet: Mai–Oktober Di–So 10–17 Uhr

Einkaufen

› **Japanische Keramik – Jan Kollwitz,** Altes Pastorat, Bäderstraße 23, Tel. 04366 614, https://jankollwitz.de, geöffnet: nach telefonischer Anmeldung tägl. 11–17 Uhr

Parken

P **16 Kloster Cismar,** GPS 54.19020, 10.98438, Bäderstraße 42. Kleiner, enger Pkw-Parkplatz, für Wohnmobile, die größer als ein VW-Bus sind, ungeeignet.

Von Cismar führt die Route auf der B501 weiter Richtung Heiligenhafen. In Grönwohldshorst zweigt sie rechts Richtung Kellenhusen ab. Durch dichten Wald gelangt man wieder an die Ostsee.

KELLENHUSEN

(5 km – km 73)

Kellenhusen gilt zu Recht als **Familienbad,** in dem es eher beschaulich zugeht. Der feinsandige Strand ist 4 km lang und im Zentrum ragt eine futuristische, 305 m lange **Seebrücke** in die Ostsee. Die Brücke ist schon bei Tag sehenswert, wird aber bei Dunkelheit durch eine einzigartige **Lichtinstallation** zu einem „Highlight" im wahrsten Sinne des Wortes. Auch die geschwungene **Strandpromenade** mit ihren Ruhebuchten, riesigen eiszeitlichen Findlingen, künstlichen Dünen und kleinen Wasserläufen setzt sich von den oft hektischen und betriebsamen Promenaden anderer Ostseebäder wohltuend ab.

Am feinsandigen **Strand** gibt es Spielplätze, einen kleinen Irrgarten und eine Wassersportschule, in der man sich auch Material ausleihen kann. Wer gern eine neue Trendsportart ausprobieren möchte, findet an einer 22-Korb-Discgolf-Anlage Gelegenheit dazu.

Spaziergänger, Wanderer und Radler finden in dem großen Buchenwald **Kellenhusener Forst,** der landeinwärts an den Ort grenzt und sich bis zur Bundesstraße erstreckt, ein riesiges Revier.

044wo-he

Information

› **Tourismus-Service Ostseebad Kellenhusen,** Waldstraße 1, Tel. 04364 49750, https://kellenhusen.de, geöffnet: Mo–So 9–17 Uhr

Aktivitäten

› **Wassersport Kellenhusen,** Strandpromenade 38 (am Parkplatz Zeltplatzweg), Tel. 0152 56309263, https://wassersport-kellenhusen.de, geöffnet: April–September. Angeboten werden Windsurf-, Segel- und SUP-Kurse. Das jeweilige Material und Kanus können auch ausgeliehen werden.

Parken

P 17 **Kellenhusen Zeltplatzweg,** GPS 54.18522, 11.05654. Gebührenpflichtiger Parkplatz am Deich, zum Strand wenige Meter, zur Seebrücke und ins Zentrum 400 m.

26 Campingparadies Kellenhusen

GPS 54.18483, 11.05302

Der familienfreundliche Platz, der bis an den Ostseedeich reicht, liegt inmitten von Feldern. Die Stellplätze sind z. T. durch kleine Hecken parzelliert. Kinderspielplatz, nur wenige Schritte zum Strand, zur Seebrücke und ins Zentrum etwa 700 m. **Lage/Anfahrt:** Von der B501 bei Grönwohldshorst biegt man Richtung Kellenhusen ab. Nach 2,2 km am Ende des Waldes an der ersten Kreuzung rechts, dann noch knapp 1 km; **Platzanzahl:** 200, davon 40 für Touristen; **Untergrund:** Wiese; fest; **Service:** Strom, Trinkwasser, Abwasser, Chemie-WC, WLAN auf einem Teil des Platzes; **Sicherheit:** umzäunt; **Preise:** 5,50–12 €/Fahrz., 4,50–7 €/Pers., Strom 3,20 €, Hund 2,50–5 €; **Max. Stand:** unbegrenzt; **Geöffnet:** April–Oktober; **Kontakt:** Campingparadies Kellenhusen, Kirschenallee 16–18, 23746 Dahme/Kellenhusen, Tel. 04364 8140, https://campingparadies-kellenhusen.de

Dahme, das nächste Ziel, erreicht man am schnellsten über den Dahmer Weg.

Die Seebrücke in Kellenhusen ist bei Tag und Nacht sehenswert

DAHME

(5 km – km 78)

Das ursprüngliche Fischerdorf Dahme, 1299 erstmals urkundlich erwähnt, hat sich zu einem modernen Seeheilbad mit familiärer Atmosphäre entwickelt. Der bis zu 30 m breite, feine **Sandstrand** ist über 6 km lang und fällt flach ins Wasser ab. Eine 1,5 km lange **Promenade** lädt zum Schlendern, Shoppen und Schlemmen ein. Natürlich hat der Ort auch eine Seebrücke. Die 205 m lange Stahlbetonbrücke ist schon der vierte Bau. Die drei Vorgängermodelle, alle aus Holz, wurden bei Eisdriften im Winter zerstört.

An der Promenade, etwa 300 m nördlich der Seebrücke, befindet sich das **StrandSpa,** ein Sport- und Gesundheitszentrum mit Therapiebecken, Salzgrotte, Sauna, Solarium, Massagen und Wellness. Wer stattdessen Wassersport betreiben möchte, findet mit der **Surfschule Dahme** den richtigen Partner.

Wahrzeichen des Orts ist der ganz im Süden an einer Landspitze stehende **Leuchtturm Dahmeshöved.** Der 28 m hohe, achteckige Leuchtturm aus roten Backsteinen wurde 1880 in Betrieb genommen. Sein Licht hat eine Reichweite von 42,6 km und ist auch heute noch ein unverzichtbares Seezeichen. Darüber hinaus ist der denkmalgeschützte Turm auch zu einer touristischen Attraktion geworden: Er kann bestiegen werden und wer heiraten möchte, kann das hier ebenfalls tun.

Wer in die Geschichte des Orts eintauchen möchte, findet in der Straße Am Wittenwieverbarg (Weiße-Weiber-Berg) neben der Geroldkapelle einen kleinen Hügel. Das ist der Rest einer **Turmhügelburg** aus dem 13. Jh. Man braucht schon etwas Fantasie, um sich auf dem unscheinbaren Hügel eine Burg vorzustellen, deshalb wurde ein Hinweisschild mit Erläuterungen aufgestellt.

Information

› **Tourismus-Service Dahme,** Seestraße 50, 23747 Dahme, Tel. 04364 49200, https://dahme.com, geöffnet: Mo–Fr 9–17 Uhr, Sa und So 10–13 Uhr

Aktivitäten

› **StrandSpa Dahme,** An der Strandpromenade 38, Tel. 04364 470990, https://strandspa-dahme.de, Mo–Fr 7–21, Sa und So 10–18 Uhr

› **Surfschule Dahme,** Anhalter Platz 100 (am Strandbereich des Eurocamping Zedano 27), Tel. 01523 3871053, https://surfschule-dahme.de, geöffnet: April–September. In der Surfschule kann man neben Wind- und Kitesurfen auch Segeln lernen und SUP-Kurse belegen. Darüber hinaus werden Kajaks vermietet.

Parken

In Dahme gibt es mehrere kostenpflichtige Parkplätze, die auch für Wohnmobile zugelassen sind. Campingverhalten und Übernachtungen sind allerdings verboten und das Verbot wird von der Polizei auch kontrolliert und durchgesetzt.

P 18 **Parkplatz Leuchtturmstraße,** GPS 54.21498, 11.08999. Geschotteter, kostenpflichtiger Tagesparkplatz, etwas erhöht direkt an der Ostsee mit wunderbarer Aussicht, gut 1 km bis zur Seebrücke.

P 19 **Parkplatz Reinhold Resthöff Damm,** GPS 54.23033, 11.08444. Geräumiger, kostenpflichtiger, asphaltierter Tagesparkplatz, 200 m zum Strand, 600 m zur Seebrücke.

27 Eurocamping Zedano

GPS 54.23756, 11.08189

Sehr großer Campingplatz zwischen einem breiten Graben im Westen und dem Ostseedeich im Osten, durch Hecken und Büsche gegliedert, vielfältige Angebote, u. a. Animation für Kinder. Zum Strand etwa 150 m, zur Seebrücke etwa 1,5 km, Vermietung von Elektrorollern. **Lage/Anfahrt:** In Dahme der Straße am Deich entlang nach Norden folgen, der Platz ist ausgeschildert; **Platzanzahl:** 720, davon 350 für Touristen; **Untergrund:** Wiese; fest; **Service:** Strom, Trinkwasser, Abwasser, Chemie-WC, WLAN im Bereich der Rezeption; **Sicherheit:** umzäunt; **Preise:** 8–28 €/Fahrz., 4,50–8 €/Pers., Hund 3,50–5 €, Strom 3,50 €; **Max. Stand:** unbegrenzt; **Geöffnet:** ganzjährig; **Kontakt:** Eurocamping Zedano, Anhalter Platz 100, 23747 Dahme, Tel. 04364 366, https://zedano.de

㉘ Camping Stieglitz

GPS 54.24270, 11.08041

Der Campingplatz ist von Wald umgeben und grenzt an ein Dünengelände. Viele Parzellen sind durch Hecken abgegrenzt. Familienfreundlich, Spielplatz und Animation für Kinder, Grillmöglichkeiten, ca. 100 m zum Strand, 2 km zur Seebrücke. **Lage/Anfahrt:** In Dahme der Straße am Deich entlang nach Norden folgen, etwa 600 m nach der Einfahrt zum Eurocamping Zedano. Der Platz ist ausgeschildert; **Platzanzahl:** 512, davon 212 für Touristen; **Untergrund:** Wiese; fest; **Service:** Strom, Trinkwasser, Abwasser, Chemie-WC; **Sicherheit:** umzäunt; **Preise:** 7–25 €/Fahrz., 4–7 €/Pers., Strom 2,80 €, Hunde 3–6 €; **Max. Stand:** unbegrenzt; **Geöffnet:** April–Oktober; **Kontakt:** Camping Stieglitz, Reinhold-Reshöft-Damm, 23747 Dahme, Tel. 04364 1435, www.camping-stieglitz.de

05wo-he

Von Dahme führt die Route ins Landesinnere, wo sie bei Grube wieder auf die B501 trifft und rechts Richtung Puttgarden/Heiligenhafen weiterführt. Nach etwa 4 km erreicht man bei Augustenhof eine Kreuzung. Wer schnell weiter nach **Heiligenhafen** (s. S. 86) oder **Fehmarn** (s. S. 55) will, fährt hier geradeaus. Wer noch einige kleinere Seebäder, allerdings mit teils riesigen Campinglandschaften, abklappern möchte, fährt rechts in Richtung Süssau/Rosenfelder Strand, wo man die Wahl zwischen einem halben Dutzend Campingplätzen hat. Nach etwa 1 km geht es an der ersten Kreuzung links in das kleine Dorf, geradeaus kommt man zu zwei Campingplätzen am Rosenfelder Strand.

SÜSSAU

(10 km – km 88)

Das kleine Dorf zeigt sich wenig touristisch und erst am knapp 2 km entfernten Strand sieht man, dass der Fremdenverkehr auch in den zu Heringsdorf gehörenden Ort eingezogen ist. Aber alles fällt eine Nummer kleiner und bescheidener aus als in den weiter südlich liegenden Seebädern, was sich auch auf die Preise und Campingplatzgebühren auswirkt. Wer Ruhe und Erholung abseits vom Trubel sucht, ist hier bestens aufgehoben. Neben einigen Ferienhäusern gibt es in Süssau Strand Übernachtungsmöglichkeiten fast ausschließlich auf den Campingplätzen, sodass man ohne Übertreibung von Süssau als Campingdorf sprechen kann.

Natürlich hat der Ort auch eine **Seebrücke.** Sie ist mit knapp 50 m kürzer als andere, dafür hat man aber einen schönen Blick auf die Fehmarnsundbrücke, die die Insel mit dem Festland verbindet.

Der **Strand** ist naturbelassen, feinsandig und ein wenig mit kleinen Steinen durchsetzt. Wer sucht, findet dekorative Exemplare, die während der letzten Eiszeit aus Skandinavien mit Gletschern hierher transportiert wurden.

Parken

P 20 Süssau Seebrücke, GPS 54.27394, 11.08228. Tagesparkplatz am Zugang zur Seebrücke.

㉙ FKK Camping Ostsee

GPS 54.25777, 11.080

Der FKK-Campingplatz liegt direkt an der Ostsee in einem Naturschutzgebiet, von dichten Büschen und hohen Bäumen umgeben. Eigener, 1,5 km langer Strandabschnitt. Für Kinder gibt es einen Spielplatz und Spielwiese mit einem großen Hüpfkissen, Wasserrutsche und ein Wassertrampolin. **Lage/Anfahrt:** An der Kreuzung in Augustenhof von der B501 Richtung Süssau/Rosenfelder Strand abfahren, an der ersten Kreuzung geradeaus, der Straße noch 2,5 km bis zum Ende folgen; **Platzanzahl:** 900, davon 350 für

Touristen; **Untergrund:** Wiese; fest; **Service:** Strom, Trinkwasser, Abwasser, Chemie-WC; **Sicherheit:** umzäunt; **Preise:** 8–12 €/Fahrz., 5,50–9 €/Pers., Strom 3,50 €, Hund 2,50–3,50 €; **Max. Stand:** unbegrenzt; **Geöffnet:** Ende März–Mitte September; **Kontakt:** FKK Camping Ostsee, Rosenfelder Strand 2, 23749 Grube, Tel. 04365 222, www.fkk-camping-ostsee.de

30 Rosenfelder Strand Ostsee Camping

GPS 54.26489, 11.07711

Gepflegter Campingplatz, der bis an die Ostsee heranreicht. Ebenes, durch Hecken gegliedertes Wiesengelände, für Wohnmobile auch Plätze vor der Schranke. Familienfreundlich, Spielplätze, Abenteuerwald, Hüpfburg und Animation für Kinder. **Lage/Anfahrt:** An der Kreuzung in Augustenhof von der B501 Richtung Süssau/Rosenfelder Strand abfahren. An der ersten Kreuzung geradeaus, nach 2 km links; **Platzanzahl:** 800, davon 350 für Touristen; **Untergrund:** Rasengitter, Wiese; fest; **Service:** Strom, Trinkwasser, Abwasser, Chemie-WC, WLAN; **Sicherheit:** umzäunt; **Preise:** 11–22,50 €/Fahrz., 6,10–9,40 €/Pers., vor der Schranke 7,20–11,40, Strom 2,90 €, Hund 3,10 € (Hunde in der Hauptsaison nur auf wenigen Plätzen vor der Schranke erlaubt); **Max. Stand:** unbegrenzt; **Geöffnet:** Ende März–Anfang November; **Kontakt:** Rosenfelder Strand Ostsee Camping, Rosenfelder Strand 1, 23749 Grube, Tel. 04365 979722, https://rosenfelder-strand.de

046wo-he

31 Camping Am Minigolf

GPS 54.27216, 11.08269

Der Campingplatz liegt am Süssauer Strand, kleiner, separater Teil für Wohnmobile direkt am Deich, Kinderspielplatz. **Lage/Anfahrt:** In Süssau der Straße zum Strand folgen, vor dem Deich rechts; **Platzanzahl:** 200; **Untergrund:** Wiese; fest; **Service:** Strom, Trinkwasser, Abwasser, Chemie-WC; **Sicherheit:** umzäunt; **Preise:** 10 €/Fahrz., 3,50 €/Pers., Strom 2 €, Kurtaxe extra; **Geöffnet:** April–Anfang Oktober; **Kontakt:** Camping Am Minigolf, Strandstraße 26, 23777 Heringsdorf/Süssau, Tel. 04365 284, https://camping-ostsee-urlaub.com

047wo-he

32 Campingplatz Poseidon

GPS 54.27408, 11.08169

Der traditionsreiche Platz existiert seit 1960 und ist der älteste in Süssau. Seit drei Generationen ist er im Besitz der Familie Oxen. Überwiegend Dauercamper, direkte Strandlage gleich hinter dem Deich, nur wenige Meter zur Seebrücke und zum Strand, Kinderspielplatz. **Lage/Anfahrt:** In Süssau der Straße zum Strand folgen, etwa 50 m vor dem Deich links; **Platzanzahl:** 100, davon 10 für Touristen; **Untergrund:** Wiese; fest; **Service:** Strom, Trinkwasser, Abwasser, Chemie-WC; **Sicherheit:** umzäunt; **Preise:** 12 €/Fahrz., 5 €/Pers., Strom 2 €, Hund 1 €; **Max. Stand:** unbegrenzt; **Geöffnet:** April–September; **Kontakt:** Campingplatz Poseidon, Strandstraße, 23777 Heringsdorf/Süssau, Tel. 04365 7484, https://camping-poseidon.de

Von Süssau geht es auf schmaler Straße kurvenreich durch eine schöne Landschaft mit Blick auf die Ostsee nach Siggen, wo man am Ende der Straße links fährt.

Am **Gut Siggen** mit seinem hübschen Herrenhaus vorbei führt die Straße durch eine sehr schöne Allee. Nach dem Gut geht es etwas mehr als 4 km wie an der Schnur gezogen geradeaus weiter, etwas ungewöhnlich bei den sonst so kurvenreichen Straßen in der Region.

Knapp 100 m vor einem Bahnübergang weist ein Camping-Hinweisschild nach rechts. Wer eine Übernachtungsmöglichkeit sucht, der kann hier nach Ostermade abbiegen, wo man nach etwa 2,5 km Fahrt auf zwei Campingplätzen unmittelbar am Strand auch Stellplätze für Wohnmobile vorfindet (33 und 34).

ABSTECHER NACH OSTERMADE

(hin und zurück 5 km)

Ostermade, zur Gemeinde Neukirchen gehörend, besteht im Wesentlichen aus zwei großen Campingplätzen, einer Ferienhaussiedlung und einigen Einfamilienhäusern. Der Ort liegt abseits der großen Touristenströme, die Preise sind moderat und als eines der wenigen Ostseebäder an der Lübecker Bucht wird keine Kurabgabe fällig.

Der **familienfreundliche Strand** des Orts ist breit und an der **Seebrücke** gibt es ein Restaurant, in dem man Pizza, Steak und Burger oder auch einfach ein Fischbrötchen auf die Hand bekommt (geöffnet: tägl. 10–22.30 Uhr).

33 Campingplatz Behnke

GPS 54.32485, 11.06983

Der überwiegend von Dauercampern geprägte Platz liegt zwischen Wiesen und Feldern und grenzt direkt an den Ostseestrand. Abgetrennter Bereich für Wohnmobile, familienfreundlich, mit Spiel- und Bolzplatz, Minigolf und Miniskooter, Grillen erlaubt, jeden Freitag frischer und geräucherter Fisch zu kaufen. **Lage/ Anfahrt:** Von Siggen kommend vor dem Bahnübergang Richtung Ölendorf/Ostermade rechts abbiegen, dann nach 2,5 km links; **Platzanzahl:** 180, davon 8 für Touristen sowie eine nicht parzellierte Wiese für Wohnmobile hinter der Schranke; **Untergrund:** Wiese; fest; **Service:** Strom, Trinkwasser, Abwasser, Chemie-WC, gebührenpflichtiges WLAN auf einem Teil des Platzes; **Sicherheit:** umzäunt; **Preise:** 10 €/ Fahrz., 3 €/Pers. inkl. Strom, Ver- und Entsorgung 2 € (Preisangaben für die Wohnmobilwiese); **Max. Stand:** unbegrenzt; **Geöffnet:** April–Oktober; **Kontakt:** Campingplatz Behnke, Ostermader Kamp, 23779 Neukirchen/Ostermade, Tel. 04365 431, https://entspannt-am-ostseestrand.de

048wo-he

Die Seebrücke sorgt allerdings für Diskussionen. Das in die Jahre gekommene Bauwerk hat Mängel und die Nutzungsdauer ist demnächst abgelaufen. Die politisch Verantwortlichen beraten nun, ob die Brücke saniert, eine neue gebaut oder ob es in Zukunft keine mehr geben wird.

34 Campingplatz Hohes Ufer

GPS 54.32455, 11.07012

Der durch Hecken in mehrere Abschnitte gegliederte Campingplatz mit überwiegend Dauercampern liegt zwischen Wiesen und Feldern direkt am Strand der Ostsee. Er ist Teil der Ländereien des Gutshofs Gut Godderstorf. Familienfreundlich mit Kinderanimation, kostenloses naturpädagogisches Ferien-Erlebnisprogramm, Grillen erlaubt, Buchung von Reitstunden mit Strandausritt am Gutshof. **Lage/Anfahrt:** Von Siggen kommend vor dem Bahnübergang Richtung Ölendorf/Ostermade rechts abbiegen, dann nach 2,5 km rechts; **Platzanzahl:** 540, davon 60 für Touristen; **Untergrund:** Wiese; fest; **Service:** Strom, Trinkwasser, Abwasser, Chemie-WC, WLAN kostenpflichtig; **Sicherheit:** umzäunt; **Preise:** 22–42 €/Fahrz. inkl. 2 Pers., Strom 4 €,; **Max. Stand:** unbegrenzt; **Geöffnet:** April–Oktober; **Kontakt:** Campingplatz Hohes Ufer, Ostermader Kamp, 23779 Neukirchen/Ostermade, Tel. 04365 496, https://camping-hohes-ufer.de

Die Route führt nun an der Abzweigung nach Ostermade weiter geradeaus. Gleich nach der Bahnüberquerung hält man sich rechts, passiert das hinter hohen Bäumen verborgene Gut Löhrstorf und biegt an der nächsten Abzweigung Richtung Sütel ab, wo man erneut mehrere Übernachtungsmöglichkeiten findet.

SÜTEL

(9 km – km 97)

Während man ähnlich wie in Süssau auch im etwa 1,5 km von der Ostsee entfernten kleinen, idyllischen Dorf Sütel kaum touristische Infrastruktur findet, hat sich der zugehörige

35 Seepark Sütel – Wohnmobilhafen

GPS 54.33381, 11.06623

Der Wohnmobilhafen gehört zum angrenzenden Campingplatz, der bis an die Ostsee reicht. Ebenes Rasengelände mit großen Stellplätzen, die durch Büsche abgegrenzt sind. Etwa 350 m zum Strand, die Einrichtungen und Angebote des Campingplatzes können mitgenutzt werden, weitere Stellplätze auf dem Campingplatz. **Lage/Anfahrt:** Von Löhrstorf rechts Richtung Sütel abbiegen. Kurz hinter dem Bahnübergang am Ortseingang von Sütel geradeaus Richtung Strand fahren und der Beschilderung zum Campingplatz folgen; **Platzanzahl:** 30; **Untergrund:** Wiese; fest; **Service:** Strom, Trinkwasser, Abwasser, Chemie-WC; **Sicherheit:** umzäunt, beleuchtet; **Preise:** 16 €/Fahrz. inkl. Pers. und Strom; **Max. Stand:** unbegrenzt; **Geöffnet:** April–Oktober; **Kontakt:** Seepark Sütel, Sütel Strand, 23779 Neukirchen/Sütel, Tel. 04365 7474, www.seepark-suetel-camping.de

049wo-he

050wo-he

36 Campingplatz Sütel

GPS 54.33590, 11.07127

Der von Dauercampern geprägte Campingplatz erstreckt sich bis zum Strand. Wiesengelände mit Büschen und Bäumen, für Familien besonders geeignet, großer Spielplatz, Animation für Kinder, Mietfahrräder. **Lage/Anfahrt:** Von Löhrstorf kommend rechts Richtung Sütel abbiegen. Kurz hinter dem Bahnübergang am Ortseingang von Sütel geradeaus Richtung Strand und weiter der Ausschilderung folgen; **Platzanzahl:** 980, davon 170 für Touristen; **Untergrund:** Wiese; fest; **Service:** Strom, Trinkwasser, Abwasser, Chemie-WC, WLAN; **Sicherheit:** umzäunt; **Preise:** 12–17 €/Fahrz., 4–6 €/Pers., Strom 3,50 €, Hunde 4 €; **Max. Stand:** unbegrenzt; **Geöffnet:** April–Mitte Oktober; **Kontakt:** Campingplatz Sütel, Sütel Strand, 23779 Neukirchen/Sütel, Tel. 04365 451, https://campingplatz-suetel.de

37 Campingplatz Seekamp

GPS 54.34351, 11.06244

Wunderschön am Seekamper Binnensee und an der Ostsee gelegener Campingplatz. Großer, abwechslungsreicher Kinderspiel- und Sportbereich, ideales Wassersportgebiet im Binnensee mit Badeinsel, Wasserrutsche, und Schwimmsteg, schöner, breiter Sandstrand an der Ostsee; **Lage/Anfahrt:** Von Löhrstorf kommend rechts Richtung Sütel abbiegen, kurz hinter dem Bahnübergang am Ortseingang von Sütel links Richtung Seekamp, nach gut 1 km rechts zwischen den Granitblöcken zum Platz; **Platzanzahl:** 630, davon 150 für Touristen; **Untergrund:** Schotterrasen, Wiese; fest; **Service:** Strom, Trinkwasser, Abwasser, Chemie-WC, WLAN kostenpflichtig; **Sicherheit:** umzäunt; **Preise:** 10–12 €/Fahrz., 5 €/Pers., Strom 2,50 €, Hund 2 €; **Max. Stand:** unbegrenzt; **Geöffnet:** April–Mitte Oktober; **Kontakt:** Campingplatz Seekamp, Seekamp 1, 23779 Seekamp, Tel. 04365 456, https://camping-seekamp.de

051wo-he

Strand zu einem Ferienzentrum mit mehreren großen Campingplätzen und Ferienhauskolonien entwickelt. Aber auch dort geht es geruhsam und beschaulich zu.

Der naturbelassene **Sandstrand,** der flach abfällt, lockt vor allem Familien mit Kindern an. Er ist breit und liegt teilweise geschützt vor Westwinden an einer flachen Steilküste. Weder bei Übernachtungen noch beim Betreten des Strandes muss man eine Kurabgabe zahlen.

Auf der Weiterfahrt hält man sich am Ortseingang von Sütel an der Gabelung links in Richtung Seekamp, fährt an der Einfahrt dann zum Campingplatz Seekamp vorbei und folgt der schmalen Straße über Lütjenbrode bis nach Großenbrode, dem letzten Ziel dieser Route.

GROSSENBRODE

(10 km – km 107)

Großenbrode ist das nördlichste Ostseebad in der Lübecker Bucht und Tor zur Insel Fehmarn. Der Ort liegt auf einer Halbinsel und ist auf drei Seiten von Wasser umgeben. Diese sonnenreichste und regenärmste Region Deutschlands ist ideal für einen **Familienurlaub,** aber auch für einen **Aktivurlaub.** Nahezu jede Art von Wassersport ist hier möglich, man kann Skaten, Radfahren, Wandern und Laufen und auch Angler kommen auf ihre Kosten. Der Ort ist seit vielen Jahren ein beliebter Treffpunkt für Angelfreunde an der Ostsee.

Im **Kurmittelcentrum** mit einem Meerwasserbewegungsbad kann man Körper und Seele etwas Gutes tun. Der 1,5 km lange, feinsandige **Strand** ist bis zu 50 m breit und ideal für Familien mit Kindern. In der Mitte des Strands ragt eine knapp 300 m lange **Seebrücke** in die Ostsee und die **Promenade** bietet sich zum Flanieren an. Um den schönen Fußgängerbereich bei der Seebrücke gruppiert sich eine Reihe von Restaurants. Am südwestlich angrenzenden Binnensee liegen die **Jachthäfen** mit über 1000 Liegeplätzen.

Der alte Ortskern um die **St.-Katharinen-Kirche** liegt etwa 2 km nördlich vom Strand. Das Gotteshaus, das im Jahr 1230 erstmals erwähnt wird, ist mit seinem Umfeld als Kulturdenkmal ausgewiesen. Ungewöhnlich ist der im 17. und 18. Jahrhundert errichtete Kirchturm, der nicht aus Ziegeln, sondern aus Holz besteht.

Information

› **Großenbrode Tourismus Service,** Teichstraße 12, 23775 Großenbrode, Tel. 04367 997113, https://grossenbrode.de, geöffnet: Mo–Fr 9–17 Uhr

Aktivitäten

› **Kurmittelcentrum Großenbrode,** Am Südstrand 26a, Tel. 04367 560, www.kurmittelcentrum-grossenbrode.de, geöffnet: März–Oktober Mo–Fr 7.30–19 Uhr, Sa 8–12 Uhr, November–Februar Mo–Fr 7.30–18 Uhr

› **Wassersportschule watersports4all,** Am Kai 21, Tel. 04367 6579966 und 01718055655, https://watersports4all.de, geöffnet: tägl. 10–18 Uhr. Segel-, Wind- und Kitesurfkurse sowie Verleih von Booten, Boards und Ausrüstung.

› **Heinos Fahrrad-Service,** Am Vogelberg 8, Tel. 04367 8133 und 015252493907, https://fahr-rad-service.de, geöffnet: Mo–Fr 9.30–11.30, 17–18 Uhr, Sa 9.30–11.30 Uhr. Service, Verleih und Verkauf von Rädern.

› **Angelscheine** bekommt man im Ordnungsamt, das sich im Rathaus befindet: Teichstraße 12, Tel. 04361 493744 Uhr.

38 Wohnmobilhafen Wassersportzentrum Großenbrode

GPS 54.35520, 11.07849

Zwei getrennte Areale zwischen Werft- und Bootshallen, einfache Sanitäranlagen, nachts sehr ruhig, zum Jachthafen und Strand jeweils etwa 200 m. **Lage/Anfahrt:** Im Ort nach der Überquerung der Eisenbahn der Strandstraße folgen, nach gut 1 km vor den Parkplätzen rechts in die Straße Am Kai und 500 m weiter rechts auf das Werftgelände einfahren; **Platzanzahl:** 40; **Untergrund:** Wiese; fest; **Service:** Strom, Trinkwasser, Chemie-WC, WLAN kostenlos; **Sicherheit:** umzäunt; **Preise:** 10–14 €/Fahrz. inkl. Pers. und Kurtaxe; **Max. Stand:** unbegrenzt; **Geöffnet:** April–Oktober; **Kontakt:** Wassersportzentrum Großenbrode, Am Kai 29, 23775 Großenbrode, Tel. 0172 436800, www.wassersportzentrum.net

39 Wohnmobilhafen Reise

GPS 54.36128, 11.08558

Von Hecken eingefasster, geräumiger Schotterplatz, gepflegt und ruhig neben einem Fitnessstudio und einem Restaurant, zum Strand und zur Seebrücke 400 m; **Lage/Anfahrt:** Auf der Strandstraße Richtung Strand fahren, nach der Überquerung der Eisenbahn nach 800 m gleich hinter einem Einkaufszentrum (Nahkauf) links, knapp 100 m weiter erneut links; **Platzanzahl:** 42; **Untergrund:** Schotter, Wiese; fest; **Service:** Strom, Trinkwasser, Abwasser, Chemie-WC, WLAN gebührenpflichtig; **Sicherheit:** umzäunt, beleuchtet; **Preise:** 12–16 €/Fahrz. inkl. Pers., Strom und Kurabgabe, Wasser 0,5 € für ca. 60 l, Duschen 1 €; **Max. Stand:** unbegrenzt; **Geöffnet:** ganzjährig; **Kontakt:** Familie Reise, Südstrand 1, 23775 Großenbrode, Tel. 0171 5050305, https://wohnmobilhafen-reise.de

052wo-he

Von Großenbrode aus kann man auf der B207 entweder in Richtung Fehmarn (Route 2, s. S. 55) oder in die andere Richtung bis nach Heiligenhafen (Route 3, s. S. 86) weiterfahren.

40 Campingparadies Großenbrode

GPS 54.36041, 11.08740

Gepflegter, ruhiger Campingplatz etwa 200 m vom Strand entfernt. Stellplätze teils von niedrigen Hecken begrenzt, Kinderspielplatz, Brötchenservice. **Lage/Anfahrt:** Auf der Strandstraße Richtung Strand fahren, nach der Überquerung der Eisenbahn nach 800 m gleich hinter einem Einkaufszentrum (Nahkauf) links, der Straße um die Rechtskurve folgen, dahinter nach 100 m links; **Platzanzahl:** 420, davon 90 für Touristen; **Untergrund:** Wiese; fest; **Service:** Strom, Trinkwasser, Abwasser, Chemie-WC, WLAN auf einem Teil des Platzes, kostenpflichtig; **Sicherheit:** umzäunt; **Preise:** 6–13 €/Fahrz., 5–6 €/Pers., Strom 2,50 €, Hund nur auf Anfrage ab 3 €; **Max. Stand:** unbegrenzt; **Geöffnet:** April–Oktober; **Kontakt:** Campingparadies Großenbrode, Südstrand 3, 23775 Großenbrode, Tel. 04367 8697, www.camping-grossenbrode.de

053wo-he

ROUTE 2

FEHMARN

055wo-he

Strecke:

Fehmarnsundbrücke – **Burg auf Fehmarn** (8 km, s. S. 58) – **Klausdorfer Strand** (9 km, s. S. 61) – **Katharinenhof** (8 km, s. S. 62) – **Südstrand Meeschendorf** (6 km, s. S. 63) – **Südstrand Burgtiefe** (6 km, s. S. 65) – **Burgstaaken** (4 km, s. S. 66) – **Wulfen** (5 km, s. S. 67) – **Fehmarnsund** (2 km, s. S. 68) – **Strukkamp** (3 km, s. S. 69) – **Lemkenhafen** (5 km, s. S. 70) – **Orth** (4 km, s. S. 71) – **Sulsdorf** (2 km, s. S. 72) – **Abstecher: Flügge und Strandparkplatz Püttsee** (9 km, s. S. 72) – **Petersdorf** (4 km, s. S. 74) – **Bojendorf** (3 km, s. S. 74) – **Westmarkelsdorf** (5 km, s. S. 76) – **Altenteil** (3 km, s. S. 76) – **Wenkendorf** (2 km, s. S. 78) – **Gammendorf** (6 km, s. S. 79) – **Johannisberg** (3 km, s. S. 80) – **Puttgarden** (2 km, s. S. 81)

Streckenlänge:

ohne Abstecher ca. 90 km

mit Abstecher ca. 99 km

« Kapitelstartseite: Blick vom Jachthafen Burgtiefe (s. S. 65) auf die Kirche in Burg (s. S. 58)

› Burgstaakens Hafen ist auch heute noch Heimat von Fischkuttern (s. S. 66)

220wo-he

ROUTENÜBERSICHT

Die drittgrößte Insel Deutschlands schmückt sich mit dem Titel „Sonneninsel“, und da geben ihr die Meteorologen recht. Um die 2000 Stunden scheint die Sonne hier im Jahr (zum Vergleich: München etwa 1750 Stunden) und nur 500 mm Regen fallen jährlich (im Bundesdurchschnitt ca. 750 mm).

Aber das ist nicht alles, was Fehmarn für Touristen so attraktiv macht. Da sind auch vor allem die wunderbaren, naturbelassenen Strände zu nennen, die um die ganze Insel herum reichen und von denen jeder einen ganz eigenen Charakter hat. Hier fühlen sich Familien mit Kindern wohl, Paare und auch Einzelreisende. Besonders bei Windsurfern und Kitern hat sich die Insel einen Namen gemacht, weht hier doch ein verlässlicher Wind und die Surfspots sind mit Autos leicht zu erreichen.

Darüber hinaus punktet das immer noch landwirtschaftlich geprägte Eiland mit seiner dörflichen Struktur, die noch weitgehend erhalten ist und einen geruhsamen Urlaub verspricht. Riesige Touristenburgen findet man auf Fehmarn, mit Ausnahme vom Südstrand, nicht. So ist es kein Wunder, dass auch Naturfreunde die Insel mit ihren Naturschutzgebieten für sich entdeckt haben.

Wer mit dem Wohnmobil anreist, findet zahlreiche schöne Übernachtungsmöglichkeiten. Das Spektrum reicht von einfachen Stellplätzen ohne wohnmobilspezifische Einrichtungen bis zu komfortablen Panorama-Plätzen direkt am Strand mit freier Sicht auf die Ostsee.

Man erreicht Fehmarn auf der A1, die bei Heiligenhafen endet und in die gut ausgebaute B207 übergeht. Über die **Fehmarnsundbrücke** gelangt man auf die Insel. Da die Tour auf Fehmarn als Rundtour angelegt ist, kann sich jeder seinen eigenen Wunschstartort wählen.

Wer nicht sofort an einen der zahlreichen Strände will, kann dem hier vorgeschlagenen Startpunkt folgen und zunächst in den Inselhauptort Burg fahren. Dazu verlässt man die Bundesstraße nach etwa 7 km an der Anschlussstelle Burg und hält sich rechts. Auf dem Landkirchener Weg gelangt man nach kurzer Fahrt in die Stadt, wo man mehrere Parkmöglichkeiten und Übernachtungsplätze findet.

056wo-he

BURG AUF FEHMARN

(8 km – km 8)

Burg ist mit gut 6000 Einwohnern der mit Abstand größte Ort der Insel und ihr Verwaltungszentrum. Bis 2003 war Burg eine selbstständige Stadt, dann fusionierten sämtliche Gemeinden der Insel und bildeten zusammen die Stadt Fehmarn.

Burg wird bereits Anfang des 13. Jh. erstmalig erwähnt und im 14. Jh. wurden dem Ort die Stadtrechte verliehen. Das sehenswerte Zentrum erstreckt sich um die Anfang des 13. Jh. erbaute **Kirche St. Nikolai,** die auf einem kleinen Hügel steht. Sie wurde im Laufe der Zeit vielfach umgebaut und erweitert, was sich auch in den verschiedenen Baustilen widerspiegelt. So sind romanische, gotische und auch spätbarocke Elemente zu erkennen und im Inneren gibt es Renaissance-Malereien. Der sehenswerte dreiflügelige Hauptaltar stammt aus der zweiten Hälfte des 14. Jh., die schönen Schnitzereien zeigen Szenen aus der Passionsgeschichte. Der hübsche Seitenaltar stammt vom Anfang des 16. Jh. Sehenswert sind auch die beiden Taufbecken. Das Bronzebecken stammt aus dem Jahr 1391 und ist der älteste Gegenstand in der Kirche.

Neben der Kirche befindet sich das **Fehmarn-Museum Burg.** Es ist in drei historischen, aneinander angrenzenden Gebäuden untergebracht, der ehemaligen Lateinschule, dem Organistenhaus und dem Predigerwitwenhaus, das bereits 1581 erbaut wurde. In 23 Räumen sind zahlreiche Exponate aus der Regionalgeschichte Fehmarns ausgestellt.

Von der Kirche erstreckt sich die Breite Straße, die die Flaniermeile des Ortes ist, bis

Die Kirche St. Nikolai in Burg hat ihre Ursprünge im 13. Jahrhundert

zum Marktplatz. Hier findet man zahlreiche Geschäfte, Restaurants und Imbisse. Shops und Lokale gibt es auch um den **Marktplatz,** um den sich das 1901 erbaute **Rathaus** und einige weitere historische Häuser gruppieren. Im Rathaus sind der historische Sitzungssaal und das Stadtarchiv im Turmzimmer zu besichtigen.

Wer sich für bildende Kunst interessiert, sollte einen Besuch im **Ernst-Ludwig-Kirchner-Dokumentationszentrum** einplanen, wo man vielfältige Informationen zum Leben und Werk des Künstlers erhält. Der deutsche Expressionist, der einer der bedeutendsten Maler des 20. Jh. war, verbrachte mehrere Sommer auf der Insel und schuf hier zahlreiche Ölbilder, Zeichnungen und Skulpturen.

Etwas außerhalb im Westen des Orts liegt das **Meereszentrum Fehmarn,** in dem man in die Unterwasserwelt der tropischen Meere abtauchen kann. Beeindruckend ist der begehbare Unterwassertunnel im riesigen Ozean-Aquarium, der einen tief in die Unterwasserwelt eintauchen lässt.

Nur 400 m von der Ausfahrt Burg der B207 entfernt befinden sich der Schmetterlingspark und das Aktivmuseum Galileo Wissenswelt, die beide unbedingt einen Stopp wert sind. In der 1000 m² großen tropischen Freiflughalle des **Schmetterlingsparks** flattern Tausende Schmetterlinge aus 30 verschiedenen Arten. Wer Lust hat, sucht im Gewirr der tropischen Pflanzen den Hausleguan „Willy“ und lässt sich dabei von den zutraulichen Zwergfinken über die Schultern schauen.

Die **Galileo Wissenswelt** gliedert sich an diesem Standort (einen weiteren gibt es im Museum Übersee in Burgstaaken, s. S. 67) in zwei Themenbereiche: das Museum Naturkunde und das Museum Technik. Ersteres widmet sich den Themen Erdgeschichte, Evolution und Leben. Besonders eindrucksvoll sind der begehbare Vulkan mit einem Erdbebensimulator, die Dinosauriermodelle, Steinwerkzeuge und echte Fossilien, die man sogar anfassen darf. Im Technikteil kann man physikalische Phänomene aus Optik, Akustik, Elektrizität und Mechanik nach dem Grundsatz „Verstehen durch Begreifen“ interaktiv erleben.

Sehenswertes

- **Fehmarn-Museum Burg,** Breite Straße 49, Tel. 04371 6257, www.museum-fehmarn.de, geöffnet: Juni–Oktober Di–Sa 11–16 Uhr, Erw. 4 €, ermäßigt 2,50 €, Schüler/Studenten 1,50 €
- **Rathaus,** Am Markt 1, Tel. 04371 5060, www.stadtfehmarn.de, Auskunft und Anmeldung zur Besichtigung in Zimmer 14 oder telefonisch
- **Ernst-Ludwig-Kirchner-Dokumentation,** Bahnhofstr. 47 (im Obergeschoss der Stadtbücherei), Tel. 04371 6257, https://kirchnervereinfehmarn.de, geöffnet: Mo, Di, Do, Fr 9.30–12 und 14.30–18.30 Uhr, Mi 9.30–12 Uhr, Eintritt frei
- **Meereszentrum Fehmarn,** Gertrudenthaler Straße 12, Tel. 04371 4416, https://mega-meereswelten.de, geöffnet: Mai–Oktober tägl. 10–18 Uhr, im Winter verkürzte Öffnungszeiten, Erw. 11 €, ermäßigt 9 €, 4–15 Jahre 7 €
- **Schmetterlingspark Fehmarn,** Mummendorfer Weg 11b, Tel. 04371 8893363, www.schmetterlingspark-fehmarn.de, geöffnet: Juli, August tägl. 10–18 Uhr, April–Juni, September 10.30–17.30 Uhr, Oktober 10–16.30 Uhr, Erw. 9 €, 4–17 Jahre 6,50 €
- **Galileo Wissenswelt,** Mummendorfer Weg 11b, Tel. 04371 864446, www.galileo-fehmarn.de, geöffnet: April–Anfang November tägl. 10–18 Uhr, im Winter nur Sa und So 10–18 Uhr, Eintritt (pro Bereich) Erw. 11 €, Kinder 10 €, günstigeres Kombiticket inkl. Museum Übersee und Dunkelexperiment in Burgstaaken

Information

- **Tourismus-Service Fehmarn,** Bahnhofstraße 30, 23769 Burg, Tel. 04371 8794784, https://fehmarn.de, geöffnet: Mo–Fr 9–18 Uhr, Sa und So 10–15 Uhr

Gastronomie

- **Restaurant Kajüte,** Breite Straße 23, Tel. 04371 6049400, https://restaurant-kajüte-fehmarn.de, geöffnet: Mo–Mi, Fr–So 12–20.30 Uhr. Viele Besucher sind vor allem von den frischen Fischgerichten angetan, loben aber auch die polnischen Spezialitäten.

Einkaufen

› **Wochenmarkt** jeden Mittwoch von 7 bis 14 Uhr auf dem Marktplatz.

Parken

Tagsüber ist das Parken mit Wohnmobilen auf folgenden Plätzen erlaubt:

P 22 **Parkplatz Ost,** GPS 54.43785, 11.20076, Osterstraße. Kostenpflichtig, nur wenige Schritte bis ins Zentrum.

P 23 **Parkplatz West,** GPS 54.43687, 11.19358, Mühlenstraße. Gebührenpflichtig, auch Übernachtung erlaubt, zentrumsnah.

41 Wohnmobilstellplatz Hintz

GPS 54.44230, 11.18979

Von hohen Hecken umgrenzter Platz. In der Nähe des Bahnhofs, dadurch gibt es etwas Verkehrslärm. Gute Einkaufsmöglichkeiten und Restaurants in der Nähe, Bis ins ins Zentrum sind es 800 m. **Lage/Anfahrt:** Auf der B207 die Ausfahrt Burg nehmen, dem Landkirchener Weg Richtung Stadt folgen, nach 1,4 km in Höhe des rechts liegenden REWE-Markts links abbiegen, nach 100 m Einfahrt links; **Platzanzahl:** 16; **Untergrund:** Schotter; **Service:** Strom, Trinkwasser, Abwasser, Chemie-WC, WLAN; **Sicherheit:** umzäunt; **Preise:** 15 €/Fahrz. inkl. Pers, WC und Dusche, Ver- und Entsorgung sowie Kurtaxe extra; **Max. Stand:** unbegrenzt; **Geöffnet:** ganzjährig; **Kontakt:** Am Steinkamp 2b, 23769 Burg/Fehmarn, Tel. 04371 86160

057wo-he

Die Route führt von Burg zunächst an die vom Tourismus am wenigsten berührte Ostküste der Insel, wo es im Gegensatz zu den anderen Inselseiten mit nur zwei – allerdings sehr empfehlenswerten – Campingplätzen auch nur eine überschaubare Anzahl an Übernachtungsmöglichkeiten gibt. Und noch etwas ist anders: Während die Ostseite leicht hügelig ist und der Strand oft in eine Steilküste übergeht, ist der Rest der Insel flach.

42 Stellplatz Parkplatz West

GPS 54.43687, 11.19358

Offizieller Stellplatz auf dem Parkplatz West. Für Wohnmobile ausgewiesener Bereich in der Südwestecke des Parkplatzes. Wunderbar im Schatten unter großen Bäumen auf einem parkähnlichen Gelände, nur 100 m zur Kirche, 200 m ins Zentrum. Obwohl keine Ver- und Entsorgung ideal für einen Stadtbesuch. **Lage/Anfahrt:** Auf der B207 die Ausfahrt Burg nehmen, dem Landkirchener Weg Richtung Stadt folgen, nach 1,5 km (etwa 100 m nach dem rechts liegenden REWE-Markt) im Kreisverkehr die erste Ausfahrt in die Wilhelmstraße nehmen, nach 300 m in die Mühlenstraße und gleich wieder rechts auf den Parkplatz. Der für Wohnmobile ausgewiesene Bereich befindet sich ganz im Süden am anderen Ende; **Platzanzahl:** 10; **Untergrund:** Wiese; fest; **Sicherheit:** beleuchtet; **Preise:** 10 €/Fahrz.; **Max. Stand:** 1 Nacht; **Geöffnet:** ganzjährig; **Kontakt:** Mühlenstraße 10, 23769 Burg/Fehmarn

058wo-he

Man verlässt Burg auf dem Niendorfer Weg nach Norden in Richtung Niendorf und biegt dort gleich am Ortsanfang rechts in Richtung Klausdorf ab. Dort hält man sich an der Gabelung am Ortseingang links und folgt der Dorfstraße, die am Ende des Dorfes in den Klausdorfer Strandweg übergeht. Ihm folgt man dann bis zum Ende, wo man nach 2 km den Campingplatz Klausdorfer Strand 43 erreicht.

KLAUSDORFER STRAND

(9 km – km 17)

Die kleine, ländliche Ortschaft Klausdorf liegt knapp 2 km von der Küste entfernt. In dem Dorf, das etwa 100 Einwohner hat, gibt es noch mehrere bewirtschaftete Höfe. Das leicht hügelige Hinterland wird durch eine bis zu 8 m hohe **Steilküste** geschützt. Der schmale, naturbelassene, leicht steinige Strand ist ein beliebter Hotspot bei **Brandungsanglern** und auch **Taucher** finden hier ein interessantes Revier. Besonders empfehlenswert ist der Campingplatz Klausdorfer Strand, der direkt an der Steilküste liegt.

Gastronomie und Einkaufen

› **Hofcafé und Hofladen Klausdorf,** Familie Lafrenz, Dorfstraße 30, 23769 Fehmarn/OT Klausdorf, Tel. 04371 879784, http://hofcafe-klausdorf.de, geöffnet: Mitte Mai–Oktober tägl. 7–18 Uhr, Frühstück 8–11 Uhr. Das Hofcafé bietet leckere selbstgemachte Kuchen und Torten. Besonders beliebt ist das umfangreiche Frühstücksbuffet, das es zu einem moderaten Preis gibt. Die Familie Lafrenz betreibt darüber hinaus auch einen Hofladen, in dem eigene Produkte, aber auch welche von anderen Direktvermarktern verkauft werden.

43 Camping Klausdorfer Strand

GPS 54.45758, 11.27219

Schöner, großer Campingplatz in Alleinlage, wunderbar direkt an der Steilküste gelegen und von Feldern und Wiesen umgeben, familienfreundlich, zwei Spielplätze, Animation für Kinder, Sportmöglichkeiten, Sauna, SB-Markt, Restaurant, Fahrradverleih. **Lage/ Anfahrt:** Von Burg Richtung Niendorf, dort rechts bis Klausdorf, erst der Dorfstraße und anschließend dem Klausdorfer Strandweg zum Platz folgen, weiträumig ausgeschildert; **Platzanzahl:** 450, davon 200 für Touristen; **Untergrund:** Wiese; fest; **Service:** Strom, Trinkwasser, Abwasser, Chemie-WC, WLAN kostenpflichtig; **Sicherheit:** umzäunt; **Preise:** 12–18 €/ Fahrz., 5–7 €/Pers. für Womostellplätze, Strom 2,80 €, Hund 2,50–5 €; **Max. Stand:** unbegrenzt; **Geöffnet:** April–Oktober; **Kontakt:** Camping Klausdorfer Strand, Klausdorfer Strandweg 100, 23769 Fehmarn/OT Klausdorf, Tel. 04371 2549, https://camping-klausdorferstrand.de

059wo-he

Von Klausdorf führt die Route wieder nach Süden. Hinter Gahlendorf erreicht man Vitzdorf, dort biegt man links Richtung Katharinenhof ab, fährt durch eine wunderbare Allee und folgt den Wegweisern zum Campingplatz Katharinenhof 44.

KATHARINENHOF

(8 km – km 25)

Das kleine Dorf Katharinenhof, das aus einem Dutzend Häusern und einem größeren Aparthotel besteht, ging aus einem Gutshof aus der Mitte des 18. Jh. hervor. In nahezu jedem Haus werden Ferienwohnungen oder Gästezimmer vermietet.

Das **Steilufer** ist niedriger als im benachbarten Klausdorfer Strand. Der **Strand** ist sehr steinig. Für Sammler besonderer Steine ein kleines Paradies, sogar Hühnergötter sind nicht selten. Auf den großen, rundgeschliffenen Felsbrocken, die während der Eiszeit den langen Weg von Skandinavien hierher gefunden haben, können Kinder herrlich klettern und für die Verköstigung ist auch gesorgt: Zwischen Campingplatz und Steilufer gibt es das Café/Restaurant Waldpavillon und im Ort das Allee-Café.

Gastronomie

- **Allee-Café,** Haus Nr. 3, 23769 Fehmarn/OT Katharinenhof, Tel. 04371 503838, https://alleecafe-katharinenhof.de, geöffnet: April–Oktober tägl. 11–20 Uhr, November Fr–So 12–18 Uhr, Frühstücksbuffet ab Karfreitag Sa und So ab 8.30 Uhr. Besonders reichhaltiges Frühstücksbuffet, selbstgemachte Kuchen und Torten.
- **Waldpavillon,** Haus Nr. 28, 23769 Fehmarn/OT Katharinenhof, Tel. 04371 879913, https://waldpavillon.de, geöffnet: Ostern–Oktober tägl. 12–22 Uhr, warme Küche 12–14.30 und 17.30–21 Uhr. Fisch- und Fleischgerichte sowie Holsteiner Spezialitäten.

Aktivitäten

Vom Campingplatz führt eine sehr schöne **Wanderung** entlang der Küste bis zum Leuchtturm Staberhuk auf der Südwestspitze Fehmarns (hin und zurück etwa 12 km).

060wo-he

44 Campingplatz Ostsee Katharinenhof

GPS 54.44393, 11.27899

Ruhiger, schön gelegener Campingplatz am Ende einer Sackgasse. Von der Küste nur durch ein kleines Wäldchen getrennt, familienfreundlich, Kinderanimation, Sportplätze, Ponyreiten. **Lage/Anfahrt:** In Vitzdorf Richtung Katharinenhof fahren, dort am Ende der Straße links und weiter bis zum Platz; **Platzanzahl:** 590, davon 310 für Touristen; **Untergrund:** Wiese; fest; **Service:** Strom, Trinkwasser, Abwasser, Chemie-WC, WLAN; **Sicherheit:** umzäunt; **Preise:** 8–12 €/Fahrz., 6,50–9 €/Pers., Strom 2,50 €; **Geöffnet:** April–Mitte Oktober; **Kontakt:** Campingplatz Ostsee Katharinenhof, Katharinenhof, 23769 Fehmarn/OT Katharinenhof, Tel. 04371 9032, https://camping-katharinenhof.de

Hühnergötter

Hühnergötter oder Drudensteine, wie sie auch genannt werden, sind Steine mit einem natürlich entstandenen Loch. In früheren Zeiten hatten sie in der Bevölkerung ganz Europas große Bedeutung als Schutz vor bösen Geistern. Heute sind die Steine, die in Deutschland vor allem an den Küsten der Nord- und Ostsee gefunden werden, ein beliebtes Urlaubssouvenir und gelten bei einigen als Glücksbringer.

Parken

P 24 Katharinenhof, GPS 54.44228, 11.27942. Tagesparkplatz auch für Wohnmobile, etwa 200 m zur Küste.

Nächstes Ziel ist Fehmarns Südstrand, das Strandparadies der Insel. Dazu fährt man zunächst wieder Richtung Vitzdorf, biegt aber noch vor dem Ort links nach Meeschendorf ab, wo man auf die L209 stößt und rechts durch den Ort fährt. Kurz vor dem westlichen Ortsende fährt man links und folgt den Hinweisen zu den Campingplätzen.

45 Camping Südstrand

GPS 54.41427, 11.24986

Ebenes Wiesengelände, das durch hohe Hecken in einzelne Bereiche unterteilt ist. Der Platz reicht bis an den Strand. Separate Wohnmobilstellplätze vor der Schranke, Kinderanimation, Spielplatz, außergewöhnlicher Hochseilklettergarten, Wassersport, Livemusik. **Lage/Anfahrt:** Am westlichen Ortsausgang von Meeschendorf Richtung Strand, nach 550 m links und der Straße bis zum Platz folgen, ausgeschildert; **Platzanzahl:** 450, davon 220 für Touristen; **Untergrund:** Wiese; fest; **Service:** Strom, Trinkwasser, Abwasser, Chemie-WC, WLAN; **Sicherheit:** umzäunt; **Preise:** 15–19 €/Fahrz. inkl. Pers. und Strom für die Stellplätze vor der Schranke, auf dem Platz teurer, Hund in der Hauptsaison 3 €, ansonsten frei; **Max. Stand:** unbegrenzt; **Geöffnet:** April–Anfang Oktober; **Kontakt:** Campingplatz Südstrand, 23769 Fehmarn/OT Meeschendorf, Tel. 04371 2189 (Sommer), 9507 (Winter), https://camping-suedstrand.de

SÜDSTRAND MEESCHENDORF

(6 km – km 31)

Der Südstrand ist zwar kein offizieller Ortsteil der Stadt Fehmarn, wird aber von vielen so gesehen. Der 4 km lange, feine **Sandstrand** wird zum Westen hin immer breiter und erreicht dort mit über 100 m sein größtes Ausmaß. Er teilt sich in drei Bereiche: Im Osten mit Zufahrt von Meeschendorf liegt das Revier der Camper mit drei Campingplätzen. Nach Westen schließt sich ein Bereich ohne Bebauung an. Hier findet man etwas abseits vom Trubel der Hauptabschnitte noch ruhige Plätze und außerhalb der Saison kann man hier auch ganz allein sein. Schön ist auch der im Hinterland liegende **Sahrensdorfer Binnensee,** der ein beliebtes Angelrevier ist und einen Teil des Abschnitts zu einem schmalen Landstreifen werden lässt. Der dritte Bereich im Westen, der auf der Nehrung Burgtiefe liegt, ist das touristische Zentrum des Südstrandes.

Parken

P 25 Parkplatz Südstrand Meeschendorf, GPS 54.41356, 11.24288. Gebührenpflichtiger Tagesparkplatz auch für Wohnmobile, nur etwa 100 m vom Strand entfernt.

46 Insel-Camp Fehmarn

GPS 54.41607, 11.24247

Sehr komfortabler Platz auf ebenem Wiesengelände, das bis an den Strand reicht. Überwiegend Touristenplätze, separate Wohnmobilstellplätze auch vor der Schranke, familienfreundlich, Kinderanimation, Spielplatz, Spielwiese, Wellnessbereich mit Saunalandschaft, Vermietung von Elektrorollern. **Lage/Anfahrt:** In Meeschendorf Richtung Strand, nach 1 km Einfahrt links, ausgeschildert; **Platzanzahl:** 390, davon 330 für Touristen; **Untergrund:** Wiese; fest; **Service:** Strom, Trinkwasser, Abwasser, Chemie-WC, WLAN; **Sicherheit:** umzäunt; **Preise:** 35–70 €/Fahrz. inkl. 5/6 Pers., je nach Saison Reservierungen nur ab zwei bis 14 Übernachtungen, Hunde 3,50–6,50 €; **Max. Stand:** unbegrenzt; **Geöffnet:** April–Anfang Oktober; **Kontakt:** Insel-Camp Fehmarn, Zum Meeresstrand 100, 23769 Fehmarn/OT Meeschendorf, Tel. 04371 50300, https://inselcamp.de

Um zum westlichen Teil des Südstrands zu gelangen, muss man zunächst wieder zurück nach Meeschendorf und dort links Richtung Sahrensdorf fahren. Im Ort geht es dann nach links zum Ferienzentrum. Die drei schon von Weitem sichtbaren Hochhäuser, aber auch die zahlreichen Wegweiser führen sicher ans Ziel.

47 Europa-Camping

GPS 54.41445, 11.24314

Kleiner, ruhig gelegener Platz, einfach und zweckmäßig mit freundlichen und hilfsbereiten Mitarbeitern. Ebenes Wiesengelände, ca. 200 m zum Strand, familienfreundlich, Spielplatz, Rad- und E-Bike-Verleih. **Lage/Anfahrt:** In Meeschendorf Richtung Strand, nach 1 km Einfahrt links, ausgeschildert; **Platzanzahl:** 130, davon 75 für Touristen; **Service:** Strom, Trinkwasser, Abwasser, Chemie-WC, WLAN auf einem Teil des Platzes; **Sicherheit:** umzäunt; **Preise:** 11–14 €/Fahrz., 6,50 €/Pers., Strom 2,50 €, Hund 2,50 €; **Max. Stand:** unbegrenzt; **Geöffnet:** April–Anfang Oktober; **Kontakt:** Europa-Camping Meeschendorf, 23769 Fehmarn/OT Meeschendorf, Tel. 04371 2419, https://europacamping-vintz.de

062wo-he

063wo-he

SÜDSTRAND BURGTIEFE

(6 km – km 37)

Die breite Nehrung **Burgtiefe** ist das touristische Zentrum der Insel Fehmarn. Die drei siebzehnstöckigen Hochhäuser des IFA-Ferienzentrums sind zwar keine Augenweide, stehen aber seit einigen Jahren unter Denkmalschutz und bieten Tausenden Touristen Unterkunft. Zudem gibt es zahlreiche Ferienhäuser und sogar an Wohnmobiltouristen wurde gedacht. Auf dreien der zum Teil riesigen Parkplätze wurden Bereiche markiert, auf denen übernachtet werden darf. Allerdings fehlen jegliche Ver- und Entsorgungsmöglichkeiten.

Der stellenweise mehr als 100 m breite **Strand** ist feinsandig und weich. In Reih und Glied stehen dort Hunderte von Strandkörben. Auf der Nordseite der Nehrung liegt der große, geschützte **Jachthafen,** der 600 Liegeplätze für Segler bereithält.

Information

› **Tourismus-Service Fehmarn/Burgtiefe,** Zur Strandpromenade 4, 23769 Burg, Tel. 04371 56300, https://fehmarn.de, geöffnet: Mo–Fr 9–18 Uhr, Sa und So 10–15 Uhr

Gastronomie

› **Quarkeria,** Südstrandpromenade 4, https://quarkeria.de, geöffnet: April–Oktober tägl. 10.30–17.30 Uhr. Kiosk mit leckeren, frisch zubereiteten Quarkspeisen.

Aktivitäten

› **SUP-Kurse und Verleih,** Südstrandpromenade 1001, Tel. 04371 5888, www.sup-fehmarn.de, geöffnet: Mo–Sa 9–18 Uhr, So 11–17 Uhr

Parken

P **26 Parkplatz Burgtiefe,** GPS 54.41270, 11.20791, von Norden kommend an der Gabelung auf der Nehrung rechts halten, dann nach 200 m links in die Einfahrt, ausgeschildert. Für Wohnmobile ausgewiesener Bereich auf einem großen Parkplatz, 10 €/Fahrz. inkl. Personen, keine Ver- und Entsorgungsmöglichkeiten, ausdrücklich nur eine Übernachtung erlaubt. Etwa 400 m weiter gibt es eine zweite und am Ende der Halbinsel eine dritte Übernachtungsmöglichkeit auf Parkplätzen.

Von der Halbinsel geht es zurück Richtung Burg. Hinter dem Ortsteil Neue Tiefe biegt man links in die Straße Grüner Weg ab und am Ende erneut links auf den Staakensweg. Nach 800 m erreicht man einen größeren Parkplatz mit Wohnmobilstellplatz direkt am Hafen Burgstaaken.

Die Hochhäuser des Ferienzentrums in Burgtiefe sind weithin sichtbar

BURGSTAAKEN

(4 km – km 41)

Burgstaaken, etwa 2 km südlich von Burg gelegen, wird 1778 erstmals erwähnt. Schon damals gab es einen kleinen Bootshafen, von dem vor allem Fischer ablegten. Um die Waren ins 2 km entfernte Burg zu transportieren, wurde mit mühsam aus der Ostsee gefischten Steinen der **Staakensweg** gebaut. Über dieses historische Pflaster fährt man auch heute noch in den Ort hinein.

Der **Hafen** ist Liegeplatz von Fischkuttern, aber auch Frachtschiffe nutzen ihn, um u. a. das auf der Insel geerntete Getreide, das in großen Silos am Hafen gelagert wird, abzutransportieren. Darüber hinaus ist an seinem Westrand ein großer Jachthafen für Freizeitskipper entstanden.

Der Hafen, der geschützt in einer fast geschlossenen, größeren Bucht **(Burger Binnensee)** liegt, wird heute als **Erlebnishafen** vermarktet, in dem es viel zu entdecken und zu erleben gibt. Unübersehbar liegen im Südosten des Hafens zwei Schiffe auf dem Trockenen: der **Seenotrettungskreuzer Arwed Emminghaus** und das **U-Boot U11.** Beiden ist ein eigenes Museum gewidmet. Auf der Ostseite des Hafens befindet sich das **Museum Übersee,** das mit seiner Sammlung traditionellen Kunsthandwerks aus verschiedenen Kontinenten den respektvollen Umgang der Menschen untereinander fördern möchte.

Ein Erlebnis der besonderen Art ist das **Dunkelexperiment.** In einer 1000 m² großen Halle kann man nichts sehen und muss sich auf seine anderen Sinne verlassen. Ausgerüstet mit einem Blindentaststock muss man sich wie ein Blinder durch verschiedene Szenarien wie eine Wohnungserkundung, einen Einkauf im Supermarkt oder einen Stadtrundgang bewegen.

Kletterfreaks und solche, die es werden wollen, werden vom **Silo Climbing** begeistert sein. An den Getreidesilos wurden 16 Kletterrouten geschaffen, von denen eine 40 m hoch und damit die höchste Toprope gesicherte Route Europas ist.

Der Hafen von Burgstaaken wird heute als Erlebnishafen vermarktet

48 Stellplatz Burgstaaken

GPS 54.42051, 11.19275

Der für Wohnmobile von einem großen Parkplatz abgegrenzte Bereich liegt direkt am Hafen neben dem U-Boot- und Seenotrettungsmuseum, daher etwas unruhig, keine Ver- und Entsorgung. **Lage/Anfahrt:** aus Richtung Burg kommend der Straße zum Hafen folgen; **Platzanzahl:** 10; **Untergrund:** Asphalt; **Preise:** 10 €/Fahrz., inkl. Pers.; **Max. Stand:** 1 Nacht; **Geöffnet:** ganzjährig; **Kontakt:** Am Binnensee 54, 23769 Fehmarn/OT Burgstaaken

065wo-he

Sehenswertes

- **Seenotrettungsmuseum Fehmarn,** Burgstaaken 89, Tel. 04371 8797777, https://seenotrettungsmuseum-fehmarn.de, geöffnet: März–Oktober tägl. 10–17 Uhr, Erw. 6 €, 4–14 Jahre 4 €
- **U-Boot-Museum U11,** Burgstaaken 89, Tel. 04371 8891055, www.ostsee-u-boot.de, geöffnet: März–Oktober tägl. 10–18 Uhr, November, Februar Sa, So 11–16 Uhr, Erw. 7 €, Schüler/Studenten 5 €, 4–14 Jahre 4,50 €
- **Museum Übersee,** Hafenstraße 69, Tel. 04371 879247, www.abenteuer-uebersee.de, geöffnet: Mitte März–Oktober tägl. 11–17 Uhr, Juli, August bis 18 Uhr, Erw. 11 €, Kinder 10 €, günstigeres Kombiticket inkl. Dunkelexperiment und Galileo Wissenswelt (s. S. 59) in Burg
- **Das Dunkelexperiment,** Hafenstraße 69, Tel. 04371 879247, www.dunkelexperiment.de, geöffnet: Mitte März–Juni, September, Oktober Mi, Sa, So 10–17 Uhr, Juli, August tägl. bis 18 Uhr, Erw. 11 €, Kinder 10 €, günstigeres Kombiticket inkl. Museum Übersee und Galileo Wissenswelt (s. S. 59) in Burg

Aktivitäten

- **Silo Climbing,** Burgstaaken 50, Tel. 04371 503102, https://siloclimbing.com, geöffnet: Mai–Anfang September tägl. 9.30–14.30 Uhr, Ende Juni–August bis 18 Uhr, 1 Std. Klettern 7 € plus Ausrüstung, wenn nicht selbst mitgebracht, Kurse Do und So 25 €

Einkaufen

Fangfrischen Fisch vom Kutter gibt es je nach Wetterlage und Saison ab 8.30 Uhr am Steg 1 gegenüber vom Parkplatz, u. a. bei Arne Fröse, dem Kapitän des kleinen Kutters „California" (genaue Zeiten online unter www.fischvomkutter.de/burgstaaken.html). Darüber hinaus bekommt man auch in der **Hafenräucherei** (Burgstaaken 81) frischen Fisch und kann vor Ort auch Fischgerichte verzehren.

Von Burgstaaken geht es auf die Westseite der Insel. Man verlässt den Hafen Richtung Burg, biegt nach 600 m links in die Königsberger Straße, der man bis zum Ende folgt. Dort geht es auf schmaler Straße links weiter Richtung Wulfen.

WULFEN

(5 km – km 46)

Das kleine Dorf Wulfen, in dem einige Ferienwohnungen und Häuser vermietet werden, ist eigentlich nur Durchgangsstation zum Campingplatz Wulfener Hals. Sehenswert ist aber das schön restaurierte **Langbett** (Bargmöhl 30), ein steinzeitliches Großsteingrab aus der Zeit um 3500 v. Chr. im Süden des Orts.

Von Wulfen geht es weiter Richtung Fehmarnsund. Schon nach knapp 2 km kommt man an den Campingplatz Miramar, der sich bis an den Fehmarnsund erstreckt.

49 Camping- und Ferienpark Wulfener Hals

GPS 54.40719, 11.17509

Einer der größten Campingplätze auf Fehmarn, an drei Seiten von Wasser umgeben, an der Landseite von einem Golfplatz. Separater Wohnmobilpark mit eigenem Sanitärgebäude am Anfang des Geländes, weitere Plätze in Höhe der Rezeption nahe am Ufer, mehrere Restaurants, Bistro, Eiscafé, Animation für Kinder und Erwachsene, Livemusik, Wellness, Golf, Segel- und Surfschulen, Schwimmbad, Sauna. **Lage/Anfahrt:** Von Wulfen auf dem Wulfener Hals Weg der Ausschilderung zum Campingplatz etwa 800 m folgen; **Platzanzahl:** 670, davon 410 für Touristen; **Untergrund:** Wiese; fest; **Service:** Strom, Trinkwasser, Abwasser, Chemie-WC, WLAN; **Sicherheit:** umzäunt; **Preise:** 14,30–53,60 €/Fahrz. inkl. 2 Erw. und 3 Kinder, ohne Kinder 15 % Rabatt, Preise beziehen sich auf den Wohnmobilpark, Strom 2,90–4,20 €, Hund 3–9.90 €; **Max. Stand:** unbegrenzt; **Geöffnet:** ganzjährig; **Kontakt:** Camping- und Ferienpark Wulfener Hals, Wulfener Hals Weg 100, 23769 Fehmarn/OT Wulfen, Tel. 0431 86280, https://wulfenerhals.de

066wo-he

FEHMARNSUND

(2 km – km 48)

Der kleine Ort, der seinen Namen von der Meerenge zwischen Fehmarn und dem Festland hat, zieht sich mit wenigen Häusern vom Fuß der Fehmarnsundbrücke entlang der Straße nach Osten. Früher war der Ort das Tor zur Insel, hier legten die Fähren zum Festland an. Nach der Fertigstellung der Brücke im Jahre 1963 verlor er seine Bedeutung.

50 Camping Miramar

GPS 54.40470, 11.1398

Sehr schön gelegener Platz, der bis an den Sandstrand heranreicht, durch Baumreihen und Hecken gegliedert. Im Wasser segel- und surffreie Zone, Kinderanimationsprogramm, Sportplätze, Livebands in der Hochsaison, Sauna, Massage. **Lage/Anfahrt:** Direkt an der Straße von Wulfen nach Fehmarnsund, ausgeschildert; **Platzanzahl:** 550, davon 240 für Touristen; **Untergrund:** Wiese; fest; **Service:** Strom, Trinkwasser, Abwasser, Chemie-WC, WLAN; **Sicherheit:** umzäunt; **Preise:** 9,50–20 €/Fahrz., 7–8,50 €/Pers., Strom 3 €, Hund 3,50–5,50 €, Wohnmobilstellplatz vor der Schranke 7–10 €; **Max. Stand:** unbegrenzt; **Geöffnet:** März–Oktober; **Kontakt:** Camping Miramar, Francesca Klahn, Fehmarnsund 70, 23769 Fehmarn/OT Fehmarnsund, Tel. 04371 3220, https://camping-miramar.de

067wo-he

Vom Campingplatz folgt man der Straße, biegt aber 400 m weiter rechts Richtung Avendorf ab. Dort geht es am Anfang der Siedlung links. Nach der Unterführung von Bahn und Bundesstraße erreicht man Strukkamp.

STRUKKAMP

(3 km – km 51)

Das kleine, nur etwas mehr als 100 Einwohner zählende Dorf Strukkamp ist vor allem wegen des großen Campingplatzes Strukkamphuk (51), der etwa 1,5 km entfernt in der äußersten Südwestecke Fehmarns liegt, bekannt. Vom Campingplatz erreicht man nach einem kurzen Fußweg den kleinen, weißen **Leuchtturm Strukkamphuk.** Das Gelände um den Turm, der noch in Betrieb ist, ist zwar eingezäunt und das Betreten verboten, dennoch kann man ihn durch den Zaun gut sehen. Besonders schön ist von hier der Blick auf die **Fehmarnsundbrücke,** die die Meerenge überspannt. Zu ihr führt ein gut 1 km langer Fußweg.

Nur etwa 500 m nördlich des Campingplatzes befindet sich der **Alversteen,** ein sehenswertes, ca. 5500 Jahre altes Großsteingrab aus der Jungsteinzeit. Der zugehörige, etwa 300 m entfernte Parkplatz war ein beliebter Übernachtungsplatz. Inzwischen ist dort das Übernachten aber verboten, was auch kontrolliert wird.

Parken

Vor dem Campingplatz (51) befindet sich ein Tagesparkplatz für Strandbesucher, der auch für Wohnmobile geeignet ist.

(51) Camping Strukkamphuk

GPS 54.41201, 11.10143

Der große Campingplatz liegt landschaftlich sehr schön auf einem Wiesengelände. Er ist auf zwei Seiten von Wasser umgeben, auf der Westseite gibt es einen bis zu 15 m breiten Sandstrand. Familienfreundlich, Animation für Kinder, Tauchbasis, Segel-, Surf- und Kiteschule, Skaterbahn, Trampolin, Stellplätze auch vor der Schranke. **Lage/Anfahrt:** Von Avendorf kommend in Strukkamp am Ende der Straße links, an der Gabelung knapp 200 m weiter rechts bis zum Platz, ausgeschildert; **Platzanzahl:** 700, davon 350 für Touristen; **Untergrund:** Wiese; fest; **Service:** Strom, Trinkwasser, Abwasser, Chemie-WC, WLAN; **Sicherheit:** umzäunt; **Preise:** 13–28 €/Fahrz., 7,60–9,60 €/Pers., Wohnmobile vor der Schranke 8–10,50 €, Hund 3–6 €, Strom inkl.; **Max. Stand:** unbegrenzt; **Geöffnet:** Ende März–Oktober; **Kontakt:** Camping Strukkamphuk, Strukkamp 83, 23769 Fehmarn/OT Strukkamp, Tel. 04371 2194, https://strukkamphuk.de

068wo-he

Routenübersicht S. 57

Man verlässt das Dorf Strukkamp nach Norden Richtung Albertsdorf und fährt an der nächsten Kreuzung bis zum Ende der Straße geradeaus weiter. Dort geht es links auf schmaler Straße Richtung **Westerbergen** und hinter der Rechtskurve erneut links. Man passiert den Weiler Westerbergen und hält sich vor der gleichnamigen Feriensiedlung rechts. Gleich nach einer Linkskurve findet man links einen kostenpflichtigen Tagesparkplatz, der vor allem bei Wind- und Kitesurfern beliebt ist, die hier direkten Zugang zum flachen Wasser der Orther Reede haben.

Parken

P 27 **Parkplatz Westerbergen,** GPS 54.44313, 11.0991. Gebührenpflichtiger Tagesparkplatz mit direktem Wasserzugang.

Vom Parkplatz Westerbergen ist es nur noch eine kurze Strecke in das ehemalige Fischerdorf Lemkenhafen, wo man am Ortsausgang eine Parkmöglichkeit für Wohnmobile findet.

LEMKENHAFEN

(5 km - km 56)

Das etwa 3 km im Landesinneren liegende Lemkenhafen gehört mit seinen etwa 250 Einwohnern schon zu den größeren Orten an Fehmarns Westküste. Sein Hafen hat heute als Fracht- und Fischereihafen keine Bedeutung mehr, dafür ist ein schmucker **Jachthafen** mit 140 Liegeplätzen entstanden. Am nordöstlichen Ortsausgang steht die **Windmühle Jachen Flünk.** Ein Besuch lohnt sich, denn sie ist die einzige noch erhaltene Windmühle, die mit Windsegeln ausgestattet ist. Sie ist als Mühlen- und Landwirtschaftsmuseum für die Öffentlichkeit zugänglich.

Sehenswertes

› **Mühlenmuseum Jachen Flünk,** Mühlenweg 45, Tel. 04372 1894, www.museum-fehmarn.de/jachen fluenk.html, geöffnet: Juni–Oktober tägl. außer Mi 10–17 Uhr, Erw. 4,50 €, Schüler/Studenten 2 €, bis 14 Jahre 1 €

Gastronomie

› **Aalkate,** Königstraße 22, Tel. 04372 532, https://original-aalkate-fehmarn.de, geöffnet: tägl. 10–21 Uhr, bei Bedarf auch länger. Sehr gutes Fischrestaurant mit umfangreichem Angebot, auch zum Mitnehmen.

Parken

P 28 **Parkplatz Lemkenhafen,** GPS 54.44741, 11.08856. Kostenpflichtiger Tagesparkplatz direkt am Wasser, nur 100 m ins Zentrum.

Vom Parkplatz folgt man weiter der Straße, die nach einer Rechtskurve ins Landesinnere führt. Nach 800 m biegt man links in Richtung Gollendorf ab und fährt auf schmaler Straße zwischen Feldern in das kleine Dorf. Wer einen weiteren Surfspot sucht, biegt hier zum Strand ab, vor dem man einen gebührenpflichtigen Parkplatz findet, auf dem auch übernachtet werden darf.

Die Fehmarnsundbrücke verbindet die Insel seit 1963 mit dem Festland

Parken

S 29 Stellplatz Gollendorf Strand, GPS 54.45364, 11.06889, bis 18 €/Fahrz. inkl. Pers., Übernachtung unbegrenzt möglich. In Gollendorf den Wegweisern zum Strand folgen. Einfacher Stellplatz auf einem langgestreckten, ebenen Wiesengelände, keine Ver- und Entsorgungseinrichtungen, bei Surfern und Kitern beliebt, in der Saison gibt es einen Kiosk.

Die Route verläuft von Gollendorf weiter Richtung Orth.

ORTH

(4 km – km 60)

Wie Lemkenhafen gehört auch das um die 50 Einwohner zählende Dorf Orth zu den wenigen Orten auf Fehmarn, die direkt am Wasser liegen. Der Hafen wurde 1880/1881 gebaut. In den ersten Jahren florierte er und es entwickelte sich ein reger Personen- und Güterverkehr, der mit dem Bau der Inselbahn nach Orth im Jahre 1905 aber allmählich zum Erliegen kam. Auch wenn der Hafen heute nur noch von Jachten angelaufen wird, verströmt er immer noch ein wenig maritimes Flair. Dort ist das Parken mit dem Wohnmobil allerdings verboten.

Aktivitäten

- Vom Damm am Orther Hafen erstreckt sich ein besonders beliebtes und ergiebiges **Angelrevier** etwa 600 m in westlicher Richtung. Das flache Wasser der Orther Reede erwärmt sich schneller als andere Angelreviere auf Fehmarn, sodass die Fische hier schon früher erscheinen. Gefangen werden vorwiegend Meeraal und Scholle.
- **Surfen, Kiten und SUP,** Windsurfing Fehmarn, Am Hafen 2, 23769 Fehmarn/OT Orth, Tel. 04372 1052, www.windsurfing-fehmarn.de, geöffnet: April–Oktober Mo–Sa 10–18 Uhr, So 11–17 Uhr. Kurse und Equipment.

Parken

P 30 Parkplatz Orth, GPS 54.45012, 11.05109. Kostenpflichtiger Tagesparkplatz auch für Wohnmobile, etwa 200 m zum Hafen.

Das nächste Ziel ist Sulsdorf, wo man eine interessante Übernachtungsmöglichkeit auf einem Bauernhof findet und einen Abstecher an den Strand von Flügge und Püttsee machen kann.

Der Orther Hafen ist heute den Freizeitkapitänen vorbehalten

069wo-he

SULSDORF

(2 km – km 62)

Sulsdorf ist vor allem deswegen bekannt, weil die einzige Zufahrt zu den Stränden bei Flügge und Püttsee durch dieses kleine, landwirtschaftlich geprägte Dorf führt. Darüber hinaus kann man im Ort einige Ferienwohnungen mieten, findet auf einem Mini-Campingplatz 52 eine Übernachtungsmöglichkeit und kann sich in dem viel gelobten Restaurant des Gästehauses Sulsdorf stärken.

Gastronomie

› **Gästehaus Sulsdorf,** Alte Dorfstraße 2, 23769 Fehmarn/OT Sulsdorf, Tel. 04372 611, https://gaestehaus-sulsdorf.de, geöffnet: Di–Sa ab 17 Uhr

ABSTECHER NACH FLÜGGE UND PÜTTSEE

(hin und zurück 9 km)

Man verlässt Sulsdorf am Gästehaus Sulsdorf in Richtung Campingplatz Flügge und kommt nach 1,5 km nach Püttsee. Am Ende der Straße geht es links zu den beiden Campingplätzen am Flügger Strand, rechts geht es zu einem kostenpflichtigen Tagesparkplatz am Strand von Püttsee, der vor allem bei Windsurfern und Kitern beliebt ist.

Der bis zu 20 m breite, flach abfallende **Strand** zwischen Flügge und Püttsee, der sich hinter einem schmalen, niedrigen Dünengürtel ausbreitet, ist naturbelassen und mit kleineren, rundgeschliffenen Steinen durchsetzt.

52 Mini-Camping Kleingarn

GPS 54.45756, 11.04228

Kleiner Patz, der sich auf einer Wiese an einem Bauernhaus befindet. Ruhig, abseits der Hauptstraße gelegen, einfache, aber zweckmäßige Sanitäranlage. **Lage/Anfahrt:** Von Orth kommend am Dorfeingang die erste Straße links, nach 100 m Einfahrt rechts; **Platzanzahl:** 10, weitere Stellplätze im Gollendorfer Weg 11; **Untergrund:** Wiese; fest; **Service:** Strom, Trinkwasser, Abwasser, Chemie-WC; **Sicherheit:** umzäunt; **Preise:** 10 €/Fahrz. inkl. 1 Pers., jede weitere Pers. 5 €, Dusche inkl., Strom nach Verbrauch; **Max. Stand:** unbegrenzt; **Geöffnet:** April–Oktober; **Kontakt:** Mini-Camping Kleingarn, Dörpdiek 10, 23769 Fehmarn/OT Sulsdorf, Tel. 04372 707, https://bauernhof-kleingarn.de

070wo-he

Vom Flügger Strand erreich}t man auf einem schönen Wanderweg (hin und zurück 3,5 km) durch die Dünen den unter Denkmalschutz stehenden **Leuchtturm Flügge.** Der achteckige, knapp 40 m hohe Turm kann besichtigt werden. Wer möchte, kann sich hier sogar trauen lassen.

Am Nordende des Campingplatzes steht vor einem Wäldchen ein Gedenkstein. Er erinnert an **Jimi Hendrix,** der auf dieser Wiese kurz vor seinem Tod vor 30.000 Festival-Besuchern sein letztes Konzert gegeben hat.

Sehenswertes

› **Leuchtturm Flügge,** 23769 Fehmarn/OT Flügge, Tel. 04372 806456 oder 01601428668, https://leuchtturm-fluegge.de, geöffnet: April–Oktober Di–So 10–17 Uhr, Erw. 3 €, Kinder bis 15 Jahre 1 €, Kiosk am Leuchtturm, bei Sturm oder Gewitter ist der Leuchtturm nicht zu besichtigen.

Parken

P **31 Parkplatz Flügger Strand,** GPS 54.45042, 11.00882. Kostenpflichtiger Tagesparkplatz an der Straße zum Leuchtturm, die ab hier für den Autoverkehr gesperrt ist.

P **32 Püttsee Strand,** GPS 54.46494, 11.01022. Kostenpflichtiger Tagesparkplatz am Strand von Püttsee, knapp 100 m zum Strand.

53 Campingplatz Flüggerteich

GPS 54.45295, 11.01216

Ein ebenes, von Wiesen und Weiden umgebenes Wiesengelände mit einem schönen Teich am Rande des Flügger Watts. Zum Strand sind es knapp 500 m. Mit Spielplatz, Streichelzoo, Floß auf dem Kinderteich und Lagerfeuer mit Stockbrot-Grillen. **Lage/Anfahrt:** Von Püttsee Richtung Campingplatz Flügger Strand, kurz vor dem großen Campingplatz links; **Platzanzahl:** 255 für Touristen, außerhalb der Hauptsaison auch Stellplätze vor der Schranke; **Untergrund:** Wiese, Sand; fest; **Service:** Strom, Trinkwasser, Abwasser, Chemie-WC, WLAN; **Sicherheit:** umzäunt; **Preise:** 9–21 €/Fahrz., 5–7,50 €/Pers., Strom 2,80 €, Hund 3–5 €, Stellplatz vor der Schranke 6–8 €; **Max. Stand:** unbegrenzt; **Geöffnet:** April–Mitte Oktober; **Kontakt:** Camping Flügger Strand, 23769 Fehmarn/OT Flügge, Tel. 04372 991344 oder 714, https://fluegger-strand.de

54 Camping Flügger Strand

GPS 54.45136, 11.00819

Großer, sehr schön gelegener Campingplatz, der sich lang und schmal zwischen Dünen und Deich nach Norden erstreckt. Familienfreundlich mit Kinderanimation und großem Spielplatz, Wassersportmöglichkeiten und Minigolf. **Lage/Anfahrt:** Von Püttsee Richtung Campingplatz Flügger Strand; **Platzanzahl:** 520, davon

071wo-he

100, davon 60 für Touristen; **Untergrund:** Wiese; fest; **Service:** Strom, Trinkwasser, Abwasser, Chemie-WC, WLAN, kostenpflichtig; **Sicherheit:** umzäunt; **Preise:** 7–12 €/Fahrz., 4–6 €/Pers., Strom 0,5 €, 2–4 €; **Max. Stand:** unbegrenzt; **Geöffnet:** Mai–Mitte Oktober; **Kontakt:** Campingplatz Flüggerteich, 23769 Fehmarn/OT Flügge, Tel. 04372 349, https://flueggerteich.de

Wieder zurück in Sulsdorf geht die Fahrt weiter Richtung Petersdorf, wo man u. a. Einkaufsmöglichkeiten (Supermarkt, Discounter) und eine Sparkasse findet. Eine gute Gelegenheit, um seine Vorräte aufzufrischen, denn vergleichbare Möglichkeiten gibt es auf dem Rest der Tour nicht mehr.

PETERSDORF

(4 km – km 66)

Petersdorf ist nach Burg der zweitgrößte Ort der Insel und so etwas wie das Zentrum der Westseite.

Sehenswert ist der Dorfkern um die gotische Backsteinkirche **St. Johannis.** Der Kirchturm, der im flachen Land weithin sichtbar ist, ist mit 64 m Höhe der höchste der Insel. Im Innern sind besonders der wertvolle dreiflügelige Altar, der um 1390 erschaffen wurde, das Kalksteintaufbecken aus dem späten 13. Jh. und das Sakramentshäuschen aus dem 15. Jh. sehenswert.

Parken

- P **33 Petersdorf Kirche,** GPS 54.48000, 11.06942, Schlagsdorfer Straße. Sehr enger Parkplatz im Zentrum direkt an der Kirche, nur für kleine Wohnmobile (VW-Bus-Größe) geeignet.
- P **34 Parkplatz Einkaufszentrum,** GPS 54.47839, 11.07199, Alte Bahnhofstraße 21. Geräumiger Supermarktparkplatz, etwa 300 m von der Kirche entfernt.

Das nächste Ziel ist Bojendorf. Man verlässt Petersdorf im Osten und fährt auf dem Bojendorfer Weg in das kleine Dorf.

BOJENDORF

(3 km – km 69)

Bojendorf hat den großen Campingplatz Wallnau und einen naturbelassenen **Stein- bzw. Kieselstrand,** der sich entlang des Platzes und weiter nördlich und südlich erstreckt, zu bieten. Vor allem aber ist der Ort der Zugang zum **Naturschutzgebiet Wallnau,** einem **Wasservogelreservat** von großer, internationaler Bedeutung, das 1975 vom NABU mit finanzieller Unterstützung der Zoologischen Gesellschaft Frankfurt und des Kreises Ostholstein erworben wurde. Das knapp 300 ha große Gebiet bietet sowohl Zug- und Brutvögeln als auch Wintergästen wegen seiner vielen unterschiedlichen Biotope und dem reichen Nahrungsangebot Lebensräume. Mehr als 280 Vogelarten wurden bislang nachgewiesen. Für Besucher sind etwa 10 ha des Areals geöffnet. Ein spannender Rundgang mit mehreren Beobachtungsstellen und einem 12 m hohen Beobachtungsturm startet am Informationszentrum, einem ehemaligen Gutshaus, in dem man in einer informativen Ausstellung einen ersten Überblick über das Gebiet und die Natur erhält.

Sehenswertes

- › **Wasservogelreservat Wallnau,** Wallnau 4, Tel. 04372 1002, https://wallnau.nabu.de, geöffnet: März–Okt. tägl. 10–17 Uhr, Erw. 10 €, ermäßigt 6 €, 6–18 Jahre 4 €, bis 6 Jahre und NABU-Mitglieder frei

Parken

- P **35 Parkplatz Wasservogelreservat Infozentrum,** GPS 54.478207, 11.01336, Wallnau 4. Geräumiger kostenloser Parkplatz direkt am Informationszentrum, die letzten knapp 500 m sind Schotterpiste. Von Bojendorf 2 km entfernt. Ein weiterer kostenloser Parkplatz liegt auf halbem Weg vom Eingang des Campingplatzes zum Infozentrum am Deich in unmittelbarer Strandnähe.

› *Am Strand bei Bojendorf*

007wo-he

P 36 Parkplatz am Strandcamping Wallnau, GPS 54.48741, 11.01896, Wallnau 1. Großer, kostenloser Parkplatz gegenüber vom Eingang des Campingplatzes, zum Strand 300 m.

P 37 Parkplatz Bojendorf Strand, GPS 54.49342, 11.02077. Geräumiger, kostenloser Tagesparkplatz dicht am Strand nördlich des Campingplatzes.

Man verlässt Bojendorf nun im Norden in Richtung Schlagsdorf. Am Ende der Straße, kurz bevor es in den Ort geht, fährt man links. Durch Felder, auf denen zahlreiche Windkraftanlagen stehen, geht es weiter nach Westermarkelsdorf, den letzten Ort an der Westküste.

55 Strandcamping Wallnau

GPS 54.48763, 11.01919

Der gepflegte Campingplatz liegt sehr schön in Alleinlage und nur durch einen breiten Graben und den Deich vom teils steinigen, teils sandigen Strand getrennt. Der Strandzugang erfolgt über eine Brücke. Durch Büsche und Hecken gegliedert und teilweise parzelliert, sehr familienfreundlich, Animationsprogramm für Erwachsene und Kinder, Open-Air-Veranstaltungen mit Livebands, Shows und Kleinkunst, Fahrradverleih, Reitunterricht und Reiten am Meer, Wellness. **Lage/Anfahrt:** In Bojendorf der Beschilderung folgen, 600 m nach dem Dorf die Einfahrt rechts; **Platzanzahl:** 770, davon 370 für Touristen; **Untergrund:** Wiese; fest; **Service:** Strom, Trinkwasser, Abwasser, Chemie-WC, WLAN; **Sicherheit:** umzäunt; **Preise:** 8,50–21 €/Fahrz., 4,70–8,90 €/Pers., Duschen inkl., Strom 2,80 €, Hund (Leinenpflicht) 1,60–6,20 €; **Max. Stand:** unbegrenzt; **Geöffnet:** Ende März–Oktober; **Kontakt:** Strandcamping Wallnau, Wallnau 1, 23769 Fehmarn/OT Bojendorf, Tel. 04372 456, https://strandcamping.de

073wo-he

WESTERMARKELSDORF

(5 km – km 74)

Vom kleinen Dorf, das sich um den schönen Dorfteich ausbreitet und Ruhe und Gemütlichkeit ausstrahlt, ist es nicht weit zum naturbelassenen Strand, der allerdings stellenweise sehr steinig ist. Von ihm kann man einen kurzen Spaziergang auf dem Deich zum **Leuchtturm Westermarkelsdorf** machen. Der denkmalgeschützte, achteckige Turm ist knapp 18 m hoch. Da das Leuchtfeuer nicht mehr den heutigen Anforderungen genügt, soll etwa 30 m daneben ein neuer Turm gebaut werden. Erste Arbeiten sind schon im Gange.

Hinter dem Deich befindet sich das **Naturschutzgebiet Nördliche Seeniederung.** Es erstreckt sich über die gesamte Nordwestküste Fehmarns, vom Fastensee südlich von Westermarkelsdorf über die Nordspitze (Markelsdorfer Huk) bis zum Grünen Brink. Es ist ein wertvoller Lebensraum für Brut- und Zugvögel. Besonders Watvögel lassen sich hier gut beobachten. Die nördliche Niederung darf nicht betreten werden, man kann sie aber vom Deich oder von einer hölzernen Aussichtsplattform in der Markelsdorfer Huk gut überblicken.

Parken

P 38 Parkplatz Westermarkelsdorf, GPS 54.52281, 11.04794. Schmaler, kostenloser Tagesparkplatz vor dem Deich. Mit einem Wohnmobil unbedingt schon hier parken, der größere Parkplatz hinter dem Deich ist wegen einer Höhenschranke für Wohnmobile nicht nutzbar und ein Wenden auf der schmalen Straße vor der Schranke ist nur sehr schwer möglich.

P 39 Parkplatz Leuchtturm Westermarkelsdorf, GPS 54.52728, 11.05896. Tagesparkplatz am Leuchtturm.

In Westermarkelsdorf verlässt man die Westküste und wendet sich der Nordseite der Insel zu, die mit wunderbaren Stränden und einigen sehr guten Übernachtungsmöglichkeiten lockt. Erstes Ziel ist das kleine, stark zersiedelte Dorf Altenteil.

ALTENTEIL

(3 km – km 77)

Die etwas mehr als 1 km von der Küste entfernte Streusiedlung punktet mit zwei direkt am Ostseestrand und am **Naturschutzgebiet**

Der naturbelassene Strand bei Westermarkelsdorf ist stellenweise sehr steinig

074wo-he

56 Belt-Camping-Fehmarn

GPS 54.52880, 11.09301

Wunderbar in einem schmalen, langen Streifen gleich hinter dem Deich gelegener Campingplatz. Für Wohnmobile gibt es einen Wohnmobilhafen vor der Schranke und weitere Plätze auf dem Campingplatz, darunter auch einige am Deich mit direktem Meerblick. Großzügiger Spielplatz mit Hüpfkissen. **Lage/Anfahrt:** Von Westermarkelsdorf kommend gleich hinter dem Ortseingangsschild links Richtung Strand, unmittelbar vor dem Deich rechts; **Platzanzahl:** 260, davon 160 für Touristen; **Untergrund:** Wiese; fest; **Service:** Strom, Trinkwasser, Abwasser, Chemie-WC, WLAN; **Sicherheit:** umzäunt; **Preise:** 8–20 €/Fahrz., 6–8 €/Pers., Strom 3 €, Hund 3–5 €, Wohnmobilhafen vor der Schranke (max. 3 Nächte) 15–22 €; **Max. Stand:** unbegrenzt; **Geöffnet:** April–Anfang Oktober; **Kontakt:** Belt-Camping-Fehmarn, Altenteil 24, 23769 Fehmarn/OT Altenteil, Tel. 04372 1691, https://belt-camping-fehmarn.de

075wo-he

57 Camping Fehmarnbelt

GPS 54.53044, 11.08054

Außerordentlich schön und ruhig gelegener Platz direkt am Strand zwischen der Ostsee und dem nördlichen Binnensee, Stellplätze in erster Reihe direkt am Strand. Mit Spiel- und Sportplatz. **Lage/Anfahrt:** Von Westermarkelsdorf kommend gleich hinter dem Ortseingangsschild links Richtung Strand, über den Deich, dahinter der Schotterpiste 300 m folgen; **Platzanzahl:** 480, davon 350 für Touristen; **Untergrund:** Wiese, Sand; fest; **Service:** Strom, Trinkwasser, Abwasser, Chemie-WC, WLAN; **Sicherheit:** umzäunt, beleuchtet; **Preise:** 16–22 €/Fahrz., 6–7 €/Pers., Strom 3,50 €, Hund 3,50 €, Stellplatz auf der Bulli-Wiese nahe am Sanitärgebäude 7–9 €; **Max. Stand:** unbegrenzt; **Geöffnet:** April–September; **Kontakt:** Camping Fehmarnbelt, Altenteil 21, 23769 Fehmarn/OT Altenteil, Tel. 0172 6873315, https://campingplatz-fehmarnbelt.de

076wo-he

Nördliche Seeniederung gelegenen Campingplätzen (56 und 57). Der **Sandstrand** vor den Plätzen ist bis zu 25 m breit und stellenweise ein wenig mit Kieseln durchsetzt.

Eine interessante Einkaufsmöglichkeit findet man in der **Schatzkammer** am westlichen Ortseingang an der zum Strand führenden Abzweigung. Hier kann man in einem historischen Reetdachhaus Schmuck, Keramiken und anderes Kunsthandwerk erwerben.

Einkaufen

› **Schatzkammer,** Altenteil 3, Tel. 04372 639 und außerhalb der Saison 0176 24818890, https://die-schatzkammer-fehmarn.de, geöffnet: April–Oktober tägl. 10–18 Uhr

Parken

P **40 Parkplatz Altenteil Strand,** GPS 54.52856, 11.09113. Größerer Pkw-Parkplatz mit WC in Strandnähe. Als Wohnmobil zugelassene Fahrzeuge dürfen hier nicht parken.

Als nächstes steuert man nun auf schmaler Straße, die zwischen Feldern verläuft, Wenkendorf an. Der Ort liegt nur etwas mehr als 2 km östlich von Altenteil.

WENKENDORF

(2 km – km 79)

Auch die rechteckig angelegte Siedlung Wenkendorf liegt, wie alle Dörfer an der Nordseite Fehmarns, nicht direkt am Strand. Gut 1,5 km sind es vom Ort bis an den schönen **Sandstrand,** dem ein breiter, flacher Dünengürtel vorgelagert ist.

Nächstes Ziel ist Gammendorf. Der kürzeste Weg auf schmaler Straße durch die Felder ist nur für Radler und den landwirtschaftlichen Verkehr freigegeben. Am besten fährt man daher von Wenkendorf zunächst Richtung Dänschendorf. Noch vor dem Ort trifft man auf die K63, der man nach links weiter bis Gammendorf folgt.

077wo-he

58 Camping Am Deich

GPS 54.52676, 11.11789

Kleiner, sehr ruhiger Platz in außerordentlich schöner Lage zwischen Deich und Binnensee. Schmales, langgestrecktes Gelände, schattige Stellplätze in einem naturbelassenen Kiefernwald, Kinderspielplatz, Restaurant. **Lage/Anfahrt:** Am Nordende von Wenkendorf Richtung Teichhof abbiegen, noch 1,5 km bis zum Campingplatz, der Platz ist ab Wenkendorf ausgeschildert; **Platzanzahl:** 60, davon 50 für Touristen; **Untergrund:** Wiese, Sand; fest; **Service:** Strom, Trinkwasser, Abwasser, Chemie-WC, WLAN; **Sicherheit:** umzäunt; **Preise:** 14 €/Fahrz., 7 €/Pers., Hunde 5 €, außerhalb der Hochsaison gibt es Preisnachlass; **Max. Stand:** unbegrenzt; **Geöffnet:** April–Anfang Oktober; **Kontakt:** Camping Am Deich, Wenkendorf 100, 23769 Fehmarn/OT Wenkendorf, Tel. 04372 777, https://urlaub-in-der-ersten-reihe.de

GAMMENDORF

(6 km – km 85)

Gammendorf liegt mit etwas über 3 km noch weiter vom zugehörigen Strand entfernt als Wenkendorf und Altenteil. Der **Sandstrand,** der stellenweise ebenfalls mit etwas Kies durchsetzt ist, kann es aber auf jeden Fall mit beiden aufnehmen und verfügt zudem über ein Alleinstellungsmerkmal: das **Niobe-Denkmal.** Es erinnert an den Untergang des Segelschulschiffs „Niobe" der Reichsmarine, das 1932 in einer Weißen Bö, einer extrem starken, ohne Vorwarnung aufkommenden Fallbö, vor Fehmarn sank. Von der 109 Mann starken Besatzung konnten nur 40 gerettet werden.

Das **Naturschutzgebiet Grüner Brink** ist ein vor allem für Wasser- und Watvögel wichtiger Lebensraum. Das 130 ha große Areal erstreckt sich etwa 2,5 km lang zwischen Deich und Ostsee, wo mehrere Strandseen liegen, die nur noch bei extremem Hochwasser überspült werden.

Parken

P 41 **Gammendorf Strand,** GPS 54.52183, 11.15394. Kostenloser Tagesparkplatz mit WC schräg gegenüber vom Eingang zum Campingplatz.

Letztes Ziel vor Puttgarden ist das winzige Dorf Johannisberg, das man nach kurzer Fahrt erreicht.

59 Camping Niobe

GPS 54.52180, 11.15392

Der sehr schön gelegene Platz ist durch einen schmalen Kiefernstreifen vom Deich getrennt. Es gibt verschiedene Stellplatzkategorien hinter der Schranke und vor der Schranke schöne Stellplätze im Schatten hoher Kiefern, etwas von einem Parkplatz abgesetzt. **Lage/Anfahrt:** In Gammendorf am östlichen Dorfrand in einer Rechtskurve die Hauptstraße (K63) nach links verlassen und der schmalen Straße 3 km folgen. Vor dem Deich links, der Stellplatz vor der Schranke liegt rechts, ab Gammendorf ausgeschildert; **Platzanzahl:** 280, davon 130 für Touristen; **Untergrund:** Wiese, Sand; fest; **Service:** Strom, Trinkwasser, Abwasser, Chemie-WC; **Preise:** 6–15 €/Fahrz., 4–6 €/Pers., Strom 2,50 €, Hund (Leinenpflicht) 2,50–4,40 €, vor der Schranke (max. 2 Nächte) 6–15 €, Ver- und Entsorgung 2,50 €; **Max. Stand:** unbegrenzt; **Geöffnet:** April–Mitte Oktober, der Stellplatz vor der Schranke ganzjährig, außerhalb der Öffnungszeiten des Platzes aber keine Ver- und Entsorgung; **Kontakt:** Camping Niobe, Gammendorf Strand, 23769 Fehmarn/OT Gammendorf, Tel. 04371 3286, https://camping-am-niobe.de

078wo-he

JOHANNISBERG

(3 km – km 88)

Von Johannisberg, das nur aus einer Handvoll Häusern besteht, ist es nur gut 1 km bis zum zugehörigen **Sandstrand Grüner Brink,** von dem man einen schönen Blich auf den Fährhafen Puttgarden hat.

Der Strandabschnitt gehört zu den schönsten auf Fehmarn und ist besonders bei Tagestouristen beliebt. Außer einem Spielplatz gibt es auch einen modernen Kiosk mit Außengastronomie (Beltbude, in der Saison tägl. 11 Uhr bis Sonnenuntergang). Anders als bei den vorangegangenen Orten an der Nordküste gibt es hier keinen Campingplatz am Strand, wohl aber einen größeren Parkplatz mit offizieller Übernachtungsmöglichkeit für Wohnmobile. Darüber hinaus findet man im Ort selbst noch einen Wohnmobil- und Campingplatz.

Parken

- P 42 **Parkplatz Grüner Brink 1,** GPS 54.51163, 11.18265, Krögenweg. Kostenloser Tagesparkplatz mit Strandzugang.
- P 43 **Parkplatz Grüner Brink 2,** GPS 54.50819, 11.19483, Krögenweg. Großer, kostenloser Tagesparkplatz mit Strandzugang am Kiosk Beltbude.

60 Stellplatz Johannisberg Grüner Brink

GPS 54.50849, 11.19294

Einfacher Stellplatz neben einem größeren Parkplatz in der Nähe eines Strandzugangs mit Kiosk. Für Wohnmobile abgegrenzter Bereich, keine Ver- und Entsorgungsmöglichkeiten, tagsüber reger Betrieb, nachts ruhig. **Lage/Anfahrt:** Am westlichen Ortsrand von Johannisberg Richtung Strand fahren, dort rechts, an einem ersten Parkplatz vorbei und noch 800 m weiter, rechts vor den weiteren Parkplätzen; **Platzanzahl:** 30; **Untergrund:** Schotter, Wiese; fest; **Sicherheit:** umzäunt; **Preise:** 9 €/Fahrz., Anmeldung und Geld in einen Schlitz neben dem Kasten mit den Anmeldeformularen stecken; **Max. Stand:** unbegrenzt; **Geöffnet:** ganzjährig; **Kontakt:** Krögenweg, 23769 Fehmarn/OT Johannisberg, Tel. 04371 4070

079wo-he

61 Campingplatz Johannisberg

GPS 54.50091, 11.17796

Von hohen Bäumen umgebenes Wiesengelände, zeitweise durch die nahe Hauptstraße etwas laut. Einer der wenigen Ganzjahresplätze auf Fehmarn. Familienfreundlich, Slackline-Bänder zur Ausleihe, Boccia, Trampolin, Brötchenservice. **Lage/Anfahrt:** In Johannisberg direkt an der K63, ausgeschildert; **Platzanzahl:** 50; **Untergrund:** Wiese; fest; **Service:** Strom, Trinkwasser, Abwasser, Chemie-WC; **Sicherheit:** umzäunt, beleuchtet; **Preise:** 15–20 €/Fahrz. inkl. Pers., Strom 0,50 €/kWh, Dusche 1 €, Chemie-WC-Entsorgung 2 €; **Max. Stand:** unbegrenzt; **Geöffnet:** ganzjährig; **Kontakt:** Campingplatz Johannisberg, Johannisberg 3, 23769 Fehmarn/OT Johannisberg, Tel. 0157 31103890, https://campingplatz-johannisberg.de

080wo-he

081wo-he

Letzte Station auf der Fehmarn-Rundtour ist Puttgarden, das man nach 2 km auf der K63 erreicht.

PUTTGARDEN

(2 km – km 90)

Wer den Namen Puttgarden hört, denkt sofort an die **Vogelfluglinie,** die direkte Bahn- und Straßenverbindung zwischen den Großräumen Hamburg und Kopenhagen, die nur durch den 19 km breiten Fehmarnbelt unterbrochen ist. Derzeit wird die Ostsee zwischen dem deutschen Puttgarden und dem dänischen Rødbyhavn noch mit Fährschiffen überbrückt, für die Zukunft ist ein Tunnel geplant.

Bis auf den großen **Fährhafen,** in dem reger Betrieb herrscht und wo die Fähren in kurzen Abständen an- und ablegen, ist in Puttgarden nicht viel los. Wer Lust hat, kann sich im **BorderShop** (tägl. 6–20 Uhr), einem schwimmenden Einkaufszentrum, mit allem Möglichen eindecken. Angeboten werden vor allem Alkoholika, aber auch vielfältige Spezialitäten aus Skandinavien.

Wer etwas dänische Luft schnuppern will, dem sei ein **Tagesausflug** mit der Reederei Scandlines nach **Rødbyhavn** empfohlen. Tickets für die Hin- und Rückfahrt am gleichen Tag gibt es in der Nebensaison für Fußgänger schon für 10 € (Kinder 5–13 Jahre 5 €).

Parken

P **44 Parkplatz Puttgarden Strand,** GPS 54.50369, 11.21713. Tagesparkplatz mit direktem Strandzugang. Eine weitere Parkmöglichkeit besteht auf dem großen Parkplatz am Fährterminal.

P **45 Fährterminal,** GPS 54.50264, 11.22335, 17 €/Fahrz. Großer Parkplatz am Fährterminal, keine Ver- und Entsorgung, gut geeignet für eine Übernachtung auf der Durchreise.

Wer seine Rundtour in Puttgarden beendet und wieder auf das Festland möchte, fährt am Fährhafen am besten auf die B207, auf der man nach gut 13 km bei Großenbrode wieder das Festland erreicht. Wer die Rundtour in Burg beenden möchte, kann entweder auf der Bundesstraße bis zur Abfahrt Burg fahren oder auf Nebenstraßen über Niendorf. Aber Achtung: Wer einmal auf der als Schnellstraße ausgebauten Bundesstraße ist, kann sie frühestens wieder in Burg verlassen.

Blick auf das schwimmende Einkaufszentrum BorderShop in Puttgarden

62 Campingplatz Puttgarden

GPS 54.50267, 11.21644

Ein ruhiger, einfacher, aber zweckmäßiger und sauberer Campingplatz auf ebenem Wiesengelände hinter dem Deich am nördlichen Ortsrand von Puttgarden. Zum Strand sind es ca. 150 m, es gibt einen Kinderspielplatz, ein Restaurant und einen Brötchenservice. **Lage/Anfahrt:** Von Johannisberg kommend am südlichen Ortsrand von Puttgarden am Ende der Straße links Richtung Lübeck/Kiel, nach knapp 600 m in einer Rechtskurve links abbiegen, nach weiteren 700 m links; **Platzanzahl:** 140, davon 80 für Touristen; **Untergrund:** Wiese; fest; **Service:** WLAN; **Sicherheit:** umzäunt; **Preise:** 12 €/Fahrz., 5 €/Pers., Strom 3,50 €, Hund 2 €; **Max. Stand:** unbegrenzt; **Geöffnet:** April–Anfang Oktober; **Kontakt:** Camping Puttgarden, Strandweg, 23769 Fehmarn/OT Puttgarden, Tel. 04371 3492

082wo-he

ROUTE 3

HOHWACHTER BUCHT

083wo-he

Strecke:
Heiligenhafen (s. S. 86) – **Oldenburg in Holstein** (15 km, s. S. 90) – **Weissenhäuser Strand** (7 km, s. S. 92) – **Abstecher: Sehlendorfer Strand** (hin und zurück 5 km, s. S. 94) – **Hohwacht** (16 km, s. S. 95) – **Behrensdorf** (9 km, s. S. 97) – **Hohenfelde Strand** (9 km, s. S. 99) – **Schönberger Strand** (10 km, s. S. 101) – **Brasilien** (3 km, s. S. 103) – **Kalifornien** (1 km, s. S. 104)

Streckenlänge:
ohne Abstecher ca. 70 km
mit Abstecher ca. 75 km

« *Kapitelstartseite: Blick auf das Naturschutzgebiet Weissenhäuser Brök (s. S. 92)*

ROUTENÜBERSICHT

Bei den meisten Touristen ist die Hohwachter Bucht noch relativ unbekannt. Dass das auch so bleibt, darauf hoffen viele, die hier Jahr für Jahr Urlaub machen. Wenn man von Heiligenhafen und dem Ferienpark Weissenhäuser Strand absieht, ist hier alles eine Nummer kleiner als z. B. in der Lübecker Bucht. Es gibt noch kleine, gemütliche Dörfer mit alten Ortskernen, die sich nicht völlig dem Tourismus hingegeben haben, und die Strände sind erstklassig und stehen denen in der Lübecker Bucht in nichts nach. Sie sind feinsandig, lang, breit, meist flach abfallend und damit bestens geeignet für Familien mit Kindern und Reisende, die die Ruhe lieben und auf ein pulsierendes Nachtleben, vielfältige Animationen und große Shoppingmeilen verzichten können. Hinzu kommt, dass die Region von der Sonne verwöhnt wird und zu den regenärmsten Gebieten in Deutschland zählt.

Und wer schon immer mal nach Kalifornien oder Brasilien wollte, ohne in ein Flugzeug steigen zu müssen, der sollte sich auf in die Hohwachter Bucht machen.

221wo-he

An den meisten Stränden der Hohwachter Bucht findet man noch einen ruhigen Platz

Heiligenhafen erreicht man von **Fehmarn** (Route 2, s. S. 55) oder **Großenbrode** (Route 1, s. S. 53), wenn man auf der B207, die später in die Autobahn A1 übergeht, Richtung Lübeck fährt und sie an den Anschlussstellen Heiligenhafen-Ost oder -Mitte verlässt.

HEILIGENHAFEN

Heiligenhafen kann auf eine lange Geschichte zurückblicken. Mitte des 13. Jh. mehrfach als kleine Fischersiedlung erwähnt, bekam es schon 1305 Stadtrechte und 45 Jahre später die Hafengerechtigkeit, das damit verbundene Recht und Privileg, einen Schiffsanleger bauen zu dürfen. Von da an wuchs die Ortschaft stetig, musste aber durch Kriege, Brände, Sturmfluten und die Pest herbe Rückschläge immer wieder einstecken. Nach dem Zweiten Weltkrieg wuchs die Einwohnerzahl durch Flüchtlinge sprunghaft von 3500 auf über 10.000 an. Heute leben etwa 9000 Einwohner in Heiligenhafen.

Die rasante touristische Entwicklung begann 1969 mit dem Bau eines Ferienparks in unmittelbarer Strandnähe mit 2000 Appartements und einem Jachthafen mit mehr als 900 Liegeplätzen. Seit 1974 darf sich der Ort mit dem Titel **Ostseeheilbad** schmücken.

Heiligenhafen wird auch als **Sonnendeck der Ostsee** bezeichnet. Und das ist nicht falsch, denn die Stadt liegt in einer der sonnenscheinreichsten und regenärmsten Regionen Deutschlands. Der wunderbare, bis zu 50 m breite **Sandstrand,** der weitestgehend steinfrei ist, erstreckt sich über fast 5 km vom westlichen Ende der ehemaligen Nehrung Steinwarder bis zur Ostspitze von Graswarder. Der **Binnensee** entstand erst 1954 durch eine künstliche Verbindung von Steinwarder mit dem Festland und der damaligen Insel Graswarder. Sein Nordufer wurde vor einigen Jahren völlig neu mit Spiel- und Sportmöglichkeiten sowie Ruhezonen, die teilweise sogar überdacht sind, gestaltet.

Auf der Nordseite **Steinwarders** liegt der Hauptbadestrand mit mehreren Seebrücken.

Besonders erwähnenswert ist die 2012 eingeweihte **neue Seebrücke,** die aus drei abgewinkelten Brückenteilen besteht und z. T. zweistöckig ist.

Östlich an Steinwarder schließt sich die Nehrung **Graswarder** an. Direkt am Nordstrand stehen in beneidenswerter Lage 15 Strandvillen, alle sind unter Denkmalschutz. Allerdings „nagt" die Ostsee an ihnen und Maßnahmen zum Küstenschutz müssen die Besitzer aus eigener Tasche bezahlen.

Der östliche Teil Graswarders ist **Naturschutzgebiet** und für Besucher gesperrt. An der Grenze zum Schutzgebiet steht ein 12 m hoher hölzerner Aussichtsturm. Der an einen Vogel erinnernde Bau wurde von einem bekannten Architekten entworfen, der hier eines der Häuser bewohnt. Das Gebiet wird seit seiner Unterschutzstellung 1968 vom NABU betreut, der auch ein Informationszentrum unterhält und Naturerlebnisführungen anbietet.

Wieder zurück auf dem „Festland" sollte man einen Blick auf den Hafen werfen, der südlich der Marina liegt und eine maritime Atmosphäre ausstrahlt. 30 Fischer haben hier ihre Heimat, landen ihren Fang an und manche verkaufen ihn direkt vom Kutter. Ansonsten kann man im Fischbistro **Treffpunkt Fischhalle** der Fischereigenossenschaft Heiligenhafen Fisch am Tresen kaufen oder als schmackhaftes Gericht gleich im Restaurant probieren.

Südwestlich vom Hafen erstreckt sich der alte **Ortskern** um die evangelische **Stadtkirche.** Hier sind noch einige Kopfsteinpflastergassen und hübsch renovierte alte Häuser zu sehen. Die Kirche wurde um 1250 im Übergangsstil zwischen Romanik und Gotik erbaut und über die Jahrhunderte immer wieder verändert, zuletzt in den 1950er-Jahren. Im Innern sind vor allem die Figur des heiligen Christophorus, die Statuen von Adam und Eva im Altarraum und die von der Decke hängenden Schiffsmodelle, die typisch für Seefahrerkirchen sind, sehenswert. Ein Epitaph über einem Seitenausgang, das an einen Seefahrer erinnert, gilt als bedeutendes

Werk des Spätbarocks und wird schon von Theodor Storm in seiner Novelle „Hans und Heinz Kirch“ beschrieben.

In einem schönen Jugendstilgebäude nur wenig östlich der Kirche ist das **Heimatmuseum** untergebracht, das Exponate zur Stadtgeschichte, Seefahrt und Fischerei zeigt.

Wer vom Zentrum wieder zum Reisemobilstellplatz will, kann auf der Südseite des Binnensees auf einer schönen **Promenade** zurückspazieren. Für Ruhepausen unterwegs sind bequeme, drehbare Holzliegen aufgestellt. Besonders schön ist der Weg im Dunkeln, wenn die Promenade mit farblich wechselnden Lampen bunt ausgeleuchtet wird.

Sehenswertes

› **NABU-Zentrum Graswarder,** Graswarder, Tel. 04362 6947, https://graswarder.de, geöffnet: von Gründonnerstag bis Oktober ganztägig. Das Naturschutzgebiet der Nehrung Graswarder kann nur während einer Führung (täglich um 10.30 Uhr, Juni bis August zusätzlich um 15 Uhr) betreten werden. Der Eintritt ist kostenlos, aber es wird eine Spende erbeten.

› **Heimatmuseum Heiligenhafen,** Thulboden 11A, Tel. 04362 3876, https://heimatmuseumheiligenhafen.de, geöffnet: April–Oktober Di–Fr, So und Feiertage 15–17 Uhr, im Winter keine festen Öffnungszeiten, Erw. 2 €, ermäßigt und Schüler 1 €, Familienkarte 4 €

63 Reisemobilstellplatz Heiligenhafen

GPS 54.37764, 10.95455

Zwei einander etwas versetzt gegenüberliegende Plätze, Hauptplatz mit unterschiedlich großen parzellierten Stellplätzen und Sanitärgebäude (WC und Dusche), Waschmaschine, Trockner, Grillmöglichkeit. Der Nebenplatz ist ein einfacher Parkplatz, der aber schön direkt am Binnensee liegt. In die Innenstadt sind es ca. 1,5 km. **Lage/Anfahrt:** Von der A1 an der Anschlussstelle Heiligenhafen-Mitte abfahren, Richtung Innenstadt bis zum Binnensee fahren, dort vor einem großen Parkplatz links in den Eichholzweg und noch 1,4 km weiter; **Platzanzahl:** 99; **Untergrund:** Schotter, Pflaster; fest; **Service:** Strom, Trinkwasser, Abwasser, Chemie-WC, WLAN; **Sicherheit:** beleuchtet; **Preise:** 13–16 €/Fahrz. inkl. 2 Pers., Strom 0,50 € je kWh, Wasser 1 € je 100 Liter, Dusche 5 Minuten kostenlos, Bezahlung am Automaten nur mit Karte, Kurabgabe extra; **Max. Stand:** unbegrenzt; **Geöffnet:** ganzjährig; **Kontakt:** Eichholzweg 26, 23774 Heiligenhafen, Tel. 0157 74504458, https://reisemobilstellplatz-heiligenhafen.de

084wo-he

Information

› **Tourismus Service Heiligenhafen,** Bergstraße 43, Tel. 04362 90720, https://heiligenhafen-touristik.de, geöffnet: Mo–Fr 9–17 Uhr, Juni–Oktober auch Sa 10–15 Uhr und So 12–15 Uhr

Gastronomie

› **Treffpunkt Fischhalle,** Am Hafen, Tel. 04362 5064723, https://treffpunkt-fischhalle.de, Fischverkauf ab 9 Uhr, warme Küche durchgehend 11–20 Uhr

Aktivitäten

› **Wassersportcenter Heiligenhafen,** Eichholzweg 110, Tel. 04362 1441, https://wassersportcenter-heiligenhafen.de. Segel-, Kite-, Windsurf- und SUP-Kurse sowie Materialverleih.

Parken

Parkmöglichkeiten für Wohnmobile gibt es grundsätzlich nur auf dem Reisemobilstellplatz, allerdings ist hier kein Kurzzeitparken vorgesehen. Die anderen Parkplätze sind als Pkw-Plätze gekennzeichnet.

Man verlässt Heiligenhafen Richtung Autobahn und biegt hinter dem Stadtpark rechts von der Bergstraße Richtung Oldenburg/Nebenstrecke ab. Nach 500 m hält man sich in einer Linkskurve rechts Richtung Johannistal. Fahrzeuge mit einem Gewicht von mehr als 5,5 t müssen hier allerdings der Nebenstrecke weiter folgen, die nach gut 6 km kurz hinter Teschendorf wieder auf die im folgenden beschriebene Route trifft. Alle anderen folgt nach dem Abbiegen der stellenweise einspurigen Straße, die landschaftlich sehr schön durch eine leicht hügelige Landschaft mit wundervoller Aussicht auf die Ostsee führt. Nach etwa 3 km gelangt man an eine Kreuzung, an der es rechts zu einem Parkplatz an der Dazendorfer Steilküste geht, wo sich vor allem Angler und Surfer tummeln. Den Warnhinweis an der Zufahrt, dass der Parkplatz nicht für Wohnmobile geeignet ist (Höhenschranke 1,80 m) und es keine Wendemöglichkeit gibt, sollte man durchaus ernst nehmen.

Die Straße führt zwischen Wiesen und Feldern weiter. Bei Johannistal fährt man wie durch einen Tunnel über eine schöne Allee. Hinter Johannistal, wo die Allee endet, biegt die Route nach links Richtung Oldenburg ab.

Wer eine Übernachtungsmöglichkeit sucht, fährt weiter geradeaus Richtung Neuteschendorf und biegt nach 300 m rechts ab, wo kurz vor dem Ende der Straße der Campingplatz Blank Eck 64 wartet.

64 Campingplatz Blank Eck

GPS 54.35343, 10.86834

Schön in einer Mulde dicht am Strand gelegener Platz, durch Hecken begrenzt und parzelliert. Familienfreundlich mit Spielplatz, Fitnessraum, Sauna und Restaurant. Ruhestörungen durch Schießübungen vom angrenzenden Truppenübungsplatz möglich, die allerdings während der Hauptsaison eingestellt werden. **Lage/Anfahrt:** Etwa auf halber Strecke zwischen Heiligenhafen und Oldenburg bei Neuteschenburg, gut ausgeschildert; **Platzanzahl:** 395, davon 95 für Touristen; **Untergrund:** Wiese; fest; **Service:** Strom, Trinkwasser, Abwasser, Chemie-WC, WLAN; **Sicherheit:** umzäunt; **Preise:** 12,50 €/Fahrz., 5 €/Pers., Strom 3 €, Duschen, 0,50 €, Hund 3–4 €, keine Kurtaxe; **Max. Stand:** unbegrenzt; **Geöffnet:** Mitte März–Ende Oktober; **Kontakt:** Campingplatz Blank Eck, Neuteschendorf 8, 23758 Gremersdorf, Tel. 04361 80562, https://campingblank-eck.de

085wo-he

Auf der Weiterfahrt Richtung Oldenburg gelangt man knapp 1,5 km hinter der Abzweigung bei Johannistal auf die von Teschendorf kommende Straße, wo man sich rechts hält. Hier treffen die Fahrzeuge, die wegen der Gewichtsbeschränkung nicht auf der küstennahen Strecke fahren durften, wieder auf die Route.

Nach etwa 1,5 km gelangt man nach **Altgalendorf,** wo man einen lohnenden Stopp an einem Hofladen machen kann, in dem es u. a. sortenreine Apfelsäfte gibt.

Einkaufen

› **Hofladen Obsthof Lafrenz,** Dörferstraße 21, 23758 Altgalendorf, Tel. 04361 80991, www.obsthof-lafrenz.de, geöffnet: Mo–Fr 10–12 Uhr und 14–18 Uhr (in der Hauptsaison keine Mittagspause, in den Wintermonaten nur bis 17 Uhr), Sa 9–13 Uhr. Das Angebot reicht von Brotaufstrichen über Honig, Wein und Obst bis zu den besonders beliebten sortenreinen Apfelsäften.

In Altgalendorf folgt man der Straße weiter, überquert die A1 an der Anschlussstelle Oldenburg-Nord und biegt knapp 500 m dahinter rechts und nach 100 m wieder links zum Oldenburger Wallmuseum ab, wo man einen großen Parkplatz mit offizieller Übernachtungsmöglichkeit findet.

OLDENBURG IN HOLSTEIN

(15 km – km 15)

Die Kleinstadt Oldenburg (knapp 10.000 Einwohner) kann auf eine lange Geschichte zurückblicken. Im Mittelalter hatte der Ort noch eine direkte Verbindung zur Ostsee und war Hafen der slawischen Wagrier, die hier ihren Hauptsitz hatten. Sie bauten gegen Ende des 7. Jh. um ihre Siedlung einen **Ringwall,** der heute ein bedeutendes archäologisches Bodendenkmal ist und einer der ältesten slawischen Schutzwälle in Deutschland. Ein Spaziergang (die Anlage erreicht man auf dem Fußweg vom Wohnmobilstellplatz ins Zentrum) um den bis zu 18 m hohen Wall, dem später noch ein zweiter vorgelagert wurde, vermittelt einen guten Eindruck von der frühmittelalterlichen Befestigungsanlage.

Wer sich eingehender mit der Geschichte der Slawen und der Wallanlagen beschäftigen will, findet im interessanten **Wallmuseum** viele spannende Informationen zu verschiedenen Bereichen des Lebens der Slawen in Ostholstein und darüber hinaus. Das Museum setzt nicht nur auf visuelle Aspekte, sondern bietet auch Stationen zum Anfassen und Ausprobieren. Besonders beliebt ist ein Kettenhemd, das man sich überstreifen kann. Wer in mittelalterliche Duftwelten ein-

087wo-he

tauchen möchte, ist an der Riechbar genau richtig.

Besonders sehenswert ist die nur unweit vom Parkplatz gelegene **Slawensiedlung** am Wallsee. Auf dem Freilichtgelände verteilen sich 20 rekonstruierte Gebäude auf zwei Siedlungen, die das Leben in der damaligen Zeit anschaulich werden lassen. Von Zeit zu Zeit finden Veranstaltungen statt. Dann ist das Gelände mit Darstellern bevölkert, die Slawen und Wikinger spielen, alte Techniken demonstrieren und zu mittelalterlichen Aktivitäten einladen. Aber nicht erschrecken, auch außerhalb dieser Veranstaltungen kann einem schon mal ein „Slawe" oder „Wikinger" über den Weg laufen.

Das ist aber noch nicht alles, was Oldenburg zu bieten hat. Sehenswert ist u.a. der **Marktplatz,** an dessen Südende das weiß gestrichene Rathaus thront. Es ist das insgesamt vierte Oldenburger **Rathaus** und wurde 1834 eingeweiht. Das schmucke Gebäude verbirgt in seinem Turm ein Glockenspiel mit 23 zwischen 9 und 55 kg schweren Glocken. Von 8 Uhr bis in den Abend hinein werden alle zwei Stunden kleinere Melodien gespielt.

Auch die **Kirche St. Johannis,** die im Südwesten der Wallanlage steht, ist bemerkenswert. Sie wurde von 1156 bis 1160 als romanische Basilika erbaut und ist eine der ältesten Backsteinkirchen Nordeuropas. Die Innenausstattung wurde beim großen Brand 1773, bei dem nur sieben Häuser der Stadt stehen blieben, fast vollständig vernichtet. Lediglich der Taufengel und zwei Sarkophage blieben erhalten. Die Mauern überstanden das Inferno jedoch schadlos, sodass die Kirche noch den ursprünglichen Eindruck vermittelt. Die barocke, schon von Weitem sichtbare Turmhaube wurde kurz nach dem Brand aufgesetzt.

Wer noch einen **Einkaufsbummel** machen möchte, sollte das in Oldenburg tun, denn bis zum Ende der Route wird man nichts Vergleichbares mehr finden. In den Fußgängerzonen rund um den Marktplatz finden sich in den alten Backsteingebäuden zahlreiche kleinere Geschäfte und nur wenige Schritte entfernt gegenüber dem Neuen Marktplatz steht das KuhtorCenter, eine kleinere Ladenpassage. Weitere Geschäfte, u.a. Discounter und ein Supermarkt, befinden sich am Neuen Markt.

086wo-he

Sehenswertes

› **Wallmuseum,** Professor-Struve-Weg 1, Tel. 04361 623142, https://oldenburger-wallmuseum.de, geöffnet: April–Oktober Di–So 10–17 Uhr, Erw. 6,50 €, ermäßigt 5,50 €, bis 17 Jahre 3,50 €, unter 6 Jahren frei, ermäßigte Familienkarten

In der Fußgängerzone von Oldenburg

Oldenburgs Wallmuseum ist in einem sehenswerten Fachwerkhaus untergebracht

› **St. Johanniskirche,** Wallstraße 3, Tel. 04361 2459, https://johanniskirche-oldenburg.de, geöffnet: außerhalb der Gottesdienste Mitte März–Mitte Oktober 11–17 Uhr, außerhalb dieser Zeit kann der Schlüssel im Kirchenbüro geholt werden

Information

› **Tourist Information Oldenburg,** Schauenburger Platz 2, Tel. 04361 5083913, https://oldenburg-holstein.de, geöffnet: Mo 12–18.30 Uhr, Di und Do 10–12 und 15–18.30 Uhr, Fr 10–17 Uhr, Sa 10–13 Uhr

Einkaufen

› **Wochenmarkt** auf dem Vorplatz am Rathaus Mi und Sa 9–13 Uhr

Parken

Eine gute Parkmöglichkeit mit kurzem Fußweg ins Zentrum besteht am Stellplatz Oldenburger Wallmuseum. Die Parkplätze im Zentrum sind sehr eng, oft voll belegt und für Wohnmobile wenig geeignet.

S 46 **Stellplatz Oldenburger Wallmuseum,** GPS 54.29705, 10.88306, Langer Segen 5, 23758 Oldenburg in Holstein. Von der Autobahnabfahrt Oldenburg-Nord Richtung Zentrum, nach 500 m rechts und nochmal links, weiträumig ausgeschildert. Von einem großen Parkplatz am Südende für Wohnmobile abgetrennter Bereich am Wallmuseum, keine wohnmobilspezifischen Einrichtungen, kein Campingverhalten, nachts sehr ruhig. Schöner markierter Fußweg (600 m) durch die Wallanlagen ins Zentrum.

Man verlässt den Parkplatz am Wallmuseum auf die Straße Langer Segen und fährt dort links. An der Gabelung nach knapp 500 m (rechts geht es über die Autobahn) hält man sich links und fährt durch ein Wohngebiet bis zum Ende der Straße, wo man rechts fährt.

Hinter der Autobahn, die man an der Anschlussstelle Oldenburg-Mitte überquert, fährt man weiter Richtung Weissenhäuser Strand. In dem beliebten Ostseebad findet man einen komfortablen Camping- und einen einfachen Stellplatz.

WEISSENHÄUSER STRAND

(7 km – km 22)

Wer beim Namen Weissenhäuser Strand an ein kleines Dorf mit einem alten Ortskern denkt, der liegt falsch, denn der Ort besteht im Wesentlichen aus einem riesigen **Ferien- und Freizeitpark.** Der 1971 gegründete Freizeitpark bietet Urlaubern inzwischen weit über 1000 Hotelzimmer, Appartements und Ferienwohnungen.

Für Camper und Wohnmobilisten gibt es direkt nebenan einen komfortablen Campingplatz 65. Der Vorteil: Die Angebote des mittlerweile 100 Hektar umfassenden Parks können mitbenutzt werden. Da wäre zum Beispiel ein subtropisches Badeparadies mit einer 150 m langen Wasserrutsche, ein Wellenbad, ein Sport- und Spielcenter mit Bowling- und Kegelbahnen, Tennis-, Badminton-, Squash- oder Fußballgolfplätze, ein Streichelzoo, eine Ponyranch, ein Kino und Veranstaltungen wie Konzerte und vieles mehr – all dies in einer künstlichen Welt. Real ist der feine **Sandstrand,** der 3 km lang und bis zu 40 m breit ist und an dem die obligatorischen Strandkörbe in Reih und Glied stehen. Eine hölzerne, 150 m lange Seebrücke gibt es auch.

Die sogenannte **Weissenhäuser Brök,** der 300 m breite Dünenstreifen, der sich zwischen der Ferienanlage und dem Strand befindet, ist eines der größten Dünengebiete an der schleswig-holsteinischen Ostseeküste und steht unter Naturschutz. Das Areal erstreckt sich vom Truppenübungsplatz Putlos vorbei am Campingplatz und dem Freizeitpark bis zum Wohnmobilpark Am Deich 66. Die Dünen sind überwiegend mit Gras und Heide bewachsen und bieten vor allem den Pflanzen und Tieren einen Lebensraum, die Trockenheit und Wärme lieben.

Information

› **Ferien- und Freizeitpark Weissenhäuser Strand,** Seestraße 1, Tel. 04361 5540, https://weissenhaeuserstrand.de, geöffnet: ganzjährig

65 Campingplatz Triangel

GPS 54.31027, 10.80315

Der Platz liegt zwischen dem Ferienpark und dem Truppenübungsplatz Putlos und ist nur durch flache Dünen vom Strand getrennt. Einige Touristenplätze an die Dünen angrenzend mit schönem Blick auf die Ostsee, Campinggäste können die Angebote (Animation, Wellness, Badeparadies, Hochseilklettergarten, Wasserski- und Wakeboardanlage, div. Sportmöglichkeiten, Restaurant, Abendunterhaltung) des benachbarten Ferienparks Weissenhäuser Strand mitnutzen. Außerhalb der Saison Lärmbelästigung durch den angrenzenden Truppenübungsplatz möglich. **Lage/Anfahrt:** Von Oldenburg Richtung Weissenhäuser Strand, der Platz liegt am östlichen Ortseingang und ist ausgeschildert; **Platzanzahl:** 735, davon 160 für Touristen; **Untergrund:** Wiese; fest; **Service:** Strom, Trinkwasser, Abwasser, Chemie-WC, WLAN; **Sicherheit:** umzäunt; **Preise:** 14–16 €/Fahrz., 5–7 €/Pers. je nach Saison, Dusche 1 €, Hund (nur angeleint) 4–6 €; **Max. Stand:** unbegrenzt; **Geöffnet:** Ende März–Ende Oktober; **Kontakt:** Campingplatz Triangel, Seestraße 1A, 23758 Wangels/Weissenhäuser Strand, Tel. 04361 507890, https:/campingplatz-triangel.de

088wo-he

66 Wohnmobilpark Am Deich

GPS 54.30415, 10.77325

Ebenes, durch Bäume aufgelockertes Gelände mit allen Ver- und Entsorgungseinrichtungen sowie Duschen und WC. Sehr ruhig, kurzer Weg zum Naturstrand und ins Naturschutzgebiet Weissenhäuser Brök. **Lage/Anfahrt:** Etwa 1,5 km westlich des Ferienparks Weissenhäuser Strand; **Platzanzahl:** 70; **Service:** Strom, Trinkwasser, Abwasser, Chemie-WC; **Sicherheit:** umzäunt; **Preise:** 20 €/Fahrz. inkl. Pers. und Hund, Kassenautomat; **Max. Stand:** unbegrenzt; **Geöffnet:** ganzjährig; **Kontakt:** Seestraße, 23758 Wangels

089wo-he

Von Weissenhäuser Strand geht es vorbei am Wohnmobilpark Am Deich weiter zur B202 und dort rechts. Auf der rechten Seite liegt das 75 ha große **Schlossgut Weissenhaus,** das in Privatbesitz ist und als exklusives Resort & Spa betrieben wird.

Nach 1,5 km zweigt rechts eine einspurige Straße zum Parkplatz Alte Liebe am Strand ab. Allerdings ist die Straße für Fahrzeuge über 3,5 t gesperrt und der Parkplatz selbst für Wohnmobile wegen einer Höhenschranke nicht erreichbar. Es bleibt also nichts anderes übrig, als weiter bis nach **Kaköhl** zu fahren. Dort biegt man gleich am Anfang des Dorfes rechts Richtung Hohwacht/Sehlendorf ab. An der Kreuzung nach 1,5 km führt die Route geradeaus weiter Richtung Hohwacht. Wer rechts fährt, kommt hinter **Sehlendorf** an den gleichnamigen, kostenpflichtigen Strand. Dort findet man mehrere Campingplätze und einen offiziellen Stellplatz in Strandnähe.

67 Campingplatz Schöning

GPS 54.30178, 10.69208

Leicht zur Ostsee geneigtes Wiesengelände. Die Touristenplätze befinden sich im unteren, strandnahen Bereich. Ca. 200 m zum Strand, Fahrradverleih, Spielplatz, kleiner SB-Laden mit Café. **Lage/Anfahrt:** Hinter Sehlendorf gleich die erste Möglichkeit rechts, dann nach 300 m links in die Einfahrt; **Platzanzahl:** 320, davon 50 für Touristen; **Service:** Strom, Trinkwasser, Abwasser, Chemie-WC, WLAN gegen Gebühr; **Sicherheit:** umzäunt; **Preise:** 11 €/Fahrz., 4 €/Pers., Strom 3,50 €, Hund 4 €, Kurabgabe extra; **Max. Stand:** unbegrenzt; **Geöffnet:** April–Mitte/Ende Oktober; **Kontakt:** Campingplatz Schöning, Wewerin 1, 24327 Blekendorf/OT Sehlendorf, Tel. 04382 920504, https://ostseecamping-schoening.de

090wo-he

ABSTECHER: SEHLENDORFER STRAND

(hin und zurück 5 km)

Der feine **Sandstrand,** der flach abfällt und so gut wie keine Steine hat, macht den Ort zu einem vor allem bei Familien mit Kindern beliebten Reiseziel. Es ist deshalb nicht verwunderlich, dass hier in der Hochsaison reger Betrieb herrscht und man auf der Straße zum Strand schon mal in einen kleinen Stau geraten kann. Ruhig und fast einsam ist es dagegen in der übrigen Jahreszeit. Hier kommen dann auch Urlauber auf ihre Kosten, die im **Naturschutzgebiet „Sehlendorfer Binnensee und Umgebung"** die Natur erkunden können. Die interessantesten Bereiche sind von einem Wanderweg, der bis nach Hohwacht führt, und zwei Aussichtplattformen

Sehlendorfer Binnensee

Der flache Sehlendorfer Binnensee ist einer der wenigen Strandseen an der schleswig-holsteinischen Ostseeküste, der noch eine direkte Verbindung mit der Ostsee hat. Bei hohen Wasserständen der Ostsee strömt salzhaltiges Wasser in den Binnensee, das sich mit dem aus dem Hinterland zufließenden Süßwasser vermischt. Bei niedrigen Ostseewasserständen kommt es dann durch den Zustrom von Süßwasser zur Absenkung des Salzgehalts. Dadurch entsteht ein Lebensraum, der von einer Tier- und Pflanzenwelt geprägt ist, die sich auf diese besonderen Lebensbedingungen eingestellt haben.

68 Campingplatz Jipp

GPS 54.30416, 10.68880

Sehr gepflegter Campingplatz auf einem leicht zur Ostsee geneigten Wiesengelände. Hauptsächlich Dauercamper, ca. 300 m zum Strand, Spielplatz, Fahrradverleih. **Lage/Anfahrt:** In Sehlendorf Richtung Strand. Etwa 250 m vor dem Strand auf der rechten Seite; **Platzanzahl:** 300, davon 20 für Touristen; **Untergrund:** Wiese; fest; **Service:** Strom, Trinkwasser, Abwasser, Chemie-WC, WLAN; **Sicherheit:** umzäunt; **Preise:** 7 €/Fahrz., 3 €/Pers., Strom 3,50 €, Duschen 0,50 €, Kurabgabe extra; **Max. Stand:** unbegrenzt; **Geöffnet:** April–Oktober; **Kontakt:** Campingplatz Jipp, Strandstraße 22, 24327 Blekendorf/OT Sehlendorf, Tel. 04382 426, www.campingplatz-jipp.de

091wo-he

gut zu überblicken. Auch für das leibliche Wohl ist gesorgt. Am Strand gibt es mehrere Restaurants und Imbisse sowie ein Café.

Information

- **Tourist-Information Sehlendorfer Strand,** Strandstraße 24, 24327 Blekendorf/OT Sehlendorf, Tel. 04282 92234, https://sehlendorfer-strand.de, geöffnet: Mai–15. September Mo–Do 9–16 Uhr, Fr 9–12.30 Uhr, Sa und So 10–13 Uhr, in der übrigen Zeit Mo, Di und Do 9–12 und 13–15.30 Uhr, Fr 9–12 Uhr

69 Wohnmobilplatz Sehlendorfer Strand

GPS 54.30568, 10.69414

Für Wohnmobile abgegrenzter Bereich auf einem ebenen Wiesengelände nahe am Strand. Abreise bis 9 Uhr am folgenden Tag, ansonsten fällt eine weitere Tagesgebühr an. **Lage/Anfahrt:** In Sehlendorf Richtung Strand fahren, dort die Schranke passieren und rechts weiter. Der Wohnmobilbereich ist deutlich gekennzeichnet; **Platzanzahl:** 40; **Untergrund:** Wiese; **Service:** Trinkwasser, Abwasser, Chemie-WC; **Preise:** 10,50 €/Fahrz. inkl. Pers, zwei Übernachtungen am Wochenende 15,50 €, auch 7er- und 14er-Karten erhältlich, Kurabgabe extra. Für Ver- und Entsorgung werden Token benötigt, die man in der Tourist-Info erhält; **Max. Stand:** unbegrenzt; **Geöffnet:** April–Oktober; **Kontakt:** 24327 Blekendorf/OT Sehlendorf, Strandstraße, 24327 Sehlendorf

Zurück auf der Hauptroute ist es nur noch ein kurzer Weg bis Hohwacht, dem Ort, dem die Bucht ihren Namen verdankt.

HOHWACHT

(16 km – km 38)

Wer nach Hohwacht hineinfährt, staunt zunächst über den dichten Laubwald, durch den man in den Ort gelangt. Der **Wald** ist es auch, der Hohwacht von anderen Ostseebädern abhebt. Der eigentliche Ortskern liegt schön eingebettet zwischen dem Wald im Süden und dem Strand im Norden, wobei es auch zwischen Strand und Wohnbebauung einen schmalen Waldstreifen gibt.

Auch das Ortsbild unterscheidet sich von manchen anderen Gemeinden an der Ostsee. Nach einem Jahrzehnte zurückliegenden Gemeinderatsbeschluss dürfen die Häuser

⊡ *Die Seebrücke Hohwachter Flunder ist zu einem Wahrzeichen des Orts geworden*

092wo-he

nicht höher sein als die Baumwipfel und so ist der Bauboom vergangener Jahre an Hohwacht vorbeigegangen.

Der Wald lädt zu ausgedehnten Spaziergängen ein und am **Strand** herrscht reges Treiben. Er ist naturbelassen und fast gänzlich ohne Steine. Highlight ist die 2004 errichtete **Hohwachter Flunder,** eine Symbiose aus Seebrücke, Aussichts- und Veranstaltungsplattform. Die Konstruktion, die an Seilen an einem 24 m hohen Pylon mit einer goldenen Kugel auf der Spitze hängt, hat aus der Vogelperspektive betrachtet die Form einer Flunder, daher der Name. Das sehenswerte Bauwerk ist inzwischen zu einem Wahrzeichen der Gemeinde geworden. Weiter östlich, schon in Alt-Hohwacht, thront über der Steilküste eine weitere **Aussichtsplattform,** die mit ihrem Pylon stark an die Flunder erinnert.

Von Alt-Hohwacht, wo am breiten Strand ein 60 m langer Badesteg ins Wasser führt, kann man auf einem wunderbaren Spazierweg oberhalb der Steilküste unter großen alten Bäumen zur Flunder wandern. Von dort geht der Wanderweg entlang der Küste weiter bis zum Fischer- und Jachthafen Lippe.

Sehenswert sind auch die **historischen Badehütten** in den Dünen, die so in Deutschland nirgends mehr zu finden sind. Wer Lust auf eine Partie Boule hat, findet dazu im gepflegten **Kurpark** Gelegenheit (Schlüssel gegen ein Pfand im Hotel Hohe Wacht).

Information

› **Tourist-Information Hohwacht,** Berliner Platz 1, 24321 Hohwacht, Tel. 04381 90550, https://hohwachterbucht.de, geöffnet: Juni Mo–Fr 9–17 Uhr, Sa und Feiertage 10–14 Uhr, Juli und August Mo–Fr 9–18 Uhr, Sa, So und Feiertage 10–14 Uhr; September und Oktober Mo–Fr 9–17 Uhr, November–Mai Mo–Fr 9–16 Uhr

Einkaufen

› **Fischräucherei Kruse,** Am Brackstock 1A, Tel. 04381 8139, www.fischraeucherei-kruse.de, geöffnet: April–Mitte Oktober tägl. 15–18 Uhr. Die kleine Fischräucherei ist ein jahrzehntealter Familienbetrieb, in dem noch nach alter Tradition auf Buchenholz geräuchert wird.

Parken

Ausreichend Parkmöglichkeiten bestehen auf dem Parkplatz Am Buchholz vor dem Wohnmobilstellplatz. Ein weiterer, kostenpflichtiger Parkplatz befindet sich in der Nähe des Zentrums am Dünenweg.

P 47 **Parkplatz Dünenweg,** GPS 54.32462, 10.66282, Dünenweg 1. Asphaltierter, kostenpflichtiger Parkplatz, weniger als 100 m zum Strand, 250 m zur Hohwachter Flunder.

Man verlässt Hohwacht in nordöstlicher Richtung entlang des Deiches (K35) und erreicht schon nach kurzer Fahrt den Fischer- und Jachthafen Lippe. Dahinter führt die Straße ins Landesinnere. Links liegt der **Große Bin-**

70 Stellplatz Alt-Hohwacht

GPS 54.31893, 10.67582
Für Wohnmobile abgetrennter Bereich auf dem hinteren Teil eines großen Parkplatzes am östlichen Ortsrand. Nachts ruhig, in den auf der anderen Straßenseite liegenden Wald sind es nur wenige Schritte, zum Strand ca. 250 m, ins Zentrum ca. 1 km. **Lage/Anfahrt:** Bei der Einfahrt in den Ort der Straße Am Buchholz bis zum Park-/Stellplatz folgen, im Ort weiträumig ausgeschildert; **Platzanzahl:** 19; **Untergrund:** Asphalt; **Service:** Strom, Trinkwasser, Abwasser, Chemie-WC; **Preise:** 10 €/Fahrz., Strom 1 €/kWh, Trinkwasser 1 €/80 l, Entsorgung Chemie-WC 1 €; **Max. Stand:** unbegrenzt; **Geöffnet:** ganzjährig, Ver- und Entsorgung nur April–Oktober, Strom ganzjährig; **Kontakt:** Stellplatz Alt-Hohwacht, Am Buchholz, 24321 Hohwacht, Tel. 04381 9890

093wo-he

nensee, der sich zwischen Behrensdorf und Hohwacht erstreckt und noch vor etwas mehr als 100 m Jahren eine offene Lagune war. Ein Teil des Sees und der angrenzenden Schilfzonen ist Naturschutzgebiet.

An der nächsten Kreuzung geht es rechts nach Behrensdorf. Nach etwa 900 m endet die Straße. Links führt die Route weiter Richtung Kembs (s. S. 98), rechts geht es zum Behrensdorfer Strand mit seinen Campingplätzen und dem Leuchtturm Neuland.

BEHRENSDORF

(9 km – km 47)

Der kilometerlange **Sandstrand** mit eingestreuten kleineren Kieseln reicht vom Truppenübungsplatz im Westen bis zum Hafen Lippe und weiter nach Hohwacht. Er ist einer der wenigen an der schleswig-holsteinischen Ostseeküste, an dem keine Kurtaxe verlangt wird.

Wahrzeichen des Ortes ist der sehenswerte **Leuchtturm Neuland,** der 1915/1916 erbaut wurde. Heute wird er von der Bundeswehr betrieben und warnt durch Leuchtsignale, wenn auf dem angrenzenden Schießplatz Todendorf scharf geschossen wird. Der 40 m hohe Turm kann an einigen wenigen Tagen im Jahr bestiegen werden (Information in der Tourist-Information). Täglich die grandiose Aussicht genießen darf ein Wanderfalken-Paar, das seit einigen Jahren seinen Brutplatz auf dem Turm hat.

Zwischen Behrensdorf und dem Hafen Lippe erstreckt sich das 108 ha große **Naturschutzgebiet „Kleiner Binnensee und angrenzende Salzwiesen“,** das ein bedeutendes Nahrungs-, Rast- und Brutgebiet für zahlreiche Vogelarten ist. Ein empfehlenswerter, schön angelegter Wanderweg (auch für Radler geeignet) führt strandnah bis zum Hafen, von wo man weiter über Hohwacht bis zum Sehlendorfer Strand wandern kann.

Information

- **Tourist-Information Behrensdorf,** Ringstraße 2a, 24321 Behrensdorf, Tel. 04381 4986, www.behrensdorf-ostsee.de, geöffnet: Di und Fr 9–11 Uhr

Parken

P 48 Parkplatz Behrensdorf am Deich, GPS 54.35754, 10.61105, Strandstraße. Kostenpflichtiger Parkplatz mit Kiosk und WC vor dem Deich, ca. 50 m zum Strand. Nur für Kfz unter 2,30 m.

71 Ferien- und Campinganlage Schuldt

GPS 54.35577, 10.60849

Der überwiegend ebene Platz liegt nur wenig vom Strand entfernt eingebettet zwischen Wiesen und Feldern. Für Wohnmobile abgegrenzter Bereich mit teilweise befestigten Wohnmobilstellplätzen, familienfreundlich, mit Eselgehege und kostenfreien Gokarts. Im Sommer gibt es ein Spielhaus mit Betreuung, Imbiss und Biergarten, zum Strand etwa 300 m. Außerhalb der Saison Lärmbelästigung durch den nahen Truppenübungsplatz Todendorf möglich. **Lage/ Anfahrt:** In Behrensdorf rechts in die Strandstraße, an der nächsten Gabelung nach 800 m halblinks, ausgeschildert; **Platzanzahl:** 296, davon 36 für Touristen; **Untergrund:** Schotter, Wiese; fest; **Service:** Strom, Trinkwasser, Abwasser, Chemie-WC, WLAN; **Sicherheit:** umzäunt; **Preise:** 12–15 €/Fahrz. inkl. 2 Pers., Strom 2 €, Hund 3 € (nur angeleint); **Max. Stand:** unbegrenzt; **Geöffnet:** April–Mitte Oktober; **Kontakt:** Ferien- und Campinganlage Schuldt, Neuland 3, 24321 Behrensdorf, Tel. 04381 416545, https://schuldt-behrensdorf.de

Von Behrensdorf geht die Reise weiter Richtung **Kembs,** wo man gleich am Ortseingang beim Bauernhof Horn eine **Milchtankstelle** findet. Hier kann man sich frische Vollmilch von hofeigenen Kühen abzapfen. Sie ist vollkommen naturbelassen, unbehandelt und hat einen Fettgehalt von 4,2 %.

Kurz hinter Kembs biegt man in einer Linkskurve rechts von der Hauptstraße in Richtung Satjendorf ab. Nach 2,7 km fährt man noch vor dem Ort an einer Kreuzung rechts und biegt 400 m weiter links Richtung Hubertsberg und Strand ab. Vorbei am Truppenübungsplatz Todendorf erreicht man die Steilküste. In der Linkskurve unmittelbar vor der Küste befindet sich rechts ein Parkplatz. Von hier kommt man nach wenigen Schritten an die Steilküste und gelangt auch an den steinigen Strand. Für Angler ist der Strandbereich rechts und links vom **Hubertsberg** als klassische Meerforellenstrecke mit ausgezeichneten Fangchancen interessant. Wer nicht angeln möchte, kann sich vom Strand aus von der hohen, nahezu senkrechten Steilküste beeindrucken lassen.

Der Leuchtturm Neuland in Behrensdorf (s. S. 97) kann an manchen Tagen erklommen werden

⑫ Campingpark Waldesruh

GPS 54.35788, 10.60154

Der familienfreundliche, gepflegte Campingplatz bietet separate Wohnmobilstellplätze vor der Schranke. Mit Minimarkt, Gaststätte, Imbiss, Fahrradverleih. Etwa 500 m zum Strand, außerhalb der Saison Lärmbelästigung durch den nahen Truppenübungsplatz Todendorf möglich. **Lage/Anfahrt:** In Behrensdorf rechts in die Strandstraße, an der nächsten Gabelung nach 800 m halblinks, dann wieder links. Nach 600 m Einfahrt auf der linken Seite, ausgeschildert; **Platzanzahl:** 370, davon 23 separat für Wohnmobile; **Untergrund:** Rasengitter, Wiese; fest; **Service:** Strom, Trinkwasser, Abwasser, Chemie-WC, WLAN gegen Gebühr; **Sicherheit:** umzäunt, beleuchtet; **Preise:** 12–15 €/Fahrz. inkl. 2 Pers., Strom 0,45 €/kWh, Dusche 0,70 €, Hund 1,50 €; **Max. Stand:** unbegrenzt; **Geöffnet:** Ende März–Oktober; **Kontakt:** Camping Waldesruh, Fam. Treczokat, Neuland 5, 24321 Behrensdorf, Tel. 04381 8555, www.camp-waldesruh.de

094wo-he

Parken

P 49 Parkplatz Hubertsberg, GPS 54.37900, 10.54119. Unmittelbar an der Steilküste gelegener Parkplatz mit kurzem Weg zum Strand.

Vorbei an dem kleinen Campingplatz, der ganz auf Dauercamper ausgerichtet ist, führt die Straße zwischen großen Feldern wieder ins Landesinnere, wo sich nach nur 1,5 km an der **Straußenfarm Ostseeblick** schon der nächste Stopp lohnt. Hier kann man die majestätischen, bis zu 150 kg schweren Laufvögel nicht nur bewundern und sich über ihre Aufzucht informieren, sondern im Bistro auch Straußenfleisch-Gerichte probieren und sich im Hofladen mit Straußenfleisch-Produkten eindecken.

Sehenswertes

› **Straußenfarm Ostseeblick,** Ostseering 11, 24257 Hohenfelde, Tel. 04385 907, www.straussenfarm-ostseeblick.de, geöffnet: März–Oktober tägl. 10–18 Uhr, November und Dezember Fr–So von 10–16 Uhr, Eintritt 3 €, Kinder unter 10 Jahre kostenlos

Gut 1 km hinter der Straußenfarm trifft die Straße auf die L165, der man nach rechts folgt. Nach weiteren 1,3 km gelangt man nördlich von Hohenfelde an eine Abzweigung, die rechts zum Strand und zu mehreren, bereits hier ausgeschilderten Campingplätzen führt.

HOHENFELDE STRAND

(9 km – km 56)

Am naturbelassenen **Sand-/Kiesstrand** von Hohenfelde muss man keine Kurtaxe entrichten und auch in der Hochsaison hält sich der Betrieb in Grenzen, sodass man, ohne weit laufen zu müssen, auch ruhige Plätzchen findet.

Wer nicht nur das Strandleben genießen will, der kann sich im **Naturerlebniszentrum** eine interessante interaktive Ausstellung anschauen, in der auf die unterschiedlichen Lebensräume der Ostsee eingegangen und um Verständnis für deren Schutz geworben wird. Man kann auch eigene Strandfunde inklusive Steine bestimmen lassen.

Das Naturerlebniszentrum ist zusammen mit der Tourist-Information in der sog. **Strandkrabbe,** dem auffälligen, futuristischen Gebäude am Strandzugang, untergebracht. Aus der Bodenperspektive ist der Name nicht gleich ersichtlich, doch aus der Vogelperspektive erinnert das Gebäude mit etwas Fantasie doch an das Tier.

Östlich der Strandstraße befindet sich der **Naturerlebnisraum Malmsteg-Niederung,** auf dessen Gelände man mithilfe von Informationstafeln Einblick in die Lebenswelt des Strandes und der angrenzenden Niederung erhält. Naturerlebnisräume sind in Schleswig-Holstein eine eigene Gebietskategorie des Naturschutzgesetzes, die das Ziel hat, das Verständnis für die Natur zu fördern, um diese zu schützen.

Für Wanderer und Radler führt ein **Rad-/Wanderweg** vom Strand aus in nordwestlicher Richtung bis nach Schönberg. Dabei geht es vorbei an der **Moorbrookwiese,** einem ehemaligen Torfstich, der renaturiert wurde und heute Heimat verschiedener Vogelarten ist. Von einem hölzernen Aussichtsturm hat man einen guten Überblick über das Gewässer und kann in Ruhe die Vögel beobachten.

Noch etwas weiter westlich liegt das 50 ha große **Naturschutzgebiet Strandseelandschaft Schmoel,** wo sich zahlreiche Vogelarten angesiedelt haben. Allein acht Entenarten kann man hier sehen, daneben Zwergtaucher, Dunkler Wasserläufer, Grünschenkel und viele andere.

Information

› **Naturerlebniszentrum/Tourist-Information Hohenfelde,** Strandstraße 23, 24257 Hohenfelde, Tel. 04385 8779950, https://naturerleben-hohenfelde.de, geöffnet: in den Ferienzeiten Mi–So 13–17 Uhr, Eintritt frei

73 Strandcamping Radeland

GPS 54.38278, 10.49429

Familiärer Platz mit einem für Wohnmobile abgetrennten Bereich. Parzellierte Stellplätze auf ebener Wiesenfläche, zum Strand 600 m auf einem Wanderweg. **Lage/Anfahrt:** Von der L165 der Abzweigung Richtung Strand knapp 1 km folgen, dann rechts, ausgeschildert; **Platzanzahl:** 165, davon 39 für Wohnmobile; **Untergrund:** Rasengitter, Wiese; fest; **Service:** Strom, Trinkwasser, Abwasser, Chemie-WC, WLAN, kostenpflichtig; **Sicherheit:** umzäunt, beleuchtet; **Preise:** 12–17 €/Fahrz. inkl. 2 Pers. und Strom, Hund 2 €,

74 Campingpark Ostseestrand

GPS 54.38580, 10.49178

Leicht geneigtes Wiesengelände, das bis nahe an den Strand reicht. Abgetrennter Wohnmobilpark mit parzellierten Stellplätzen, Spielplatz, Gaststätte mit leckeren Speisen zu fairen Preisen, kleiner SB-Laden, 200 m zum Strand. **Lage/Anfahrt:** Von der Abzweigung Richtung Strand an der L165 der Straße etwa 1,3 km folgen, dann links, ausgeschildert; **Platzanzahl:** 210, davon 60 für Touristen; **Untergrund:** Wiese; fest; **Service:** Strom, Trinkwasser, Abwasser, Chemie-WC, WLAN; **Sicherheit:** umzäunt; **Preise:** 3,40–6,90 €/Fahrz., 3,90–5,40 €/Pers., Strom 3,50 €, Hund 2–2,50 €, Sparpauschalen für eine oder zwei Wochen; **Max. Stand:** unbegrenzt; **Geöffnet:** April–Mitte August; **Kontakt:** Campingpark Ostseestrand, Strandstraße 21, 24257 Hohenfelde, Tel. 04385 620, https://campingostseestrand.de

096wo-he

günstigere Pauschalangebote bei längerem Aufenthalt; **Max. Stand:** unbegrenzt; **Geöffnet:** April–September; **Kontakt:** Strandcamping Radeland, Strandstraße 18, 24257 Hohenfelde, Tel. 04385 5388, https://strandcamping-radeland.de

Nächstes Ziel sind die Strände des weiter im Binnenland liegenden Ortes Schönberg. Von Hohenfelde folgt man dazu der L165 und biegt nach 5,5 km rechts Richtung Stakendorfer und Schönberger Strand ab. Als erstes kommt man nach 1,5 km an die Zufahrt zum Campingplatz Grasbleek (75). Gleich darauf hält man sich an der Abzweigung links und fährt am Großparkplatz P4 (Achtung Höhenbeschränkung) vorbei bis zum Deich. Dort findet man unterhalb der Fischerhütten eine Parkmöglichkeit und wenn man Glück hat, ist sogar ein Platz frei. Am Deich geht es weiter, bis die Straße nach 400 m einen Linksknick macht. Vorbei an dem sehr engen Parkplatz P3, wo sich die Tourist-Info und ein Supermarkt befinden, fährt man am Ende der Straße rechts und erreicht den Museumsbahnhof Schönberger Strand, wo man eine gute Parkmöglichkeit findet.

Wer sich die Schleife sparen möchte oder ein **großes Wohnmobil** hat, sollte an der Abzweigung hinter der Zufahrt zum Campingplatz auf der Hauptstraße bleiben. Auf ihr erreicht man den Museumsbahnhof nach 700 m.

SCHÖNBERGER STRAND

(10 km – km 66)

Der Schönberger **Strand** zählt zu den besten der schleswig-holsteinischen Ostseeküste. Er ist fein und weiß und fällt flach ab. Alle 200 m erstreckt sich eine Buhne rechtwinklig zum Strandverlauf in die Ostsee. Die Dämme aus bis zu einer Tonne schweren Findlingen, die extra von der dänischen Insel Bornholm importiert wurden, dienen dem Küstenschutz.

Die 2001 gebaute, 260 m lange **Seebrücke** ist das Zentrum am Schönberger Strand. Auf dem Vorplatz werden im Sommer regelmäßig Konzerte und andere Veranstaltungen durchgeführt. Höhepunkt ist das dreitägige Seebrückenfest mit kulinarischen und kulturellen Angeboten und einem spektakulären Höhenfeuerwerk, das jedes Jahr an einem Wochenende im Juli veranstaltet wird.

Wer Appetit auf Fisch hat, für den sind die **Fischerhütten** auf dem Deich etwa 600 m südöstlich der Seebrücke ein absolutes Muss. Hier bieten mehrere Fischer z. T. noch selbst gefangenen Fisch frisch zubereitet an. Die leckeren Gerichte können gleich auf dem

Der Museumsbahnhöf Schönberger Strand (s. S. 102) ist nicht nur für Eisenbahnenthusiasten besuchenswert

Deich mit Blick auf die Ostsee verspeist werden. Wer will, kann auch Fisch kaufen und ihn selbst zubereiten.

Ein weiteres Highlight ist der **Museumsbahnhof.** Das Gelände um den Sackbahnhof der 1897 in Betrieb genommenen Bahnstrecke Kiel – Schönberger Strand ist jederzeit frei zugänglich (Spenden erbeten). Zu sehen sind historische Eisenbahnzüge mit Dampf- und Dieselloks sowie zahlreiche historische Straßenbahnen, die älteste aus dem Jahr 1894. Von Ende Mai bis Anfang September verkehren an Wochenenden historische Kleinbahnzüge mit Dampf- oder Dieselloks vom Bahnhof ins 4 km entfernte Schönberg. Einzelne Züge fahren sogar bis Kiel.

Sehenswertes

› **Museumsbahnen Schönberger Strand,** Am Schierbek 1, Tel. 04344 2323 (nur an Betriebstagen, ansonsten auch Infos beim Tourist-Service), https://vvm-museumsbahn.de, Betriebstage und Fahrpläne s. Website

Information

› **Tourist-Service Schönberger Strand,** Käptn's Gang 1, 24217 Schönberg/OT Schönberger Strand, Tel. 04344 41410, https://schoenberg.de, geöffnet: Ende April–Ende September Mo–So 9–16, Ende Juni–Ende August bis 17 Uhr, ansonsten Mo–Fr 9–13 und 14–16 Uhr, im Winter nachmittags nur Mo, Di und Do

Parken

Schönberger Strand hat eine ganze Reihe von Parkplätzen, die meisten sind für Wohnmobile aber nicht nutzbar. Auf den folgenden Plätzen ist das Parken – zumindest eingeschränkt – möglich:

P 50 **Parkplatz Fischerhütten,** GPS 54.41097, 10.42086. Kleiner, gebührenfreier Parkplatz, zumindest in der Saison meist belegt.

P 51 **Parkplatz P4 Stakendorfer Strand,** GPS 54.40978, 10.42061. Großer, gebührenpflichtiger Tagesparkplatz mit Höhenbeschränkung 2,50 m.

P 52 **Parkplatz Schönberger Strand Tourist-Info,** GPS 54.41276, 10.41509, Käptn's Gang 1. Sehr enger, für größere Wohnmobile ungeeigneter kostenloser Parkplatz bei der Tourist-Info und einem Supermarkt.

P 53 **Parkplatz Museumsbahnhof,** GPS 54.41024, 10.40989. Geräumiger, kostenloser Parkplatz nur wenige Schritte vom Museumsbahnhof entfernt.

Die Fischerhütten in Schönberger Strand bieten auch Außengastronomie auf dem Deich

099wo-he

⑮ Campingplatz Grasbleek

GPS 54.40732, 10.42025

Der große Campingplatz liegt im Osten des Schönberger Strandes und reicht bis an den Deich. Für Wohnmobile abgetrennter Bereich, Imbiss, Bäcker. **Lage/Anfahrt:** Von der L165 bei Stakendorf Richtung Stakendorfer Strand abfahren, nach 1,5 km rechts, ausgeschildert; **Platzanzahl:** 550, davon 50 für Touristen; **Untergrund:** Wiese; fest; **Service:** Strom, Trinkwasser, Abwasser, Chemie-WC, WLAN kostenpflichtig; **Sicherheit:** umzäunt; **Preise:** 12 €/Fahrz., 6 €/Pers., Strom 3 €, Kurtaxe extra; **Max. Stand:** unbegrenzt; **Geöffnet:** April–September; **Kontakt:** Campingplatz Grasbleek, Stakendorfer Strand, 24217 Schönberg/OT Schönberger Strand, Tel. 04344 9887, https://haus-felsenburg.de

⑯ Campingplatz Hasselkrug

GPS 54.41846, 10.40017

Der 6 Hektar große Familienplatz befindet sich direkt hinterm Deich am Schönberger Strand. Die Touristenplätze sind durch Hecken von den Dauercampern getrennt. Kleiner Laden, Spielplatz, Stellplätze nur für Wohnmobile bis 3,5 t. **Lage/Anfahrt:** Vom Museumsbahnhof Schönberg der Straße Korshagener Redder folgen, nach etwas mehr als 1 km rechts, ausgeschildert; **Platzanzahl:** 155, davon 60 für Touristen; **Untergrund:** Wiese; fest; **Service:** Strom, Trinkwasser, Abwasser, Chemie-WC, WLAN; **Sicherheit:** umzäunt; **Preise:** 11 €/Fahrz., 4 €/Pers., Strom 2,50 €, Kurtaxe extra; **Max. Stand:** unbegrenzt; **Geöffnet:** Ende April–September; **Kontakt:** Camping Hasselkrug, Korshagener Redder 70, 24217 Schönberg/OT Schönberger Strand, Tel. 04344 3911, https://campingplatz-hasselkrug.de

Vom Museumsbahnhof Schönberger Strand aus begibt man sich nun auf eine „Weltreise“. Zunächst geht es dabei nach Südamerika, und zwar genauer gesagt nach Brasilien. Anschließend ist Kalifornien der letzte Stopp auf der Tour entlang der Hohwachter Bucht. Aber der Reihe nach.

Brasilien und Kalifornien

Viele fragen sich, wie die beiden zu Schönberg gehörenden Ortsteile Brasilien und Kalifornien zu ihren originellen Namen gekommen sind. Dazu muss man ins frühe 18. Jahrhundert zurückgehen. Damals fand ein Fischer eine alte Schiffsplanke, auf der „California“ stand – wohl der Name eines bei einem Sturm untergegangenen Schiffes. Er nahm das Holz mit und nagelte es über die Haustür seiner Hütte. Ein Nachbar, der weiter östlich wohnte, wurde neidisch und wollte nun auch nicht mehr einfach an der Ostsee wohnen. Er holte sich ein Brett, pinselte das Wort „Brasilien“ darauf und nagelte es ebenfalls über seine Haustür. Fortan lebten beide Nachbarn friedlich auf getrennten Kontinenten dicht beieinander und aus ihren kleinen Fischerhütten entwickelten sich im Laufe der Zeit die beiden Ortsteile. So oder ähnlich wird heute die Geschichte erzählt.

Vom Bahnhof folgt man der nach Nordwesten verlaufenden Straße Korshagener Redder, passiert den Campingplatz Hasselkrug und gelangt 700 m weiter an eine Abzweigung, die rechts in den zu Schönberg gehörenden Ortsteil Brasilien führt, wo man auf großen Parkplätzen zwei Wohnmobilstellplätze findet.

BRASILIEN

(3 km – km 69)

Wo auf der Welt kann man zu Fuß in wenigen Minuten von Brasilien nach Kalifornien wandern? Die Antwort lautet: in Schönberg an der Ostsee. Sowohl Brasilien als auch Kalifornien sind Ortsteile der Gemeinde Schönberg, wenn auch nur kleine. Letzteres trifft besonders für Brasilien zu, das nur um die 20 Einwohner hat, dafür aber ein Vielfaches an Tagesgästen zählt.

100wo-he

Während der Saison sind die beiden großen Parkplätze, die direkt am Deich liegen, oft bis auf den letzten Platz belegt. Das liegt vor allem an dem feinen **Sandstrand,** der sich flach abfallend über etwas mehr als 1 km zwischen den Buhnen 29 bis 34 hinter dem Deich erstreckt. Der sehr seichte Strand ist besonders gut für Familien mit Kindern geeignet, aber auch Wassersportler kommen hier voll auf ihre Kosten und Hundebesitzer freuen sich über den eigens ausgewiesenen Hundestrand.

Aktivitäten

› **Wassersport Brasilien,** Buhne 33 und 34, Brasilien, Tel. 04344 3013880, www.brasilsports.de, geöffnet: Ende April–bis Ende September tägl. 10–17.30 Uhr. Angeboten werden SUP-, Windsurf- und Wellenreitkurse. Darüber hinaus kann man sich entsprechendes Equipment (auch Tretboote und Kajaks) leihen.

77 Wohnmobilstellplatz Brasilien

GPS 54.42327, 10.39362

Ebener Platz in Strandnähe gleich hinter dem Deich, von einem großen Parkplatz im hinteren Teil abgegrenzter Bereich, kurzer Weg zum Strand. **Lage/Anfahrt:** Vom Museumsbahnhof Schönberger Strand folgt man der nach Nordwesten verlaufenden Straße Korshagener Redder, passiert den Campingplatz Hasselkrug und gelangt 700 m weiter an eine Abzweigung, die rechts nach Brasilien führt, kurz vor dem Deich rechts die Einfahrt zum Park- und Stellplatz; **Platzanzahl:** 50 Wohnmobilstellplätze; **Untergrund:** Wiese; **Service:** Trinkwasser, Abwasser, Chemie-WC; **Sicherheit:** umzäunt; **Preise:** 8 €/Fahrz., Hund kostenlos, Kurtaxe extra; **Max. Stand:** unbegrenzt; **Geöffnet:** April–Oktober; **Kontakt:** Wohnmobilstellplatz Brasilien, Mittelstrand, 24217 Schönberg/OT Brasilien, Tel. 04344 9532

Von Brasilien ist es auf der Straße Korshagener Redder nur etwas mehr als 1 km bis nach Kalifornien, wo die Route entlang der Hohwachter Bucht endet. Wer will, kann von hier weiter bis Wisch ins Landesinnere fahren (8 km), wo man auf die Route 5 (s. S. 141) trifft, die um die Kieler Förde führt. Eine direkte Verbindung von Kalifornien zum Strand bei Heidkate, dem Start der Route 5, gibt es nicht.

KALIFORNIEN

(1 km – km 70)

Kalifornien ist deutlich größer als Brasilien, dies gilt nicht nur für den Strandabschnitt, der sich zwischen den Buhnen 18 und 29 erstreckt und über 2 km lang ist, sondern auch für die Einwohnerzahl, die etwas mehr als 400 beträgt. Auch Kalifornien bietet einen wunder-

Dunkler Wasserläufer im Prachtkleid

Am breiten Sandstrand von Kalifornien

101wo-he

78 Wohnmobilstellplatz Mittelstrand

GPS 54.42252, 10.39580

Ebener Platz in Strandnähe gleich hinterm Deich, von einem großen Parkplatz abgegrenzter Bereich, kurzer Weg zum Strand, Imbiss, WC. **Lage/Anfahrt:** Vom Museumsbahnhof Schönberger Strand folgt man der nach Nordwesten verlaufenden Straße Korshagener Redder, passiert den Campingplatz Hasselkrug und gelangt 700 m weiter an eine Abzweigung, die rechts nach Brasilien führt, hinter der Einfahrt zum Park- Wohnmobilstellplatz Brasilien rechts abbiegen und nach 200 m rechts; **Platzanzahl:** 50; **Untergrund:** Schotter, Wiese; **Service:** Strom, Trinkwasser, Abwasser, Chemie-WC; **Sicherheit:** umzäunt; **Preise:** 7,80–9 €/Fahrz., Strom 2,50 €, Kurtaxe extra, übergroße Wohnmobile zahlen einen Aufschlag; **Geöffnet:** April–Oktober; **Kontakt:** Wohnmobilstellplatz Mittelstrand, Peter Stoltenberg-Götsch, Mittelstrand Buhne 31, 24217 Schönberg/OT Brasilien, Tel. 04344 9215, www.stellplatz-mittelstrand.de

098wo-he

102wo-he

baren **Sandstrand,** sogar mit einem Extrabereich für FKK-Anhänger, und selbstverständlich gibt es auch ein modernes **Wassersportzentrum.** Für das leibliche Wohl sorgen Restaurants, ein Imbiss, ein Eiscafé, ein Kaufmann, ein Bäcker und ein Fischgeschäft.

Information

› **Tourist-Service Kalifornien,** An der Kuhbrücksau 2, 24217 Schönberg/OT Kalifornien, Tel. 04344 1838, https://schoenberg.de, geöffnet: Ende April–Ende September Mo–So 9–16, Ende Juni–Ende August bis 17 Uhr; ansonsten Mo–Fr 9–13 und 14–16 Uhr, im Winter nachmittags nur Mo, Di und Do

Aktivitäten

› **California Wassersport,** Buhne 33 und 34, Kalifornien, Tel. 0176 78193914, https://california-wassersport-bootsvermietung.business.site, geöffnet: Mitte Mai–bis Mitte September tägl. 10–18 Uhr. Angeboten werden Windsurf- und Segelkurse, zudem kann man Tretboote, Kajaks, Segelboote, Surfboards und auch Angel- und Sportboote mieten oder sich auf einer von einem schnellen Motorboot gezogenen „Banane" durchs Wasser ziehen lassen.

79 Camping-Ferienpark California

GPS 54.42839, 10.36428

Der durch Hecken und Bäume unterteilte Platz reicht bis zum Deich, ca. 100 m zum Strand, zum FKK-Bereich 200 m. Mit SB-Markt, Schnellimbiss und Restaurant, Kegelbahn, Reiten und Reitkurse auf eigener Reitbahn mit Ponys und Pferden, Minigolf und Spielplatz. Hunde in der Hauptsaison nicht gestattet. **Lage/Anfahrt:** Gegenüber vom Parkplatz am Tourist-Service in die Straße Fernautal fahren, diese geht später in die Straße Große Heide über, auf der man durch ein Wohngebiet bis zum Ende fährt, Einfahrt links, ausgeschildert; **Platzanzahl:** 450, davon 170 für Touristen; **Untergrund:** Wiese; fest; **Service:** Strom, Trinkwasser, Abwasser, Chemie-WC, WLAN; **Sicherheit:** umzäunt; **Preise:** 13,50–20,50 €/Fahrz., 4,30–5,80 €/Pers. inkl. Strom und Ver- und Entsorgung, Kurtaxe extra; **Max. Stand:** unbegrenzt; **Geöffnet:** April–September; **Kontakt:** Camping-Ferienpark California, Große Heide 26, 24217 Schönberg/OT Kalifornien, Tel. 04344 9591, https://camping-california.de

Porträt eines Kormorans

ROUTE 4

HOLSTEINISCHE SCHWEIZ

103wo-he

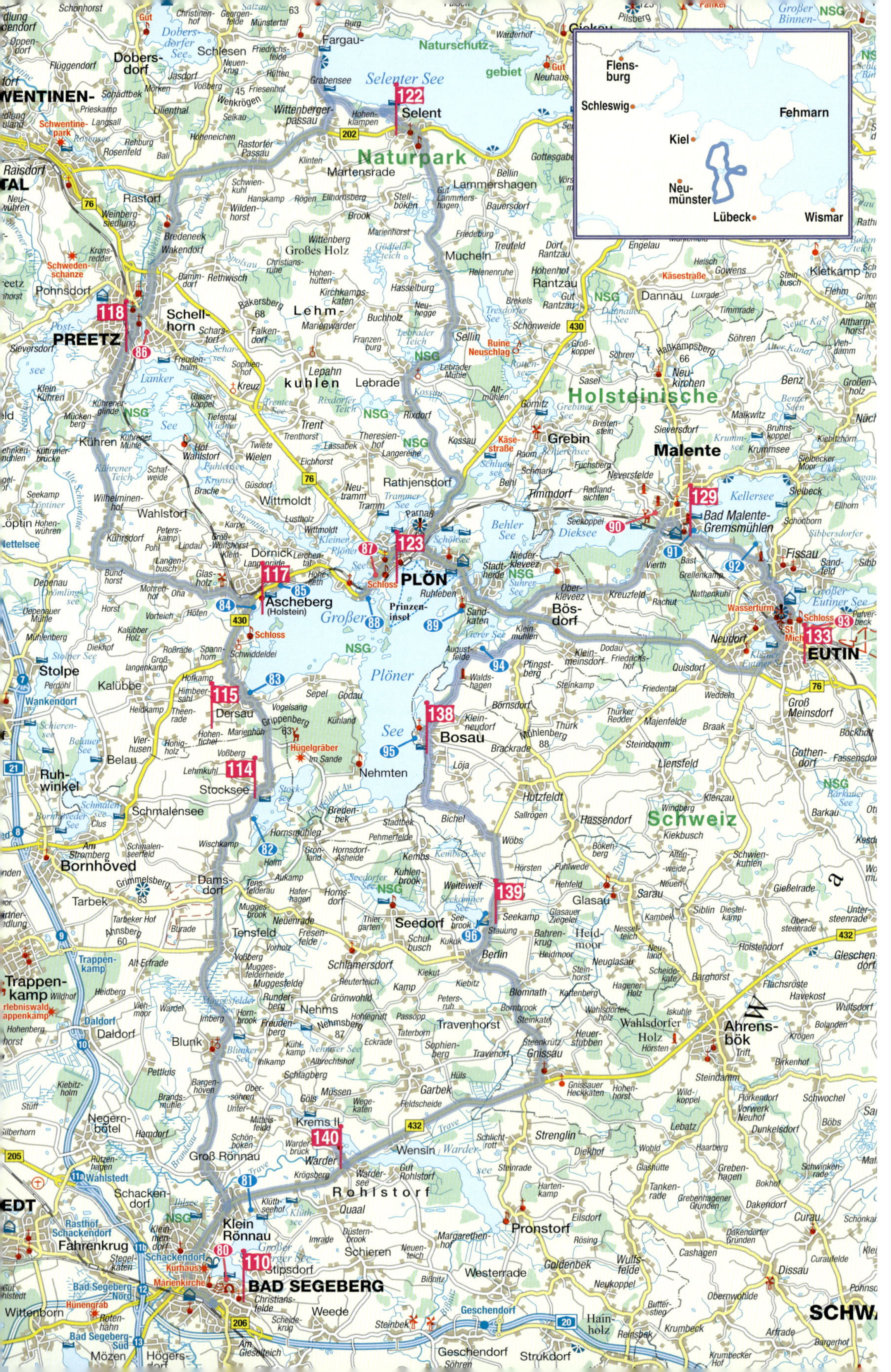

Flensburg
Schleswig
Fehmarn
Kiel
Neumünster
Lübeck
Wismar
Selenter See
122
Selent
Naturschutzgebiet
Naturpark
Holsteinische
Schweiz
Dobersdorf
Schlesen
Fargau
Wittenbergerpassau
Martensrade
Lammershagen
Rastorf
Raisdorf
Schwentinepark
Preetz
118
86
Schellhorn
Pohnsdorf
Lehmkuhlen
Lepahn
Lebrade
Mucheln
Rantzau
Dannau
Kletkamp
Sellin
Ruine Neuschlag
Grebin
Malente
129
Kellersee
Bad Malente-Gremsmühlen
Dieksee
Behler See
90
91
92
Fissau
Eutin
133
93
Großer Eutiner See
Neudorf
Wasserturm
Schloss
Rathjensdorf
Plön
123
87
Schloss
Prinzeninsel
Großer
88
89
Plöner
See
Wittmoldt
Wahlstorf
Kühren
Dörnick
117
85
84
Ascheberg (Holstein)
Schloss
Bösdorf
Kreuzfeld
NSG
94
83
115
Dersau
Stolpe
Kalübbe
Wankendorf
138
Bosau
95
Nehmten
Hügelgräber
114
Stocksee
Belau
Ruhwinkel
Schmalensee
82
Bornhöved
Tarbek
Damsdorf
Tensfeld
Seedorf
139
96
Glasau
Sarau
Hassendorf
Hutzfeldt
Trappenkamp
Daldorf
Blunk
Nehms
Travenhorst
Berlin
Gnissau
Ahrensbök
Krems II
140
Warder
Wensin
Rohlstorf
Groß Rönnau
81
Klein Rönnau
80
110
Bad Segeberg
Stipsdorf
Pronstorf
Westerrade
Schackendorf
Fahrenkrug
Marienkirche
Kurhaus
Weede
Geschendorf
Strukdorf
202
76
430
432
206
20
21

222wo-he

ROUTENÜBERSICHT

Die Kulturlandschaft Holsteinische Schweiz zwischen Lübeck und Kiel gehört zu den wichtigsten Tourismusregionen Norddeutschlands. Die sanft hügelige, von der letzten Eiszeit geprägte Landschaft mit ihren über 200 kleineren und größeren Seen, ihren Äckern, Wiesen und Wäldern ist für einen geruhsamen, naturnahen Urlaub fernab vom Trubel vieler Seebäder wie geschaffen. Aber nicht nur Naturfreunde kommen hier auf ihre Kosten, auch Aktivurlauber finden ein weites Betätigungsfeld. Wander- und Radwege laden zu kleineren oder größeren Touren und Wassersportler haben auf den Seen und Flüssen ausreichend Möglichkeiten zum Paddeln oder Segeln. Wer baden möchte, findet zahlreiche, teils idyllische Badestellen mit schönen Sandstränden. Sehenswert sind auch die vielen kleinen Dörfer und Städte wie Plön und Eutin, die mit ihren weithin bekannten Schlössern viele Touristen anlocken. Das gilt auch für Preetz mit seinem mittelalterlichen Kloster und nicht zuletzt für Bad Segeberg, das vielen von der Freilichtbühne am Kalkberg und den Karl-May-Spielen bekannt sein dürfte.

Strecke:

Bad Segeberg (s. S. 110) – **Stocksee** (21 km, s. S. 114) – **Dersau** (3 km, s. S. 115) – **Ascheberg** (4 km, s. S. 117) – **Preetz** (16 km, s. S. 118) – **Selent** (18 km, s. S. 122) – **Plön** (19 km, s. S. 123) – **Bad Malente** (13 km, s. S. 129) – **Eutin** (7 km, s. S. 133) – **Bosau** (17 km, s. S. 138) – **Seekamp** (8 km, s. S. 139) – **Warder** (15 km, s. S. 140) – **Bad Segeberg** (10 km)

Streckenlänge:

ohne Abstecher ca. 151 km

⊡ *Die meisten Seen der Holsteinischen Schweiz – hier der Große Plöner See bei Ascheberg (s. S. 117) – haben sehr sauberes Wasser*

⊠ *Kapitelstartseite: Ein Bummel durch die Altstadt Eutins (s. S. 133) führt an zahlreichen historischen Fachwerkhäusern vorbei*

BAD SEGEBERG

Ausgangspunkt der Rundtour durch die Holsteinische Schweiz ist die etwa 17.000 Einwohner zählende Kleinstadt Bad Segeberg. Der Ort liegt im äußersten Süden des Naturparks Holsteinische Schweiz und ist über Autobahnen und Bundesstraßen aus allen Richtungen gut zu erreichen.

Bad Segeberg ist vor allem wegen der jährlich stattfindenden **Karl-May-Spiele** bekannt, bei denen für die Bühne adaptierte Abenteuerromane des Schriftstellers auf der Freilichtbühne am Kalkberg vorgeführt werden. Daneben befindet sich das **Indian Village,** wo man in eine Westernstadt um das Jahr 1880 mit Barbershop (Frisör), Drugstore (Drogerie), General Store (Krämerladen), Büro des Sheriffs, Gefängniszelle und Saloon eintauchen kann.

Der **Kalkberg** bildet nicht nur die Kulisse für die Festspiele, sondern ist auch selbst einen Besuch wert. Der Name des 91 m hohen Felsens ist geologisch gesehen nicht korrekt. Er besteht nämlich nicht aus Kalk (Calciumcarbonat), sondern aus Anhydrit (Calciumsulfat), das an der Oberfläche zu Gips (wasserhaltiges Calciumsulfat) verwittert. Richtiger wäre es also von einem Gipsberg zu sprechen.

Im Mittelalter stand auf dem Berg, der damals noch etwa 120 m hoch war, eine Burg, die von Kaiser Lothar 1134 gegründet wurde. Von ihr ist heute nur noch ein Brunnenschacht erhalten, denn sie wurde Anfang des 17. Jh. während des Dreißigjährigen Krieges zerstört. Danach begann man den Gips vom Gipfel her abzubauen und der Berg verlor mehr und mehr an Höhe. Erst 1931 wurde der Abbau beendet.

Naturpark Holsteinische Schweiz

Der Naturpark Holsteinische Schweiz ist mit einer Fläche von ca. 75.000 ha der größte im nördlichsten Bundesland. Er erstreckt sich über die Landkreise Ostholstein, Plön und Segeberg und schließt die größeren Städte Eutin, Plön und Bad Segeberg sowie 28 weitere Gemeinden ein.

Die Landschaft wurde vor allem während der letzten Eiszeit, die vor etwa 120.000 Jahren begann, geprägt. Riesige Gletscher schoben sich von Skandinavien bis Ostholstein vor und brachten große Mengen Gesteine, Ton und andere Materialien mit. Bei diesem Prozess entstanden unter dem Eis Täler und Hügel, die beim Abschmelzen vor etwa 10.000 Jahren zurückblieben und heute die sanft hügelige Landschaft mit ihren vielen Gewässern bilden.

Die Holsteinische Schweiz ist stark landwirtschaftlich geprägt. Äcker machen etwa die Hälfte der Gesamtfläche des Naturparks aus, aber auch Wälder, vor allem Buchenwälder, und Gewässer prägen das Gebiet. So gibt es mehr als 200 Seen und Teiche, einige davon bis zu 60 m tief.

Ein weiteres prägendes Merkmal der Landschaft sind die vielen von Gehölzen bestandenen Erd- und Steinwälle, die sogenannten Knicks. Diese vom Menschen ab dem 12. Jahrhundert errichteten Wälle umsäumen die landwirtschaftlichen Flächen und brechen sie auf kleinere Einheiten herunter. Wer auf den meist kurvenreichen Straßen unterwegs ist, wird sich über die zahlreichen Alleen freuen, und wer im Frühling und Frühsommer kommt, wird von den vielen knallgelb blühenden Rapsfeldern fast schon geblendet.

Was aber hat die Holsteinische Schweiz mit der Schweiz zu tun? Die sanften Hügel werden es wohl kaum gewesen sein, die der Region zu ihrem Namen verholfen haben. Vielmehr soll er auf einen Hotelier zurückgehen. Dieser wollte seinem 1885 am Kellersee eröffneten Hotel einen exklusiven Anstrich geben und nannte es „Holsteinische Schweiz". Die Schweiz war damals bei den Begüterten als Urlaubsziel hoch im Kurs und so versprach er sich von dem Namen regen Zulauf. 1890, nach der Inbetriebnahme einer neuen Bahnlinie, erhielt der Bahnhof in der Nähe des Hotels ebenfalls den Namen Holsteinische Schweiz. Weil das allen gefiel, wurde er später auf die ganze Region übertragen.

104wo-he

Auf den Gipfel führt ein befestigter **Wanderweg.** Von der Gipfelplattform hat man einen wunderbaren Blick über die Stadt und in die Holsteinische Hügellandschaft. Bei klarer Sicht kann man sogar die Türme Lübecks sehen.

Im unteren Bereich des Bergs gibt es mit der **Kalkberghöhle** noch eine Besonderheit, denn sie ist seit Tausenden von Jahren Winterquartier für ca. 25.000 **Fledermäuse** und damit eines der größten Winterquartiere für diese Säugetiere in Europa. Sieben Arten überwintern in der das ganze Jahr über um die 9 Grad Celsius warmen Höhle: von der winzigen, nur 4 bis 7 g leichten Großen Bartfledermaus bis zum Großen Mausohr, mit 20 bis 27 g und einer Flügelspannweite von bis zu 40 cm ein wahrer Gigant unter den nächtlichen Flugkünstlern.

Die außergewöhnliche Höhle birgt noch ein weiteres Kleinod: Choleva lederiana holsatica. Dahinter verbirgt sich der unscheinbare, etwa 5 mm lange, dunkelbraune **Segeberger Höhlenkäfer,** der weltweit einzigartig ist und nur in dieser Höhle vorkommt. Der begehbare Teil der Höhle kann während einer Führung besichtigt werden, allerdings nicht von Oktober bis März, wenn die Fledermäuse ihren Winterschlaf halten.

Nahe an der Höhle befindet sich das empfehlenswerte **Fledermaus-Zentrum Noctalis.** Hier kann man auf vier Etagen die Welt der Fledermäuse mit allen Sinnen entdecken.

Nicht unerwähnt bleiben soll das historische **Alt-Segeberger Bürgerhaus** auf der Nordwestseite des Kalkbergs. Das sehenswerte windschiefe Fachwerkhaus aus dem Jahre 1541 birgt in seinem Innern u. a. eine Ausstellung zur Stadtgeschichte.

Sehenswertes

- **Karl-May-Spiele,** Karl-May-Platz, Ticket-Hotline und Infos Tel. 0180 5952111, https://karl-may-spiele.de, Ende Juni–Anfang September Do–So 15 und 20 Uhr, So nur 15 Uhr, Eintritt: Erw. 19–31,50 €, Kinder 15,50–25,50 €, günstigere Familienkarten
- **Indian Village & Nebraska-Haus,** geöffnet: Juli–Anfang September Do–Sa 10–20 Uhr, So nur bis 18 Uhr, Eintritt: Erw. 2,50 €, Kinder 2 €

Blick vom Bad Segeberger Kalkberg nach Nordosten auf den Großen Segeberger See

Karl-May-Spiele

Seit 1952 finden jedes Jahr im Sommer die Karl-May-Spiele im Freilichttheater am Segeberger Kalkberg statt. Was in den ersten Jahren mit einem Budget von umgerechnet 12.500 € und Besucherzahlen im fünfstelligen Bereich begann, hat sich im Laufe der Jahre zu einem professionellen Event mit einem Millionenbudget und Zuschauerzahlen, die an einer halben Million kratzen, entwickelt.

Das Freilichttheater bietet mit seinen Kalkfelsen eine ideale Kulisse für die Geschichten um den Indianerhäuptling Winnetou und seinen Blutsbruder Old Shatterhand. Es erinnert an die Landschaften in den legendären „Winnetou"-Filmen der 1960er-Jahre mit Pierre Brice und Lex Barker, die in der zerklüfteten Bergwelt im Süden Kroatiens gedreht wurden.

Von Anfang an wurden bei den Karl-May-Spielen für die Hauptrolle des Winnetou bekannte Schauspieler engagiert. Selbst Pierre Brice war sich nicht zu schade für die Rolle. Er spielte den edlen Häuptling von 1988 bis 1991.

Bad Segeberg ist nicht die einzige, wohl aber die bekannteste Spielstätte für die Abenteuergeschichten aus dem Wilden Westen. Im deutschsprachigen Raum finden in mehr als 10 Städten Karl-May-Aufführungen statt. Neben Bad Segeberg liegen die bedeutendsten Spielorte in Elspe im Sauerland und in der sächsischen Stadt Radebeul, wo der Autor in der Villa „Shatterhand" bis zu seinem Tod lange Jahre lebte.

105wo-he

80 Wohnmobilstellplatz Kalkbergblick

GPS 53.93865, 10.31529

Der sehr ruhige Stellplatz mit Ver- und Entsorgungsmöglichkeiten liegt gegenüber der Jugendherberge. Zum Strandbad am Großen Segeberger See ca. 250 m, zum Kalkberg 600 m, Einkaufsmöglichkeiten in der 500 m entfernten Fußgängerzone. **Lage/Anfahrt:** Der Stellplatz liegt nördlich vom Kalkberg etwa auf halber Strecke zum Südufer des Großen Segeberger Sees. Im Zentrum den Wegweisern zur Jugendherberge folgen; **Platzanzahl:** 23; **Untergrund:** Schotter, Wiese; fest; **Service:** Strom, Trinkwasser, Abwasser, Chemie-WC; **Sicherheit:** umzäunt, beleuchtet; **Preise:** 9 €/Fahrz. inkl. 2 Pers., Strom 2 € je 12 Stunden, Entsorgung 2 €, Wasser 1 € pro 100 l; **Max. Stand:** unbegrenzt; **Geöffnet:** ganzjährig; **Kontakt:** Womostellplatz Kalkbergblick, Kastanienweg 1, 23795 Bad Segeberg, Tel. 04551 1655, www.womostellplatz-badsegeberg.de

› **Noctalis – Welt der Fledermäuse,** Oberbergstraße 27, Tel. 04551 808221, https://noctalis.de, geöffnet: Höhle April–September Mo–Fr. 9–18, Sa, So 10–18 Uhr, Ausstellung April–September Mo–Fr 9–18, Sa, So 10–18 Uhr, Oktober–März Do–So 11–17 Uhr, Eintritt: Einzelticket Erw. 9 €, Kinder 7 €, Kombiticket Höhle und Ausstellung Erw. 12 €, Kinder 9 €

81 KlüthseeCamp & Seeblick

GPS 53.96134, 10.33708

Der große Campingplatz liegt etwas außerhalb von Bad Segeberg in der Gemeinde Klein Rönnau wunderschön in der hügeligen Landschaft im Norden des Großen Segeberger Sees, für Wohnmobile auch Plätze vor der Schranke, Strandbad am See mit eigener Liegewiese, Pool, Saunalandschaft, Minigolf, Fahrradverleih, Hüpfburg, kleiner Laden, Restaurant und Gaststätte mit Biergarten. **Lage/Anfahrt:** Bad Segeberg im Osten Richtung Schieren verlassen, etwa 1,5 km hinter Segeberg links, nach 1,3 km erneut links abbiegen und dem Stipsdorfer Weg noch 1,7 km folgen; **Platzanzahl:** 600, davon 200 für Touristen; **Untergrund:** Wiese; fest; **Service:** Strom, Trinkwasser, Abwasser, Chemie-WC, WLAN an der Rezeption und am Restaurant; **Sicherheit:** umzäunt; **Preise:** 11 €/Fahrz., 7,50 €/Pers., inkl. Dusche Strom, Wasser und Entsorgung; **Max. Stand:** unbegrenzt; **Geöffnet:** ganzjährig; **Kontakt:** Stipsdorfer Weg, 23705 Klein Rönnau, Tel. 04551 82368, https://kluethseecamp.de

106wo-he

› **Museum Alt-Segeberger Bürgerhaus,** Lübecker Straße 15, Tel. 04551 964204, https://museum-badsegeberg.de, geöffnet: April–Oktober Mi–So 12–17 Uhr, Eintritt: Erw. 2 €, Kinder 1 €, Familie 4 €

Information

› **Tourist-Info der Stadt Bad Segeberg,** Oldesloer Straße 20, Tel. 04551 96490, https://bad-segeberg.de/Tourismus-Kultur/Tourismus, geöffnet: Mo–Fr 9–16, Mi 9–14 Uhr

Aktivitäten

› Rund um Bad Segeberg gibt es mehrere markierte **Wanderwege** mit einer Länge von 5,1 bis 14,5 km. Kartenmaterial gibt es in der Tourist-Information oder zum Herunterladen auf deren Website.

› Es gibt mehrere **Badestellen** am Großen Segeberger See. Ein Strandbad befindet sich am Südufer, nur wenig vom Stellplatz Kalkbergblick entfernt. Ein weiteres im Nordosten des Sees beim Restaurant zum Klüthsee etwas südlich vom KlüthseeCamp 81.

Parken

› Der Stellplatz Kalkbergblick 80 kann von 9 bis 17 Uhr auch als Tagesparkplatz (3 €) genutzt werden, allerdings nicht an Tagen, an denen Veranstaltungen im Freilichttheater stattfinden.

Man verlässt Bad Segeberg auf der B432 Richtung Klein Rönnau. Dort biegt man auf Höhe eines Möbelgeschäfts links Richtung Plön/Groß Rönnau auf die L68 ab. In Groß Rönnau folgt man der Straße weiter Richtung Plön. Auf kurvenreicher Straße, die über längere Strecken dicht von Eichen flankiert wird und schöne Alleen bildet, geht es durch eine hügelige Landschaft. Felder und Wiesen, die durch viele Knicks (s. S. 110) begrenzt sind, prägen das Landschaftsbild. Über Blunk, Tensfeld und Damsdorf erreicht man den Stocksee, wo noch vor dem gleichnamigen Ort ein besonders schöner Campingplatz lockt.

STOCKSEE

(21 km – km 21)

Das ca. 400 Einwohner zählende Dorf Stocksee liegt am Westufer des gleichnamigen Sees. Die Gegend war schon sehr früh besiedelt. Um 1075 gibt es erste urkundliche Erwähnungen. Das Dorf selbst wurde 1347 erstmalig erwähnt.

Dass Stocksee heute noch ein kleines Dorf ist und keine Entwicklung wie Plön gemacht hat, soll an der **Gemahlin von Herzog Johann Adolf von Schleswig-Holstein-Sonderburg-Plön** (1634–1704) gelegen haben. Wie Chronisten berichten, wollte der Herzog das kleine Dorf zu einer größeren Ortschaft machen, musste aber unverhofft zu einem Kriegszug nach Ungarn ausrücken. Er überließ seiner Frau Geld und den Auftrag, es in Stocksee zur Erweiterung des Ortes auszugeben. Ihr gefiel aber Plön viel besser und so investierte sie es in seiner Abwesenheit lieber dort. Wie der Herzog nach seiner Rückkehr von dem Feldzug reagiert hat, ist nicht überliefert. Auf jeden Fall hat er Stocksee von Plön aus immer wieder Besuche abgestattet.

Etwas westlich vom Ortskern liegt das **Gut Stockseehof.** Der landwirtschaftliche Gutsbetrieb mit dem unter Denkmalschutz stehenden Herrenhaus ist normalerweise für die Öffentlichkeit nicht zugänglich, wird aber mehrmals im Jahr für bestimmte Anlässe geöffnet. So finden z. B. Konzerte im Rahmen des Schleswig-Holstein Musik Festivals statt, zur Erntezeit kann man Himbeeren und Kirschen kaufen und auch selbst pflücken und Weihnachten wird ein stimmungsvoller Weihnachtsmarkt veranstaltet.

82 Naturcamping Stocksee

GPS 54.08072, 10.33794

Sehr schön und ruhig am Hang gelegener Platz abseits der Straße am Ende einer Sackgasse. Das terrassierte Gelände ist von hohen Bäumen umgeben. Zwei Badestellen, Liegewiese, Spielplatz, Bouleplatz und Grillecke. Vor dem Platz ist das Befahren des Sees mit Booten in einem begrenzten Bereich möglich, Angeln mit einer Gast-Angelkarte möglich. **Lage/Anfahrt:** Von Süden auf der L68 etwa 3 km hinter Damsdorf scharf rechts abbiegen, noch vor dem Dorf Stocksee, ausgeschildert; **Platzanzahl:** ca. 100, davon die Hälfte für Touristen; **Untergrund:** Wiese; fest; **Service:** Strom, Trinkwasser, Abwasser, Chemie-WC, WLAN; **Sicherheit:** umzäunt; **Preise:** 18–20 €/Fahrz. inkl. 2 Pers., Strom 3 €, Hund 2 €; **Max. Stand:** unbegrenzt; **Geöffnet:** Mitte März–Mitte Oktober; **Kontakt:** Naturcamping am Stocksee, Holmweg 4, 24326 Stocksee, Tel. 04526 338792, https://naturcamping-am-stocksee.de

107wo-he

Der **Stocksee** selbst befindet sich in Privatbesitz. Ein Teil des 200 ha großen, bis zu 30 m tiefen Sees steht unter Naturschutz. Diese Bereiche dürfen nicht mit Booten oder anderen Wassersportgeräten (auch kein SUP) befahren werden. Das klare Wasser des Sees, das Trinkwasserqualität hat, bietet auch seltenen Mollusken wie Teich- und Flussmuscheln Lebensraum.

Sehenswertes

- **Gut Stockseehof,** Stockseehof 2, 24326 Stocksee, Tel. 04526 1780, https://stockseehof.de

Information

- www.stocksee.de

Aktivitäten

- Um den See herum führt ein etwa 10 km langer **Wanderweg,** zudem gibt es mehrere **Badestellen,** u. a. im Dorf und am Campingplatz.

Hinter Stocksee folgt man der L68 Richtung Norden und gelangt schon nach wenigen Kilometern bei Dersau an den Großen Plöner See.

DERSAU

(3 km – km 24)

Dersau liegt direkt am Westufer des Großen Plöner Sees. Der knapp 1000 Einwohner zählende Ort hat eine große **Badestelle** mit Sandstrand und einer schönen Promenade sowie einen kleinen Segelhafen und einen Schiffsanleger zu bieten. Von Letzterem kann man eine Tagestour mit einem **Ausflugsdampfer der Plöner Motorschifffahrt** nach Plön (s. S. 123) mit Ausstieg und Mittagessen auf der Prinzeninsel und 1½ stündiger Stadtführung machen.

Information

- https://dersau.de

Am Ufer des Großen Plöner Sees bei Dersau

Plöner See

Der Große Plöner See, der der Einfachheit halber meist nur Plöner See genannt wird, ist mit einer Fläche von 28 km² der größte schleswig-holsteinische See und der zehntgrößte in Deutschland. Er besteht im Wesentlichen aus zwei Becken: Das östliche Plöner Becken, das bis zu 60 m tief ist, erstreckt sich von Plön fast 9 km südwärts. Westlich liegt das bis 30 m tiefe Ascheberger Becken. Beide entstanden während der letzten Eiszeit durch die Schubkraft der Gletscher.

Um den Plöner See herum gibt es noch eine Reihe weiterer kleinerer Seen, die z. T. eine Verbindung zum Plöner See haben. Im Norden ist es der Kleine Plöner See, der etwa 2,4 km² groß ist, durch eine Endmoräne von seinem großen Bruder getrennt wurde, aber durch den Fluss Schwentine immer noch mit ihm verbunden ist.

In der Enge zwischen Plöner und Ascheberger Becken ist es besonders flach. Hier gibt es mehrere Inseln und die Halbinsel Störland. Um sie herum wurde ein 2,5 km² großes Naturschutzgebiet geschaffen, das als bedeutendes Brut-, Rast- und Überwinterungsgebiet für zahlreiche Vogelarten gilt. Sogar der Seeadler, der größte Greifvogel Europas, hat hier sein Brutrevier.

Ein zweites, kleineres Naturschutzgebiet liegt im Westen des Ascheberger Beckens. Es stellt die Region um die Inseln Ascheberger Warder und Tempel unter Schutz. Während auf dem Ascheberger Warder ein urwaldähnlicher Wald mit einem hohen Anteil an Totholz wächst, in dem ebenfalls Seeadler brüten, wird die südlich gelegene Insel Tempel strauch- und baumfrei gehalten, um Bodenbrütern Brutplätze zu schaffen.

Der Plöner See ist ein beliebtes Erholungsgebiet und das touristische Zentrum der Holsteinischen Schweiz. Außer dem Tourismus spielt auch die Berufsfischerei noch eine gewisse Rolle. Mehrere Fischer fangen Aale, Hecht, Schleie, Karpfen und andere Süßwasserfische.

Aktivitäten

› **Plöner Motorschifffahrt,** Tel. 04522 6766, www.grosseploenersee-rundfahrt.de, 1. Mai–15. September Di–So, Abfahrt in Dersau um 10.55 Uhr, Ankunft um 17 Uhr, 33 € inkl. Mittagessen und Stadtführung

83 Camping Seeblick

GPS 54.11931, 10.33663

Sehr schön gelegener, ruhiger Platz direkt am Plöner See. Leicht zum See geneigtes Wiesengelände, Stellplätze teilweise mit Hecken umzäunt. Badestelle mit Sandstrand und Liegewiese, Spielplatz, Vermietung von Kanus, Ruderbooten und E-Bikes, Angelkarten, Bistro, kleiner Laden. **Lage/Anfahrt:** Von Süden kommend im Zentrum von Dersau von der L68 rechts zur Rezeption abfahren, ausgeschildert; **Platzanzahl:** 235, davon 50 für Touristen; **Untergrund:** Wiese; fest; **Service:** Strom, Trinkwasser, Abwasser, Chemie-WC, WLAN kostenfrei (Freischaltcode im Laden erhältlich); **Sicherheit:** beleuchtet; **Preise:** 6–7 €/Fahrz., 5 €/Pers. je nach Saison, Strom 3 € für 4 kWh, Duschmarke 0,70 €; **Max. Stand:** unbegrenzt; **Geöffnet:** April–Ende Oktober; **Kontakt:** Camping Seeblick, Dorfstraße 59, 24326 Dersau, Tel. 04526 1211, https://camping-dersau.de

Kurz hinter Dersau mündet die Landstraße in die B430, die nach Neumünster führt. Die Route führt rechts weiter Richtung Plön. Gut 1 km weiter lohnt ein kurzer Abstecher nach rechts zur **Fischerei & Räucherei Lasner.** Hier kann man nicht nur frischen oder geräucherten Fisch kaufen, sondern ihn auch in der Fischbratküche probieren, wo je nach Fang verschiedene Arten auf den Tisch kommen. Wer sich vor dem Verspeisen von Filets einen Eindruck vom Aussehen der ganzen Fische machen möchte, kann sie sich in den Fischgehegen, die rechts und links an einem Holzsteg im See befestigt sind, ansehen.

▷ In der Fischerei & Räucherei Lasner kann man seinen Einkauf auch gleich verzehren

Sehenswertes

- **Fischerei & Räucherei Lasner,** an der B430, 24326 Ascheberg, Tel. 04526 339818, https://fischereilasner.de, geöffnet: März, April, November und Dezember Mo–Fr 9–17 Uhr, Mai–Oktober tägl. 9–18 Uhr, Fischbratküche Mai–September 11–18 Uhr

Von der Fischerei ist es nur noch 1 km bis nach Ascheberg.

ASCHEBERG

(4 km – km 28)

Ascheberg liegt am gleichnamigen westlichen Becken des **Großen Plöner Sees.** Der Ort hat knapp 3000 Einwohner und bietet im Zentrum mehrere Versorgungsmöglichkeiten, u. a. Bäcker, Fleischer, Discounter, Supermarkt, Sparkasse, Post und Tankstelle. Er liegt mit seinem Bahnhof an der Bahnlinie Kiel – Lübeck.

Zentrumsnah findet man an der **Musbergwiese** einen **Schiffsanleger** und eine **öffentliche Badestelle.** Dort befinden sich auch ein Campingplatz und ein Restaurant. Ein weiterer Campingplatz liegt am Ortsausgang Richtung Plön.

109wo-he

110wo-he

Information

- https://ascheberg-holstein.de

Aktivitäten

- Vom Parkplatz an der Kirche führt ein **Krähenpfad** genannter kurzer Spazierweg hinunter zum Anleger am Plöner See. Unterwegs erhält man auf Informationstafeln einen interessanten Einblick in das Leben der Saatkrähen, die hier seit vielen Jahrzehnten ihre Nistplätze haben.

Parken

P **54 Ascheberg Badestelle Musbergwiese,** GPS 54.14717, 10.34275. Parkplatz an der Badestelle und am Schiffsanleger. Die Zufahrt ist sehr steil.

84 Campingplatz Lange Wisch

GPS 54.14717, 10.34275

Auf einer weiten Wiese direkt am Plöner See gelegen, besonders für Familien mit Kindern geeignet, schöner Seeblick, Sandstrand, Einsetzpunkt für Boote. **Lage/Anfahrt:** Am Ortseingang von Ascheberg gleich hinter der links der Straße liegenden Schule rechts in den Waldweg; **Platzanzahl:** 120, davon 100 für Touristen; **Untergrund:** Wiese; fest; **Service:** Strom, Trinkwasser, Abwasser, Chemie-WC; **Sicherheit:** umzäunt; **Preise:** 22 €/Fahrz. inkl. 2 Pers., Strom 3 €, Hund 3 €; **Max. Stand:** unbegrenzt; **Geöffnet:** April–Oktober; **Kontakt:** Vogelsang 1, 24326 Ascheberg, Kontakt über den Naturcampingplatz Seekamp 85

In Ascheberg an der Musbergwiese

85 Naturcampingplatz Seekamp

GPS 54.15298, 10.3565

Auf einer schönen Obstwiese mit alten Apfelbäumen direkt am Plöner See gelegen. Eigene Badestelle mit Bootsanleger, ruhig, familiäre Atmosphäre, Trinkwasser und Entsorgung am Waschhaus. **Lage/Anfahrt:** Kurz vor dem Ortsausgang Richtung Plön vor dem Bahnübergang rechts; **Platzanzahl:** 40, davon 20 für Touristen; **Untergrund:** Wiese; fest; **Service:** Strom, Trinkwasser, Abwasser, Chemie-WC; **Sicherheit:** umzäunt; **Preise:** 20 €/Fahrz. inkl. 2 Pers., Strom 3 €, Hund 3 €; **Max. Stand:** unbegrenzt; **Geöffnet:** April–Oktober; **Kontakt:** Plöner Chaussee 5, 24326 Ascheberg, Tel. 04526 1772

111wo-he

Von Ascheberg führt die Route weiter nach Preetz und an den Selenter See. Wer diese Schleife auslassen möchte, fährt an der Abzweigung zum Bahnhof weiter geradeaus und bleibt auf der B430, wo man nach kurzer Zeit Plön (s. S. 123) erreicht. Alle anderen fahren noch vor dem Zentrum links in die Bahnhofstraße und vorbei am Bahnhof Richtung Preetz.

Auf der L67 verläuft die Strecke durch sanft hügeliges, landwirtschaftlich genutztes Gelände. Auch hier sind die Äcker und Wiesen durch zahlreiche Knicks voneinander abgegrenzt.

Etwa 5 km hinter dem Bahnhof von Ascheberg zweigt die Route von der Landstraße rechts Richtung Preetz ab. Man passiert das Dorf Kühren und gelangt kurz darauf nach Preetz, wo sich ein längerer Aufenthalt lohnt.

⊡ *Blick auf die Klosterkirche in Preetz*

PREETZ

(16 km – km 44)

Die 16.000 Einwohner zählende Schusterstadt Preetz liegt am Zusammenfluss der Schwentine und der Alten Schwentine malerisch an mehreren Seen. Im Westen erstreckt sich der Postsee, durch den die Alte Schwentine fließt, im Osten sind es der Kirchsee und etwas weiter südlich der größere Lanker See. Durch beide fließt die vom Bungsberg kommende Schwentine.

Die Gegend um Preetz war schon in vorgeschichtlicher Zeit besiedelt. Im Mittelalter existierte eine bedeutende Furt über die Schwentine am Handelsweg zwischen Kiel und Lübeck. Urkundlich erstmals erwähnt wird der Ort 1185, aber erst 1901 erhielt er die vollen Stadtrechte.

Bereits vorher hatte sich Preetz zu einem **Zentrum des Schusterhandwerks** entwickelt. Mitte des 19. Jh. werkelten in der Schusterstadt über 150 Schuhmachermeister und mehr als 500 Gesellen und Lehrlinge. Eine Statue in der schönen Fußgängerzone ist den Schustern gewidmet und etwas nördlich steht der wohl größte Holzschuh der Welt wohlbehütet unter einem Reetdach. Wer sich über die Geschichte des Ortes und das Preetzer Schusterhandwerk informieren möchte, findet dazu im **Heimatmuseum** Gelegenheit.

Besonders sehenswert ist das unter Denkmalschutz stehende **Adlige Kloster Preetz,** eines der bedeutendsten Kulturdenkmale Schleswig-Holsteins. Das Anfang des 13. Jh. etwas entfernt gegründete ehemalige Kloster wurde 1261 an seinem heutigen Platz in Preetz erbaut. Bis zur Reformation wurde es von Benediktinerinnen verwaltet und bewirtschaftet. Seit 1542 ist es in der Obhut der Schleswig-Holsteinischen Ritterschaft und wurde zu einem Damenstift umgewandelt, das heute noch besteht.

Ein Spaziergang vermittelt einen guten Eindruck von dem Ausmaß der riesigen, frei zugänglichen Anlage. Die mächtige Eiche im Klosterhof soll einer Legende nach aus der Gründungszeit des Klosters stammen. Auch wenn sie tatsächlich wohl erst um die 500 Jahre alt ist, wie Untersuchungen ergeben haben, hinterlässt sie dennoch einen ehrerbietenden Eindruck.

Die **Klosterkirche,** eine gotische Backsteinbasilika, wurde zwischen 1325 und 1340 errichtet. Das Innere mit ihrem barocken Altar aus der Mitte des 18. Jh. birgt zahlreiche wertvolle Gegenstände. Die Teilnahme an einer Führung ist empfehlenswert und wer im Sommer vor Ort ist, kann an den beliebten **Sommerkonzerten,** die der Kreis der Musikfreunde Preetz in der Kirche veranstaltet, teilnehmen.

Auch dem Naturfreund hat Preetz eine Menge zu bieten. So ist ein Teil des **Lanker Sees** als Naturschutzgebiet ausgewiesen. An der Badestelle im Nordwesten des Sees, wo die Schwentine den See verlässt, unterhält der NABU eine Infohütte, die in der Regel von Mai bis September an Wochenenden geöffnet ist. Von dort hat man einen schönen Blick auf die Insel Probstenwerder, auf der zahlreiche Vögel nisten.

Etwas südlicher, am **Naturschutzgebiet Kührener Teich,** gibt es eine Beobachtungshütte, von der aus man gute Chancen hat, einen Seeadler zu sehen. Im Frühjahr und Frühsommer kann man hier die beeindruckenden, melancholischen Paarungsrufe der Rotbauchunkenmännchen, die charakteristischen Wechselrufe der Europäischen Laubfrösche und anderer Froschlurche hören.

112wo-he

Schwentine

Die Schwentine ist mit knapp 70 km einer der längsten Flüsse Schleswig-Holsteins. Sie entspringt in der Nähe des Bungsbergs, des höchsten Bergs von Schleswig-Holstein, und schlängelt sich durch die gesamte Holsteinische Schweiz. Sie fließt durch die großen Orte Eutin, Bad Malente, Plön und Preetz bis nach Kiel, wo sie zwischen Kaianlagen am Ostufer in die Kieler Förde mündet. Auf ihrem Weg zur Ostsee durchquert sie insgesamt 16 größere und kleinere Seen.

Bis zum Großen Eutiner See ist sie nur ein schmaler Bach, von dort kann man – mit Ausnahme eines ca. 2 km langen Teilstücks in einem Naturschutzgebiet kurz vor Kiel – über insgesamt mehr als 50 Flusskilometer mit Kanus, Kajaks und SUP bis zur Mündung fahren. An vielen Orten entlang der Schwentine gibt es Einsatzstellen und Mietstationen für Sportboote.

In Preetz mündet die Alte Schwentine, die weiter südlich bei Bornhöved entspringt, in die Bungsberg-Schwentine. Ursprünglich war die Alte Schwentine die eigentliche Schwentine. Durch eine Verwechslung eines Kartographen im 17. Jh. wurde sie aber zum Nebenfluss der Bungsberg-Schwentine degradiert, was sich bis heute nicht geändert hat.

Sehenswertes

- **Heimatmuseum Preetz,** Mühlenstraße 14, Tel. 04342 1888, https://museum-preetz.de, geöffnet: Sa und So 15–17 Uhr, Eintritt frei, Spende erbeten
- **Adliges Kloster Preetz,** Klosterhof 5, Tel. 04342 86829, https://klosterpreetz.de, Kirchenführungen Mitte Mai–Mitte Oktober Mo–So um 15 Uhr, Di, Mi und Fr zusätzlich um 11 Uhr, Eintritt 4 €, Kinder unter 12 Jahren frei. Karten für die Sommerkonzerte in der Klosterkirche gibt es unter https://musikfreunde-preetz.de.

Information

- **Informationsbüro Schusterstadt Preetz,** Mühlenstraße 9, Tel. 04342 7280420, https://preetz.de, www.schusterstadt-preetz.de, Mo, Di, Do, Fr 10–13, Mi, Sa 10–14 Uhr

Aktivitäten

- **Wandern/Radfahren:** Vom Kloster führt ein kurzer Spaziergang zur Stadtkirche. Der sog. Schustergang erinnert an die Blütezeit des Handwerks. Unterwegs passiert man den Riesenholzpantoffel, die Schusterskulptur und mehrere historische Fachwerkhäuser. Der Weg ist mit 162 in das Pflaster eingelassenen, bronzenen Schusterfliesen markiert. Wer es etwas länger und sportlicher will oder mit dem Rad fahren möchte, der kann sich auf der Schusteracht auf die Reise machen. Sie besteht aus einer Nord- und einer Südschleife und ist insgesamt 74 km lang. Start und Ziel der beiden Schleifen sind am Marktplatz.
- **Baden:** mehrere Badestellen am Lanker See, Hallenbad am Postsee
- **Kanu und Kajak:** Die Seen um Preetz und die Schwentine sind bei Kanu- und Kajakfahrern sehr beliebt. Es gibt mehrere Einsatzstellen, u. a. am Kanucenter 86.

Parken

P 55 **Preetz Castöhlenweg,** GPS 54.22062, 10.28127. Ein auch für Wohnmobile geeigneter Parkstreifen an der Badestelle im Nordwesten des Lanker Sees. Dort betreibt der NABU auch eine Infohütte.

Man verlässt den Ort auf der L211 Richtung Schönberg. Kurz hinter dem Ort wird das in einem Wald stehende **Schloss Bredeneek** passiert. Es befindet sich in Privatbesitz, einzelne Räume und Säle können aber für Privat- oder Firmenfeiern gemietet werden (https://schloss-bredeneek.de).

Knapp 2 km weiter gelangt man an die B202. Hier fährt man rechts Richtung Puttgarden/Lütjenburg. Über das Dorf Rastorfer Passau kommt man nach Wittenberger Passau. Bevor man direkt weiter nach Selent fährt, lohnt ein kurzer Umweg zum **Selenter**

86 Wohnmobilpark Kanucenter Preetz-Plön

GPS 54.22825, 10.28691

Parkähnliches, mit vielen Laubbäumen bestandenes, leicht geneigtes Gelände mit direktem Zugang zum Kirchsee. Für Wohnmobile abgetrenntes Areal, Gaststube mit Café und Biergarten, Rad-, SUP-, Kanu- und Tretbootverleih, organisierte Kanutouren mit Rückholservice. Knapp 1 km auf schönem Fußweg ins Zentrum.

Lage/Anfahrt: Vom Zentrum auf der K53 (Schwentinestraße) Richtung Plön, nach etwa 900 m rechts in den Kahlbrook und weiter bis zum Ende, weiträumig ausgeschildert; **Platzanzahl:** 54, davon 11 für Wohnmobile; **Untergrund:** Wiese; fest; **Service:** Strom, Trinkwasser, Abwasser, Chemie-WC, WLAN, kostenfrei; **Sicherheit:** umzäunt, beleuchtet; **Preise:** 20 €/Fahrz. inkl. 2 Pers. und Strom, Hund 1,50 €; **Max. Stand:** unbegrenzt; **Geöffnet:** ganzjährig; **Kontakt:** Kanucenter Preetz-Plön, Kahlbrook 25a, 24211 Preetz, Tel. 04342 309549, https://kanucenter-ploen.de

113wo-he

See, an dem man zwei schöne Badestellen findet. Dazu fährt man im Dorf links auf den Grabenseer Weg Richtung Fargau. Nach etwas mehr als 1,5 km erreicht man den See an seiner Südwestecke und findet an der öffentlichen **Badestelle Grabensee** eine Parkmöglichkeit. Die schöne Badestelle hat einen kleinen Sandstrand und eine große Wiese zum Spielen, Liegen, Grillen und für ein Picknick. In den See führt ein Holzsteg. Ein WC ist vorhanden.

Schräg gegenüber vom Parkstreifen befindet sich die **Töpferei Plöger.** Neben schöner Gebrauchs- und Gartenkeramik findet man hier auch kunstvolle Einzelstücke.

Einkaufen

> **Töpferei Plöger,** Grabenseer Weg 33, 24238 Grabensee, Tel. 04384 1531, https://toepferei-ploeger.de, geöffnet: Di, Mi und Do 14–18 Uhr, Sa 10–13 Uhr und nach Vereinbarung

Parken

P **56 Selenter See Badestelle Grabensee,** GPS 54.30400, 10.38221. Breiter Parkstreifen neben der Straße direkt am Selenter See.

Von der Badestelle in Grabensee fährt man zunächst wieder zurück Richtung Wittenberger Passau, biegt aber nach 400 m links in den Selenter Weg ein, eine kurvenreiche,

Routenübersicht S. 109

Selenter See

Mit einer Fläche von 21 km² ist der Selenter See nach dem Plöner See der zweitgrößte in Schleswig-Holstein. Er hat eine Ost-West-Ausdehnung von knapp 9 km und ist bis zu 4,5 km breit. Ähnlich wie die meisten anderen Seen in der Holsteinischen Schweiz geht auch er auf Gletscherbewegungen in der Weichseleiszeit zurück, die das langgestreckte Becken ausschürften und im Osten und Süden hohe Endmoränenwälle hinterließen.

Im Zweiten Weltkrieg war der See wegen seinen günstigen Form Wasserflughafen der Luftwaffe. Heute ist er ein idyllisches, ruhiges Gewässer mit naturbelassenem Seeufer und einem großen Naturschutzgebiet im Norden. Er ist sehr sauber, was sich auch an der enormen Sichttiefe von bis zu 5 m festmachen lässt.

Der See, der sich in Privatbesitz befindet, ist für seinen großen Fischreichtum bekannt. Vom Holzsteg aus kann man große Schwärme von Jungfischen wie Rotfedern, Rotaugen, Karpfen und Schleie beobachten. Bei Feinschmeckern besonders begehrt ist die Maräne, die nur in sehr sauberen Gewässern vorkommt.

aber sehr schöne Strecke durch eine Allee. Nach 2 km zweigt scharf links eine unbefestigte Straße (für Lkw gesperrt) zu einer ausgeschilderten Badestelle ab, auf der man nach 400 m an einen größeren Parkplatz gelangt. Von ihm sind es nur wenige Schritte bis zu der ausgezeichneten **Badestelle Moltörp,** die viel Platz für die Besucher bietet.

Neben einer großen Liegewiese, einem Sandstrand und einem Holzsteg gibt es einen interessanten Abenteuerspielplatz. Beliebt ist die Badestelle auch bei Surfern und Seglern. Für das leibliche Wohl sorgt das von zwei freundlichen Damen geführte badehaus, eine Einkehrmöglichkeit, in der man u. a. leckeren selbstgebackenen Kuchen und Waffeln bekommen kann.

Parken

P 57 Selenter See Badestelle Moltörp, GPS 54.29747, 10.41854. Größerer Parkplatz am Zugang zur Badestelle. Zufahrt für Lkw gesperrt.

Wieder an der Straße fährt man Richtung Selent. Nach 800 m trifft man auf die B202, der man nach links ins Zentrum der Stadt folgt.

SELENT

(18 km – km 62)

Etwa 1500 Einwohner leben in Selent. Die Stadt ist das Zentrum im Süden des Selenter Sees. Es gibt zahlreiche Einkaufsmöglichkeiten, u. a. einen Supermarkt und einen Discounter, eine Bank, eine Post und eine Tankstelle. Sehenswert ist die **Kirche St. Servatius,** die 1197 erstmalig urkundlich erwähnt wurde. Von außen beeindruckt der spätromanische Back- und Feldsteinbau mit seinem massigen, relativ niedrigen Turm. Im Innern ist die Kirche von einem gotischen Gewölbe mit prächtiger Bemalung geprägt. Sehenswert sind auch der holzgeschnitzte Flügelaltar aus dem Jahr 1470, die Schnitzkanzel von 1595 und eine Kreuzigungsgruppe, die um 1500 entstand.

Auf einer Anhöhe am südlichen Ortsrand steht die **Blomenburg,** ein weiß gestrichenes Herrenhaus, das Mitte des 19. Jh. als Jagdschloss in einem großen Park erbaut wurde. Heute befindet sich in dem wie ein Märchenschloss anmutenden Gebäude eine Privatklinik.

Blick in die Kirche St. Servatius in Selent

Sehenswertes

› **Kirche St. Servatius,** Dorfplatz 8, 24238 Selent, Tel. 04384 760, https://kirche-selent.de, geöffnet: Frühjahr-Herbst Di-So ganztägig

Parken

P **58 Selent Zentrum,** GPS 54.28971, 10.42913. Parkplatz im Zentrum in der Nähe der Kirche und von Einkaufsmöglichkeiten.

Vom Parkplatz im Zentrum fährt man wenige Meter Richtung Lütjenburg, biegt dann aber rechts in die Plöner Straße (L53) Richtung Plön ab. Auf landschaftlich sehr schöner Strecke geht es zunächst vorbei an der rechts in einem großen Parkgelände befindlichen Blomenburg und weiter über Mucheln und Sellin. Hinter Sellin überquert man auf einer schmalen Landbrücke den Lebrader Teich und kommt wenig später in das gleichnamige Dorf, wo man weiter Richtung Plön fährt.

Hinter Lebrade passiert man auf einer alten Kopfsteinpflasterstraße das Gut Rixdorf und erreicht etwa 3,5 km weiter die B430, auf der man rechts ins Zentrum von Plön fährt.

PLÖN

(19 km – km 81)

Plön ist das Zentrum der Holsteinischen Schweiz. Der sehenswerte und vielbesuchte, etwa 9000 Einwohner zählende Ort liegt mitten in der hügeligen, von der letzten Eiszeit geprägten **Seenlandschaft.** Er ist von einer Vielzahl von Gewässern umgeben, die den größten Beitrag zur Gesamtfläche der Stadt liefern. So sind von den knapp 37 km² des Stadtgebiets nur etwa 8 km² Landfläche. Der Rest verteilt sich auf 16 Seen, die entweder ganz zu Plön gehören oder wie der Große Plöner See nur zu einem Teil.

Wahrzeichen des Ortes ist das auf einem Hügel thronende **Schloss Plön,** das man am besten vom Wasser aus sehen kann. Das strahlend weiße Renaissance-Schloss wurde zwischen 1633 und 1636 an der Stelle einer im 12. Jh. errichteten Burg gebaut. Im Laufe der Zeit wurde die Anlage mehrfach umgebaut und erweitert. Sie diente den jeweiligen Landesherrn für unterschiedliche Zwecke. Ende des 19. Jh. wurde das Schloss

114wo-he

Plön

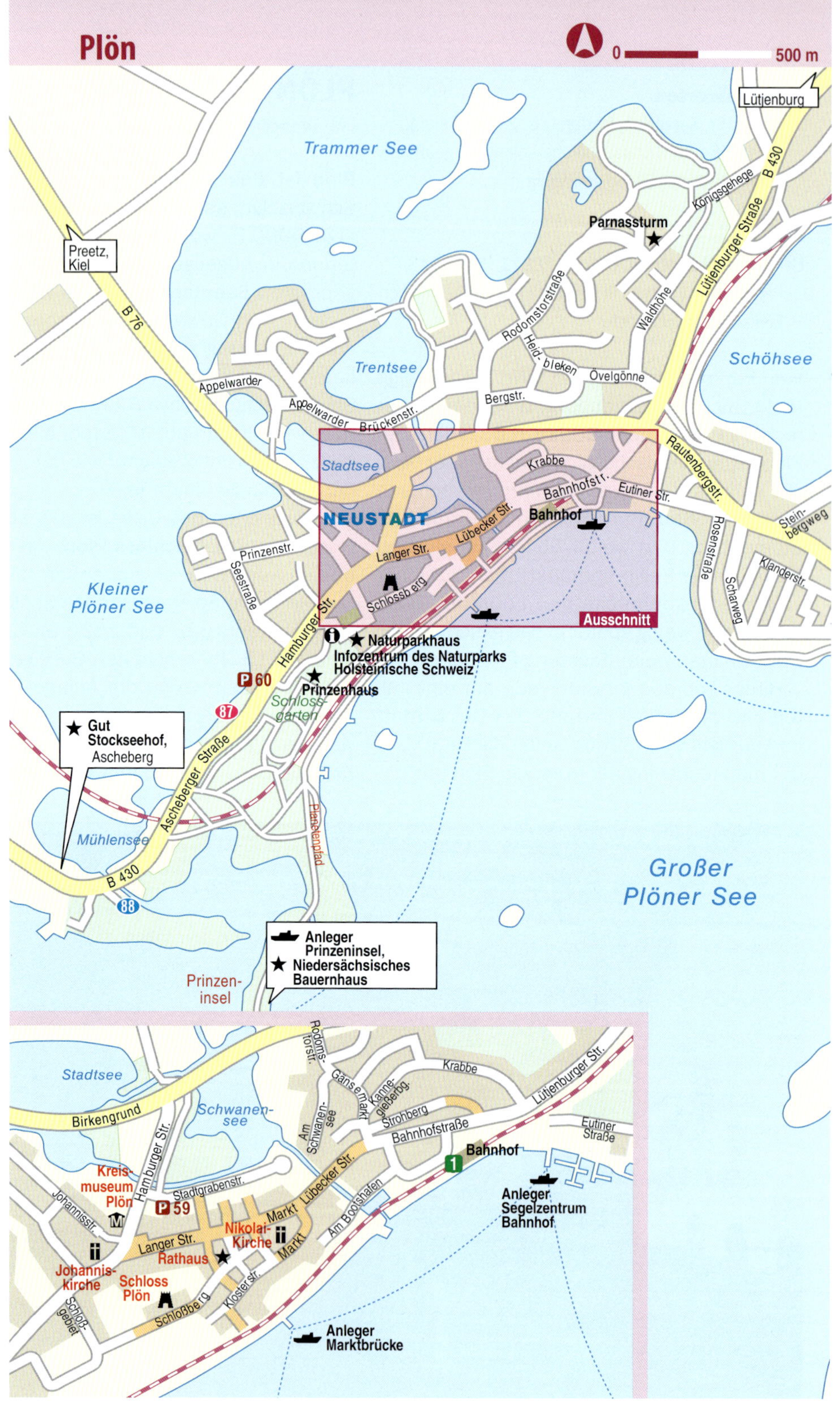

0
500 m
Lütjenburg
Trammer See
Preetz, Kiel
B 76
Parnassturm
Königsgehege
B 430
Lütjenburger Straße
Rodomstorstraße
Waldhöhe
Heid-bleken
Övelgönne
Schöhsee
Trentsee
Appelwarder
Appelwarder
Brückenstr.
Bergstr.
Rautenbergstr.
Stadtsee
Krabbe
Bahnhofstr.
Eutiner Str.
NEUSTADT
Bahnhof
Lübecker Str.
Langer Str.
Stein-bergweg
Rosenstraße
Prinzenstr.
Seestraße
Schlossberg
Klanderstr.
Scharweg
Kleiner Plöner See
Hamburger Str.
Ausschnitt
Naturparkhaus
Infozentrum des Naturparks Holsteinische Schweiz
60
Prinzenhaus
87
Schlossgarten
Gut Stockseehof, Ascheberg
Ascheberger Straße
Planetenpfad
Mühlensee
B 430
88
Großer Plöner See
Anleger Prinzeninsel,
Niedersächsisches Bauernhaus
Prinzen-insel
Rodoms-torstr.
Stadtsee
Krabbe
Gänsemarkt
Kanne-gießerberg
Lütjenburger Str.
Birkengrund
Schwanen-see
Am Schwanen-see
Strohberg
Bahnhofstraße
Eutiner Straße
Hamburger Str.
Bahnhof
1
Kreis-museum Plön
Stadtgrabenstr.
Lübecker Str.
Johannisstr.
59
Markt
Am Bootshafen
Anleger Segelzentrum Bahnhof
Nikolai-Kirche
Langer Str.
Rathaus
Markt
Johannis-kirche
Schloss Plön
Klosterstr.
Schloßberg
Schloß-gebiet
Anleger Marktbrücke

als preußische Kadettenanstalt genutzt. Kaiser Wilhelm II. quartierte hier seine sechs Söhne ein, ließ sie unterrichten und in preußischen Tugenden unterweisen. Während der Zeit des Nationalsozialismus wurde es als Erziehungsanstalt genutzt und nach dem Krieg als Internat. Schließlich verkaufte das Land 2001 die ganze Anlage an die Optikerfirma Fielmann, die sie aufwendig renovierte und dort eine öffentliche Bildungsstätte für Augenoptik einrichtete. Ein Teil des Schlosses, wie die herzoglichen Gemächer, die rekonstruierte Kapelle und der Rittersaal, können im Rahmen einer Führung besichtigt werden.

Unterhalb des Schlosses befindet sich der **historische Ortskern.** Er erstreckt sich von der B430 (Hamburger Straße) im Westen entlang der Fußgängerzone (Lange Straße) bis hinter die Nikolaikirche und reicht bis an den Großen Plöner See heran. Dort findet man noch eine Reihe historischer Häuser, unter ihnen das Anfang des 19. Jh. erbaute **Rathaus** mit seiner klassizistischen Fassade.

Zentrum der Altstadt ist die auf dem Marktplatz stehende **Nikolaikirche.** Wo heute die Backsteinkirche steht, gab es schon in der Mitte des 12. Jh. eine hölzerne Kirche, die 1691 durch eine große Backsteinkirche ersetzt wurde. 1864 brannte diese nach einem Blitzeinschlag bis auf die Grundmauern nieder. Bereits zwei Jahre später wurde mit dem Wiederaufbau begonnen und 1868 war die Kirche in ihrer heutigen, neuromanischen Form mit den typischen Rundbogenfenstern fertiggestellt. Der Innenraum ist schlicht. Besonders auffällig ist das mit hübschen Mosaiken bemalte Tonnengewölbe, das für die Region sehr selten ist. Auch die ansteigenden Emporen in den Seitenschiffen findet man im Norden nur selten. Besonderes Augenmerk verdienen die bunten Fenster, auf denen verschiedene Szenen aus dem Evangelium dargestellt werden. Sie stammen aus den 1960er-Jahren, leuchten sehr intensiv und verleihen der Kirche eine ganz besondere Stimmung.

Auf dem Marktplatz an der Kirche wird jeden Dienstag (März–Dezember) und Freitag

115wo-he

Bronzeplastik am Plöner Schloss

(ganzjährig) von 8 bis 13 Uhr ein Wochenmarkt abgehalten, der auf eine jahrhundertealte Tradition zurückgeht.

Sehenswert ist auch die **Johanniskirche,** die gegenüber dem Westausgang der Fußgängerzone außerhalb der ehemaligen Stadtmauern steht. Die Fachwerk-Saalkirche wurde 1685 im Rahmen der Gründung der Plöner Neustadt errichtet und fällt mit ihrem außergewöhnlichen Turm mit Zwiebeldach auf. Auguste Viktoria, Gemahlin von Kaiser Wilhelm II., letzte Deutsche Kaiserin und Königin von Preußen, stiftete für ihre sechs Söhne, die im Schloss unterrichtet wurden, und für sich sowie ihre Tochter jeweils einen Wandleuchter. Im oberen Teil der Leuchter kann man die Namen und Daten der Aufenthalte ablesen.

Etwas nördlich, nur wenige Schritte entfernt, liegt die **Alte Apotheke.** Das Haus wurde im Rahmen der Errichtung des Schlosses Anfang des 17. Jh. neu aufgebaut. Während seiner langen Geschichte diente es unterschiedlichen Zwecken. In der Herzogszeit bis 1761 wohnten dort Hofbeamte und es wurde als Waisenhaus genutzt. Später bezog die Herzogin Dorothea Christine mit ihren Töchtern das herrschaftliche Gebäude, weshalb es auch Witwenpalais oder Prinzessinnenpalais genannt wird. Von 1803 bis 1928 nutzte es der Plöner Hofapotheker als Wohn- und Geschäftssitz. Nach dem Zweiten Weltkrieg wurden dort Flüchtlinge untergebracht und schließlich kaufte es der Kreis Plön. Seit 1982 ist in dem Gebäude das **Kreismuseum** untergebracht. Herzstück ist die Sammlung an norddeutschem Glas. Darüber hinaus gibt es Sammlungen zur Vor- und Frühgeschichte, zu Keramiken und Silber sowie Gemälde aus verschiedenen Epochen.

Ein schöner **Spazierweg** (ca. 7 km hin und zurück, vom Schiffsanleger 5,3 km) führt vom Jachthafen im Osten vorbei am Schiffsanleger unterhalb des Schlosses bis zum Südende der **Prinzeninsel,** die sich weit in den Plöner See erstreckt und das östliche Becken von dem Ascheberger Becken trennt. An der Südspitze gibt es einen schönen Aussichtspunkt mit wunderbarem Blick auf den See und das Naturschutzgebiet Inseln im Großen Plöner See. Hier soll der **Lieblingsplatz der Kaiserin Auguste Viktoria** gewesen sein und wenn man selbst dort steht, glaubt man das sofort.

Ein weiteres Highlight auf diesem Weg ist der **Planetenpfad.** Beginnend mit der Sonne am Schiffsanleger und endend mit Neptun kurz vor dem Südende der Prinzeninsel werden in maßstabsgetreuen Abständen alle Planeten des Sonnensystems in ebenfalls maßstabsgetreuen Modellen gezeigt. Zusätzlich erhält man auf Tafeln interessante Informationen. Es ist beeindruckend, wenn man sich vergegenwärtigt, dass ein Meter Wegstrecke auf dem Planetenpfad zwei Millionen Kilometern im Weltall entspricht.

Wer eine längere Strecke wandern möchte, kann von Plön aus auf dem **Fernwanderweg Holsteinische Schweiz** über Bad Malente bis nach Eutin wandern. Für die Strecke muss man mit 15 Stunden rechnen, die man gut auf drei Tage verteilen kann.

Sehenswertes

- **Schloss Plön,** Schlossgebiet, Tel. 04522 8010, https://fielmann-akademie.com, Führungen Sa und So 16.30–18.30 Uhr, Dauer 45–60 Minuten, Eintritt frei, telefonische Voranmeldung erbeten
- **Nikolaikirche,** Markt 25, Tel. 04522 2235, geöffnet: tägl. 9 bis ca. 17 Uhr
- **Kreismuseum Plön,** Johannisstraße 1, Tel. 04522 744391, www.kreismuseum-ploen.de, geöffnet: Di–So 14–17 Uhr, Erw. 2,50 €, ermäßigt 2 €, Kinder bis 14 Jahre frei

Information

- **Tourist Info Großer Plöner See,** Bahnhofstraße 5, 24306 Plön, Tel. 04522 50950, https://holsteinischeschweiz.de/ploen, geöffnet: Mai–September Mo–Fr 8–18, Sa 10–16 Uhr, Juni–August auch So 10–14 Uhr, Oktober–April Mo–Fr 9–17 Uhr

Aktivitäten

- **Plöner Motorschifffahrt,** Tel. 04522 6766, www.grosseploenersee-rundfahrt.de. Angeboten werden verschiedene Rundfahrten auf dem Großen Plöner See, Fahrpläne und Preise können auf der Website eingesehen werden.
- **Segelschule und Kanuvermietung Plön,** Ascheberger Straße 70, Tel. 04522 4111, https://kanuvermietungploen.de, geöffnet: Anfang Mai–Anfang Oktober tägl. 9–19 Uhr

Parken

P 59 Parkplatz Stadtgrabenstraße, GPS 54.15861, 10.41416. Gebührenpflichtiger Großparkplatz am Rand der Altstadt.

P 60 Parkplatz Ascheberger Straße, GPS 54.15335, 10.40555. Der gebührenfreie Parkplatz für Wohnmobile befindet sich neben dem Wohnmobilstellplatz, Fußweg ins Zentrum ca. 700 m. Der Parkplatz liegt westlich vom Zentrum an der Straße nach Ascheberg.

87 Womo-Stop Plön

GPS 54.15268, 10.40404

Parkplatz zwischen dem Plöner See und der stark befahrenen Straße Richtung Ascheberg, die Ver- und Entsorgungseinrichtungen befinden sich auf dem angrenzenden Lkw-Parkplatz, dort ist auch ein Imbiss, ca. 750 m Fußweg ins Zentrum. **Lage/Anfahrt:** In Plön der B430 Richtung Ascheberg folgen, etwa 750 m hinter dem Zentrum auf der rechten Seite; **Platzanzahl:** 12; **Untergrund:** Asphalt; **Service:** Trinkwasser, Abwasser, Chemie-WC; **Preise:** 6 €/Fahrz. inkl. Kurtaxe; **Max. Stand:** 1 Nacht; **Geöffnet:** ganzjährig; **Kontakt:** Ascheberger Straße, 24306 Plön

116wo-he

88 Naturcamping Spitzenort mit Wohnmobilhafen

GPS 54.14735, 10.3984

Sehr gut gelegener und schöner Campingplatz mit einem abgetrennten Wohnmobilhafen vor der Schranke auf einer Landzunge im Plöner See. Fast ausschließlich Plätze für Touristen. Spielplatz, Badebuchten, Badeplattform, Bootssteg, Minigolf, Fitnessstudio, Pool, Restaurant und kleiner Laden. In unmittelbarer Nachbarschaft befindet sich die Segelschule Plön. **Lage/Anfahrt:** In Plön der B430 Richtung Ascheberg folgen, etwa 700 m hinter dem Womo-Stop Plön Einfahrt links, ausgeschildert; **Platzanzahl:** 230 für Touristen, 12 im Wohnmobilhafen; **Untergrund:** Wiese; fest; **Service:** Strom, Trinkwasser, Abwasser, Chemie-WC, WLAN; **Sicherheit:** umzäunt; **Preise:** 18–31,50 €/Fahrz. inkl. 2 Pers., Strom 3 €, Hund 4 €; **Max. Stand:** unbegrenzt; **Geöffnet:** April–Ende Oktober; **Kontakt:** Naturcamping Spitzenort, Ascheberger Straße 76, 24306 Plön, Tel. 04522 2769, https://spitzenort.de

117wo-he

89 Campingpark Gut Ruhleben

GPS 54.14403, 10.45004

Der besonders schön gelegene Campingplatz am Ufer des Plöner Sees beseitzt vor der Schranke einen abgetrennten Wohnmobilhafen. Sehr schöner Blick auf das Plöner Schloss. Bistro, kleiner Laden, Spielplatz, Badestelle mit Sandstrand und großer Liegewiese, Badeplattform, Bootsslip und -steg mit Liegeplätzen. **Lage/Anfahrt:** In Plön der B76 Richtung Eutin folgen, in Höhe der Kaserne Ruhleben rechts in den Missionsweg, nach 600 m Einfahrt rechts, ausgeschildert; **Platzanzahl:** 280, davon 80 für Touristen; **Untergrund:** Wiese; fest; **Service:** Strom, Trinkwasser, Abwasser, Chemie-WC, WLAN auf einem Teil des Platzes; **Sicherheit:** umzäunt; **Preise:** 14–27 €/Fahrz. inkl. 2 Pers und Strom, Duschmarke 0,75 €, Hund 2,50 €; **Max. Stand:** unbegrenzt; **Geöffnet:** April–Mitte Oktober; **Kontakt:** Campingpark Gut Ruhleben, Missionsweg 2, 24306 Bösdorf bei Plön, Tel. 04522 8347, https://camp-ruhleben.de

118wo-he

Man verlässt Plön auf der B76 Richtung Eutin und passiert die Kaserne Ruhleben und die Zufahrt (Missionsweg) zum Campingpark Gut Ruhleben (89). Etwas mehr als 2 km weiter biegt man links auf die Landstraße L56 (Malenter Straße) Richtung Malente ab.

Wer sich die Schleife über Malente und Eutin sparen möchte, fährt weiter geradeaus und biegt 200 m später rechts auf die L306 Richtung Bosau ab. Nach gut 3 km auf der Landstraße nach Malente lohnt ein kurzer Stopp am **Findlingsgarten Kreuzfeld,** wo nicht nur geologisch Interessierte ins Staunen kommen werden. Neben unterschiedlichen größeren und kleineren Felsblöcken kann man den 126 t schweren, über 4 m breiten und annähernd so hohen **Wandhoff-Findling** bewundern. Der mächtige, etwa 2 Milliarden Jahre alte Granitfels wurde vor ca. 10.000 Jahren mit einem Gletscher aus seiner Heimat in Småland (Schweden) nach Holstein verfrachtet. 1983 wurde er in der nahe gelegenen Kiesgrube entdeckt und 1990 unter großem Aufwand mit Großkran, Tieflader und Bergepanzer an seinen jetzigen Standort gebracht.

Parken

P **61 Findlingsgarten Kreuzfeld,** GPS 54.14867, 10.52364. Kleinere Parkmöglichkeit an der Einfahrt zum Kieswerk.

Vom Findlingsgarten folgt man der Landstraße weiter und erreicht schon nach 3 km Bad Malente.

BAD MALENTE

(13 km – km 94)

Schon seit über 100 Jahren hat Malente eine größere Bedeutung als Kurort. Bereits 1905 wurde ein Sanatorium mit Kurhaus eröffnet. 1935 erfolgte der nächste Schritt mit der Anerkennung als Kneippheilbad und 1996 schließlich die Anerkennung als **heilklimatischer Kurort.** Seitdem darf Malente den für den Tourismus wichtigen Titel „Bad“ tragen. Heute bieten zahlreiche moderne Kliniken und Rehabilitationseinrichtungen vielfältige Möglichkeiten für Reha-Maßnahmen und Kuren in einer Region mit besonders schonendem Heilklima.

120wo-he

Die Kirche Maria-Magdalena in Bad Malente

Der gut 10.000 Einwohner zählende Ort liegt zwischen dem Kellersee im Osten und dem Dieksee im Westen. Beide sind durch die Schwentine, die mitten durch den Ort fließt, miteinander verbunden. Am Ostufer des Dieksees verläuft die 2007 neu gestaltete **Dieksee-Promenade.** Sie beginnt am Schiffsanleger etwas südlich des Bahnhofs und führt immer nahe am Ufer entlang bis zum Wald **Diekseeholm,** wo die **Spiegelteiche,** ehemalige Fischteiche, liegen. Wegen des ruhigen Wassers spiegeln sich in ihnen die umliegenden Bäume und Wolken, daher der Name. Entlang der Promenade mit wunderschönen Ruheplätzen befinden sich die meisten Hotels, Pensionen und Kurkliniken des Ortes. Am Schiffsanleger kann man einen Ausflugsdampfer zur **5-Seen-Fahrt** besteigen, die bis zum Anleger Plön-Fegetasche führt (hin und zurück ca. 1 Std. 40 Min.), der einige Kilometer östlich des Zentrums im Edebergsee liegt.

An der Nordseite des Sees liegt etwas oberhalb der **Wildpark.** Auf dem 12 ha großen Gelände kann man neben Dam- und Rotwild auch Wildschweine und zahlreiche kleinere heimische Säuger und Vögel sehen. Östlich des Wildparks, am Park- und Stellplatz Krützen 90, befindet sich das **Arboretum,** wo man 120 verschiedene, teils exotische Baumarten vorfindet.

Etwa 150 m vom Parkplatz entfernt entlang der Straße Richtung Innenstadt steht die **Tews-Kate.** Das reetgedeckte Kleinbauernhaus, das aus der ersten Hälfte des 17. Jh. stammt, ist die älteste Räucherkate in Ostholstein. Heute beherbergt sie das **Heimatmuseum** von Malente.

Der **Kurpark** nördlich des Bahnhofs mit Teichen, Freilichtbühne, Musikpavillon, Kneippbecken, Ruhezonen und einer vielfältigen Pflanzenwelt zählt zu den schönsten Parkanlagen in Deutschland. Einen Lageplan mit Pflanzenführer erhält man in der Tourist-Info.

Eine weitere parkähnliche Anlage gibt es mit **Wunderwelt Wasser** in der Janusallee

Holzskulptur einer Heuschrecke im Kurpark von Bad Malente

119wo-he

am Kellersee. Der Naturlehrpfad führt den Besucher durch verschiedene Biotope und vermittelt durch Schautafeln und Installationen Einblick in die Tier- und Pflanzenwelt des Lebensraumes Wasser.

Nur wenige Meter vom Parkplatz in der Janusallee entfernt befindet sich der Schiffsanleger Kellersee, von dem die **Kellersee-Rundfahrten** starten.

Sehenswert ist auch die **Kirche Maria-Magdalena,** die etwa 300 m westlich vom Kellersee-Anleger steht. Sie wurde zunächst ohne Turm aus Feldsteinen und roten Backsteinen errichtet und stammt aus dem frühen 13. Jahrhundert. Der Turm wurde erst 1893 angefügt.

Mancher wird sich wahrscheinlich noch an die Kinofilme „Die Mädels vom Immenhof" mit der jungen Heidi Brühl erinnern. Sie wurden in den 1950er-Jahren auf einem Gutshof in der Nähe Malentes gedreht. Im **Immenhof-Museum** im Zentrum der Stadt werden Kostüme, Bilder und Plakate sowie die original Kutsche aus dem Film gezeigt.

Fußballfreunden ist die Stadt vor allem durch die Sportschule Malente ein Begriff, die am südlichen Stadtrand liegt. Hier verbrachte die Nationalmannschaft ihr letztes Trainingslager vor der Weltmeisterschaft 1974, das sie als Turniersieger beendete. Viele führen den Sieg auf den **„Geist von Malente"** zurück, der die Mannschaft hier beseelt und schließlich zum Erfolg geführt haben soll. Auch in späteren Jahren kam die Nationalmannschaft vor wichtigen Turnieren in der Sportschule zusammen, nicht immer mit dem gleichen Erfolg. 2013 wurde sie modernisiert und heißt seitdem **Uwe-Seeler-Fußballpark.**

Etwas außerhalb im nordöstlich gelegenen Ortsteil Malkwitz liegt ein für Norddeutschland eher ungewöhnlicher landwirtschaftlicher Betrieb, das **Weingut Ingenhof.** Auf etwa 8 ha werden hier verschiedene Rebsorten an einem Südhang angebaut und zu Wein verarbeitet. Bei einer **Weinbergführung** mit Kellereibesichtigung und Verkostung kann man sich näher informieren. Zudem werden auf großen Flächen Erdbeeren und Himbeeren angebaut, die zur Erntezeit selbst gepflückt werden können.

Wer sich sportlich betätigen will, hat rund um den Ort verschiedene Möglichkeiten. Es gibt zahlreiche markierte Wanderwege, von denen der 14,6 km lange **Kellersee-Rundweg** zu den beliebtesten gehört. Auch der 53 km lange **Holsteinische Schweiz Weg** von Plön nach Eutin führt durch Malente. Wer lieber mit dem Rad unterwegs ist, findet sehr gute Möglichkeiten, und Bootssportler haben auf dem Kellersee und dem Dieksee sowie der Schwentine ein ausgedehntes Revier in schöner Natur zur Verfügung.

Sehenswertes

- Der **Wildpark** hat mehrere Eingänge. Der Haupteingang befindet sich am Park- und Stellplatz Krützen (90). Dort ist auch das **Arboretum.** Beide sind durchgehend geöffnet und der Eintritt ist frei.
- **Heimatmuseum Tews-Kate,** Sebastian-Kneipp-Straße, Tel. 04523 9842730 oder 990341, www.heimatverein-malente.de, geöffnet: Mitte April–Oktober Fr–So 14–17 Uhr, Eintritt frei, um eine Spende zur Erhaltung des Museums wird gebeten
- **Kurpark,** geöffnet: ganzjährig 9–18 Uhr, im Sommer auch bis 22 Uhr, Eintritt frei
- **Wunderwelt Wasser,** geöffnet: April–November 9–18 Uhr, Eintritt frei
- **Immenhof-Museum,** Kampstraße 1, Tel. 0151 10212951, https://immenhofmuseum.de, geöffnet: Ende Mai–Ende Oktober Mi–So 14–17 Uhr, Erw. 2 €, bis 16 Jahre 1 €
- **Weingut Ingenhof,** Bergstraße 2, 23714 Malente/OT Malkwitz, Tel. 04523 202159, https://ingenhof.de, Weinremise (Hofladen) Mo–Fr 8.30–16.30, Sa 8–12 Uhr, Termine für Weinbergführungen und Obstpflücken s. Website

Information

- **Malente Tourismus- und Service GmbM,** Bahnhofstraße 3, Tel. 04523 9842730, https://malente.de, https://holsteinischeschweiz.de/tourismus-malente, geöffnet: Mai–September Mo–Fr 9–17, Sa 10–16 Uhr, So 10–14 Uhr, Oktober–April Mo–Fr 9–17 Uhr

121wo-he

90 Wohnmobilstellplatz Malente Krützen

GPS 54.17171, 10.54924

Großparkplatz am Stadtrand mit für Wohnmobile ausgewiesenem Bereich, nahe am Wildpark und nur ca. 500 m ins Zentrum, Campingverhalten nicht erlaubt. **Lage/Anfahrt:** Von Plön kommend in Bad Malente der L56 folgen, an der Gabelung etwa 150 m hinter dem Bahnhof Malente die Straße links in die Sebastian-Kneipp-Straße verlassen, nach knapp 300 m rechts; **Platzanzahl:** 10; **Untergrund:** Pflaster; **Service:** Abwasser, Chemie-WC; **Preise:** 5 €/Fahrz. inkl. Pers, Kurtaxe extra; **Max. Stand:** unbegrenzt; **Geöffnet:** ganzjährig; **Kontakt:** Sebastian-Kneipp-Straße, 23714 Bad Malente

122wo-he

91 Camping An der Schwentine

GPS 54.16694, 10.56733

Kleiner, naturnaher Campingplatz direkt am Ufer der Schwentine in einer parkähnlichen Auenlandschaft. Von Bäumen umgebenes und durch Hecken begrenztes Wiesengelände, kleine Badestelle, Spielplatz, Brötchenservice, Kiosk, Waschmaschine und Wäschetrockner. Ideal für eine Kanutour auf der Schwentine zu den umliegenden Seen. **Lage/Anfahrt:** In Bad Malente von der Voßstraße in den Wiesenweg abbiegen und geradeaus weiter bis zur Einfahrt nach knapp 300 m, das letzte Wegstück ist unbefestigt, ausgeschildert; **Platzanzahl:** 65, davon 45 für Touristen; **Untergrund:** Wiese; fest; **Service:** Strom, Trinkwasser, Abwasser, Chemie-WC, WLAN an der Rezeption und auf einigen Plätzen; **Sicherheit:** umzäunt; **Preise:** 8 €/Fahrz., 5,50 €/Pers., Strom 2,50 €, Hund 2,50 €, in der Nebensaison 20 % Rabatt ab drei Übernachtungen; **Max. Stand:** unbegrenzt; **Geöffnet:** April–Mitte Oktober; **Kontakt:** Camping An der Schwentine, Wiesenweg 14, 23741 Bad Malente, Tel. 04523 4327, https://camping-bad-malente.de

Kaiser-Wilhelm-Turm Fissau

Zu Ehren Kaiser Wilhelms I. wurde 1890/1891 in Eutin/Fissau auf einem Hügel am Südende des Kellersees aus gespaltenen Findlingen ein Aussichtsturm errichtet, der sich schnell zu einem beliebten Ausflugsziel entwickelte. Im Ersten Weltkrieg wurden die hölzernen Innenausbauten geplündert und als Brennholz verwendet. Seitdem ist der seit 1926 unter Denkmalschutz stehende Turm geschlossen und kann nur von außen besichtigt werden. Inzwischen laufen aber Bestrebungen, den Turm zu renovieren und ihn der Bevölkerung wieder in seiner ursprünglichen Funktion zugänglich zu machen.

Aktivitäten

› **5-Seen- und Kellersee-Fahrt GmbH,** Bahnhofstraße 5, Tel. 04523 2201, https://5-seen-fahrt.de, Fahrpläne und Preise s. Website

Parken

62 Parkplatz Janusallee, GPS 54.17365, 10.56386. Kostenpflichtiger Pkw-Parkplatz am Kellersee an der Wunderwelt Wasser.

63 Parkplatz Krützen, GPS 54.17171, 10.54924. Kostenloser Parkplatz nahe Arboretum und Wildpark, ca. 500 m ins Zentrum.

Man verlässt Bad Malente auf der L174 Richtung Eutin. Nach etwa 2,5 km passiert man im Eutiner Stadtteil Fissau einen links liegenden Parkplatz. Von ihm sind es nur wenige Schritte zum **Kaiser-Wilhelm-Turm.**

Parken

64 Parkplatz Kaiser-Wilhelm-Turm, GPS 54.15621, 10.60161. Kleiner Parkplatz mit Picknickmöglichkeit, in der Saison und an Wochenenden oft belegt.

Etwa 200 m hinter dem Parkplatz passiert man den Abzweig zum Campingplatz Prinzenholz 92 und fährt weiter ins Zentrum von Eutin, wo man am besten am Bahnhof parkt oder gleich zum Wohnmobilpark 93 fährt.

EUTIN

(7 km – km 101)

Eutin liegt in einer landschaftlich sehr reizvollen, hügeligen Gegend, umgeben von Wäldern und zahlreichen Seen. Die eigentliche Stadt hat 12.000 Einwohner, mit den zugehörigen Dorfgemeinschaften steigt die Zahl auf 17.000 Einwohner.

Zwischen dem Bahnhof und dem Großen Eutiner See befinden sich die Altstadt und das berühmte Schloss, das sich direkt am Ufer des Sees erhebt. Vom Bahnhof ist es nur ein kurzer Fußweg von etwa 400 m zum **Marktplatz,** um den sich etliche historische Häuser gruppieren. Mit dem 1789 bis 1791 erbauten Rathaus im Rücken schaut man auf die den Platz beherrschende Kirche St. Michaelis. Das weiße Gebäude davor stammt aus dem 17. Jh. und beherbergt das **Brauhaus Eutin.** Hier gibt es nicht nur selbstgebrautes Bier in verschiedenen Geschmacks-

123wo-he

Im Innenhof des Eutiner Schlosses

richtungen, sondern auch schmackhafte Speisen zu fairen Preisen. Das **Fachwerkhaus** links neben dem Brauhaus ist das wohl älteste Wohnhaus der Stadt. Es wurde um 1635 erbaut. Das große Backsteingebäude links davon ist das **Witwenpalais,** das 1786 für Herzogin Ulrike Friederike Wilhelmine, Witwe des Herzogs Friedrich August I., erbaut wurde. Auf dem Platz steht ein Denkmal für die Gefallenen des Deutsch-Französischen Kriegs 1870/1871. Um die Sandsteinstele herum findet jeden Mittwoch und Samstag von 8 bis 13 Uhr ein bunter **Wochenmarkt** statt, der Besucher von fern und nah anlockt.

Hinter dem Brauhaus erhebt sich die Kirche **St. Michaelis,** deren 67 m hoher Turm leicht nach Osten geneigt ist. Die Basilika, die eine hölzerne Kapelle ersetzte, wurde um 1200 errichtet. Das Gotteshaus, ursprünglich romanisch, wurde im Laufe der Zeit mehrfach umgebaut und erweitert. In der ersten Hälfte des 14. Jh. wurden der ursprüngliche Chor und die Apsis durch gotische Versionen ersetzt, die bis heute existieren. Auch andere romanische Teile wurden ausgetauscht, sodass man heute Elemente aus beiden Epochen erkennen kann. Im Innern sind der Marienleuchter aus dem Jahr 1322, ein Bronzeleuchter von 1444 und die Bronzetaufe aus dem Jahr 1511 besonders erwähnenswert. Auch ein wertvolles Holzkreuz aus dem 13. Jh. ist zu sehen.

Von der Kirche ist es nur ein Katzensprung zum **Schloss** am Ufer des Großen Eutiner Sees. Das imposante Gebäudeensemble hat eine lange, wechselvolle Geschichte hinter sich, die bis in die Mitte des 12. Jh. zurückreicht. Die heutige Form erhielt es um 1840. Im Gebäude links vor dem Schloss, dem ehemaligen Marstall, ist das **Ostholstein-Museum** untergebracht, das sich u. a. der Kunst- und Kulturgeschichte des Kreises Ostholstein widmet. In der ehemaligen **Wagenremise** (rechts) befindet sich die Eutiner Kreisbibliothek und in dem Gebäude dazwischen, dem ehemaligen **Kavaliershaus,** die Landesbibliothek. Zum eigentlichen Schloss gelangt man über eine Steinbrücke, die über einen Wassergraben führt. Das imposante, vierflügelige Schloss, das von außen mit seinen Backsteinfassaden nüchtern norddeutsch anmutet, überrascht im Innenhof mit einem eher mediterranen Ambiente mit ockerfarbe-

124wo-he

nen Wänden, einem Springbrunnen und dem Außenbereich des Restaurant-Cafés Schlossküche. Wer das Schloss von innen besichtigt, erhält einen tiefen Einblick in die hochherrschaftliche Lebenskultur und die Wohnwelt der adligen Klasse der damaligen Zeit. Zu sehen bekommt man u.a. die Hauskapelle, die Audienzzimmer, den Rittersaal und einige Privatgemächer.

Vom Schloss erstreckt sich nach Süden der große **Schlosspark,** der nach zahlreichen Umgestaltungen im Stil eines englischen Landschaftsgartens angelegt wurde. Hier kann man wunderbar spazieren und findet zahlreiche Ruheplätze mit schöner Aussicht. Im südlichen Teil befinden sich der **Küchengarten,** der die Schlossbewohner mit Gemüse und Obst versorgte, die **Freilichtbühne** und der **Monopteros,** ein kleiner Rundtempel.

Nördlich vom Schloss liegt der **Seepark** auf einer Halbinsel im Großen Eutiner See. Er wurde 1934 in Anlehnung an den Schlosspark ebenfalls im englischen Stil angelegt. Damals entstand auch die Bebensundbrücke, die eine Seilzugfähre über den schmalen Sund ersetzte und damit den Zugang zur **Freibadeanstalt** an der Fissauer Bucht erleichterte. Das Freibad mit seinen hölzernen Stegen und Umkleidekabinen ist eines der markantesten Baudenkmäler der Stadt, nahezu einzigartig in Deutschland und steht unter Denkmalschutz. Es wurde 1913 erbaut und wird im Sommer täglich von zahlreichen Badegästen besucht, die hier unter der Aufsicht von Schwimmmeistern in historischem Ambiente im See baden oder sich auf der angrenzenden Liegewiese sonnen. Und das alles zum Nulltarif.

Blick auf die Stadtfassade des Eutiner Schlosses mit dem Torturm

Eutin bezeichnet sich gern als „Weimar des Nordens", weil hier bekannte Persönlichkeiten geboren wurden, gelebt haben oder gestorben sind. **Wilhelm Tischbein,** ein Freund Goethes, der das bekannte Bild „Goethe in der Campagna" gemalt hat, verbrachte hier einen Teil seines Lebens und ist auf dem Friedhof in der Plöner Straße begraben. Eutins berühmtester Sohn ist aber zweifellos der 1786 in der Stadt geborene Komponist **Carl Maria von Weber.** Ihm zu Ehren finden jedes Jahr im Juli und August auf der Seebühne im Schlossgarten die **Eutiner Festspiele** mit Opern-, Operetten- und Musical-Aufführungen statt.

Sehenswertes

› **Ostholstein-Museum Eutin,** Schlossplatz 1, Tel. 04521 788520, https://museum.kreis-oh.de, geöffnet: März–Oktober Di–So 11–17 Uhr, November–Januar Di–Fr 14–17, Sa, So 11–17 Uhr, Erw. 6 €, ermäßigt 3 €, Kinder unter 14 Jahren frei, günstiger mit ostseecard (s. S. 241) oder Eintrittskarte des Schlosses, Ermäßigung, wenn nur die Dauerausstellung geöffnet ist

› **Stiftung Schloss Eutin,** Schlossplatz 5, Tel. 04521 70950, https://schloss-eutin.de, geöffnet: Juli und August tägl. 10–18 Uhr, sonst Di–So 11–17 Uhr, Januar und Februar geschlossen, Schlossführungen zu den Öffnungszeiten tägl. um 11, 13 und 15 Uhr, Erw. 10 €, ermäßigt 6 €, Kinder und Jugendliche 6–18 Jahre 2 €, Schlossführung zusätzlich 4 €

› **Eutiner Festspiele,** Alter Bauhof 11, Ticket-Hotline 0452180010, https://eutiner-festspiele.de

Information

› **Tourist-Info Eutin,** Markt 19, 23701 Eutin, Tel. 04521 70970, https://holsteinischeschweiz.de/tourist-info-eutin, geöffnet: Mitte Mai–Mitte Oktober Mo–Fr 9–18, Sa 10–14 Uhr, im Juli und August auch So 10–14 Uhr; Mitte Oktober–Mitte Mai Mo–Fr 10–18, Sa 10–13 Uhr

Gastronomie

› **Brauhaus Eutin,** Markt 11, Tel. 04521 766777, https://brauhaus-eutin.de, geöffnet: tägl. 11.30–22 Uhr, warme Küche bis 21 Uhr

Aktivitäten

- **Freibadeanstalt Fissauer Bucht,** Bebensundweg 1, geöffnet: während der Sommermonate Mo–Fr 10–19, Sa, So 10–18 Uhr, Eintritt frei
- **Eutiner Seerundfahrt,** Bleekergang 4 (Anleger), Tel. 04521 3344, https://eutiner-seerundfahrt.de. Ca. einstündige Seerundfahrt auf dem Großen Eutiner See mit der „MS Freischütz" finden von Ostern bis Mitte Oktober statt, Erw. 8 €, Kinder bis 15 Jahre 4 €.
- **Wandern:** Der 53 km lange Holsteinische Schweiz Weg verläuft von Plön über Bad Malente nach Eutin. Infos: www.holsteinischeschweiz.de/wandern-uebernachtungstour.

Parken

P **65** **Parkplatz Bahnhof,** GPS 54.13505, 10.60934. Drei für Wohnmobile ausgewiesene, kostenfreie Parkplätze am Bahnhof an der Elisabethstraße. Ins Zentrum sind es etwa 400 m, zum Schloss 800 m.

92 Naturpark-Camping Prinzenholz

GPS 54.16009, 10.60184

Wunderbare Lage direkt am Kellersee. Terrassenförmig angelegte Stellplätze mit schönem Blick auf den See, Bootssteg und -verleih, Sandstrand und Liegewiese, Café, kleiner Laden, Spielplatz, Kinderanimation, Grillplatz, Sauna, Waschmaschine und Trockner. Schöne Spazierwege im Prinzenholz, Rundwanderweg um den Kellersee, Reitmöglichkeiten beim nahe gelegenen Reiterhof. **Lage/Anfahrt:** Von Bad Malente kommend die L174 etwa 200 m hinter dem Parkplatz am Kaiser-Wilhelm-Turm in Eutin-Fissau nach links verlassen und 150 m weiter in der Rechtskurve noch 500 m weiter geradeaus, ausgeschildert; **Platzanzahl:** 140, davon 120 für Touristen; **Untergrund:** Wiese; fest; **Service:** Strom, Trinkwasser, Abwasser, Chemie-WC, WLAN; **Sicherheit:** umzäunt; **Preise:** 13–23 €/Fahrz., 8 €/Pers., Strom und Duschen inkl., Hund 4 €; **Max. Stand:** unbegrenzt; **Geöffnet:** Mitte April–Ende Oktober; **Kontakt:** Naturpark-Camping Prinzenholz, Prinzenholzweg 20, 23701 Eutin, Tel. 04521 5281, https://naturpark-camping-prinzenholz.de

125wo-he

Von Eutin geht es wieder Richtung Plön an den Vierer See. Dazu fährt man vom Parkplatz am Bahnhof auf der Elisabethstraße Richtung Südosten (nicht zurück nach Bad Malente fahren) und biegt nach 450 m rechts in die Friedrichstraße ein. Man folgt dem Straßenverlauf, bis man nach 1,5 km auf die B76 trifft, auf die man nach rechts in Richtung Plön abbiegt.

Nach einer Fahrt von 7,5 km fährt man bei Bösdorf links in die Straße Kleinmühlen in Richtung Augstfelde/Bosau ab. Nach knapp 1 km verlässt man die Straße Kleinmühlen, biegt rechts ab und fährt weiter bis zum Campingpark Augstfelde (94).

Vom Campingplatz geht es weiter Richtung Bosau, wo man wieder an den Großen Plöner See gelangt.

(93) Wohnmobilpark Eutiner See

GPS 54.13384, 10.62910

Der gut ausgestattete Wohnmobilstellplatz hat einen direkten Zugang zum Großen Eutiner See. Waschmaschine und Trockner, Mo und Do kommt ein Bäckerwagen. Es ist keine Reservierung möglich. **Lage/Anfahrt:** Am Bahnhof die Elisabethstraße weiterfahren, nach etwa 700 m links in die Weidestraße, am Ende rechts bis zum Kreisverkehr, dort die zweite Ausfahrt in die L57 (Oldenburger Landstraße) Richtung Schönwalde nehmen, nach 550 m links. In Eutin ist der Platz weiträumig ausgeschildert; **Platzanzahl:** 24; **Untergrund:** Kies; fest; **Service:** Strom, Trinkwasser, Abwasser, Chemie-WC, WLAN; **Preise:** 16 €/Fahrz. inkl. Pers., Strom 0,50 € pro kWh, Trinkwasser 1 € pro 100 l, Duschen 1 €, ausschließlich Kartenzahlung; **Max. Stand:** 14 Nächte; **Geöffnet:** ganzjährig; **Kontakt:** Wohnmobilpark Eutiner See, Oldenburger Landstraße 21, 23701 Eutin, Tel. 04521 70970 (Tourist-Info), https://reisemobilpark-eutin.de

126wo-he

(94) Campingpark Augstfelde

GPS 54.12888, 10.45522

Wunderschön gelegener Platz direkt am Vierer See. Wohnmobilhafen vor der Schranke und separater Bereich für Wohnmobile direkt am See, mehrere Sandstrände, großzügige Rasenliegewiesen, mehrere Spielplätze, Indoorspielplatz, in der Hauptsaison Ponyreiten und Animation für Kinder und Jugendliche, Restaurant, kleiner Laden. **Lage/Anfahrt:** Westlich von Plön von der B76 in die Straße Kleinmühlen Richtung Augstfelde/Bosau abbiegen, nach 1 km erneut rechts und knapp 2 km weiter bis zum Platz, ausgeschildert; **Platzanzahl:** 540, davon 240 für Touristen, 16 im Wohnmobilhafen; **Untergrund:** Wiese; fest; **Service:** Strom, Trinkwasser, Abwasser, Chemie-WC; **Sicherheit:** umzäunt; **Preise:** 14,80–37 €/Fahrz. inkl. 2 Pers, Wohnmobilhafen 11,50–18,50 €, Strom 3 €, Duschmarken 0,75 €, Hund 3 €; **Max. Stand:** unbegrenzt; **Geöffnet:** Ende März–Mitte Oktober; **Kontakt:** Campingpark Augstfelde, Augstfelde 1, 24306 Plön, Tel. 04522 8128, https://augstfelde.de

127wo-he

BOSAU

(17 km – km 118)

Der Luftkurort Bosau hat insgesamt etwas mehr als 3000 Einwohner. Im eigentlichen Dorf kann man noch zahlreiche Reet- und Fachwerkhäuser entdecken. Besonders sehenswert ist die **Kirche St. Petri,** die sehr schön gelegen am Südende des Bischofssees, einer Bucht des Großen Plöner Sees, steht.

Die weiß gekalkte Feldsteinkirche wurde Mitte des 12. Jh. auf Anregung von Bischof Vicelin gebaut und 1152 von ihm geweiht. Im Inneren sind besonders das Triumphkreuz aus dem späten 15. Jh., der Hauptaltar aus der Mitte des 14. Jh. und die Kanzel mit ihren Schnitzereien, die aus dem Jahr 1636 stammt, sehenswert. In der Kirche werden regelmäßig Konzerte veranstaltet. Besonders beliebt und über die Region hinaus bekannt sind die alljährlichen **Sommerkonzerte.**

Nur 100 m von der Tourist-Info entfernt steht die **Dunkersche Kate** mit Bauerngarten und einem historischen Backhaus. Das aus dem 17. Jh. stammende, reetgedeckte Fachwerkhaus war einst Wohn- und Arbeitsstätte für Handwerker und Bauern. Heute finden dort ganzjährig Kunstausstellungen und Kunsthandwerkermärkte statt. Im **Bauerngarten** kann man in den Beeten zwischen den gepflegten Buchsbaumhecken Pflanzen entdecken, die früher regelmäßig Verwendung in der Küche fanden und heute fast schon in Vergessenheit geraten sind. Von Zeit zu Zeit wird das **historische Backhaus** angeheizt, dann kann man entweder selbst Teig mitbringen oder ihn vor Ort erwerben und sich sein eigenes Brot backen.

Wasserfreunden bietet Bosau am Ende des Strandwegs einen schönen, breiten **Sandstrand** mit großer, parkähnlicher Liegewiese, Spiel- und Grillplatz sowie einem Bistro neben dem Campingplatz.

95 Camping Bosau

GPS 54.10219, 10.42588

Sehr schön auf einer ebenen Wiese gelegener Campingplatz direkt am Großen Plöner See, kurzer Fußweg zum öffentlichen Sandstrand mit Liegewiese und Kinderspielplatz, Segelhafen, Kajak- und Ruderbootverleih, Bouleplatz, Bistro neben dem Platz am Strand, Waschmaschine und Trockner, Fußweg ins Zentrum ca. 300 m. **Lage/Anfahrt:** Von Norden kommend fährt man durch Bosau und kurz vor dem Ende des Dorfes rechts in den Strandweg, dort am Parkplatz vorbei bis zum Ende fahren, ausgeschildert; **Platzanzahl:** 165, davon 45 für Touristen; **Untergrund:** Wiese; fest; **Service:** Strom, Trinkwasser, Abwasser, Chemie-WC, WLAN; **Sicherheit:** umzäunt; **Preise:** 7,50–8,50 €/Fahrz., 4–5,50 €/Pers., Strom 3 €, Duschmarke 0,75 €, Hund 3–3,50 €; **Max. Stand:** unbegrenzt; **Geöffnet:** April–Mitte Oktober; **Kontakt:** Camping Bosau, Strandweg 16, 23715 Bosau, Tel. 04522 9490, www.camping-bosau.de

128wo-he

130wo-he

Sehenswertes

- **St. Petri Bosau,** Helmoldplatz 4, www.kirche-bosau.de, geöffnet: tägl. 8–18 Uhr. Programm und Termine der Konzerte findet man online.
- **Dunkersche Kate,** Bischof-Vicelin-Damm 3, https://holsteinischeschweiz.de/dunkersche-kate-mit-bauerngarten-und-backhaus, Öffnungszeiten und Veranstaltungen online oder in der Tourist-Info

Information

- **Tourist-Info Bosau,** Bischof-Vicelin-Damm 11, 23715 Bosau, Tel. 04527 97044, https://holsteinischeschweiz.de/bosau, geöffnet: Mitte Mai–Mitte September Fr 15–18, Sa 10–13 Uhr, Juli und August auch So 10–13 Uhr

Aktivitäten

- **djo-Jugendfreizeitstätte,** Stadtbeker Straße 118, Tel. 04527 220, https://djo-bosau.de, je nach Wetter tägl. 9–19 Uhr. Hier kann man zu günstigen Konditionen Segelboote, Kanus, Kajaks, SUP und Tretboote mieten.

Parken

P 66 Bosau Strandweg, GPS 54.10186, 10.42857. Kostenfreier Parkplatz für Wohnmobile, nur 150 m vom Strand entfernt. Die Wohnmobilplätze befinden sich auf dem Streifen rechts der Zufahrt.

Der Sandstrand in Bosau grenzt unmittelbar an den Campingplatz

Von der Zufahrt zum Camping- und Parkplatz geht es weiter Richtung Süden. Nach 2 km biegt man in einer Rechtskurve links Richtung Bichel und Wöbs ab. In Wöbs trifft man auf die L161 und fährt rechts Richtung Bad Segeberg und Berlin weiter. Nach 3 km kommt man nach Seekamp, wo man eine Badestelle am gleichnamigen See und einen Campingplatz vorfindet.

SEEKAMP

(8 km – km 126)

Das Dorf liegt an der Ostseite des gleichnamigen Sees. Das flache, höchstens 10 m tiefe Gewässer ist bei **Anglern** sehr beliebt, weist es doch einen guten Hechtbestand, zahlreiche Weißfische und auch Karpfen auf. Die kleine **Badestelle** mit Sandstrand und Liegewiese ist auch für kleine Kinder gut geeignet, da der Strand flach abfällt.

Parken

P 67 Seekamp Badestelle, GPS 54.04812, 10.45649. Kostenfreier Parkplatz an der Badestelle, schmale Zufahrt durch ein Wohngebiet.

Von Seekamp geht es weiter in das kleine Dorf **Berlin,** wo man schon nach weniger als 2 km ankommt. Auch wenn es sich mit seinen lediglich 600 Einwohnern nicht mit dem gro-

96 Camping am See

GPS 54.04887, 10.45851

Einfacher, sehr ruhig gelegener Campingplatz an einem Bauernhof auf einem leicht geneigten Wiesengelände, das bis an den Seekamper See heranreicht. 50 m zum kleinen Sandstrand mit Liegewiese, hauptsächlich Dauercamper, gutes Angelrevier. **Lage/Anfahrt:** Von Wöbs kommend in Seekamp rechts in die Straße Zum Seekamper See, in der Linkskurve geradeaus weiter und bis zum Rondell am Ende; **Untergrund:** Wiese; fest; **Service:** Strom, Trinkwasser, Abwasser, Chemie-WC, WLAN; **Sicherheit:** umzäunt; **Preise:** 20 €/Fahrz. inkl. 2 Pers., Strom nach Verbrauch; **Max. Stand:** unbegrenzt; **Geöffnet:** Ende März–Mitte Oktober; **Kontakt:** Camping am See, Zum Seekamper See 3, 23823 Seedorf/OT Seekamp, Tel. 04555 320, https://campingamsee-seekamp.de

129wo-he

ßen Bruder 250 km Luftlinie weiter südöstlich vergleichen kann und will, schlägt es die deutsche Hauptstadt doch in einem Punkt: Das Holsteiner Berlin wird urkundlich bereits 1215 erstmals erwähnt, die Hauptstadt erst 1244. Damit ist das Dorf das älteste Berlin der Welt.

In Berlin trifft man auf die L69, auf der es links weiter Richtung Bad Segeberg geht. Man folgt der Landstraße, bis sie in Gnissau an der B432 endet. Auf der Bundesstraße geht es rechts weiter Richtung Bad Segeberg. Nach 6,5 km überquert man die Trave und 600 m weiter zweigt rechts eine Straße nach Warder ab. Wer kurz vor dem Ende der Tour noch mal Lust auf eine sehr schöne Badestelle an einem See hat, sollte hier rechts abbiegen und bis zum Dorfplatz vor der Kirche fahren (ca. 600 m). Dort beginnt eine schmale asphaltierte Straße (Kirchweg), die einmal um die Kirche und den Friedhof führt und den Zugang zur Badestelle passiert. Mit einem Wohnmobil parkt man am besten auf dem großen Parkplatz in der Linkskurve hinter der Kirche, wo es keine Verbote gibt.

WARDER

(15 km – km 141)

Das Kirchdorf Warder liegt am langgestreckten gleichnamigen See. Durch ihn fließt die über 100 km lange Trave, die der längste Fluss Schleswig-Holsteins ist. Östlich der Kirche liegt auf einer Landzunge die schöne **Badestelle** mit kleinem Sandstrand, Picknickareal, Spielplatz und großer Liegewiese. Daneben befindet sich ein kleiner Segelhafen.

Sehenswert ist die um 1200 erbaute evangelisch-lutherische **Feldsteinkirche** mit ihrem mächtigen Turm. Er ist eigentlich ein Rundturm, wurde aus statischen Gründen aber mit einer rechteckigen Ummantelung versehen. In ihm hängt eine der ältesten Bronzeglocken Nordeuropas. Sie stammt aus dem 13. oder 14. Jh. Im Inneren der Kirche sind besonders der spätgotische Schnitzaltar, eine Kreuzigungsgruppe und der Kanzelkorb erwähnenswert. Auf dem Friedhof kann man eine Gruft in Form eines antiken Tempels entdecken.

Parken

P 68 Warder Kirche, GPS 53.97989, 10.37820. Kostenfreier Parkplatz ohne Verbote in der Kirchstraße, ca. 200 m zur Badestelle.

Wieder an der B432 geht die Fahrt über Klein Rönnau zurück nach **Bad Segeberg** (s. S. 110, 10 km), wo die Route durch die Holsteinische Schweiz nach 151 km endet.

ROUTE 5

KIELER FÖRDE

131wo-he

Strecke:

Heidkate (s. S. 144) – **Wendtorf** (10 km, s. S. 145) – **Laboe** (4 km, s. S. 149) – **Heikendorf** (7 km, s. S. 152) – **Freilichtmuseum Molfsee** (20 km, s. S. 154) – **Kiel** (8 km, s. S. 155) – **Kiel-Wik** (4 km, s. S. 159) – **Strand Falckenstein** (9 km, s. S. 162) – **Olympiazentrum Schilksee** (4 km, s. S. 163) – **Strande/Bülk** (4 km, s. S. 163)

« *Kapitelstartseite: Die Fähren der Color Line verbinden Kiel (s. S. 155) mit Oslo*

Streckenlänge:

ca. 70 km

223wo-he

ROUTENÜBERSICHT

Die Kieler Förde zieht sich von der Kieler Bucht 16 km tief ins Landesinnere. An ihrer Spitze liegt Kiel, die Landeshauptstadt Schleswig-Holsteins mit ihrem großen Fährhafen und dem Cruise Center mitten in der Stadt, der Schleusenanlage des Nord-Ostsee-Kanals, dem Olympiazentrum und zahlreichen weiteren Sehenswürdigkeiten. Links und rechts der Förde liegen schöne Küstenorte, die alle mehr oder weniger maritim geprägt sind. Viele haben erstklassige Badestrände zu bieten und befinden sich in Sichtweite der großen Pötte, die durch die Förde der offenen See zustreben.

Außer Seeluft, Strand und Schiffen hat die Route aber noch etwas Besonderes zu bieten: Etwas abseits der Förde, nur wenige Kilometer südlich von Kiel, liegt das Freilichtmuseum Molfsee, das zu den schönsten und größten Deutschlands gehört und unbedingt einen Besuch wert ist.

Maritimes Flair in Heikendorf (s. S. 152)

Förde oder Fjord

Die Kieler Förde ist im geomorphologischen Sinn kein Fjord, denn Fjorde wurden von Gletschern geformt, die vom Land zur See wanderten, während die Kieler Förde, die Eckernförder Bucht, die Schlei und die Flensburger Förde während der letzten Eiszeit durch eine landeinwärts wandernde Gletscherzunge entstanden sind.

Start der Route um die Kieler Förde ist der kleine Ferienort Heidkate gut 3 km nördlich von Wisch. Wer am Ende der Tour entlang der Hohwachter Bucht (Route 3, s. S. 83) die Reise an der Kieler Förde fortsetzen möchte, muss von Kalifornien erst ins Landesinnere bis zur B502 fahren und dort über Wisch nach Heidkate, da es keine direkte Verbindung für Kfz gibt, auch wenn die Strecke nur wenige Hundert Meter beträgt.

HEIDKATE

Der Ort Heidkate besteht im Wesentlichen nur aus einer wunderbar gelegenen Ferienhaussiedlung, dem sich im Osten anschließenden Campingplatz, zwei großen Parkplätzen, auf denen man sogar mit dem Wohnmobil übernachten darf, und dem erstklassigen, feinsandigen **Sandstrand,** der kurtaxenfrei ist. Er ist fast 4 Kilometer lang, hat Abschnitte für Surfer und Lenkdrachenflieger und einen großen Hundestrand auf Höhe des Leuchtturms.

97 Campingplatz Heidkoppel

GPS 54.43309, 10.33980

Nur durch den Deich vom feinen Sandstrand getrenntes Wiesengelände. Zwischen zwei Waldstücken am Ende einer Sackgasse und daher sehr ruhig. Spielplatz, Animation im Sommer, Waschmaschine und Trockner, Selbstbedienungsladen 100 m entfernt. **Lage/Anfahrt:** In Wisch auf Höhe der Krokauer Mühle Richtung Heidkate/Strand fahren, nach knapp 3 km rechts in den Mittelweg und diesem etwas mehr als 1 km durch ein Ferienhausgebiet bis zum Ende folgen. Der letzte Abschnitt führt über einen unbefestigten Weg, ausgeschildert; **Platzanzahl:** 700, davon 70 für Touristen; **Untergrund:** Wiese; fest; **Service:** Strom, Trinkwasser, Abwasser, Chemie-WC, WLAN kostenpflichtig; **Sicherheit:** umzäunt; **Preise:** 16–20 €/Fahrz., 6,50 €/Pers., Strom und Duschen inkl.; **Max. Stand:** unbegrenzt; **Geöffnet:** April–Anfang Oktober; **Kontakt:** Campingplatz Heidkoppel, Mittelweg 114, 24217 Wisch/OT Heidkate, Tel. 04344 9098, https://camping-heidkoppel.de

132wo-he

133wo-he

Gastronomie

› **Deichterrassen Heidkate,** Alte Heidkate 20, 24217 Wisch, Tel. 0162 9551362, https://deichterrassen-heidkate.net

Parken

P 69 **Naturparkplatz Heidkate,** GPS 54.43447, 10.32264. Zwei große, gebührenpflichtige Parkplätze am Deich, links und rechts der Zufahrtsstraße, teils Sand, teils Wiese, WC vorhanden, im Sommer Kiosk. Tageskarte für Wohnmobil 6 €, Nachtkarte 10 €. Ver- und Entsorgung außerhalb der Parkplätze auf dem Weg zum Café/Bistro Deichterrassen. Auf Nachfrage bei der Gemeinde Wisch wurde ausdrücklich darauf hingewiesen, dass es sich lediglich um Parkplätze und nicht um Wohnmobilstellplätze handelt. Parken, auch über Nacht, ist erlaubt, Campingverhalten dagegen nicht.

Um zum nächsten Ziel zu gelangen, muss man zunächst wieder ins Landesinnere nach Wisch fahren, wo man nach rechts auf die B502 Richtung Kiel/Brodersdorf fährt und zunächst nach Barsbek kommt.

Gleich hinter dem Ort erreicht man die **Hofschlachterei Untiedt.** Die Tiere des landwirtschaftlichen Betriebs, den es schon seit 1656 gibt, werden artgerecht gehalten und auf dem Hof geschlachtet, womit der Transportstress entfällt. Im Hofladen kann man diverse Produkte aus eigener Herstellung erwerben.

Einkaufen

› **Hofschlachterei Untiedt,** Seekampsredder 1, 24217 Barsbek, Tel. 04344 1356, https://hofschlachterei-untiedt.de, geöffnet: Mi–Fr 8–18, Sa 8–13 Uhr

An der nächsten Abzweigung, ca. 1,3 km hinter dem Hofladen, biegt man rechts Richtung Wendtorf ab, wo man erneut gute Übernachtungsmöglichkeiten findet. Wer an den Strand möchte, fährt zu den Campingplätzen, wo es einen großen Parkplatz gibt.

WENDTORF

(10 km – km 10)

Die knapp 1000 Einwohner zählende Gemeinde Wendtorf besteht aus zwei räumlich getrennten Teilen: dem Ortsteil Wendtorfer Strand und dem eigentlichen Ort, der etwas abseits der Küste, etwa 1 km im Landesinnern, liegt. Bekannt ist der Ort vor allem durch den großen Jachthafen, die **Marina Wendtorf,** einen ehemaligen Fischereihafen. Die weithin sichtbaren Hochhäuser, die heute Urlaubsgäste beherbergen, wurden für die

Vom Heidkater Strand hat man einen schönen Blick auf die in die Kieler Förde einlaufenden Schiffe

134wo-he

Segelveranstaltungen der Olympischen Spiele 1972 errichtet. Am Westende der Marina gibt es einen kleinen **Museumshafen,** in dem einige historische Segelboote liegen.

Viele Touristen besuchen Wendtorf wegen des naturbelassenen **Sandstrands,** der kurtaxenfrei ist und neben dem üblichen Textilstrand auch einen FKK-Bereich ausweist.

Der sich nach Westen ziehende Nehrungshaken **Bottsand** mit dem dahinterliegenden, bis an den Deich und die Marina reichenden Feuchtgebiet ist seit 1939 ein **Naturschutzgebiet,** das nicht betreten werden darf. Es hat große Bedeutung für die Pflanzenwelt, 32 verschiedene Pflanzengesellschaften (Gemeinschaften von Pflanzen, die ähnliche Ansprüche an die Umwelt haben und gemeinsam wachsen) konnten in diesem besonderen Lebensraum nachgewiesen werden. Darüber hinaus ist das Areal wichtig für Brut-, Rast- und Zugvögel. Wer sich näher informieren will, findet auf dem Deich am Rand des Schutzgebiets das **NABU-Naturzentrum.**

Etwas ganz Besonderes hat das Dorf selbst zu bieten: das **Kinderabenteuerland Wendtorf.** Auf einer ehemaligen Ackerfläche hat die Gemeinde einen 2,5 ha großen Abenteuerspielplatz angelegt, auf dem Kinder klettern, balancieren, spielen und toben oder an einem Teich oder einer Vogelbeobachtungshütte die Natur hautnah erleben können. Wenn dann Hunger aufkommt, kann man an den angrenzenden Grillplätzen für Essen sorgen.

Die Hochhäuser am Jachthafen in Wendtorf beherbergen Feriengäste

Sehenswertes

› **NABU-Naturzentrum Bottsand,** Zum Bottsand 3, https://nabu-kiel.de/arbeitsgruppen-schutzgebiete/naturstation-bottsand, geöffnet: Mai–September Sa, So, Eintritt frei

Information

› **Tourist-Service Stein/Wendtorf,** Dorfring 20a, 24235 Stein, Tel. 04343 9299, https://gemeinde-stein.de/gaeste-information.html, geöffnet: Juli und August Di, Do–Sa 9–12, Mo, Mi 9–12 und 15–18 Uhr, ansonsten Mo, Mi und Fr 9–12 Uhr

Einkaufen

› **Fisch vom Kutter:** Fischer Leif Rönnau bietet am Westende der Marina fast täglich ab etwa 9 Uhr frischen Fisch an. Je nach Saison gibt es Butt, Scholle, Dorsch, Lachs, Meerforelle oder Hering, Tel. 0171 2722626, aktuelle Infos über Verkaufszeiten unter www.fischvomkutter.de/wendtorf_merle.html.

Parken

P 70 **Parkplatz Wendtorf Strand,** GPS 54.42673, 10.29590. Großer, gebührenpflichtiger Parkplatz in Strandnähe am Eingang zum Campingplatz Regenbogen, ca. 350 m bis zum Strand.

98 Marina Wendtorf

GPS 54.41938, 10.29034

Einfacher, befestigter Stellplatz im Osten der Marina auf dem Gelände einer Werft, WC und Duschen sind vorhanden, Versorgung mit Strom und Trinkwasser ist geplant, Entsorgung des Chemie-WCs im Hafenmeistergebäude. **Lage/Anfahrt:** In Wendtorf zur Marina fahren, dort noch vor den Stegen an der Ringwerft auf den Parkplatz fahren; **Platzanzahl:** 10; **Untergrund:** fest; **Service:** Strom, Trinkwasser, Chemie-WC; **Preise:** 18 €/Fahrz. inkl. Pers.; **Max. Stand:** unbegrenzt; **Geöffnet:** Mitte Mai–Mitte September; **Kontakt:** Marina Wendtorf, An den Stegen 1, 24235 Wendtorf, Tel. 04343 9090, https://yachthafen-wendtorf.de

99 Regenbogen Wendtorf

GPS 54.42684, 10.29583

Der Platz befindet sich auf ebenem Wiesengelände, ist durch niedrige Büsche und Hecken aufgeteilt und sehr ruhig gelegen. Ca. 400 m zum Strand, kleiner Laden, Spielplatz, Waschmaschine und Trockner, Restaurant am Eingang. **Lage/Anfahrt:** Von der B502 zwischen Wisch und Lutterbek nach Wendtorf abbiegen, dort weiter Richtung Jachthafen und Strand, kurz vor dem Ende der Straße am Parkplatz rechts, ausgeschildert; **Platzanzahl:** 340, davon 90 für Touristen; **Untergrund:** Wiese; fest; **Service:** Strom, Trinkwasser, Abwasser, Chemie-WC, WLAN; **Sicherheit:** umzäunt; **Preise:** ab 30 €/Fahrz. inkl. 2 Pers.; **Max. Stand:** unbegrenzt; **Geöffnet:** Ende März–Oktober; **Kontakt:** Regenbogen Wendtorf, Zum Bottsand 1, 24235 Wendtorf, Tel. 0431 2372370, https://regenbogen.ag/ferienanlagen/wendtorf.html

135wo-he

100 Camping Bottsand

GPS 54.42760, 10.29612

Der Campingplatz befindet sich in sehr schöner Lage am Ende einer Sackgasse zwischen Deich und Wald. Auf einem Wiesengelände mit kleinen Gehölzen, sehr ruhig, nur wenige Schritte über den Deich zum Strand. Die Stellplätze am Deich sind den Dauercampern vorbehalten, für Touristen mehrere Flächen in unterschiedlichen Bereichen des Platzes. **Lage/Anfahrt:** Von der B502 zwischen Wisch und Lutterbek nach Wendtorf abbiegen, dort weiter Richtung Jachthafen und Strand bis zum Ende der Straße am NABU-Info-Haus, ausgeschildert; **Platzanzahl:** 250, davon 70 für Touristen; **Untergrund:** Wiese; fest; **Service:** Strom, Abwasser, Chemie-WC; **Sicherheit:** umzäunt; **Preise:** 15 €/Fahrz. inkl. 1 Pers, jede weitere 8 €, Strom 4 €, Duschen frei; **Max. Stand:** unbegrenzt; **Geöffnet:** Mitte April–September; **Kontakt:** Campingplatz Bottsand, Zum Bottsand 3, 24235 Wendtorf, Tel. 01702 456799, www.campingplatz-bottsand.de

136wo-he

137wo-he

101 Ostsee-Camp Kliff

GPS 54.41459, 10.25253

Sehr schön gelegenes, ebenes Wiesengelände zwischen Straße und Steilküste. Durch Hecken aufgelockert, Strandzugang über eine Holztreppe, extra ausgewiesene Wohnmobilstellplätze, Spielplatz, Boulebahn, Supermarkt und Restaurant 250 m entfernt. **Lage/Anfahrt:** Von Wendtorf durch Stein fahren, etwa 900 m hinter dem Ort der erste Platz rechts; **Platzanzahl:** 320, davon 100 für Touristen; **Untergrund:** Wiese; fest; **Service:** Strom, Trinkwasser, Abwasser, Chemie-WC, WLAN; **Sicherheit:** umzäunt; **Preise:** 11,50–17 €/Fahrz., 5–6,50 €/Pers., Strom 4 €, Duschen 0,12 € pro Minute; **Max. Stand:** unbegrenzt; **Geöffnet:** Ende März–Mitte Oktober; **Kontakt:** Ostsee-Camp Kliff, Ellernbrook 6, 24235 Stein, Tel. 04343 6222, https://ostsee-camp.de

138wo-he

102 Camping Fördeblick

GPS 54.41410, 10.24838

Sehr schön gelegenes, ebenes Wiesengelände zwischen Straße und Steilküste, durch Hecken aufgelockert. Leicht zu befahrende Stellplätze für Wohnmobile, über Treppen zum Strand, Kiosk, Restaurant, kleiner Laden, Spielplatz, Tischtennisplatten, Volleyballplatz, in den Sommermonaten betreute Animation für Kinder. **Lage/Anfahrt:** Von Wendtorf durch Stein fahren, hinter dem Ort der zweite Platz rechts; **Platzanzahl:** 440, davon 170 für Touristen; **Untergrund:** Wiese; fest; **Service:** Strom, Trinkwasser, Abwasser, Chemie-WC, WLAN; **Sicherheit:** umzäunt; **Preise:** 11,50–18 €/Fahrz., 5–6 €/Pers., Strom 4 €, Duschen 0,14 € pro Minute; **Max. Stand:** unbegrenzt; **Geöffnet:** April–Mitte Oktober; **Kontakt:** Camping Fördeblick, Ellernbrook 12, 24235 Stein, Tel. 04343 7795, https://camping-foerdeblick.de

Von Wendtorf geht die Fahrt auf der K30 Richtung Stein weiter. Man fährt durch den Ort und kommt dahinter an drei nebeneinander liegenden Campingplätzen vorbei, die bis an die Steilküste reichen.

(103) Campingplatz Neustein

GPS 54.41464, 10.24412

Sehr schön gelegenes, ebenes Wiesengelände zwischen Straße und Steilküste, durch Hecken aufgelockert. Der kleinste der drei nebeneinander liegenden Plätze, zum Strand muss man über eine Treppe. Mit Restaurant, Schnellimbiss, Spielplatz, Tischtennisplatten. **Lage/Anfahrt:** Von Wendtorf durch Stein fahren, hinter dem Ort der dritte Platz rechts; **Platzanzahl:** 160, davon 40 für Touristen; **Untergrund:** Wiese; fest; **Service:** Strom, Trinkwasser, Abwasser, Chemie-WC, WLAN; **Sicherheit:** umzäunt; **Preise:** 10–16 €/Fahrz., 4,90–6,30 €/Pers., Duschen inkl., Strom 4 €; **Max. Stand:** unbegrenzt; **Geöffnet:** Mai–Mitte Oktober; **Kontakt:** Campingplatz Neustein, Neustein, 24235 Stein, Tel. 04343 8122, https://camping-neustein.de

Hinter dem Campingplatz Neustein (103) kommt man in einer Linkskurve direkt an die Förde. Gleich dahinter bietet sich ein kleiner Parkplatz an, um in Ruhe das Panorama zu genießen. Für viele ist dies **einer der schönsten Aussichtspunkte an der Kieler Förde.**

Parken

P 71 Fördepanorama in Stein, GPS 54.41556, 10.24012. Kostenfreier Parkplatz mit besonders schönem Blick.

Nach dem Parkplatz erreicht man nach 800 m auf der Kreisstraße eine Abzweigung, die rechts nach Laboe zum Parkplatz am Marine-Ehrenmal führt. Dort findet man auch einen Wohnmobilstellplatz (104).

LABOE

(4 km – km 14)

Laboe gehört ebenso wie Wisch und Wendtorf zum Amt Probstei, das die Landschaft nordöstlich der Kieler Außenförde umfasst. Der Ort ist den meisten durch das 72 m hohe, weithin sichtbare **Marine-Ehrenmal** bekannt. Es ist den auf See gebliebenen Seeleuten aller Nationen gewidmet und soll ein Mahnmal für eine friedliche Seefahrt auf freien Meeren sein.

Der Turm kann über 341 Stufen bis zu einer Aussichtsplattform bestiegen werden. Einfacher kommt man aber mit einem der beiden Fahrstühle nach oben. Von dort hat man eine einmalige Aussicht über die Kieler Förde und die Ostsee, die Stadt und das Land. Zur Anlage gehört noch eine unterirdische Gedenkhalle, eine weitere Halle mit Schiffsmodellen und anderen schifffahrtsgeschichtlichen Exponaten und eine große Freifläche.

139wo-he

Das 72 m hohe Marine-Ehrenmal in Laboe ist weithin sichtbar

141wo-he

Gegenüber am Strand steht das **technische Museum U 995.** Das 1943 bei Blohm & Voss in Hamburg gebaute **U-Boot** war eines von insgesamt 693 Einheiten. Die meisten der jährlich 350.000 Besucher verlassen das Schiff nach der Besichtigung mit gemischten Gefühlen. Einerseits bekommt man Hochachtung vor der Leistung der Besatzungen, die in qualvoller Enge ihren Dienst verrichten mussten. Andererseits kommt Beklemmung auf, wenn man daran denkt, dass hier viele Menschen über Wochen und manchmal Monate in einer Stahlröhre eingeschlossen waren und oft Todesängste ausstehen mussten. Auch sie werden gewusst haben, dass sie sich auf einem Himmelfahrtskommando befanden, denn die Zahlen sprechen für sich: Von den etwa 31.000 deutschen U-Boot-Seeleuten im Zweiten Weltkrieg wurden 26.000 bei Kampfhandlungen getötet.

Auf einem Fußweg kommt man etwa 400 m weiter östlich zur **Meeresbiologischen Station Laboe** mit ihren 30 Aquarien. Hier kann man viel über die Tierwelt der Ostsee erfahren.

Vom Ehrenmal und U-Boot kann man einen schönen Spaziergang auf der **Promenade** entlang des bis zu 50 m breiten **Sandstrands** machen. In manchen Abschnitten reihen sich dicht an dicht die Strandkörbe. Vorbei an dem **Meerwasser-Schwimmbad** erreicht man den Hafen, wo noch einige Fischkutter und ein Seenotrettungskreuzer liegen. Dahinter breitet sich der große Jachthafen aus.

Wer einen Schiffsausflug machen möchte, kann mit den **Fährschiffen** der SFK vom Anleger am Hafen in die Innenförde bis nach Kiel oder auf die andere Seite fahren.

Sehenswertes

› **Marine-Ehrenmal und U-Boot U 995,** Strandstraße 92, Tel. 04343 49484930, https://deutscher-marinebund.de, geöffnet: April–Oktober tägl. 9–18 Uhr, November–März tägl. 10–16 Uhr, Eintritt: Ehrenmal Erw. 6,50 €, ermäßigt und 6–17 Jahre 4,50 €, U-Boot Erw. 5 €, ermäßigt und 6–17 Jahre 4 €, Kombikarte Erw. 10 €, ermäßigt 7 €, 6–17 Jahre 9 €

› **Meeresbiologische Station Laboe,** Strand 1, Tel. 04343 429321, https://meeresbiologie-laboe.de, geöffnet: April–Oktober Di–So 11–18 Uhr, November–März Do, Fr, Sa und So 11–18 Uhr, Eintritt 7 €, bis 12 Jahre 5 €

Das technische Museum U 995 ist eine beliebte Touristenattraktion

Information

› **Tourist-Information Laboe,** Börn 2, 24235 Laboe, Tel. 04343 427550, https://laboe.de, geöffnet: Mai–Mitte September Mo–Fr 10–16, Sa und So 10–14 Uhr, Mitte–Ende September tägl. 10–14 Uhr, in der übrigen Zeit Mo–Fr 10–14 Uhr

Aktivitäten

› **Meerwasser-Schwimmbad,** Strandstraße 25, Tel. 04343 1249, https://laboe.de/meerwasser-schwimmbad.html, geöffnet: Di, Mi, Fr–So 11–17 Uhr, Eintritt Erw. 5 €, 10–17 Jahre 4 €, 4–9 Jahre 3 €

Ausflüge

› **SFK Schlepp- und Fährgesellschaft Kiel,** Tel. 0431 5941266, https://sfk-kiel.de, Fahrpläne und Preise s. Website

Einkaufen

› **Fisch vom Kutter:** An der Nordmole verkauft Fischer Oliver Egerland direkt vom Kutter frisch gefangenen Fisch, meist Butt und Dorsch, je nach Saison auch Makrele, Hering, Lachs und Meerforelle. Tel. 0152 37333481, aktuelle Infos über Verkaufszeiten unter www.fischvomkutter.de/laboe.html.

Vom Parkplatz am Ehrenmal geht es zurück zur Kreisstraße und dort rechts Richtung Kiel. Am Kreisverkehr nach etwa 1,5 km fährt man geradeaus. Am dem wenig später folgenden Kreisverkehr nimmt man die erste Ausfahrt Richtung Kiel/Heikendorf. Nach etwa 2 km biegt man an der großen Ampelkreuzung rechts Richtung U-Boot-Ehrenmal ab. Wer Vorräte benötigt, findet kurz nach der Kreuzung einen Supermarkt und einen Discounter.

Ca. 1,5 km hinter der Kreuzung liegt auf der linken Seite der große, kostenfreie Strandparkplatz Heikendorf, von dem es nicht weit zum Strand und zum U-Boot-Ehrenmal ist. Einen zweiten, ebenfalls für Wohnmobile geeigneten, allerdings kostenpflichtigen Parkplatz gibt es am Fischerei- und Jachthafen.

104 Laboe Marine-Ehrenmal

GPS 54.41026, 10.23297

Die Stellplätze befinden sich auf einem leicht geneigten Parkplatz am Marine-Ehrenmal und am U-Boot U 995, zudem gibt es separate Stellplätze auf einem Grünstreifen am Rand des Parkplatzes, tagsüber reger Betrieb. Nachts ist es ruhig, es gibt einen Kiosk und einen Imbiss am Parkplatz und weitere Cafés und Restaurants an der nahen Strandstraße. Ins Zentrum und zum Hafen ist es entlang der Strandpromenade 1 km. **Lage/Anfahrt:** Von Stein kommend hinter dem Parkplatz Fördeblick nach 800 m rechts, ausgeschildert; **Platzanzahl:** 20; **Untergrund:** Wiese; fest; **Service:** Trinkwasser, Abwasser, Chemie-WC; **Preise:** 14 €/Fahrz. inkl. Pers.; **Max. Stand:** unbegrenzt; **Geöffnet:** ganzjährig; **Kontakt:** Steiner Weg, 24235 Laboe

140wo-he

HEIKENDORF

(7 km – km 21)

Für den Besucher ist vor allem der Heikendorfer Ortsteil **Möltenort,** der sich entlang der Förde erstreckt, interessant. Der naturbelassene, bewachte **Kurstrand** mit Strandkorbverleih und Badeinsel liegt geschützt in einer Bucht. Die schöne, erst 2018 neu gestaltete Promenade strahlt mediterranes Flair aus und lädt zum Bummeln und Einkehren ein.

Vom Strand sind es nur wenige Schritte zum **U-Boot-Ehrenmal,** das auf der Spitze einer Landzunge, der Möltenorter Schanze, steht. Der 4,60 m hohe Adler, der auf einer roten Sandsteinsäule ruht, ist weithin sichtbar. Das Ehrenmal ist allen auf See gebliebenen deutschen U-Boot-Fahrern gewidmet und schließt alle deutschen Marinen ein. Mehr als 35.000 Namen gefallener Soldaten sind auf Bronzetafeln verewigt. Darüber hinaus soll es ein Mahnmal gegen Krieg und Gewalt sein und eine Gedenkstätte für alle Opfer des U-Boot-Krieges.

Vom Gelände des Ehrenmals kommt man entlang des **Schröderstrandes** (im Gegensatz zum Kurstrand kurtaxenfrei, aber auch ohne Bewachung), wo sich gern „Pottkieker" (Schiffe-Gucker) aufhalten, zum **Hafen.** Hier haben neben Jachten auch einige Fischer ihre Heimat und das historische **Feuerschiff Læsø Rende,** das an der Südmole liegt und heute das Vereinsheim des Heikendorfer Yacht Clubs ist. Wie in Laboe kann man auch vom Möltenorter Hafen mit den **Fährschiffen** der SFK in die Innenförde bis nach Kiel oder auf die andere Seite der Förde fahren.

Ein weiteres Möltenorter Highlight ist die **Seebadeanstalt,** die man auf einem Fußweg entlang der Förde etwa 300 m nach dem Ha-

105 Campingplatz Möltenort

GPS 54.38367, 10.20493

Schön gelegenes, langgestrecktes Wiesengelände zwischen Wald und Förde am Ende einer Sackgasse. Einige Stellplätze für Wohnmobile auch auf dem Damm am Steilufer mit schönem Blick auf die Kieler Förde. Kurzer Weg zum Strand, kleiner Laden, Imbiss, Spielplatz, Achtung: nur für Wohnmobile bis 8 m, Fahrzeuge zwischen 7 und 8 m vorher telefonisch nachfragen.

Lage/Anfahrt: Vom Strandparkplatz wenige Meter Richtung Strand fahren, dann rechts und der schmalen, stellenweise steilen Straße bis zum Ende folgen, ausgeschildert; **Platzanzahl:** 140, davon 80 für Touristen; **Untergrund:** Wiese; fest; **Service:** Strom, Trinkwasser, Abwasser, Chemie-WC, WLAN; **Sicherheit:** umzäunt; **Preise:** 11,50–14,50 €/Fahrz., 4,75 €/Pers., Strom 2,90 €, Hund (nur in der Nebensaison) 4 €; **Max. Stand:** unbegrenzt; **Geöffnet:** April–Oktober; **Kontakt:** Campingplatz Möltenort, Kolonnenweg, 24226 Heikendorf, Tel. 0431 2394529, www.campingplatz-möltenort.de

142wo-he

143wo-he

Der Möltenorter Kurstrand liegt geschützt in einer Bucht

fen erreicht. Die 1927 gebaute Anlage lädt zu Badevergnügen mit nostalgischem Charme.

Auch wer sich für bildende Kunst interessiert, wird in Heikendorf fündig. Im ehemaligen Atelierhaus des Malers Heinrich Blunck wurde das **Künstlermuseum Heikendorf – Kieler Förde** eingerichtet. Hier kann man u. a. Werke der Maler der ehemaligen Künstlerkolonie Heikendorf sehen.

Sehenswertes

- **U-Boot-Ehrenmal,** An der Schanze, https://ubootehrenmal.de, geöffnet: April–September tägl. 9–18 Uhr, November–März bis 16 Uhr, Eintritt frei
- **Künstlermuseum Heikendorf,** Teichtor 9, Tel. 0431 248093, www.kuenstlermuseumheikendorf.de, geöffnet: Di–Sa 14–17, So 11–17 Uhr, Eintritt Erw. 4 €, ermäßigt 3 €

Aktivitäten

- **Seebadeanstalt Heikendorf,** Strandweg, Tel. 01724397257 (während der Öffnungszeiten), https://seebadeanstalt.de, geöffnet: Mitte Juni–Anfang September 13–18 Uhr, in den Sommerferien auch vormittags, Tageskarte Erw. 1,80 €, ermäßigt 0,90 €, bis zur Vollendung des 18. Lebensjahrs Eintritt frei

Ausflüge

- **SFK Schlepp- und Fährgesellschaft Kiel** (s. S. 151)

Einkaufen

- **Fisch vom Kutter:** Im Fischereihafen landen mehrere Fischer ihre Fänge frisch an und man kann sie direkt vom Kutter kaufen. Aktuelle Informationen über Verkaufszeiten unter www.fischvomkutter.de/moeltenort.html.

Parken

P 72 Strandparkplatz Heikendorf, GPS 54.38000, 10.20513. Vom geräumigen Parkplatz erreicht man auf einem Fußweg nach 350 m den Strand, zum U-Boot-Ehrenmal sind es 500 m mehr.

P 73 Parkplatz Fischerei- und Jachthafen Möltenort, GPS 54.37482, 10.19732. Gebührenpflichtiger, großräumiger Parkplatz am Hafen, knapp 600 m entlang der Förde zur Seebadeanstalt, in die andere Richtung 500 m zum Ehrenmal.

144wo-he

In Heikendorf verlässt die Route die Förde und führt, bevor es nach Kiel geht, zu einem besonders sehenswerten Freilichtmuseum etwas südlich der Landeshauptstadt. Dazu fährt man von Heikendorf auf die vierspurige B502, auf der es rechts Richtung Kiel geht. In Schönkirchen gelangt man an eine große, etwas unübersichtliche Kreuzung, an der man der Bundesstraße (Ostring) nach links folgt (Beschilderung „Autobahn/Fernverkehr").

Nach 4 km biegt man gegenüber einem großen Baumarkt rechts ab und folgt weiter den Schildern Richtung Autobahn/Fernverkehr. Jetzt wird die Orientierung leichter, denn von nun an ist das Freilichtmuseum mit braunen Hinweisen sehr gut ausgeschildert. Man fährt auf die B404, die man nach 1 km schon wieder auf die L318 (Neue Hamburger Straße) verlässt. Nach 4 km kommt man an einer Tankstelle an einen Kreisverkehr, aus dem man die erste Ausfahrt nimmt. Gleich dahinter erreicht man das Freilichtmuseum.

FREILICHTMUSEUM MOLFSEE

(20 km – km 41)

Das Freilichtmuseum Molfsee, das die Alltags- und Kulturgeschichte der letzten 500 Jahre des ländlichen Schleswig-Holsteins zeigt, gehört zu den größten und interessantesten Einrichtungen dieser Art in Deutschland. Es scheint nicht übertrieben, wenn behauptet wird, dass man sich auf dem 40 ha großen Gelände einen ganzen Tag lang aufhalten kann und dann immer noch nicht alles gesehen hat.

Derzeit sind **60 historische Gebäude** aus dem 16. bis zum 20. Jh. zu sehen. Alles Originale, die in ganz Schleswig-Holstein gefunden, abgebaut und in Molfsee originalgetreu wiederaufgebaut wurden. Dazu gehören Bauernhäuser, Scheunen, Mühlen, Handwerker- und Fischerkaten, eine Meierei, eine alte Schule und eine Apotheke, die in das weitläufige Gelände mit Wiesen, Feldern, Gärten, Teichen und Wäldern eingebettet sind. Kinder werden sich besonders für den **historischen Jahrmarkt** mit zwei Karussells, Schiffsschaukel und Hau den Lukas interessieren.

Auch für das leibliche Wohl ist gesorgt: Ein Kiosk, ein Backhaus und das Gartencafé sorgen für Verpflegung und außerhalb des Geländes lockt der Museumsgasthof Drahtenhof.

Für 2021 ist die Eröffnung eines großen neuen Gebäudes geplant, das sog. Jahr100Haus. Es soll Raum für Ausstellungen bieten und den alten Eingang ablösen.

P 74 Freilichtmuseum Molfsee, GPS 54.27446, 10.07564, Hamburger Landstraße 97, 24113 Molfsee, Tel. 0431 6596622, https://freilichtmuseum-sh.de, geöffnet: April–Oktober tägl. 9–18 Uhr, im Winter kürzer, Erw. 8 €, Kinder/Jugendliche 3 €. Großer, geräumiger Parkplatz am Freilichtmuseum.

Nach dem Besuch des Freilichtmuseums fährt man auf der Hamburger Landstraße Richtung Kiel. Nach knapp 4 km hat man nochmal die Gelegenheit, bei einem Discounter, Supermarkt und Bäcker seine Vorräte zu ergänzen. Etwa 1,1 km hinter dem kleinen Einkaufszentrum überquert man die B76/202 und fährt auch an den folgenden Kreuzungen geradeaus. Es geht am Kieler Hauptbahnhof vorbei und nach 400 m vor dem Neuen Rathaus, einem roten Backsteingebäude, rechts in die Straße Stresemannplatz.

Nach 100 m gelangt man an die Kaistraße, der man nach links folgt. Vorbei am Schwedenkai, wo die großen Fähren nach Göteborg anlegen, fährt man nun immer möglichst nah an der Förde weiter. Am Cruise Terminal Ostseekai, wo die großen Kreuzfahrtschiffe Station machen, gibt es einen geräumigen, gebührenpflichtigen Parkplatz.

KIEL

(8 km – km 49)

Die Landeshauptstadt Kiel ist mit etwa 250.000 Einwohnern die bevölkerungsreichste Stadt des nördlichsten Bundeslands. Sie gilt als **Hauptstadt der Segler,** was jedes Jahr während der **Kieler Woche** deutlich sichtbar wird. Die seit Ende des 19. Jh. ausgetragene Segelregatta hat sich im Laufe der Zeit zu einem der größten Segelsportereignisse der Welt und einem gigantischen Volksfest mit über 2000 Einzelveranstaltungen entwickelt. Maritimer Höhepunkt ist die **Windjammerparade,** an der über 100 Großsegler, historische Dampfschiffe und eine Vielzahl kleinerer Schiffe teilnehmen. Während der Kieler Woche, die immer am letzten Sonntag im Juni endet, ist es schwierig in der Stadt eine Unterkunft zu bekommen. Das gilt auch für die Camping- und Wohnmobilstellplätze.

Kiel, im 13. Jh. gegründet und um 1900 zur Großstadt geworden, wurde wegen seiner Stellung als wichtiger Marinestützpunkt und Standort von drei großen Werften im **Zweiten Weltkrieg** stark bombardiert und zu mehr als 80 % zerstört, sodass von historischer Bausubstanz nicht viel erhalten ist, dennoch lohnt ein Gang in die Altstadt.

Gegenüber vom Ostseekai befindet sich der Schlossgarten, ein einfaches Wiesengelände mit einigen Bäumen und einem Denkmal für Kaiser Wilhelm I. Am Nordwestende des Parks ist das **Zoologische Museum** der Christian-Albrechts-Universität im sog. **Gropius-Bau** untergebracht. Das 1881 eröffnete Gebäude aus der Gründerzeit ist architektonisch sowohl von außen als auch von innen besonders sehenswert. Interessant sind auch die Sammlungen aus den Bereichen Meeresforschung, Zoologie und Evolution.

Vom Schlossgarten kommt man an seinem Südwestende über die Dänische Straße in die Fußgängerzone der Kieler Altstadt. Gleich am Anfang befindet sich in einem ehemaligen Adelshof aus dem Jahr 1616 das **Stadtmuseum Warleberger Hof,** in dem man sich über die Stadtgeschichte informieren kann. Etwa 200 m weiter steht am Alten Markt die gotische Backsteinkirche **St. Nikolai.** Die schlichte Kirche, deren Anfänge auf die Mitte des 13. Jh. zurückgehen, wurde im Zweiten Weltkrieg zerstört, 1950 aber wiederaufgebaut. Besonders interessant sind der Erzväteraltar, ein Flügelaltar aus dem Jahr 1460, ein Triumphkreuz aus dem Jahr 1490 und vor allem das bronzene Taufbecken, das 1344 geschaffen wurde.

Sehenswert ist auch das alte **Rathaus** im Fleethörn. Das 1907 bis 1911 im Jugendstil errichtete Gebäude ist von den Bombern der Alliierten verschont geblieben, weil es als Landmarke für die Luftangriffe auf die Stadt diente. Der 106 m hohe Turm erinnert stark an den Glockenturm des Markusdoms in Venedig. Mit einem Fahrstuhl kommt man auf eine 67 m hohe Plattform, von der man einen einmaligen Blick über die Stadt und die Förde hat.

Das Torhaus des Gutes Deutsch-Nienhof, eines von 60 historischen Gebäuden im Freilichtmuseum Molfsee

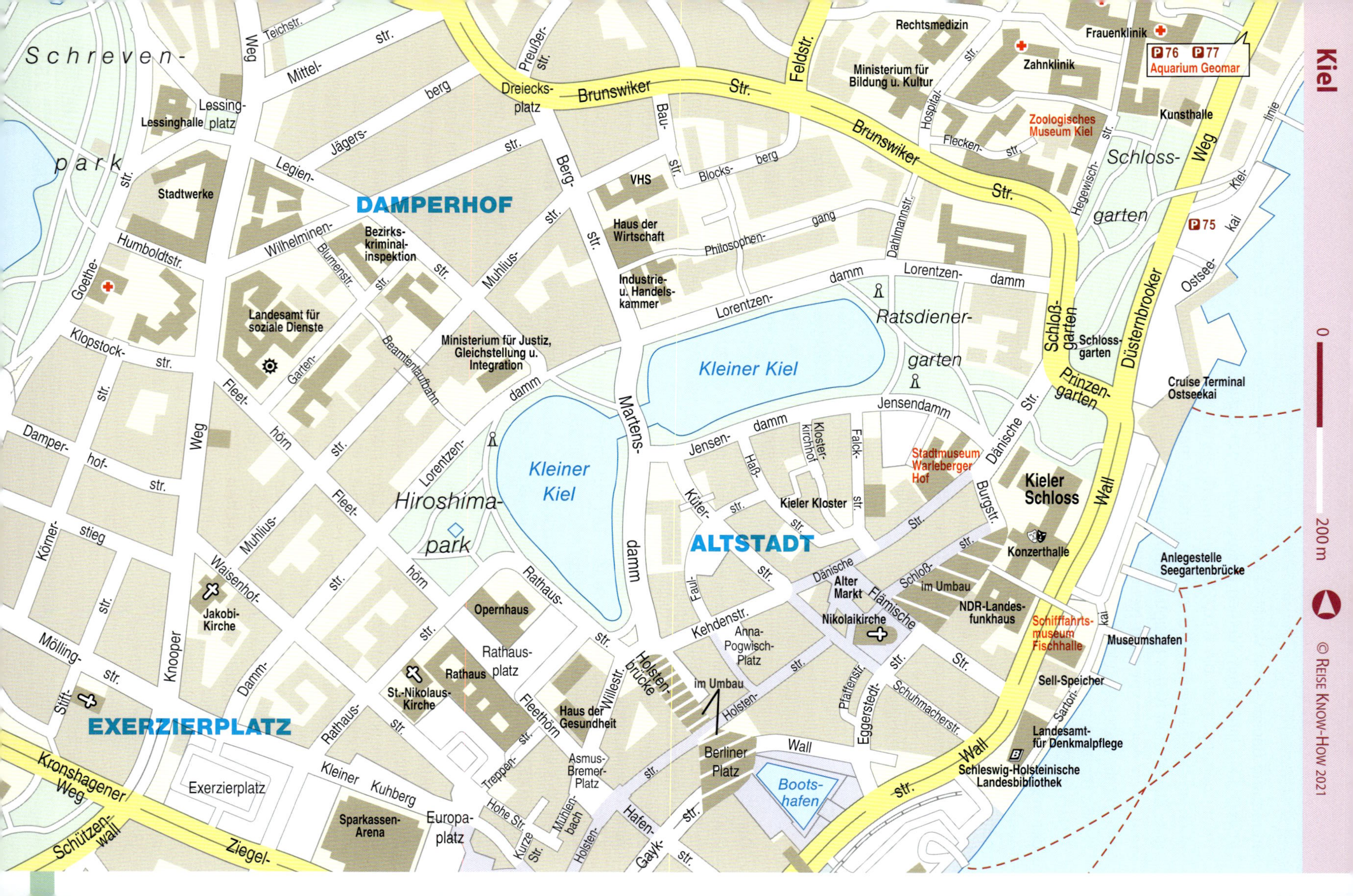

Kiel
0
200 m
© Reise Know-How 2021
Schrevenpark
Teichstr.
Mittelstr.
Weg
Lessingplatz
Lessinghalle
Preußerstr.
Dreiecksplatz
Brunswiker Str.
Feldstr.
Rechtsmedizin
Ministerium für Bildung u. Kultur
Hospitalstr.
Zahnklinik
Frauenklinik
P76
P77
Aquarium Geomar
Kunsthalle
Zoologisches Museum Kiel
Fleckenstr.
Kiellinie
Jägersberg
Bau-str.
Blocksberg
VHS
Schlossgarten
Hegewischstr.
Düsternbrooker Weg
P75
Kiel-kai
Ostseekai
Legienstr.
Stadtwerke
DAMPERHOF
Bergstr.
Haus der Wirtschaft
Philosophengang
Dahlmannstr.
Humboldtstr.
Wilhelminenstr.
Bezirkskriminalinspektion
Muhliusstr.
Industrie- u. Handelskammer
Lorentzendamm
Goethestr.
Blumenstr.
Landesamt für soziale Dienste
Ratsdienergarten
Schloßgarten
Schlossgarten
Prinzengarten
Cruise Terminal Ostseekai
Klopstockstr.
Gartenstr.
Beamtenlaufbahn
Ministerium für Justiz, Gleichstellung u. Integration
Kleiner Kiel
Jensendamm
Dänische Str.
Fleethörn
Martensdamm
Damperhofstr.
Weg
Lorentzendamm
Kleiner Kiel
Klosterkirchhof
Falckstr.
Haßstr.
Stadtmuseum Warleberger Hof
Burgstr.
Kieler Schloss
Wall
Küterstr.
Kieler Kloster
Hiroshimapark
Körnerstieg
Muhliusstr.
ALTSTADT
Konzerthalle
Anlegestelle Seegartenbrücke
Waisenhofstr.
Rathausstr.
Faulstr.
Dänische Str.
Alter Markt
Schloßstr.
im Umbau
Jakobi-Kirche
Opernhaus
Kehdenstr.
Flämische Str.
NDR-Landesfunkhaus
Nikolaikirche
Schifffahrtsmuseum Fischhalle
kai
Museumshafen
Möllingstr.
Knooper Weg
Dammstr.
Rathausplatz
Anna-Pogwisch-Platz
Holstenbrücke
Willestr.
Rathaus
St.-Nikolaus-Kirche
im Umbau
Pfaffenstr.
Eggerstedtstr.
Schuhmacherstr.
Sell-Speicher
Sartorikai
Stiftstr.
EXERZIERPLATZ
Rathausstr.
Fleethörn
Haus der Gesundheit
Holstenstr.
Landesamt für Denkmalpflege
Berliner Platz
Wall
Schleswig-Holsteinische Landesbibliothek
Kronshagener Weg
Exerzierplatz
Kleiner Kuhberg
Treppenstr.
Asmus-Bremer-Platz
Bootshafen
Schützenwall
Sparkassen-Arena
Europaplatz
Hohe Str.
Kurze Str.
Mühlenbach
Holstenstr.
Hafenstr.
Gaykstr.
Ziegelteich

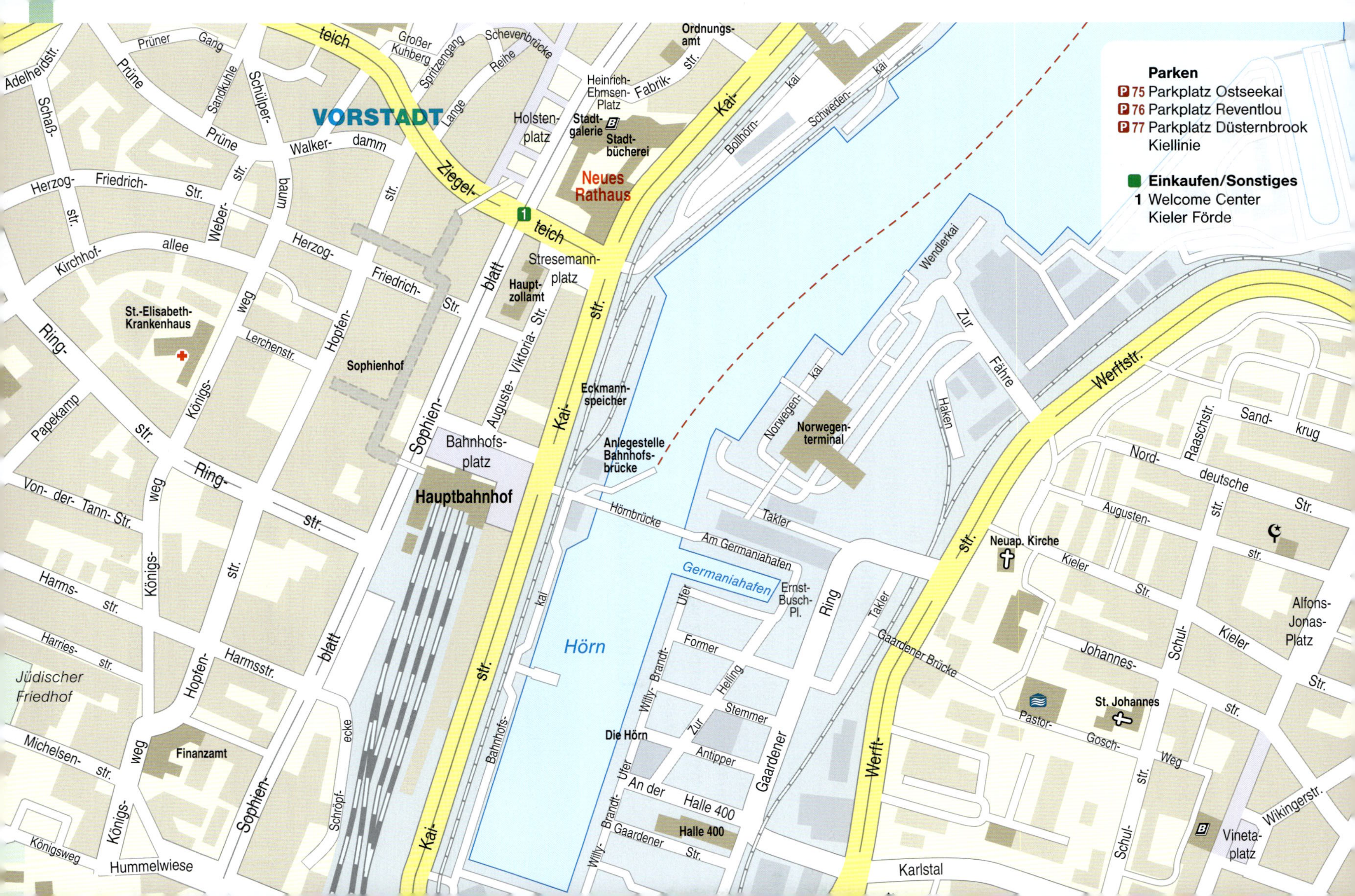

Parken
P 75 Parkplatz Ostseekai
P 76 Parkplatz Reventlou
P 77 Parkplatz Düsternbrook Kiellinie
Einkaufen/Sonstiges
1 Welcome Center Kieler Förde
VORSTADT
Neues Rathaus
Stadtgalerie
Stadtbücherei
Ordnungsamt
Heinrich-Ehmsen-Platz
Holstenplatz
Stresemannplatz
Hauptzollamt
Sophienhof
St.-Elisabeth-Krankenhaus
Bahnhofsplatz
Hauptbahnhof
Eckmannspeicher
Anlegestelle Bahnhofsbrücke
Norwegenterminal
Hörn
Germaniahafen
Ernst-Busch-Pl.
Die Hörn
Halle 400
Neuap. Kirche
St. Johannes
Alfons-Jonas-Platz
Vinetaplatz
Finanzamt
Jüdischer Friedhof
Adelheidstr.
Prüner Gang
Prüne
Sandkuhle
Schülperbaum
Großer Kuhberg
Spritzengang
Schevenbrücke
Reihe
Lange
Walker-damm
Ziegelteich
Fabrikstr.
Kaistr.
Schaßstr.
Herzog-Friedrich-Str.
Weberstr.
Kirchhofallee
Herzogstr.
Friedrich-Str.
Königsweg
Lerchenstr.
Hopfenstr.
Sophienblatt
Auguste-Viktoria-Str.
Ringstr.
Papekamp
Von-der-Tann-Str.
Harms-str.
Harries-str.
Harmsstr.
Michelsen-str.
Königsweg
Hummelwiese
Schröpfecke
Bahnhofskai
Hörnbrücke
Am Germaniahafen
Bollhörnkai
Schwedenkai
Wendlerkai
Norwegenkai
Zur Fähre
Haken
Takler
Ring
Ufer
Former
Helling
Stemmer
Zur
Antipper
Willy-Brandt-Ufer
An der Halle 400
Gaardener Str.
Gaardener Ring
Gaardener Brücke
Werftstr.
Sandkrug
Raaschstr.
Norddeutsche Str.
Augustenstr.
Kieler Str.
Johannesstr.
Schulstr.
Pastor-Gosch-Weg
Wikingerstr.
Karlstal

An der Innenförde beeindrucken vor allem die gewaltigen Fährschiffe von Stena Line und Color Line, die mitten in der Stadt vom **Schwedenkai** nach Göteborg und vom **Norwegenkai** auf der gegenüberliegenden Seite nach Oslo fahren.

Nur wenige Hundert Meter nördlich befindet sich der **Museumshafen** mit einigen historischen Dampfschiffen und der Kieler Hansekogge und das **Schifffahrtsmuseum.** Letzteres ist in einer alten, denkmalgeschützten Fischhalle untergebracht und demonstriert eindrücklich, wie sehr die Kieler Geschichte mit dem Meer und der Seefahrt, dem Schiffbau und der Marine verbunden ist.

Nördlich vom Parkplatz am Ostseekai beginnt die berühmte **Kiellinie,** die Kieler Flaniermeile, die entlang des Ufers der Förde von hier bis nach Wik verläuft. Während der Kieler Woche „steppt hier der Bär", ein Verkaufsstand reiht sich an den anderen und dazwischen zeigen verschiedene Kleinkünstler ihr Können.

Wer vom Parkplatz vorbei am Sportboothafen Seeburg ein Stück nach Norden geht, trifft schon 250 m weiter auf das moderne Gebäude des **GEOMAR – Helmholtz-Zentrums für Ozeanforschung.** Am Anleger liegen die Forschungsschiffe des Instituts, sofern sie nicht auf Reisen sind. Vor dem Gebäude tummeln sich in Außenbecken des **Aquariums GEOMAR** einige Seehunde. Im Innern kann man in 15 Schaubecken einen Eindruck von der Vielfalt der Lebewesen unserer Meere erhalten, besonders beeindruckend ist der Heringsschwarm.

Sehenswertes

- **Zoologisches Museum Kiel,** Hegewischstraße 3, 24105 Kiel, Tel. 0431 8805170, www.zoologisches-museum.uni-kiel.de, Di–Fr 9–17, Sa 10–17, So 12–16 Uhr, Eintritt Erw. 4 €, ermäßigt und 6–16 Jahre 2 €, Familienkarte 10 €
- **Stadtmuseum Warleberger Hof,** Dänische Straße 19, 24103 Kiel, Tel. 0431 9013425, https://kiel.de/de/kultur_freizeit/museum/stadtmuseum_warleberger_hof.php, Di–So 10–18 Uhr, Eintritt frei
- **Rathaus,** Fleethörn 9, 24103 Kiel, Rathausturm Mai–September Mi 12.30 Uhr, Sa 11, 11.45 und 12.30 Uhr, Erw. 5,50 €, 4–12 Jahre 3 €
- **Schifffahrtsmuseum Fischhalle,** Wall 65, 24103 Kiel, Tel. 0431 9013428, https://kiel.de/de/kultur_freizeit/museum/schifffahrtsmuseum_fischhalle.php, Di–So 10–18 Uhr, Eintritt frei

145wo-he

› **Aquarium GEOMAR,** Düsternbrooker Weg 20, 24105 Kiel, Tel. 0431 6001637, https://aquarium-geomar.de, geöffnet: April–September 9–18 Uhr, Eintritt Erw. 3 €, ermäßigt und Kinder und Jugendliche 2 €, unter 6 Jahren frei

Information

› **Welcome Center Kieler Förde,** Stresemannplatz 1–3, 24103 Kiel, Tel. 0431 679100, https://kiel-sailing-city.de, geöffnet: Mo–Fr 12–17, Sa 10–14 Uhr

Parken

Für alle Kieler Parkplätze gilt, dass sie während der Kieler Woche meist völlig ausgelastet sind.

P 75 **Parkplatz Ostseekai,** GPS 54.32702, 10.14567. Großer, gebührenpflichtiger Parkplatz am Cruise Terminal Ostseekai.

P 76 **Parkplatz Reventlou,** GPS 54.33357, 10.15104. Kleinerer, gebührenpflichtiger Parkplatz am Sporthafen Reventlou in der Nähe des Landtags, nur für Wohnmobile bis max. 6 m geeignet.

P 77 **Parkplatz Düsternbrook Kiellinie,** GPS 54.33767, 10.15579. Großer, gebührenpflichtiger Parkplatz an den Sportboothäfen.

Vom Parkplatz am Ostseekai folgt man der Straße in nördlicher Richtung, fährt am GEOMAR, am Landtag und an mehreren Regierungsgebäuden vorbei und kommt hinter dem Parkplatz Düsternbrook an die Kiellinie. Die Straße verläuft nun dicht am Ufer, führt am **Seebad Düsternbrook** vorbei und nach Wik. Hinter dem Sportboothafen Wik und dem Liegeplatz der Gorch Fock am Tirpitzhafen verlässt man die Förde und hat die Gelegenheit, in unmittelbarer Nähe der Schleusen des Nord-Ostsee-Kanals den Wohnmobilstellplatz Förde- und Kanalblick 106 aufzusuchen.

◁ Das 1941 gebaute Feuerlöschboot im Kieler Museumshafen

▷ Der Leuchtturm Holtenau (s. S. 160) weist den Schiffen den Weg in den Nord-Ostsee-Kanal

KIEL-WIK

(4 km – km 53)

Wik ist der zweitgrößte Stadtteil Kiels. Er beherbergt den Marinestützpunkt mit dem **Tirpitzhafen,** in dem das Segelschulschiff **Gorch Fock** seinen Heimatliegeplatz hat. Im Norden grenzt er an den **Nord-Ostsee-Kanal.**

Besonderer Besuchermagnet ist die **Aussichtsplattform** direkt am Nord-Ostsee-Kanal, von der man auf die beiden großen der insgesamt vier Schleusenkammern schauen und den über 200 m langen Schiffen hautnah beim Schleusen zusehen kann. Schräg gegenüber vom Parkplatz an der Aussichtsplattform führt ein Fußweg steil aufwärts zum **Wiker Balkon,** wo man einen weiteren Aussichtspunkt mit schönem Blick auf den Kanal und die Kieler Förde findet. Dazu geht man oben angekommen nach links. Wenn man nach dem Anstieg nicht nach links geht, sondern sich nach rechts wendet, gelangt man nach 50 m an den Zugang zum **Maschi-**

146wo-he

Nord-Ostsee-Kanal

Der Nord-Ostsee-Kanal, oder international Kiel Canal genannt, verbindet die Nord- mit der Ostsee und ist die meistbefahrene künstliche Wasserstraße der Welt. Er erspart den Umweg um Jütland, dem dänischen Festland, der je nach Abfahrt- und Zielhafen bis zu 500 km betragen kann. Eine enorme Zeit- und Geldersparnis für die Reeder, auch wenn die Kanalfahrt nicht billig ist. So werden z. B. für ein etwa 200 m langes Schiff etwa 5000 € inkl. Lotse und Kanalsteuerer fällig.

Der Kanal ist kein modernes Projekt. Schon im frühen Mittelalter hat es Überlegungen gegeben, von der damals blühenden Handelsstadt Haithabu an der Schlei eine Verbindung über Treene und Eider zur Nordsee zu schaffen. Dazu wäre nur ein etwa 16 km langer Kanal zu bauen gewesen.

Aber erst im 18. Jh. wurde unter dem dänischen König Christian VII. damit begonnen, eine schiffbare Verbindung zwischen Ost- und Nordsee zu bauen. Im Jahr 1784 wurde dann der Schleswig-Holsteinische Canal, der später in Eiderkanal umbenannt wurde, eröffnet. Er verlief von Kiel bis nach Rendsburg, wo er in die Eider mündete. Von dort konnten die Schiffe die Nordsee bei Tönning erreichen.

Die Fahrt dauerte lange und es konnten nur kleinere Schiffe passieren und so kam es, auch aus militärischen Erwägungen, dazu, dass auf Drängen von Reichskanzler Otto von Bismarck und mit Billigung von Kaiser Wilhelm I. der Reichstag 1886 ein Gesetz zum Bau des Nord-Ostsee-Kanals billigte.

Nach acht Jahren Bauzeit wurde der Kanal 1895 von Kaiser Wilhelm II., sein Großvater Wilhelm I. war inzwischen gestorben, feierlich eröffnet.

Seither wurde der knapp 100 km lange Kanal, der nicht mehr über die Eider bei Tönning in die Nordsee mündet, sondern bei Brunsbüttel an der Elbe, sowie die Schleusenkammern mehrfach erweitert.

nenmuseum Kiel-Wik. In zwei Gebäuden der ehemaligen Kieler Gaswerke werden anschaulich mehr als 100 Jahre Maschinenbaugeschichte vorgestellt. Vom Ottomotor über Dampfmaschine und Heißluftmotor bis zum Dieselantrieb von Unterseebooten kann man hier Technik erleben und vor allem auch verstehen.

Sehr lohnend ist ein Besuch im Stadtteil **Kiel-Holtenau** auf der anderen Seite des Kanals. Dazu setzt man mit der kostenlosen **Personenfähre** (auch Fahrradtransport) über den Kanal. Der Anleger befindet sich etwa 500 m westlich der Schleusenaussichtsplattform. Auf der anderen Seite wandert man etwa 1 km nach rechts, wobei man an den beiden kleinen Schleusenkammern vorbeikommt. Dahinter findet man direkt am Kanal am **Tiessenkai** einige sehenswerte Häuser und das Schiffercafé Kiel. Hier liegen auch mehrere Traditionssegler vor Anker, die mit Passagieren vom Tiessenkai zu ihren meist einwöchigen Ostseetörns aufbrechen. Im Hintergrund sieht man das Ende des 18. Jh. errichtete **Packhaus,** ein ehemaliges Lagerhaus. Heute beherbergt es Wohnungen und im Erdgeschoss eine Hafenwirtschaft.

Etwas weiter östlich steht der sehenswerte **Leuchtturm Holtenau.** Das aus Backsteinen 1895 errichtete Seezeichen weist zusammen mit seinem modernen Pendant auf der gegenüberliegenden Seite den Schiffen den Weg in die Schleusenzufahrt. Wer Lust auf ein Bad hat, geht vom Leuchtturm noch etwa 200 m am Ufer entlang und trifft auf die 1907 erbaute und in den letzten Jahren aufwendig renovierte **Seebadeanstalt Holtenau.**

Sehenswertes

- **Schleusenaussichtsplattform Wik,** Maklerstraße 1, 24159 Kiel, geöffnet: von Sonnenauf- bis Sonnenuntergang, Eintritt Erw. 1 €, Kinder ab 6 Jahre, Schüler und Studenten 0,50 €
- **Maschinenmuseum Kiel-Wik,** Am Kiel-Kanal 44, 24106 Kiel, Tel. 0431 580309, www.maschinenmuseum-kiel-wik.de, geöffnet: nur nach tel. Vereinbarung, Eintritt frei, eine Spende ist erwünscht

› **Seebadeanstalt Holtenau,** https://seebad-holtenau.de, geöffnet: von Anfang Juni und je nach Wetter bis Anfang September täglich 14–19 Uhr, während der Sommerferien und an den Wochenenden davor und danach schon ab 11 Uhr, Eintritt frei

Parken

P 78 Parkplatz Schleusenausssichtsplattform, GPS 54.36491, 10.13945. Der gebührenfreie, kleine Parkplatz liegt in unmittelbarer Nähe am Eingang zur Aussichtsplattform.

P 79 Kanalbrückenparkplatz, GPS 54.36363, 10.12299. Vom gebührenfreien Parkplatz sind es etwa 500 m Fußweg zu einem Aussichtspunkt auf der Kanalbrücke mit herrlichem Blick auf die etwa 1 km entfernten Schleusen.

Man verlässt Wik auf der B503, die vierspurig auf der **Holtenauer Hochbrücke** über den Nord-Ostsee-Kanal führt. Etwa 300 m vor der Brücke kann man noch rechts auf den Kanalbrückenparkplatz fahren. Von ihm führt ein Fußweg etwas abseits der Straße auf die Brücke, von der man einen einmaligen Ausblick auf den Kanal und die Schleusenanlagen hat.

Hinter der Kanalbrücke fährt man an der zweiten Abfahrt in Richtung Kiel Olympiazentrum auf die K17 (Fördestraße) ab. Nach knapp 2 km kann man vor einer Tankstelle zum Strand Falckenstein abbiegen, wo sich ein Campingplatz und zwei Parkplätze befinden, alles in Strandnähe.

106 Wohnmobilstellplatz Förde- und Kanalblick

GPS 54.36411, 10.14544

Der Stellplatz befindet sich in einmaliger Lage direkt an der Schleuseneinfahrt des Nord-Ostsee-Kanals. Von hier hat man einen ausgezeichneten Blick auf eine der meistbefahrenen Wasserstraßen der Welt und die Kieler Förde. Es gibt eine Aussichtsterrasse mit Imbiss. **Lage/Anfahrt:** in Wik verlässt man das Ufer der Förde und fährt nach etwa 600 m an einer Kreuzung rechts in die Feldstraße Richtung Olympiazentrum, an der nächsten Kreuzung nach erneut 600 m rechts in die Schleusenstraße Richtung Wik Norderhafen, am Ende rechts in die Uferstraße und an deren Ende links in die Mecklenburger Straße bis zum Ende, ausgeschildert; **Platzanzahl:** 30; **Untergrund:** Schotter; fest; **Service:** Strom, Trinkwasser, Abwasser, Chemie-WC; **Preise:** 17 € in der ersten, 13 € in der zweiten Reihe/Fahrz., Strom 3,50 €, Dusche 1 € für 5 Min.; **Max. Stand:** unbegrenzt; **Geöffnet:** ganzjährig, Imbiss So–Do 9–20 Uhr, Fr und Sa bis 21 Uhr; **Kontakt:** Wohnmobilstellplatz Förde- und Kanalblick, Mecklenburger Straße 58, 24106 Kiel, Tel. 0431 38908515, https://bella-vista-kiel.de

147wo-he

STRAND FALCKENSTEIN

(9 km – km 62)

Der **Sandstrand Falckenstein** gilt als längster Strand Kiels. Er ist etwa 2,5 km lang und stellenweise an die hundert Meter breit. Es gibt einen längeren bewachten Abschnitt, einen unbewachten und einen Hundestrand. Imbiss, Kinderspielplatz und Grillplatz sind ebenso vorhanden wie ein Sanitärgebäude.

Parken

P 80 Parkplatz Falckenstein Scheidekoppel, GPS 54.41058, 10.18444. Geräumiger, kostenfreier Parkplatz in der Nähe des Campingplatzes, etwa 250 m vom Strand entfernt.

P 81 Parkplatz Falckensteiner Strand, GPS 54.40382, 10.18571. Sehr großer, geräumiger und kostenfreier Parkplatz, nur 250 m vom Strand entfernt.

107 Campingplatz Kiel-Falckenstein

GPS 54.41183, 10.18413

Ruhig im Landschaftsschutzgebiet im Wald am Ende einer schmalen Zufahrt gelegener Campingplatz. Durch Hecken und Bäume unterteiltes Wiesengelände, Gaststätte mit Terrasse und schönem Blick auf die Förde, Grillplatz, Feuerstelle, kleiner Spielplatz, ca. 200 m zum Strand. **Lage/Anfahrt:** Von der B503 Richtung Olympiazentrum Schilksee abbiegen, nach knapp 2 km vor einer Tankstelle rechts abbiegen, am Wendehammer nach 1,5 km links halten und dem Straßenverlauf durch den Wald bis zum Platz folgen, ausgeschildert; **Platzanzahl:** 260, davon 150 für Touristen; **Untergrund:** Wiese; fest; **Service:** Strom, Trinkwasser, Abwasser, Chemie-WC, WLAN; **Sicherheit:** umzäunt; **Preise:** ab 7,50 €/Fahrz., 6 €/Pers., Stromanschluss einmalig 1,90 €, dann 0,65 € je kWh, Hund 2 €; **Max. Stand:** unbegrenzt; **Geöffnet:** April–Oktober; **Kontakt:** Campingplatz Kiel-Falckenstein, Palisadenweg 171, 24159 Kiel, Tel. 0431 392078, www.campingkiel.de

Wieder zurück an der Fördestraße geht es weiter zum Olympiazentrum. An dessen Ende biegt man rechts ab und gelangt gleich an einen Parkplatz am Jachthafen, auf dem man auch einen Stellplatz für die Nacht findet.

Am Falckensteiner Strand

149wo-he

OLYMPIAZENTRUM SCHILKSEE

(4 km – km 66)

Das Olympiazentrum wurde ab 1969 für die Olympischen Spiele 1972 gebaut. Die Wettkämpfe fanden zwar in München und Umgebung statt, die Segelwettbewerbe wurden aber vor Schilksee ausgetragen.

Das Zentrum besteht aus Wohngebäuden, Geschäften, einem Hotel, Bootshallen und dem **Olympiahafen,** der mit 850 Wasser- und 400 Landliegeplätzen einer der größten an der Ostsee ist. Heute ist er das Segelzentrum während der Kieler Woche und Olympiastützpunkt.

Vom Olympiazentrum führt die Route auf der Kreisstraße weiter Richtung Norden. Etwas mehr als 1 km hinter dem Zentrum fährt man an einem Kreisverkehr die erste Ausfahrt rechts ab Richtung Strande/Leuchtturm Bülk. Man folgt der Straße durch den Ort, hält sich am Ende links und fährt noch 2 km weiter, bis sie am Leuchtturm Bülk endet. Hier ist auch der Endpunkt der Route um die Kieler Förde erreicht.

STRANDE/BÜLK

(4 km – km 70)

Das Ostseebad Strande, nördlich an Kiel angrenzend und am Westende der Kieler Förde gelegen, verfügt über zwei **Badestrände,** die westlich und östlich des Jachthafens liegen. Der östlich gelegene Strand wird gepflegt und beim Betreten wird eine sogenannte Strandgebühr fällig, der westliche ist dagegen naturbelassen und frei zugänglich. Einen **Hundestrand** gibt es am östlichen Badestrand in Richtung Leuchtturm und auch am Leuchtturm kann man seinen Vierbeiner laufen lassen.

108 Stellplatz Olympiazentrum Schilksee

GPS 54.43055, 10.16591

Für Wohnmobile abgetrennter Bereich auf einem großen Parkplatz in unmittelbarer Nähe des Olympiahafens Schilksee. **Lage/Anfahrt:** Auf der Fördestraße (K21) am Ende des Olympiazentrums rechts, ausgeschildert; **Platzanzahl:** 30; **Untergrund:** Asphalt, Pflaster; **Service:** Strom, Trinkwasser, Abwasser, Chemie-WC; **Sicherheit:** beleuchtet; **Preise:** 12 €/Fahrz., Strom inkl., Ver- und Entsorgung extra, Bezahlung beim Hafenmeister; **Max. Stand:** unbegrenzt; **Geöffnet:** ganzjährig, der Olympiahafen ist von Mitte November–Mitte März geschlossen, dann keine Ver- und Entsorgung möglich und keine Sanitäranlagen; **Kontakt:** Olympiahafen Schilksee, Soling 26, 24159 Kiel, Tel. 0431 26048421, https://sporthafen-kiel.de/sporthaefen/olympiahafen-schilksee

148wo-he

Von der Ostmole des Jachthafens fahren von Mai bis Anfang September täglich **Fähren der SFK** auf die andere Seite der Förde nach Laboe (ca. 20 Minuten Fahrzeit) und sogar bis in die Innenförde zum Anleger Kiel Hauptbahnhof (ca. 1½ Stunden).

Beliebtes Ausflugsziel ist der **Bülker Leuchtturm,** der etwas nordöstlich von Strande auf der Bülker Huk, einer in die Ostsee ragenden Landzunge, steht. An der Huk endet auch die Kieler Förde und geht in die Kieler Bucht über. Bereits 1807 wurde hier von den Dänen ein Lotsen- und Leuchthaus errichtet, die Mitte des 19. Jh. durch einen 16 m hohen Turm ersetzt wurden. Mit dem Bau des heutigen Turms wurde 1862 von den Dänen begonnen. Er wurde aber erst nach Ende des Deutsch-Dänischen Krieges von den Preußen fertiggestellt. Die untere Plattform des knapp 26 m hohen Turms kann bestiegen werden. Von dort hat man einen wunderbaren Panoramablick über die Förde und die Ostsee bis zu den dänischen Inseln. Am Fuß des Leuchtturms befindet sich das gut besuchte **Restaurant Leuchtturm-Pavillon.**

Die Bülker Huk mit schönem Blick auf die Außenförde ist ein beliebtes Ausflugsziel

Sehenswertes

› **Leuchtturm Bülk und Restaurant,** Bülker Weg, Tel. 04349 9264, www.leuchtturm-buelk.de, Di–Fr 10–19, Sa, So und Feiertage 9–19 Uhr, Eintritt Erw. 2 €, Kinder 1 €

Information

› **Tourist-Information Strande,** Strandstraße 12, 24229 Strande, Tel. 04349 290, https://strande.de/tourist-information, geöffnet: Mai–September Mo–Fr 8.30–12 und 13–18.30, Sa, So und Feiertage 14–17 Uhr, April und Oktober Mo–Fr 8.30–12 und 13–17 Uhr, in den übrigen Monaten Mo–Fr 8.30–12 Uhr

Ausflüge

› **SFK Schlepp- und Fährgesellschaft Kiel** (s. S. 151)

Parken

Das Übernachten in Wohnmobilen und das Campen ist auf den Parkplätzen in Strande generell verboten und wird auch, zumindest in der Hauptsaison, kontrolliert.

P **82** **Parkplatz Am Deich,** GPS 54.43525, 10.16727. Der gebührenpflichtige Großparkplatz liegt am Weststrand.

P **83** **Parkplatz Leuchtturm Bülk,** GPS 54.45338, 10.19631. Für Wohnmobile ausgewiesene, gebührenpflichtige Parkflächen am Leuchtturm Bülk.

ROUTE 6

ECKERNFÖRDER BUCHT

151wo-he

224wo-he

ROUTENÜBERSICHT

Eckernförde, am Ende der gleichnamigen Bucht, ist die einzige größere Stadt entlang der folgenden Route, doch allein sie ist schon eine Reise wert, denn sie besticht mit einer noch weitgehend erhaltenen Altstadt, einem kleinen Hafen mit ausgesprochen maritimem Charme und einem makellosen Strand, der bis an das Zentrum reicht. Die Küsten entlang der Bucht sind allerdings für einen Urlaub genauso attraktiv, bieten sie doch viel Möglichkeiten zur Entspannung. Der südliche Arm auf der Halbinsel Dänischer Wohld ist touristisch noch wenig erschlossen. Hier findet man nur wenig Unterkunftsmöglichkeiten, dafür einsame Strände und große Wälder, die bis an die Ostsee heranreichen. Entlang des nördlichen Arms auf der Halbinsel Schwansen reihen sich von Eckernförde bis zur Schleimündung zahlreiche Ostseebäder aneinander. Mit wenigen Ausnahmen sind es nur winzige Ortschaften, die manchmal auch nur aus einem Campingplatz bestehen können und einen geruhsamen Aufenthalt fern der Hektik und Betriebsamkeit manch anderer Ostseebäder versprechen.

Strecke:

Surendorf (s. S. 168) – **Grönwohld/Strand** (5 km, s. S. 169) – **Eckernförde** (16 km, s. S. 171) – **Gut Ludwigsburg** (14 km, s. S. 175) – **Waabs/OT Klein Waabs** (8 km, s. S. 177) – **Damp** (4 km, s. S. 180) – **Schönhagen** (12 km, s. S. 183) – **Olpenitzdorf** (10 km, s. S. 185)

Streckenlänge:

ca. 69 km

⊡ *Die Strände in der Eckernförder Bucht sind nicht überlaufen und bieten viel Freiraum*

⊡ *Kapitelstartseite: Das Gut Ludwigsburg (s. S. 175) ist für seine Pferdezucht bekannt*

SURENDORF

Die Route entlang der Eckernförder Bucht beginnt in Surendorf, einem kleinen Ort in der Gemeinde Schwedeneck, die im Nordosten der Halbinsel Dänischer Wohld liegt, die sich zwischen Kieler Förde und Eckernförder Bucht erstreckt. Auch Krusendorf und Grönwohld, die nächsten beiden Orte entlang der Route, gehören zur Gemeinde.

109 Campingplatz Surendorf

GPS 54.47913, 10.07602

Der Platz liegt sehr schön etwas erhöht auf einem Wiesengelände, das bis an den Strand reicht. Plätze für Wohnmobile auch in der ersten Reihe mit sehr gutem Blick auf die Ostsee, Spielplatz. Anmeldung in der Tourist-Information. **Lage/Anfahrt:** In Surendorf von der Kreisstraße in die Seestraße Richtung Strand fahren. An der Kreuzung nach 700 m halbrechts in die Straße Zum Kurstrand abbiegen, weiter bis zu ihrem Ende, ausgeschildert; **Platzanzahl:** 410, davon 70 für Touristen; **Untergrund:** Wiese; fest; **Service:** Strom, Trinkwasser, Abwasser, Chemie-WC, WLAN auf einem Teil des Platzes; **Sicherheit:** umzäunt; **Preise:** 20–22 €/Fahrz. inkl. 2 Pers., Aufpreis 1. Reihe 5 €, Duschen 0,60 €, Pauschale für Strom, Wasser, Müll 3 €, Hund 2 € (Leinenpflicht), zusätzlich Kurabgabe; **Max. Stand:** unbegrenzt; **Geöffnet:** April–Oktober; **Kontakt:** Zum Kurstrand 5, 24229 Schwedeneck/OT Surendorf, Tel. 04308 331, https://schwedeneck.de/campingplatz-surendorf

152wo-he

Surendorf, wo es einen Discounter und Bäcker gibt, liegt etwa 1 km abseits vom Strand. Man kann auf einem geräumigen Parkplatz parken oder einen Stellplatz auf dem Campingplatz, der der Gemeinde gehört, belegen. Der breite **Sandstrand,** der auch in der Hauptsaison nicht überlaufen ist, erstreckt sich weit nach Osten und bietet neben dem Textilstrand auch einen FKK- und einen Hundestrand. Im Westen grenzt er an ein Sperrgebiet der Wehrtechnischen Dienststelle 71 der Bundeswehr, in der Waffen getestet werden.

Am Strand gibt es einen Strandkorbverleih, zwei Restaurants, ein Bistro und das Wassersportcenter **Nordwind Wassersport,** wo man Segel-, Windsurf-, Kite- und SUP-Kurse belegen und entsprechendes Material ausleihen kann.

Information

› **Schwedeneck Touristik,** Zum Kurstrand 5, 24229 Schwedeneck/OT Surendorf, Tel. 04308 290, https://schwedeneck.de, geöffnet: tägl. Juni–August 8–17 Uhr, April, Mai, September und Oktober 9–16 Uhr

Aktivitäten

› **Nordwind Wassersport e. V.,** Zum Kurstrand, Tel. 0173 6204305, https://nordwind-wassersport.de/surendorf

Parken

P 84 **Parkplatz Surendorf Strand,** GPS 54.47902, 10.07473. Vom geräumigen, gebührenpflichtigen Parkplatz kommt man nach ca. 100 m an den Strand.

Von Surendorf geht es auf der Kreisstraße (Eckernförder Straße) Richtung Westen. Gleich hinter dem Discounter am Anfang der Linkskurve biegt man rechts in die Kirchstraße Richtung **Krusendorf** ab und fährt durch die schöne Allee in das Dorf. Hier lohnt ein Blick auf die **Dreifaltigkeitskirche.** Die barocke Backsteinkirche mit ihrer ungewöhnlichen „Zwiebelturmhaube“ wurde von 1733 bis 1735 erbaut.

Kurz hinter Krusendorf gelangt man zur L285 (Bäderstraße), der man rechts Richtung Eckernförde folgt. Nach etwas mehr als 500 m passiert man den Gutshof Grönwohld, zu dem eine sehr schöne Allee führt. Etwa 400 m weiter kann man rechts zum Campingplatz Grönwohld (110) abbiegen, der nur durch ein Dünengelände vom Ostseestrand getrennt ist.

GRÖNWOHLD/STRAND

(5 km – km 5)

Der auch in der Hauptsaison nicht überlaufene, flach abfallende **Naturstrand,** der ein wenig mit Kieseln durchsetzt ist, ist sowohl für Wassersportfans als auch für Familien mit Kindern gut geeignet. Gleich zwei Surf-/Segelschulen bieten ihre Dienste an. Wer seinen Hund dabei hat, wird sich über den Hundestrand freuen.

Aktivitäten

- **Segelsport Grönwohld,** Kronshörn, 24229 Schwedeneck/OT Grönwohld, Tel. 0173 4203050, https://segelsport-groenwohld.de
- **Wassersport Schwedeneck,** Kronshörn, 24229 Schwedeneck/OT Grönwohld, Tel. 0172 780709, https://wassersport-schwedeneck.de

Parken

P 85 Parkplatz Grönwohld Strand, GPS 54.47475, 10.02921. Gebührenpflichtiger Parkplatz vor dem Campingplatz mit Möglichkeit zum Übernachten.

Auf der Bäderstraße geht es weiter in Richtung Eckernförde. Man passiert das Dorf **Noer** mit seinem Schloss, das heute als Jugendgästehaus dient. Richtung Strand gibt es zwei Campingplätze. Der Campingplatz Jensen nimmt aber nur Dauercamper auf und der andere gehört zu einer Zeltgemeinschaft, in der man Mitglied sein muss. Wer dort dennoch an den naturbelassenen Strand möchte, findet gleich hinter der Zufahrt zum Campingplatz Jensen einen gebührenpflichtigen Parkplatz.

Parken

P 86 Parkplatz Noer Strand, GPS 54.46804, 10.00431. Gebührenpflichtiger Parkplatz etwa 250 m vom Strand entfernt.

(110) Grönwohld Camping

GPS 54.47475, 10.02921

Etwas erhöht, sehr schön gelegenes Wiesengelände nahe am Strand, separate Plätze für Wohnmobile. Kinderspielplatz, in der Hauptsaison Kinderbetreuung, in Sommer Beachpartys mit Livemusik, Bootsliegeplätze, Restaurant, kleiner Supermarkt, Strandsauna, E-Bike-Verleih. **Lage/Anfahrt:** Von der L285 (Bäderstraße) etwa 400 m hinter der Zufahrt zum Gutshof Grönwohld rechts ab und noch knapp 1 km bis zum Ende der Straße, ausgeschildert; **Platzanzahl:** 600, davon 150 für Touristen; **Untergrund:** Wiese; fest; **Service:** Strom, Trinkwasser, Abwasser, Chemie-WC, WLAN kostenpflichtig; **Sicherheit:** umzäunt; **Preise:** 6,50–8 €/je nach Fahrzeuggröße, 5,50 €/Pers., Strom 3 €, Entsorgungspauschale 1 €, Hund 3 €, Kurabgabe extra; **Max. Stand:** unbegrenzt; **Geöffnet:** Mitte April–Oktober; **Kontakt:** Grönwohld Camping, Kronshörn, 24229 Schwedeneck/OT Grönwohld, Tel. 04308 189972, https://groenwohld-camping.de

154wo-he

Von Noer geht es weiter Richtung Eckernförde. Als nächstes passiert man **Lindhöft.** Auch hier gibt es einen Campingplatz direkt am Strand, aber auch er ist nur für Mitglieder eines Vereins geöffnet, sodass man direkt weiter über Aschau bis Schnellmark fahren kann, wo man auf die B76 Richtung Eckernförde fährt.

Schon nach 700 m findet man rechts hinter dem Restaurant Grüner Jäger den Wohnmobilpark Ostsee 111. Zwar befindet er sich nah an der Bundesstraße und etwas abseits vom Strand, doch er verfügt über ein Alleinstellungsmerkmal, das es sonst so an der schleswig-holsteinischen Ostseeküste kaum noch gibt. Er liegt am Rande eines großen Waldgebietes **(Schnellmarker Holz),** das bis an die Ostsee heranreicht. Auf zahlreichen verschlungenen Wanderwegen kann man durch den Wald zum Strand gelangen (kürzester Weg ca. 900 m), den man auch in der Hochsaison oft ganz für sich allein hat. Wer ein Fahrrad hat, erreicht auf guten Radwegen das Zentrum von Eckernförde nach 6 km. Für das leibliche Wohl wird im Restaurant Grüner Jäger (mit Biergarten) gesorgt, wo es schmackhafte Speisen zu fairen Preisen gibt.

Durch das Schnellmarker Holz geht es auf der Bundesstraße weiter Richtung Eckernförde. Am Ende des Walds führt die Route wieder an die Ostsee. Vorbei am Südstrand mit einem Pkw-Parkplatz gelangt man in das Zentrum von Eckernförde. Hier gibt es nicht weit vom Zentrum einen für Wohnmobile ausgewiesenen Parkplatz und auch einen Stellplatz.

111 Wohnmobilpark Ostsee

GPS 54.44398, 9.90544

Am Rande eines großen Waldgebiets gelegen. Von hier aus sind schöne Waldspaziergänge bis zur Ostsee möglich. Es gibt einen Brötchenservice und das Restaurant Grüner Jäger befindet sich nebenan. **Lage/Anfahrt:** An der B76 700 m hinter der Auffahrt Schnellmark Richtung Eckernförde; **Platzanzahl:** 80; **Untergrund:** Wiese; fest; **Service:** Strom, Trinkwasser, Abwasser, Chemie-WC, WLAN, kostenlos; **Sicherheit:** umzäunt; **Preise:** 18 €/Fahrz. inkl. Pers., Strom und Ver- und Entsorgung, Anmeldung im Restaurant; **Max. Stand:** unbegrenzt; **Geöffnet:** ganzjährig; **Kontakt:** Wohnmobilpark Ostsee, Restaurant Grüner Jäger, B76, 24340 Altenhof, Tel. 04351 41404, https://gruenerjaeger-altenhof.de

155wo-he

ECKERNFÖRDE

(16 km – km 21)

Die gut 20.000 Einwohner zählende Stadt Eckernförde gehört zu den attraktivsten Ortschaften in Schleswig-Holstein. Dies liegt u. a. an der **historischen Altstadt,** die im Kern noch erhalten geblieben ist, am geschäftigen **Hafen,** wo auch heute noch zahlreiche Fischer ihren Fang anlanden, und am wunderbaren **Sandstrand,** der nur wenige Schritte vom Zentrum entfernt ist und sich fast 2 km lang von Nord nach Süd erstreckt.

Die etwa 800 m lange Kieler Straße ist von ihrem Anfang in der Nähe des Wohnmobilparkplatzes am Grünen Weg bis zum Ende an der Kirche St. Nicolai zu einer attraktiven **Fußgängerzone** ausgebaut worden. Hier findet man noch einige typische Giebelhäuser. Kurz vor der Kirche sollte man sich links halten und auf den Rathausmarkt gehen, auf dem mittwochs und samstags (7–13 Uhr) der **Wochenmarkt** abgehalten wird. Der Platz ist von mehreren sehenswerten Gebäuden umgeben. An der Südseite steht das ehemalige **Gebäude der Eckernförder Zeitung.** Das im Jahr 1907 gebaute Haus beeindruckt mit den Jugendstil-Ornamenten und den beiden Büsten am Erker, die Johannes Gutenberg (Erfinder des Buchdrucks) und Ottmar Mergenthaler (Erfinder moderner Setzmaschinen) zeigen. An der Westseite steht das **Neue Rathaus,** das zwischen 1981 und 1984 erbaut wurde. Es fällt durch sein Glockenspiel an der Fassade auf, das täglich mehrmals ertönt. Besonders schön ist das **Kaffeehaus Heldt,** das an der Nordwestecke des Platzes steht. Das reich verzierte Haus stammt aus dem 16. Jh. Fast die gesamte Breite der Südseite des Rathausmarktes nimmt das **Alte Rathaus** ein, das im Kern aus dem 15. Jh. stammt und im Laufe der Zeit mit dem roten Backsteinbau immer weiter nach Osten bis zur Kieler Straße erweitert wurde. Heute beherbergt das Gebäudeensemble u. a. das **Museum Eckernförde.** Im kleinen Museum, das einen Besuch wert ist, kann man zahlreiche Ausstellungsstücke zur Kunst, Geschichte und Alltagskultur der Stadt und Umgebung finden. Besonderer Anziehungspunkt ist die Modelleisenbahn, die den Eckernförder Bahnhof um 1950 nachbildet.

Eine Holzklappbrücke verbindet den Eckernförder Stadtteil Borby mit dem Zentrum

156wo-he

Durch die beiden Torbögen rechts am Alten Rathaus kommt man zur **Backsteinkirche St. Nicolai.** Das gewaltige Gotteshaus stammt aus der ersten Hälfte des 13. Jh. Anfang des 16. Jh. wurde die ursprünglich einschiffige Kirche zu einer dreischiffigen gotischen Hallenkirche erweitert. Der hölzerne Turm brannte 1612 ab und wurde nicht mehr aufgebaut. Dafür trägt die Kirche auf ihrem First einen Dachreiter mit Uhr. Im Innern sind besonders der Gudewerdt-Altar (1640) und die Kanzel (1605) sehenswert. Auch die Bronzetaufe aus dem Jahr 1588 verdient Beachtung.

Von der Kirche sind es nur knapp 300 m bis zum **Binnenhafen.** Hier fällt vor allem der ehemalige **Rundspeicher** auf, der als eines der Wahrzeichen Eckernfördes gilt. Das 1931 errichtete Backsteingebäude konnte bis zu 3500 t Getreide fassen. Heute ist im Erdgeschoss ein Restaurant untergebracht. Die oberen Etagen stehen leer und können aufgrund der Statik des Gebäudes nur als Silo genutzt werden. Der Hafen fasziniert mit seiner Mischung aus Fischereihafen und moderner Marina mit Jachten und historischen Segelschiffen. Auch heute legen hier noch zahlreiche Fischer an und verkaufen ihren Fang direkt vom Boot. Die **Holzklappbrücke,** die 1872 errichtet wurde, verbindet den Stadtteil Borby mit dem Zentrum.

Am Hafenrand entlang passiert man den alten, blau-gelb gestrichenen **Leuchtturm** und kommt an einem weiteren Jachthafen vorbei zum **Ostsee-Info-Center.** Das Mini-Naturkundezentrum vermittelt anschaulich und kindgerecht interessantes Wissen über die Unterwasserwelt der Ostsee. Besonders umlagert ist das Fühlbecken, in dem man Seesterne, Fische und Krebse berühren darf.

Hinter dem Center beginnt der lange **Sandstrand,** der sich weit nach Süden erstreckt und über eine schöne Promenade verfügt. Etwa in Höhe des Parkplatzes Grüner Weg befindet sich das **Meerwasser-Wellenbad,** das Badevergnügen unabhängig vom Wetter bietet.

157wo-he

112 Wohnmobilstellplatz am Noor

GPS 54.46440, 9.83494

Für Wohnmobile angelegtes Gelände am Rand des Zentrums mit allen Ver- und Entsorgungseinrichtungen, Sanitärgebäude mit Duschen, WC, Waschmaschine und Trockner. Auch wer den Platz nur zur Ver- oder Entsorgung ansteuern will, ist willkommen. Ca. 250 m zum Beginn der Fußgängerzone (Kieler Straße), ins Zentrum an der Kirche ca. 900 m, zum Strand ca. 400 m. **Lage/Anfahrt:** Auf der B76 von Süden kommend etwa 150 m hinter der Kreuzung mit der B203 links und nach 100 m wieder rechts, ausgeschildert; **Platzanzahl:** 50; **Untergrund:** Rasengitter; **Service:** Strom, Trinkwasser, Abwasser, Chemie-WC, WLAN; **Sicherheit:** beleuchtet; **Preise:** 20 €/Fahrz. inkl. 2 Pers., Strom 0,50 €/kWh, Trinkwasser 1 €/100 Liter, keine Barzahlung möglich, Kurtaxe zusätzlich; **Max. Stand:** unbegrenzt; **Geöffnet:** ganzjährig; **Kontakt:** Wohnmobilstellplatz am Noor, Kakabellenweg, 24340 Eckernförde, Tel. 04351 9050

Dörfer mit der Endung „by“

Borby, Barkelsby, Schuby, Karby sind nur einige Ortsnamen die auf „by“ enden. Weiter nördlich werden es immer mehr. Die meisten dieser Dörfer wurden zwischen 800 und 1050 von Wikingern gegründet, die in ein nahezu unbesiedeltes Land vorstießen. Dabei bedeutet die Endsilbe nichts anderes als „Dorf“.

Sehenswertes

- **Museum Eckernförde,** Rathausmarkt 8, Tel. 04351 712547, https://museum-eckernfoerde.de, geöffnet: Di–Fr 10–12.30 und 14.30–17, So 11–17 Uhr, Termine für die Vorführung der Modelleisenbahn s. Website, Eintritt Erw. 3 €, ermäßigt 2 €, 6–14 Jahre 1 €, Vorführung der Modelleisenbahn 1 € extra
- **Ostsee-Info-Center,** Jungfernstieg 110 (Am Seesteg), Tel. 04351 726066, www.ostseeinfocenter.de, geöffnet: April–Oktober tägl. 10–18 Uhr, November–März Di–So 11–17 Uhr, Eintritt Erw. 5 €, Kinder 3 €

Information

- **Tourist-Information Eckernförde,** Am Exer 1, 24340 Eckernförde, https://ostseebad-eckernfoerde.de, Tel. 04351 71790

Einkaufen

- **Bonbonkocherei,** Frau-Clara-Straße 22, Tel. 04351 889986, https://bonbonkocherei.de, geöffnet: Di–Fr 11–18, Sa 10–18 Uhr. Für alle, die Bonbons und Schokolade lieben, ein absolutes Muss. Hier kann man bei der Zubereitung der Süßigkeiten zuschauen.

Aktivitäten

- **Meerwasser-Wellenbad,** Preußenstraße 1, Tel. 04351 9050, https://meerwasser-wellenbad.de, Mo–Fr 6–20.40, Sa und So 9–17.40 Uhr, Eintritt Erw. ab 4 € Kinder ab 2 €

Parken

P 87 Parkplatz Eckernförde Südstrand, GPS 54.44991, 9.85633. Gebührenpflichtiger Pkw-Parkplatz am Strand mit WC.

P 88 Womo-Parkplatz Eckernförde Grüner Weg, GPS 54.46512, 9.83636. Gebührenpflichtiger, für Wohnmobile ausgewiesener Parkplatz, Höchstparkdauer vier Stunden, ca. 150 m bis zum Beginn der Fußgängerzone (Kieler Straße), ca. 800 m ins Zentrum an der Kirche, ca. 300 m zum Strand.

Am besten verlässt man Eckernförde vom Parkplatz Grüner Weg oder vom Wohnmobilstellplatz am Noor, indem man wieder auf die vierspurige B76 fährt und ihr in nördlicher Richtung (Hinweise Richtung Schleswig und Kappeln) folgt. Nach etwa 2,5 km biegt man rechts auf die B203 in Richtung Kappeln/Damp ab und umfährt Eckernförde im Norden.

Nach 1,8 km verlässt man die Bundesstraße nach rechts Richtung Waabs auf die L26 und fährt am gleich folgenden Kreisverkehr geradeaus weiter. Die Route verläuft nun bis kurz vor Damp auf der L26. Von ihr führen in mehr oder weniger kurzen Abständen Straßen an die Küste, wo man schöne Strände und gute Übernachtungsmöglichkeiten findet. Eine direkte Verbindung der Küstenorte, die manchmal nur aus einem Campingplatz bestehen, entlang des Strandes gibt es nicht. So muss man immer wieder zur Landstraße zurückfahren, wenn man eines der Ostseebäder an der Nordseite der Eckernförder Bucht besucht hat.

Knapp 1,5 km nach dem Kreisverkehr biegt die L26 und mit ihr die Route links ab. Wer will, kann hier aber auch erst geradeaus weiter zum Campingplatz Hemmelmark (113) fahren, den man nach etwa 2,5 km erreicht.

Auf der kurvenreiche L26 geht es weiter durch eine liebliche, sanft hügelige Landschaft mit Äckern, Wiesen und kleineren eingestreuten Wäldern. Von Zeit zu Zeit kann man einen Blick auf die Ostsee erhaschen, die aber immer zwischen 1,5 und 2 km entfernt ist.

In Hohenstein wird die Straße zu einer schönen Allee. Kurz hinter dem Dorf gelangt man an eine Kreuzung. Hier geht es rechts wieder an den Strand nach **Karlsminde,** wo es einen

⓫⓭ Campingplatz Hemmelmark

GPS 54.47697, 9.87714

Nur durch einen schmalen, niedrigen Dünengürtel vom naturbelassenen Strand getrennt neben dem Marinestützpunkt Eckernförde. Gaststätte, Spielplatz, Kinderanimation in den Ferien, Segel-, Surf- und SUP-Kurse, Verleih von entsprechendem Material und Kanus. **Lage/ Anfahrt:** Von der B203 auf die L26 Richtung Waabs abbiegen, nach 1,6 km zweigt die L26 links ab, hier geradeaus weiter fahren und nach 500 m links abbiegen. Auf der Schotterpiste ist man nach gut 2 km am Ziel, ausgeschildert; **Platzanzahl:** 600, davon 260 für Touristen; **Untergrund:** Wiese, Sand; **Service:** Strom, Trinkwasser, Abwasser, Chemie-WC; **Sicherheit:** umzäunt; **Preise:** 13–15 €/Fahrz., 4 €/Pers., Entsorgung und Müll 1,50 €, Strom 2 € Anschlussgebühr, 0,40 €/kWh, Hund 1,50 €; **Max. Stand:** unbegrenzt; **Geöffnet:** April–September; **Kontakt:** Campingplatz Hemmelmark, Hemmelmark, 24360 Barkelsby, Tel. 04351 87606, https://ostsee-camping-hemmelmark.de

158wo-he

Großsteingrab Karlsminde

Das gut restaurierte Großsteingrab stammt aus dem Neolithikum (Jungsteinzeit) und ist etwa 5000 bis 5500 Jahre alt. Es stammt aus einer Zeit, in der die Menschen langsam von Jägern und Sammlern zu Hirten und Bauern wurden. Das rechteckige Langbett verläuft in Ost-West-Richtung. Es ist 57 m lang, etwas über 5 m breit und wird von insgesamt 108 Findlingen eingefasst. Im Innern der Einfassung hat man drei Dolmen, die eigentlichen Gräber gefunden. Sie bestehen aus senkrecht stehenden, großen Tragsteinen, auf denen ein oder mehrere Decksteine als Dach ruhen und so eine Kammer bilden. Die Dolmen sind auch heute noch gut zu erkennen.

Campingplatz ⓫⓮ gibt. Auch wer dort nicht hin möchte, sollte kurz rechts fahren, denn nach 500 m befindet sich auf der linken Seite das beeindruckende **Großsteingrab Karlsminde** mit einem schönen Picknickplatz.

Parken

89 Parkplatz Großsteingrab Karlsminde, GPS 54.50563, 9.92333. Kleinerer, kostenloser Parkplatz direkt am Großsteingrab mit Picknickplatz.

Weiter auf der L26 kommt man hinter der Abzweigung zum Großsteingrab Karlsminde nach nur einem Kilometer zum **Gut Ludwigsburg** und damit an die nächste Gelegenheit, um einen Stopp einzulegen. An der Küste findet man gut 2 km weiter einen Campingplatz ⓫⓯.

114 Ostseecamping Gut Karlsminde

GPS 54.49587, 9.93711

Der Campingplatz liegt wunderbar um drei Strandseen herum. Teils direkt am Strand, Wohnmobilstellplätze auch vor der Schranke, überwiegend Dauercamper, Hundestrand und Hundepark mit Badeteich, Bootsliegeplätze, Supermarkt, empfehlenswertes Strandrestaurant Karlsminde, Kiosk, Spielplatz, Jugendhaus, Ponyreiten. **Platzanzahl:** 550, davon 80 für Touristen; **Untergrund:** Wiese; fest; **Service:** Strom, Trinkwasser, Abwasser, Chemie-WC, WLAN, gebührenpflichtig; **Sicherheit:** beleuchtet; **Preise:** 10–20 €/Fahrz., 6 €/Pers., Strom 4 €, Hund 3,50 €, Stellplätze vor der Schranke 9–11 €; **Geöffnet:** Ende März–Mitte Oktober; **Kontakt:** Ostseecamping Gut Karlsminde, Philipp Hof, Karlsminde 10, 24369 Waabs, Tel. 04358 344, https://karlsminde.de

159wo-he

GUT LUDWIGSBURG

(14 km – km 35)

Das heute noch bewirtschaftete Gut Ludwigsburg geht auf eine Anlage aus dem 14. Jh. zurück. Nach einer wechselvollen Geschichte mit vielen verschiedenen Eignern kam es 1729 in den Besitz von Friedrich Ludwig von Dehn, der ab 1740 das **barocke Herrenhaus,** ein Wasserschloss, erbauen ließ. Das imposante, dreigeschossige Gebäude mit Walmdach ist von einem breiten Graben umgeben und vom Hof nur durch eine schmale Brücke zu erreichen. Im Innern gibt es während einer Führung einige schöne Räume zu sehen, z. B. den Goldenen und den Kleinen Saal oder die Bunte Kammer, in der man fast 150 kleine Bildnisse bewundern kann.

Im Hof, der frei zugänglich ist, steht dem Torhaus gegenüber die Hengsthalle, in der sich die wertvollen Deckhengste des Gestüts befinden. In der **Alten Räucherei** ist ein Café untergebracht und in einem ehemaligen Stall ein **Hofladen,** in dem man gutseigene Fleischspezialitäten wie Dam-, Reh- und Sikawild, aber auch Gemüse, Honig, Marmeladen und Schaffelle kaufen kann.

Sehenswert ist auch das **Torhaus,** durch das man vom Parkplatz aus den Hof betritt. Es stammt aus dem 16. Jh. und trägt in der Fassade der Außenseite neun kreuzförmig angeordnete Sandsteintafeln, die verschiedene Wappen zeigen. Das windschiefe Türmchen mit Laterne und Haube über dem Durchgang ist erst 1904 hinzugefügt worden, passt sich aber optisch gut an das Gebäude an.

P 90 **Gut Ludwigsburg,** GPS 54.51286, 9.93332, 24369 Waabs, Tel. 04358 98818, www.gut-ludwigsburg.de, kostenloser Parkplatz am Eingang. Der Hof ist ganzjährig zugänglich, Führungen in der Saison nach tel. Anmeldung Mi um 17 Uhr, Eintritt frei, Hofcafé Mi–So 11–19 Uhr, Hofladen in der Saison tägl., in der übrigen Zeit auf Nachfrage.

Vom Gut Ludwigsburg geht es auf der Landstraße weiter Richtung Waabs. Man fährt durch die Weiler Sophienhof und Kummer-

115 Ostsee-Camping Gut Ludwigsburg

GPS 54.50314, 9.95803

Besonders schöne Lage zwischen dem Aassee und dem teilweise sehr steinigen Strand am Rand eines Waldes. Östlich grenzt ein Standortübungsplatz an. Ebenes Wiesengelände, Stellplätze auch an Strand und See, separater Wohnmobilstellplatz für 18 Fahrzeuge vor der Schranke, hier max. Aufenthalt 2 Tage, Restaurant und Imbiss, SB-Markt, Spielplätze, in der Hauptsaison Kinderanimation, Angeln im See möglich, Fahrrad- und Kanuverleih. **Lage/Anfahrt:** Gleich hinter dem Parkplatz am Gut Ludwigsburg rechts abbiegen und der Straße 2 km folgen, ausgeschildert; **Platzanzahl:** 600, davon 250 für Touristen; **Untergrund:** Schotterrasen, Wiese; fest; **Service:** Strom, Trinkwasser, Abwasser, Chemie-WC, WLAN kostenpflichtig; **Sicherheit:** umzäunt; **Preise:** 8–20 €/Fahrz., 5 €/Pers., Strom 3 €, Hund 3–5 €, 17 € auf dem Wohnmobilstellplatz vor der Schranke; **Max. Stand:** unbegrenzt; **Geöffnet:** Ende März–Mitte Oktober; **Kontakt:** Ostsee-Campingplatz Gut Ludwigsburg, Gut Ludwigsburg, 24369 Waabs, Tel. 04358 370, https://ostseecamping-ludwigsburg.de

160wo-he

116 Ostseecamp Lehmberg

GPS 54.50942, 9.97237

Dieser einfache Campingplatz ist sehr schön direkt am Strand und bei einem See gelegen. Es gibt Stellplätze für Wohnmobile in der ersten Reihe direkt am Strand, um den See herum und auch vor der Schranke, zudem einen SB-Markt, ein Bistro, einen Verleih für Fahrräder und SUP-Bords sowie Bootsplätze. **Lage/Anfahrt:** In Kummerteich biegt man Richtung Langholz/Strand ab und fährt nach gut einem Kilometer rechts durch einen großen Eisentorbogen auf einer schmalen, unbefestigten, teilweise mit Platten ausgelegten Piste einen weiteren Kilometer bis zum Platz, ausgeschildert; **Platzanzahl:** 260, davon 100 für Touristen; **Untergrund:** Wiese; fest; **Service:** Strom, Trinkwasser, Abwasser, Chemie-WC, WLAN, kostenfrei; **Sicherheit:** umzäunt; **Preise:** 13–20 €/Fahrz., 4–5,50 €/Pers., Duschen kostenfrei, Strom 3,30 €, Hund 3,50–4,50 €, Restmüll 0,80 € je 30 l, Stellplätze vor der Schranke 4–8 €; **Max. Stand:** unbegrenzt; **Geöffnet:** Ende März–Oktober; **Kontakt:** Ostseecamp Lehmberg, Lehmberger Straße 11, 24369 Waabs, Tel. 04358 9893230, https://ostseecamp-lehmberg.de

161wo-he

⑪⑦ Camp Langholz

GPS 54.51269, 9.98177
Schön am Strand gelegener, kleiner, alternativer Campingplatz der etwas anderen Art. Ohne Zäune, Hecken und Parzellen, sondern grün und wild mit dem besonderen Augenmerk auf Nachhaltigkeit. Besonders gut geeignet für Familien mit Kindern und alle, die eine unkomplizierte Alternative zu den großen Campingplätzen mit einer Infrastruktur von Großstädten suchen. Café, Kiosk und kleiner Laden, Restaurant Fischerkate am Eingang zum Platz, Spielplatz, Fahrrad- und Bootsverleih. **Lage/Anfahrt:** In Kummerteich Richtung Langholz/Strand abfahren, in Langholz an der Gabelung von der Ostseestraße rechts auf die Fischerstraße und weiter bis zum Ende, ausgeschildert; **Platzanzahl:** 140, davon 40 für Touristen; **Untergrund:** Wiese, Sand; **Service:** Strom, Trinkwasser, Abwasser, Chemie-WC; **Preise:** 10–20 €/Fahrz., 3–4 €/Pers. je nach Saison und Stellplatz, Strom (100 % regenerativ) 3,50 €, Hund („Flohtaxi“) 1,50–2 €; **Max. Stand:** unbegrenzt; **Geöffnet:** April–Mitte Oktober; **Kontakt:** Camp Langholz, Fischerstraße 9, 24369 Waabs, Tel. 04352 911484, https://camp-langholz.de

162wo-he

teich. Wer eine Unterkunft oder einen Tagesparkplatz am Strand sucht, kann rechts abbiegen und gelangt durch eine sehr schöne Eichenallee wieder an die Ostsee.

Parken

P 91 Parkplatz Langholz Strand, Ostseestraße, GPS 54.51563, 9.98629. Gebührenfreier, geräumiger Tagesparkplatz nur wenige Schritte vom schönen Sandstrand entfernt, mit Bistro.

Von Kummerteich sind es auf der Landstraße nur noch etwas mehr als 2 km, bis man mit dem Ortsteil Klein Waabs der Gemeinde Waabs wieder einen etwas größeren Ort erreicht.

WAABS/OT KLEIN WAABS

(8 km – km 43)

Die Gemeinde Waabs mit ihren etwa 1500 Einwohnern besteht aus den drei Dörfern Großwaabs, Klein Waabs und Langholz sowie zahlreichen verstreut in der hügeligen Landschaft liegenden Weilern und Gutshöfen. Etwas Verwirrung stiftet die Namensgebung: Warum wird Großwaabs zusammengeschrieben, Klein Waabs aber nicht? So steht es zumindest auf der offiziellen Seite der Gemeinde und soll deshalb auch hier so gehandhabt werden, auch wenn es durchaus abweichende Schreibweisen gibt.

Während die Bevölkerung von Waabs früher überwiegend von Landwirtschaft und Fischerei lebte, trägt heute der Tourismus einen großen Teil zu ihrem Lebensunterhalt bei. Inzwischen gibt es in der Gemeinde nur noch 10 aktive landwirtschaftliche Betriebe und die Fischer stechen nur noch von Eckernförde aus in See.

Sehenswert ist die **Marienkirche** in Klein Waabs, deren Bau nicht genau datiert werden kann, aber wohl auf das 14. Jh. zurückgeht. Der Turm stammt vom Ende des 16. Jh. und das Schiff erhielt seine heutige Form Anfang des 17. Jh. Im Innern kann man mehrere

118 Ostsee Campingplatz Familie Heide

GPS 54.53191, 9.99961

Sehr großer, durchorganisierter Campingplatz mit allem Komfort, der nahezu wie eine kleine autonome Stadt ist. Auf einem Wiesengelände gelegen, das bis an die Steilküste reicht. Durch Hecken gegliedert, Stellplätze für Wohnmobile auch vor der Schranke. Schwimmbad, mehrere Saunen und Dampfbad, Fitnessstudio, Supermarkt, Imbiss, Biergarten, Beachclub, Restaurant, Jugend- und Kinderanimation, mehrere Spielplätze, Strand mit Steinen, getrennter Abschnitt für Hunde. **Lage/Anfahrt:** In Klein Waabs von der L26 Richtung Strand/Campingplatz abfahren, an der Gabelung nach 1,2 km links, ausgeschildert; **Platzanzahl:** ca. 800, davon 220 für Touristen; **Untergrund:** Pflaster, Wiese; fest; **Service:** Strom, Trinkwasser, Abwasser, Chemie-WC, WLAN, gegen Gebühr; **Sicherheit:** umzäunt; **Preise:** 17–24 €/Fahrz., 5,50–9 €/Pers., Strom 3,60 €, Hund (nur an der Leine und keine Kampfhunde) 5,50–8,50 €, Wohnmobilstellplatz vor der Schranke 4–7 € zuzüglich Pers.; **Max. Stand:** unbegrenzt; **Geöffnet:** April–Ende Oktober; **Kontakt:** Ostsee Campingplatz Familie Heide, Strandweg 31, 24369 Klein Waabs, Tel. 04352 2530, https://waabs.de

163wo-he

wertvolle Kunstwerke sehen. Dazu gehören einige gotische Holzskulpturen, der Schnitzaltar aus dem 17. Jh., die hölzerne Taufe (1674) und der frühgotische Taufstein aus Kalkstein sowie die Kanzel (1600). Sehenswert sind auch die spätgotischen Wandmalereien, die erst in diesem Jahrhundert wieder freigelegt wurden.

Der **Naturstrand** der Gemeinde zieht sich über 12 km Kilometer von Langholz bis nach Booknis. Er ist mal feinsandig, mal mit faustgroßen Steinen durchsetzt und auf vielen Abschnitten mit einer mehrere Meter hohen Steilküste vom Landesinneren abgegrenzt. Ein schöner **Wanderweg,** der nach Süden bis Eckernförde und nach Norden bis Schleimünde reicht, begleitet das Ufer.

Einen auch für Wohnmobile geeigneten Parkplatz in einem kleinen Buchenwald mit direktem Strandzugang, Würstchen- und Getränkebude findet man an der **Badestelle Klein Waabs** am Ende des Strandwegs.

Information

> **TouristikVerein Schwansen,** Tel. 04352 9548468, https://touristikverein-waabs.de

Parken

P 92 Parkplatz Badestelle Klein Waabs, GPS 54.52505, 9.99985. Kostenloser Parkplatz an der Badestelle.

Von Klein Waabs geht es auf der Landstraße weiter Richtung Großwaabs. Etwa auf halber Strecke kann man rechts zum Camping Hökholz 119 abbiegen. Wenn man an der Einfahrt zum Platz noch weiterfährt, kommt man an einen kleinen Parkplatz, der direkt am Strand liegt, leider aber nur für Pkw zugelassen ist.

Nur 1 km hinter der Abzweigung nach Hökholz kommt man auf der L26 nach Großwaabs, das interessanterweise kleiner ist als Klein Waabs. Hier kann man zu einem Campingplatz 120 abbiegen, der am Strand von Booknis liegt.

Das nächste Routenziel ist Damp. Um dort hinzukommen, fährt man auf der L26 zu-

119 Camping Hökholz

GPS 54.54162, 10.00872

Leicht hügeliges Gelände an einer flachen Stelle der Steilküste, Touristenplätze etwas abseits der Dauercamper im Südteil der Anlage, Kiosk, Bistro, Spielplatz, Tischtennis, Hundestrand. **Lage/Anfahrt:** Hinter Klein Waabs auf halbem Weg nach Großwaabs rechts von der L26 abbiegen, nach 1,5 km rechts die Einfahrt, ausgeschildert; **Platzanzahl:** 200, davon 50 für Touristen; **Untergrund:** Wiese; fest; **Service:** Strom, Trinkwasser, Abwasser, Chemie-WC; **Sicherheit:** umzäunt; **Preise:** 9 €/Fahrz., 4 €/Pers., Strom 2,50 €, Hund 3 €, Dusche 0,50 €; **Max. Stand:** unbegrenzt; **Geöffnet:** April–Ende Oktober; **Kontakt:** Camping Hökholz, Ritenrade 4, 24369 Waabs/OT Hökholz, Tel. 04352 9117031, https://camping-eckernfoerde.de

164wo-he

120 Ostsee-Freizeitpark Booknis

GPS 54.56308, 10.01861

Große, familienfreundliche und komfortable Freizeitanlage auf ebenem Wiesengelände zwischen Ostsee und Wald. Durch Bäume und Hecken unterteilt, einige Touristenplätze in Strandnähe, Restaurant, Supermarkt, Spielplatz, Tennis, Tischtennis, Boulebahn, Minigolf, Bootsslip und -liegeplätze. **Lage/Anfahrt:** In Großwaabs von der L26 Richtung Booknis abbiegen und der Straße 2,5 km bis zu ihrem Ende folgen, ausgeschildert; **Platzanzahl:** 800, davon 130 für Touristen; **Untergrund:** Wiese; fest; **Service:** Strom, Trinkwasser, Abwasser, Chemie-WC, WLAN kostenpflichtig; **Sicherheit:** umzäunt; **Preise:** 12–15 €/Fahrz., 5,50–6,50 €/Pers., Strom, 0,50 €/kWh, Hund 3 €; **Max. Stand:** unbegrenzt; **Geöffnet:** April–Mitte Oktober; **Kontakt:** Ostsee-Freizeitpark Booknis, Seestraße, 24369 Großwaabs/OT Booknis, Tel. 04352 2311, https://camping-booknis.de

165wo-he

nächst Richtung Vogelsang-Grünholz. Rechts sind schon die aus der grünen Landschaft ragenden Hochhäuser des Ziels zu sehen. Etwa 1,7 km hinter Großwaabs biegt man rechts Richtung Fischleger Strand/Schwastrum Mühle ab und verlässt nun endgültig die L26.

Nach weiteren 2 km geht es links weiter, geradeaus kommt man zum Campingplatz Koralle (121). Man passiert den Reiterhof Tramm und die Zufahrt zum Campingplatz Dorotheenthal (122) und fährt am Ende der Straße rechts. Nach gut 200 m biegt man am Kreisverkehr rechts auf den Großparkplatz Damp ein, an dessen Ende der Wohnmobilpark (123) liegt.

DAMP

(4 km - km 47)

Vor knapp 50 Jahren bestand Damp nur aus dem Gut Damp und einigen Häusern. Um am damaligen Tourismusboom zu partizipieren, beschlossen clevere Gemeindevertreter 1968, ein Ferienzentrum am Strand zu bauen. 1973 war es dann so weit und „Damp 2000" öffnete seine Pforten. Heute können Gäste im inzwischen in **Ostsee Resort Damp** umbenannten Ferienzentrum aus einem Angebot von 400 Hotelzimmern und 207 Ferienhäusern wählen und alle Freizeitangebote nutzen, ohne lange Wege zurücklegen zu müssen. Daneben gibt es eine Spezialklinik für Wirbelsäulen- und Gelenkerkrankungen und eine Reha-Klinik.

Ansonsten lockt der Ort vor allem mit seinem **Strand,** der sich nördlich und südlich des **Jachthafens** erstreckt. Im Bereich um den Hafen ist der Strand breit und feinsandig und es werden Strandkörbe vermietet. An anderen Stellen ist er mit bis zu faustgroßen Kieseln durchsetzt oder mit einem niedrigen Kieselwall vom Landesinneren abgesetzt. Hier kann man noch an vielen Stellen und besonders im Bereich des Fischleger Strandes den **Echten Meerkohl** entdecken. Die unter Naturschutz stehende Pflanze, die früher an der deutschen Nord- und Ostseeküste häufig war und als Wildgemüse gesammelt wurde, ist inzwischen sehr selten geworden und kommt nur noch an wenigen Stellen vor.

Wer gerne Wasserski läuft oder es ausprobieren möchte, findet dazu im **Wasserskipark Damp** auf einem See zwischen Wohnmobilpark und Strand Gelegenheit. Mithilfe eines umlaufenden Seils (Wasserskiseilbahn) kann man sich mit einer Geschwindigkeit von 30 km/h um den See ziehen lassen.

Wer noch etwas vom ursprünglichen Damp sehen möchte, sollte bei der Weiterfahrt am **Gut Damp** stoppen, das nur ein wenig abseits der Route liegt. Das Gut, dessen Ursprünge auf das frühe 15. Jh. zurückgehen, wird heute in vierter Generation von der Familie zu Reventlow bewirtschaftet. Wer Hunger hat, kann im empfehlenswerten Café und Restaurant **Kuhhaus** einkehren. In der ehemaligen, reetgedeckten Fachwerkscheune erhält man u. a. frischen Fisch aus Ostsee und Schlei, aber auch Gerichte mit Wild aus der eigenen Jägerei und Rindfleisch aus der Region.

Information

› **Ostsee Resort Damp,** Seeuferweg 10, 24351 Damp, Tel. 04352 80666, https://ostsee-resort-damp.de, Gästebetreuung und Information tägl. 10–19 Uhr an der Rezeption

Aktivitäten

› **Wasserskipark Damp,** Parkstraße 1, 24351 Damp, Tel. 04352 9529852, https://wasserski-damp.de, geöffnet: Mitte April–Mitte Oktober tägl. unter Berücksichtigung der Witterungsbedingungen, Erw. eine Stunde 18 €, Kinder/Jugendliche bis 14 Jahre 14 €

Gastronomie

› **Kuhhaus im Gut Damp,** Gut Damp, 24351 Damp, Tel. 04352 9549036, https://gut-damp.de, geöffnet: Mi und Do ab 17, Fr–So ab 14 Uhr, warme Küche ab 17 Uhr

Parken

Die Parkplätze innerhalb der verkehrsberuhigten Zone des Ostseeresorts sind kostenpflichtig und meist für Wohnmobile ungeeignet. Beim Einfahren in den Bereich wird das Kfz-Kennzeichen automatisch erfasst, beim Ausfahren muss man es an einem Automaten eingeben und den angezeigten Betrag zahlen. Erfolgt die Ausfahrt ohne Bezahlung, muss man mit rechtlichen Konsequenzen rechnen, daher sollte man besser die beiden folgenden, kostenlosen und geräumigen Parkplätze nutzen.

P 93 Parkplatz Damp Fischleger Strand, GPS 54.57916, 10.01498. Kostenloser, großer Parkplatz, nur 100 m vom Fischleger Strand entfernt. Der Parkplatz ist für Wohnmobilfahrer die beste Wahl, wenn man nicht übernachten möchte. Am Strand entlang führt ein schöner Spazierweg zum Jachthafen.

P 94 Großparkplatz Damp, GPS 54.56859, 10.02423. Kostenloser, großer Parkplatz außerhalb des Ostseeresorts. Zum Jachthafen und an die Strände etwa 1 km, kostenloser Pendelbus direkt zum Ostseehotel in der Nähe von Strand und Jachthafen.

121 Campingplatz Koralle

GPS 54.56822, 10.02264

Durch Hecken unterteiltes, leicht welliges Wiesengelände mit einzelnen Bäumen, das nahe an den schönen Fischleger Strand heranreicht. Preisgünstiger, einfacher Campingplatz mit lockerer Atmosphäre, Restaurant, Imbiss, Kiosk, Spielplatz, Bootsplätze. **Lage/Anfahrt:** Etwa 1,7 km hinter Großwaabs von der L26 Richtung Fischleger Strand abbiegen und der Straße bis zum Ende folgen, ausgeschildert; **Platzanzahl:** 225, davon 60 für Touristen; **Untergrund:** Wiese; fest; **Service:** Strom, Trinkwasser, Abwasser, Chemie-WC; **Sicherheit:** umzäunt; **Preise:** 7 €/Fahrz., 3,90 €/Pers., Strom 2,50 €, Hund 2 €, nur Barzahlung möglich; **Max. Stand:** unbegrenzt; **Geöffnet:** April–Mitte Oktober; **Kontakt:** Campingplatz Koralle, Rolf Schüttpelz, Fischleger Strand, 24351 Damp, Tel. 04352 5109, https://campingplatz-koralle.de

Man verlässt den Wohnmobilpark bzw. den Großparkplatz und fährt am Kreisverkehr nach links. Nach etwas mehr als 1,5 km gelangt man an eine Kreuzung, an der man nach links fahrend nach 400 m das Gut Damp erreicht. Die Route führt hier aber rechts Richtung Schuby/Schubystrand wei-

Blick über den Jachthafen auf das Ostsee Resort Damp

166wo-he

Routenübersicht S. 167

167wo-he

122 Campingplatz Damp Dorotheenthal

GPS 54.57230, 10.01798

Langgestrecktes Wiesengelände, das bis dicht an den Fischleger Strand reicht. Für Wohnmobile gesonderte Stellplätze auch in Strandnähe, SB-Markt, Bistro und Strandcafé, Spiel- und Bolzplatz, Sauna (gegen Gebühr) mit Ostseeblick, Bootsliegeplatz. **Lage/Anfahrt:** Etwa 1,7 km hinter Großwaabs von der L26 Richtung Fischleger Strand abbiegen, nach 2 km links und 700 m weiter rechts bis zum Ende der Straße, ausgeschildert; **Platzanzahl:** 360, davon 80 für Urlauber; **Untergrund:** Wiese; fest; **Service:** Strom, Trinkwasser, Abwasser, Chemie-WC, WLAN kostenpflichtig; **Sicherheit:** umzäunt; **Preise:** 10–12 €/Fahrz., 4–6 €/Pers., Strom 3 €, Hund (nur angeleint) 2,50–5 €; **Max. Stand:** unbegrenzt; **Geöffnet:** Ende März–Ende Oktober; **Kontakt:** Campingplatz Damp Dorotheenthal, Dorotheenthal, 24351 Damp, Tel. 04352 5121 oder 5103, https://camping-damp.de

168wo-he

123 Wohnmobilpark Damp

GPS 54.57744, 10.01582

Ausschließlich für Wohnmobile angelegtes, schattenloses Areal. Restaurant, kleiner Laden, Sanitärgebäude mit Dusche, WC, Waschmaschine und Trockner, kostenloser Shuttle ins Ostseeresort, ca. 800 m zum Strand. **Lage/Anfahrt:** Etwa 1,7 km hinter Großwaabs von der L26 Richtung Fischleger Strand abbiegen, nach 2 km links bis zum Ende der Straße, dann rechts und am Kreisverkehr erneut rechts, am Ende des Parkplatzes erreicht man den Stellplatz, ausgeschildert; **Platzanzahl:** 70; **Untergrund:** Schotter, Wiese; fest; **Service:** Strom, Trinkwasser, Abwasser, Chemie-WC, WLAN kostenlos; **Sicherheit:** beleuchtet; **Preise:** 15 €/Fahrz. inkl. 2 Pers. und Kinder bis 12 Jahre, Strom 0,60 €/kWh, Duschen 1 €/4 Minuten, Hund 1 €; **Max. Stand:** unbegrenzt; **Geöffnet:** ganzjährig; **Kontakt:** Wohnmobilpark Damp, Parkstraße 2, 24351 Damp, Tel. 04352 9117198, https://wohnmobilpark-damp.de

⑫④ Damp Ostseecamping

GPS 54.59782, 10.02153

Sehr großer Campingplatz auf einem ebenen Wiesengelände, das bis an den Strand und den Schwansener See reicht, Restaurant, Imbiss, SB-Markt, Spielplatz, im Sommer Kids Club, Aktivhalle mit Sauna und Fitnessbereich, Minigolf, Tischtennis, Surf- und Segelschule, Bootsslip. **Lage/Anfahrt:** Von der Verbindungsstraße zwischen Damp und Schuby kurz vor Schuby rechts abbiegen und der Straße 2,5 km bis zu ihrem Ende folgen, ausgeschildert; **Platzanzahl:** 820, davon 220 für Touristen; **Untergrund:** Wiese; fest; **Service:** Strom, Trinkwasser, Abwasser, Chemie-WC, WLAN kostenpflichtig; **Sicherheit:** umzäunt; **Preise:** 8,50–16 €/Fahrz., 4,50–5,50 €/Pers., Strom 3,60 €, Hund 3 €; **Max. Stand:** unbegrenzt; **Geöffnet:** Ende März–Anfang Oktober; **Kontakt:** Damp Ostsee Camping, Dörphof, 24398 Schubystrand, Tel. 04644 96010, https://damp-ostseecamping.de

169wo-he

ter. Nach etwa 1,5 km zweigt rechts eine Straße nach **Schubystrand** ab, wo ein weiterer Campingplatz ⑫④ auf Gäste wartet. Wer dort an den Strand will, muss über das Gelände des Campingplatzes und ein Ticket an der Rezeption lösen.

Wenn man an der Abzweigung nach Schubystrand weiter geradeaus fährt, kommt man durch **Schuby, Dörphof** und **Karby.** In Karby fährt man am Ende der Straße rechts Richtung Schönhagen. Man passiert die rechts stehende frühgotische Kirche, die um 1300 erbaut wurde. Etwas mehr als 200 m hinter der Kirche geht es an der nächsten Kreuzung rechts auf der Ostseestraße Richtung Höxmark/Schönhagen.

In **Karlbergfeld** kann man an der letzten **Milchtankstelle** (Karlbergfeld 5, 24398 Dörphof, geöffnet tägl. rund um die Uhr) vor der Ostsee seinen Milchvorrat auffüllen, fährt durch Höxmark und erreicht schließlich Schönhagen.

SCHÖNHAGEN

(12 km – km 59)

Schönhagen ist der größte Ortsteil der Gemeinde Brodersby (sprich: Brodersbü), die etwa 700 Einwohner hat. In Schönhagen selbst sind es 360 feste Bewohner. Wenn alle zur Verfügung stehenden Betten in den Ferienzimmern, -wohnungen und -häusern und in der Reha-Klinik belegt sind, stehen ihnen 1300 Gäste gegenüber. Der Ort eignet sich vor allem für Urlauber, die Natur und Ruhe suchen und auf Nachtleben, Shopping und Animation verzichten können. Hektik, Trubel und größere Menschenansammlungen findet man hier vergebens.

Der ausgezeichnete, bis zu 30 m breite **Sandstrand** (mit zwei Hundestränden) gehört zu den schönsten in der Eckernförder Bucht. Er erstreckt sich nach Norden bis Olpenitz und nach Süden bis Damp. Nach Süden wird er durch eine imposante **Steilküste** vom Lan-

170wo-he

desinnern getrennt. Dort kann man eine wunderbare Wanderung (ca. 2,7 km eine Strecke) bis zum **Naturschutzgebiet Schwansener See** machen. Unterwegs findet man einige erstklassige Aussichtspunkte und kommt am Nordende des Sees an eine Informationshütte des NABU.

Sehenswert ist das **Schloss Schönhagen,** das in einem weitläufigen Park steht, in dem man schöne Spaziergänge machen kann. Das Herrenhaus, das aus dem 17. Jh. stammt, ist heute eine Reha-Klinik, in der Krebspatienten geholfen wird. Im Café, das auch für Nichtpatienten zugänglich ist, kann man noch den Glanz vergangener Zeiten erahnen.

Information

› **Tourist-Information Schönhagen,** Strandstraße 13, 24398 Schönhagen, Tel. 04644 7091000, https://schoenhagen-ostsee.de, geöffnet: Juli und August Mo–Fr 9–18, Sa 9–17 Uhr, So 11–16 Uhr, April–Juni, September und Oktober Mo–Fr 9–17, Sa 9–16, So (April und Oktober geschlossen) 11–13 Uhr, November–März Mo–Fr 9–17 Uhr

Aktivitäten

Schönhagen gilt bei **Anglern** als einer der besten Fangplätze an der schleswig-holsteinischen Ostseeküste. Besonders bekannt ist der Ort für das erfolgreiche Angeln auf Meerforellen. Aber auch zahlreiche andere Fischarten können hier gefangen werden. Informationen dazu gibt es in der Tourist-Information.

Parken

P **95 Parkplatz Schönhagen Strand,** GPS 54.63467, 10.02941. Kostenloser, großer Pkw-Parkplatz in Strandnähe.

Das Schloss Schönhagen steht inmitten eines schönen Parks

Das Ostseeresort Olpenitz befindet sich direkt an der Mündung der Schlei in die Ostsee

125 Wohnmobilstellplatz Ostseebauernhof Schönhagen

GPS 54.63299, 10.01891

Etwas außerhalb von Schönhagen in der freien Feldmark auf einem noch bewirtschafteten Bauernhof gelegen, stellenweise uneben. Spielplatz, kleiner Streichelzoo, Reitmöglichkeit auf Islandpferden, zum Schloss Schönhagen 800 m Fußweg, zum Strand 1,5 km. **Lage/Anfahrt:** Von Höxmark kommend am Ortseingang von Schönhagen an der Kreuzung links in die Schlossstraße, nach 250 m erneut links, dann nach 500 m rechts; **Platzanzahl:** 10; **Untergrund:** fest; **Service:** Strom, Trinkwasser, Abwasser; **Sicherheit:** umzäunt; **Preise:** 12 €/Fahrz., inkl. 2 Erw., Ver- und Entsorgung und Hund; **Max. Stand:** unbegrenzt; **Geöffnet:** ganzjährig; **Kontakt:** Ostseebauernhof Schönhagen, Maren Marr, Eiskellerweg 6, 24398 Brodersby/OT Schönhagen, Tel. 04644 1052, https://ostseebauernhof-schoenhagen.de

Von Schönhagen fährt man wieder zurück an die Kreisstraße bei Karby, an der es dann rechts Richtung Brodersby/Olpenitz weitergeht. Man folgt der Straße über Brodersby bis zu ihrem Ende. Nach links kommt man nach wenigen Kilometern nach Kappeln, die Route führt aber nach rechts Richtung Olpenitz. Nach 500 m biegt man links in die Olpenitzer Dorfstraße ab und fährt durch Olpenitzdorf bis zum Ende der Straße, wo es links zum Campingplatz Schleimünde 126 geht. Hier ist man am Ende der Route um die Eckernförder Bucht angekommen und Kappeln (Route 7, s. S. 206) oder Maasholm (Route 8, s. S. 212) sind schnell erreicht.

OLPENITZDORF

(10 km – km 69)

Olpenitzdorf, erstmals Ende des 13. Jh. erwähnt, ist seit 1974 ein Ortsteil von Kappeln. Das kleine Dorf hat sich noch viel von seiner Ursprünglichkeit bewahren können und bietet einige schöne, **reetgedeckte Häuser** wie das Landhaus Stella Kathrin in der Dorfstraße 27, das aus der zweiten Hälfte des 18. Jh. stammt.

Wer im Dorf weilt, sollte unbedingt einen Spaziergang zum Picknickplatz **Schleimündeblick** unternehmen, wo man eine Bank und einen Tisch vorfindet. Man erreicht ihn am Ende des Olperör Wegs, der knapp 400 m westlich vom Landhaus Stella Kathrin von der Dorfstraße abzweigt. Von dort hat man einen erstklassigen Blick auf die Mündung der Schlei und die Ostsee. Aber es geht noch besser: Wenn man dem Feldweg knapp 1 km bis zur Spitze der Landzunge folgt, hat man einen der besten Schleiblicke überhaupt und kann ihn sogar von einem schmalen Strand aus genießen.

171wo-he

Das Gelände östlich von Olpenitzdorf an der Schleimündung war von 1964 bis 2006 ein Marinestützpunkt mit einem großen Hafen für Kriegsschiffe. Zeitweise waren hier über 2000 Personen beschäftigt. Nach der Aufgabe des Marinestützpunkts wurde schnell erkannt, dass das Gelände einen hohen touristischen Wert hat und ein Investor machte sich daran, den Port Olpenitz mit mehreren Hotels, 1000 Häusern und einem riesigen Jachthafen zu bauen. Das Unterfangen sollte 2012 fertiggestellt sein, leider ging der Plan schief und der Investor bankrott. Neue Investoren kamen und bauen seitdem am **Ostseeresort Olpenitz,** das schon weit gediehen ist und in den nächsten Jahren eröffnen soll.

Nur wenige Hundert Meter südlich vom Resort liegt der **Weidefelder Strand.** Der schöne Sandstrand ist bis zu 50 m breit und mehr als 2 km lang. Es werden Strandkörbe vermietet und es gibt einen Imbiss sowie ein Restaurant. Leider ist der Parkplatz nur für Pkw. Das Parken mit dem Wohnmobil ist ausdrücklich verboten.

Information

› **Information** unter https://olpenitz-kappeln.de

Parken

P 96 Parkplatz Weidefelder Strand, GPS 54.65126, 10.02986. Gebührenpflichtiger, großer Pkw-Parkplatz mit Schranke in Strandnähe. Wohnmobile sind hier verboten.

126 Campingplatz Schleimünde

GPS 54.66326, 10.00823

Der einfache, sehr ruhige, kleine Campingplatz befindet sich auf einer langgestreckten Wiese und direkt am naturbelassenen Sand- und Kiesstrand der Schlei. Von der ersten Reihe aus hat man einen atemberaubenden Blick auf die Schleimündung. Spielplatz, Gaststätte, Bootsliegeplätze, Brötchenservice. **Lage/Anfahrt:** Auf der Olpenitzer Dorfstraße vorbei am Hotel Schleimünde bis zum Ende fahren, dort links, in der Kurzhaltezone rechts parken und zur Anmeldung ins Hotel Schleimünde in 100 m Entfernung gehen; **Platzanzahl:** 145, davon 45 für Touristen; **Untergrund:** Wiese; fest; **Service:** Strom, Trinkwasser, Abwasser, Chemie-WC; **Sicherheit:** umzäunt; **Preise:** 21–36 €/Fahrz., inkl. 2 Pers. und Strom, Duschen 1 €, Hund 2 €; **Max. Stand:** unbegrenzt; **Kontakt:** Campingplatz Schleimünde, Olpenitzer Dorfstraße 29, 24376 Kappeln/OT Olpenitzdorf, Tel. 04642 81647, https://campingplatz-schleimuende.de

172wo-he

ROUTE 7

SCHLEI

173wo-he

Strecke:

Schleswig (s. S. 190) – **Füsing** (11 km, s. S. 197) – **Abstecher nach Tolk** (hin und zurück 15 km, s. S. 197) – **Brodersby** (3 km, s. S. 198) – **Goltoft** (2 km, s. S. 199) – **Ulsnis** (3 km, s. S. 200) – **Lindau** (6 km, s. S. 202) – **Lindaunis** (1 km, s. S. 202) – **Abstecher nach Sieseby** (hin und zurück 12 km, s. S. 202) – **Arnis** (11 km, s. S. 204) – **Kappeln** (6 km, s. S. 206)

Streckenlänge:

ohne Abstecher ca. 43 km
mit Abstecher ca. 70 km

⊡ Die historische Rollklappbrücke bei Lindaunis (s. S. 202) wird in den nächsten Jahren durch einen Neubau ersetzt

« Kapitelstartseite: Historisches Torhaus eines Gutes bei Sieseby (s. S. 202)

225wo-he

ROUTENÜBERSICHT

Etwas mehr als 40 km schlängelt sich die Schlei von der Ostsee bis ins Landesinnere des nördlichsten Bundeslands nach Schleswig. Rechts und links des Gewässers liegen kleine, malerische Dörfer in der von der letzten Eiszeit geprägten, sanft hügeligen Landschaft. Mit 300 Einwohnern nur so groß wie ein kleines Dorf, aber dennoch mit Stadtrechten versehen, hat man in Arnis die Möglichkeit, in der kleinsten Stadt Deutschlands einen kurzen, geruhsamen Spaziergang von einem Ende zum anderen zu machen. Wer es größer mag, findet ganz am Ende des Ostseearms mit Schleswig eine Stadt, die auf jeden Fall einen längeren Aufenthalt wert ist und mit zahlreichen, weit über die Landesgrenzen hinaus bekannten Museen als Kulturhauptstadt Schleswig-Holsteins angesehen wird. Hier befindet sich auch das sagenhafte Haithabu, ein 1000 Jahre alter, bedeutender Handelsplatz der Wikinger, der von der UNESCO als Welterbe anerkannt ist. In einem beeindruckenden Museum kann man sich zwischen originalgetreuen Nachbauten historischer Häuser und Hafenanlagen in das frühe Mittelalter versetzen lassen.

SCHLESWIG

Die Wikingerstadt Schleswig liegt am Westende der Schlei in einer Meeresbucht der Ostsee, die sich weit in das Landesinnere erstreckt. Das Siedlungsgebiet der um die 25.000 Einwohner zählenden Stadt erstreckt sich vor allem auf der Nordseite der Schlei.

Schleswig wurde 804 erstmals erwähnt und führte lange ein Dasein im Schatten der gegenüberliegenden Wikingersiedlung Haithabu. Erst nach der Zerstörung Haithabus durch die Slawen 1066 blühte der Ort auf und entwickelte sich zu einem wichtigen Handelszentrum, wurde Bischofssitz und Residenz der Herzöge von Gottorf.

Auch wenn sich der Handel mehr und mehr nach Lübeck und Flensburg verlagerte, weil die Schlei für die immer größer werdenden Schiffe nicht mehr schiffbar war, verlor der Ort nie seine Bedeutung. So war er zeitweise Regierungs- und Parlamentssitz des Herzogtums Schleswig, später Hauptstadt der preußischen Provinz Schleswig-Holstein und gilt heute mit dem Sitz des Oberlandesgerichts als **Justizhauptstadt** und mit mehreren Landesmuseen und dem Landesarchiv als **Kulturhauptstadt Schleswig-Holsteins.**

Schleswig liegt dicht an der Autobahn A7. Egal, ob man von Süden kommt und in Schleswig/Jagel die Autobahn verlässt oder von Norden in Schleswig/Schuby, man wird frühzeitig mit Hinweisschildern zum **Schloss Gottorf** gelenkt. Es ist also eine gute Idee, die Besichtigung des Orts am Schloss zu beginnen, zumal man dort einen geräumigen Parkplatz vorfindet, der auch für Wohnmobile gut geeignet ist. Das imposante Schloss, das aus einer mittelalterlichen Burg hervorging, ist das größte in Schleswig-Holstein. Von 1544 bis 1713 war es Residenz der Herzöge von Schleswig-Holstein-Gottorf, aus deren Linie vier schwedische Könige und mehrere russische Zaren hervorgingen. Danach war es Sitz des dänischen Statthalters in Schleswig und später Kaserne. Heute ist das Schloss Heimat zweier Museen.

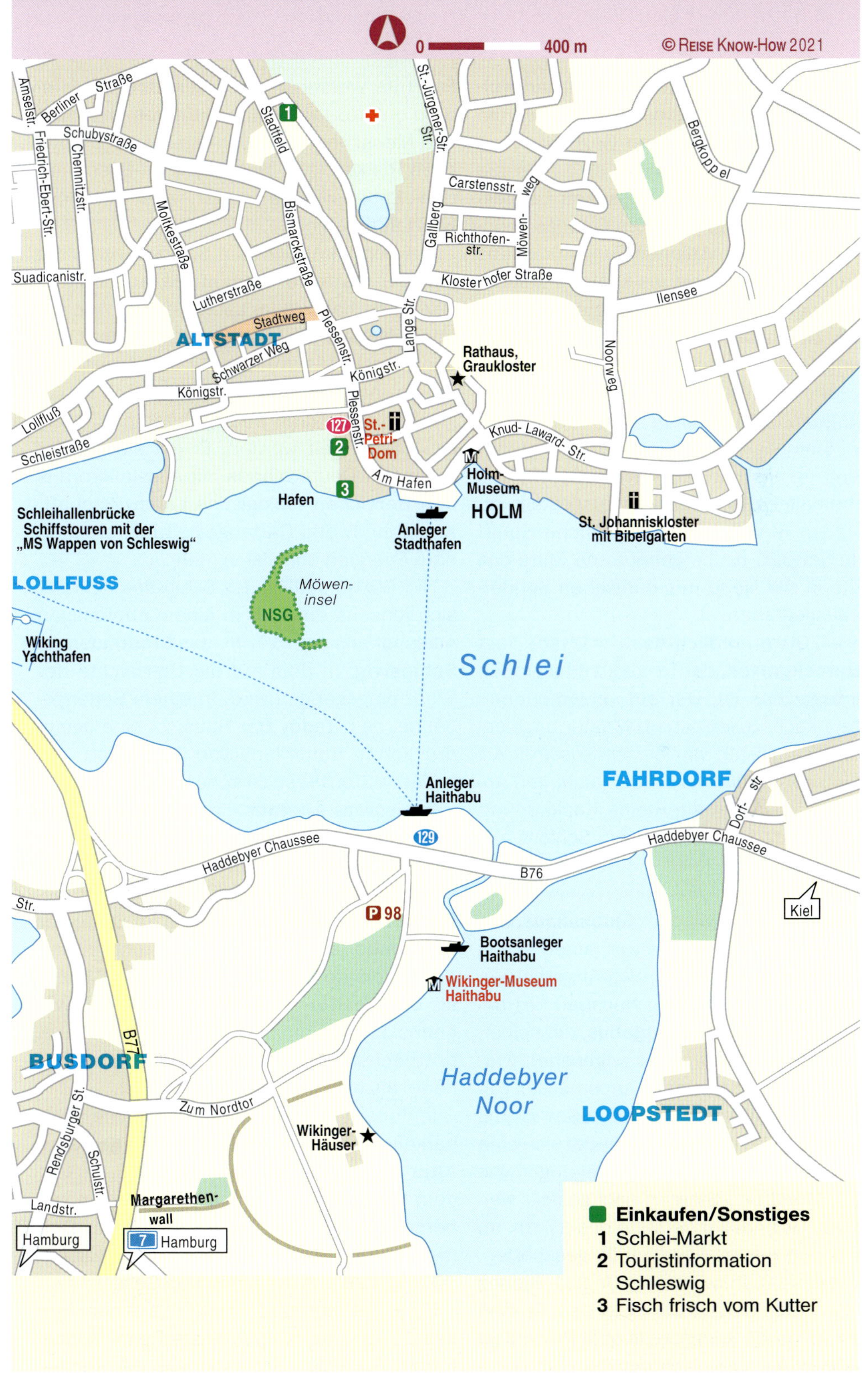
0
400 m
© Reise Know-How 2021
Amselstr.
Berliner Straße
Friedrich-Ebert-Str.
Schubystraße
Chemnitzstr.
Stadtfeld
St.-Jürgener-Str.
Bergkoppel
Carstensstr.
Möwenweg
Gallberg
Richthofenstr.
Moltkestraße
Bismarckstraße
Suadicanistr.
Klosterhofer Straße
Lutherstraße
Ilensee
Stadtweg
Lange Str.
ALTSTADT
Plessenstr.
Rathaus, Graukloster
Noorweg
Schwarzer Weg
Königstr.
Königstr.
Lollfuß
127
St.-Petri-Dom
Knud-Laward-Str.
Schleistraße
2
Am Hafen
Holm-Museum
3
Hafen
HOLM
Schleihallenbrücke Schiffstouren mit der „MS Wappen von Schleswig“
Anleger Stadthafen
St. Johanniskloster mit Bibelgarten
LOLLFUSS
Möwen-insel
NSG
Wiking Yachthafen
Schlei
Anleger Haithabu
FAHRDORF
Dorfstr.
129
Haddebyer Chaussee
Haddebyer Chaussee
B76
Str.
P 98
Kiel
Bootsanleger Haithabu
Wikinger-Museum Haithabu
B77
BUSDORF
Haddebyer Noor
LOOPSTEDT
Zum Nordtor
Rendsburger St.
Wikinger-Häuser
Schulstr.
Landstr.
Margarethenwall
Hamburg
7 Hamburg
Einkaufen/Sonstiges
1 Schlei-Markt
2 Touristinformation Schleswig
3 Fisch frisch vom Kutter

Das **Landesmuseum für Kunst- und Kulturgeschichte** zeigt Sammlungen, die vom Mittelalter bis zur Kunst der Gegenwart reichen. Besonders spektakulär sind aber die Sammlungen des **Archäologischen Landesmuseums,** die zu den größten Europas gehören. Mehr als drei Millionen Fundstücke aus der frühen Steinzeit bis ins späte Mittelalter legen Zeugnis über die Geschichte Nordeuropas ab. Zu den bekanntesten Stücken zählen die um die 2000 Jahre alten **Moorleichen,** die manchen Besuchern beim Betrachten einen gewaltigen Schauer über den Rücken jagen. Einmalig und von international großer Bedeutung ist auch das **Nydam-Schiff,** das im ehemaligen Exerzierhaus ausgestellt ist. Das 23 m lange, hochseetaugliche Schiff wurde um 320 n. Chr. gebaut und Mitte des 19. Jh. in der Nähe des dänischen Sønderborg ausgegraben.

Etwa 700 m nördlich des Schlosses liegt der **Barockgarten,** der Teil des 15 ha großen Schlossgartens ist. Der auf verschiedenen Ebenen nach italienischem Muster angelegte Terrassengarten war der erste seiner Art nördlich der Alpen. Neben der gesamten Anlage sind vor allem die Kleine Kaskade mit ihrem Tempel, auf die man vom Schloss aus zugeht, der Spiegelteich mit der Herkulesfigur und das Globushaus bemerkenswert. Besonderes Interesse gilt dem **Globushaus,** das 2005 neu errichtet wurde und einen schon lange zuvor abgerissenen Vorgängerbau ersetzt. Es beherbergt einen Nachbau des berühmten **Gottorfer Riesenglobus,** der seinerzeit als achtes Weltwunder angesehen wurde. Der Globus, der einen Durchmesser von drei Metern hat, ist begehbar. Außen ist die Erde dargestellt, im Innern befindet sich eine Art Planetarium, in dem die Bewegungen von Sonne, Mond und Sternen nachgestellt werden. Das Original wurde Mitte des 17. Jh. im Auftrag von Herzog Friedrich III. geschaffen. Anfang des 18. Jh. wurde der Original-Globus nach St. Petersburg zu Zar Peter dem Großen geschickt, ob als Kriegsbeute oder Präsent ist umstritten. Auch im Nachbau kann man eine Fahrt im Weltall antreten. Allerdings ist Kindern unter 6 Jahren das Mitfahren untersagt und Menschen mit bestimmten gesundheitlichen Risiken (z. B. Herz-Kreislauf-Beschwerden, Epilepsie, Platzangst) wird von einer Fahrt abgeraten.

Auf dem Platz vor dem Schloss wird Mitte Mai der **Gottorfer Landmarkt** abgehalten. Der Markt hat sich im Laufe der Zeit zu einer überregionalen Veranstaltung entwickelt, auf der ausschließlich Produkte und Dienstleistungen angeboten werden, die nach ökologischen und fairen Bedingungen produziert bzw. gehandelt werden. Er gilt als größter Ökomarkt Deutschlands mit Ausstellern aus den Bereichen biologische Landwirtschaft, Kunsthandwerk, Gartengestaltung, erneuerbare Energien und vielen mehr.

Nur 600 m südlich des Schlosses befindet sich jenseits der B76 in einem ehemaligen Adelshof aus dem 17. Jh. das **Stadtmuseum Schleswig,** in dem auf die Geschichte der Stadt eingegangen wird. In einem Seitengebäude, dem **Teddy Bär Haus,** ist eine beeindruckende Sammlung von Stoffbären und anderen Stofftieren zu sehen.

Schleswigs **Altstadt** wird von dem mächtigen, weithin sichtbaren **Dom St. Petri** dominiert. Er wurde um 1100 erbaut und 1134 erstmals urkundlich erwähnt. Die ursprünglich romanische Basilika wurde im Laufe der Jahrhunderte ständig erweitert und erhielt erst Ende des 19. Jh. ihre heutige Form, als der Westturm, ein Geschenk Kaiser Wilhelms I., angebaut wurde. Der mit 112 m dritthöchste Turm Schleswig-Holsteins gilt heute als ein Wahrzeichen der Stadt.

Im Innern birgt die Kirche zahlreiche Kostbarkeiten. Da ist als Erstes der **Brüggemann-Altar** zu nennen, der Anfang des 16. Jh. von dem Holzschnitzer Hans Brüggemann in siebenjähriger Arbeit geschaffen wurde. Den fast 13 m hohen und 7 m breiten Altar zieren 392 Figuren aus der biblischen Geschichte.

Die Eichenholzkanzel stammt aus der Mitte des 16. Jh., sie ist die älteste Renaissance-Kanzel Schleswig-Holsteins. Aus der Renais-

sance stammt auch das Kenotaph Friedrichs I., das im nördlichen Chorschiff steht. Ein Kenotaph ist ein Scheingrab, das ausschließlich der Erinnerung dient und keine sterblichen Überreste enthält. Reich verziert ist auch das bronzene Taufbecken aus dem Jahr 1480.

Der **Kreuzgang,** der Schwahl (= kühler Gang) genannt wird, entstand Anfang des 14. Jh. Er ist jedes Jahr in der Adventszeit Schauplatz des **Schwahlmarkts,** eines großen Kunsthandwerkermarkts. Zum Rahmenprogramm gehören Gottesdienste, Konzerte und Vorträge.

Rings um den Dom findet man noch zahlreiche, oft liebevoll restaurierte alte Häuser. Nur wenige Schritte östlich des Doms liegt der Rathausplatz, ebenfalls mit einigen alten Häusern und einem Brunnen in der Mitte. Das **Rathaus** befindet sich noch 50 m nordöstlich am Rathausmarkt 1. Es wurde 1794/1795 im klassizistischen Stil auf den Grundmauern einer mittelalterlichen Klosterkirche errichtet. Von dem ehemaligen Franziskanerkloster, dem sog. **Graukloster,** sind auf der Rückseite des Rathauses noch Gebäude erhalten, in denen heute Büros der Stadtverwaltung untergebracht sind. Der Name des Klosters hat nichts mit der Farbe des Gebäudes zu tun, sondern wurde von den grauen Kutten der Mönche abgeleitet.

Vom Rathausmarkt ist es nur ein kurzer Fußweg Richtung Schlei zur **Fischersiedlung Holm,** die bis 1933 eine Insel war und erst im vergangenen Jahrhundert mit dem Festland verbunden wurde. Mittelpunkt ist der zentrale Platz mit Friedhof und einer Kapelle, die aus dem Jahr 1876 stammt. Um den Platz und in den wenigen angrenzenden Straßen stehen zahlreiche liebevoll restaurierte und mit Rosenpflanzen geschmückte historische Häuser, deren Bau bis auf das frühe 18. Jh. zurückgeht.

Schloss Gottorf beherbergt heute zwei Museen

Schlei

Die Schlei ist ein Meeresarm der Ostsee, der sich über 40 km von Schleimünde im Osten bis ins Landesinnere nach Schleswig erstreckt. Er trennt die beiden schleswigschen Landschaften Angeln im Norden und Schwansen im Süden. Die Schlei ist flach, durchschnittlich nur drei Meter tief. Das Wasser ist brackig, hat an der Mündung einen Salzgehalt von 1,8 % und bei Schleswig immerhin noch von 0,8–0,4 %.

Neben Fischen wie Hering oder Aal lebt hier auch der seltene Schleischnäpel, eine lokale Form des Ostseeschnäpels, der zu den lachsartigen Fischen gehört und mit der Forelle verwandt ist.

Auch wenn vielfach von der Schlei als Fjord gesprochen wird, ist sie das nach Ansicht von Wissenschaftlern auf gar keinen Fall. Es ist unter Geomorphologen sogar umstritten, ob sie wie die Flensburger oder die Kieler Förde durch den Schurf einer Gletscherzunge entstanden ist oder lediglich durch Erosion von Schmelzwasser. Dann wäre sie nämlich ein Tunneltal. Aber egal, landschaftlich schön und einen auch längeren Besuch wert sind die Schlei und ihre Umgebung allemal.

Von Holm ist es nur ein kurzer Weg zum **Stadthafen,** wo sich auch der beliebte und oft belegte Wohnmobilstellplatz befindet. Westlich davon erstrecken sich auf einem 16 ha großen Gelände die **Königswiesen,** Schleswigs Stadtpark, der 2008 im Rahmen der Landesgartenschau neu gestaltet wurde. Hier liegt auch das **Luisenbad,** ein kostenloses Freibad an der Schlei mit schönem Sandstrand, das von Juni bis August geöffnet ist.

Die Königswiesen sind Schauplatz der legendären **Wikingertage.** Jedes Jahr im August kommen Touristen aus ganz Europa zu einem der größten Wikingerfeste der Welt und verwandeln die Königswiesen in eine riesige mittelalterliche Siedlung. Zu den spektakulären Schaukämpfen in der Kampfarena, den Vorführungen der Gaukler und Handwerker, den Musikdarbietungen und Märkten sind selbstverständlich auch „Nichtwikinger" eingeladen, die sich gefahrlos unter die „Barbaren" mischen können (Programm und Details siehe https://wikingertage.de).

Wer mehr über die Wikinger erfahren möchte, hat dazu auf der gegenüberliegenden Seite der Schlei am Haddebyer Noor im **Wikinger Museum Haithabu** Gelegenheit. Das Museum gehört zu den bedeutendsten archäologischen Museen Deutschlands und ist unbedingt einen Besuch wert. Es wurde an einem der wichtigsten Handelsplätze der Wikinger, der 2018 von der UNESCO zum Welterbe ernannt wurde, errichtet und zeigt sehr eindrucksvoll, wie die Menschen im frühen Mittelalter gelebt haben. Im modernen Ausstellungshaus werden zahlreiche, teils einzigartige Funde präsentiert und im Außengelände kann man sieben originalgetreu nachgebaute Häuser und eine Landebrücke bestaunen. Märkte nach historischem Vorbild und Vorführungen alter Handwerke füllen an manchen Tagen das Dorf mit Leben und lassen die Besucher in eine Zeit eintauchen, die seit über 1000 Jahren vergangen ist.

Sehenswertes

- **Museumsinsel Schloss Gottorf,** Schlossinsel 1, Tel. 04621 813222, https://schloss-gottorf.de, geöffnet: Di–Fr 10–16, Sa und So 10–17 Uhr, April–Oktober jeweils eine Stunde länger, Eintritt Erw. 9 €, ermäßigt 7 €, Kinder/Jugendliche 3 €, Globus und Barockgarten April–Oktober Di–Fr 10–17, Sa und So 10–18 Uhr, Eintritt Erw. 7 €, ermäßigt 5 €, Kinder/Jugendliche 2 €
- **Stadtmuseum Schleswig,** Friedrichstraße 9–11, Tel. 04621 936820, www.stadtmuseum-schleswig.de, geöffnet: Di–So 10–17 Uhr, Eintritt Erw. 5 €, ermäßigt 2,50 €
- **St.-Petri-Dom,** Norderdomstraße 15, Tel. 04621 989595, https://mein-schleswiger-dom.de, geöffnet: Mai–September 9–17, So 13.30–17 Uhr, Oktober–April 10–16 Uhr, So 13.30–16 Uhr. Bis Ende 2021 ist der Dom wegen umfangreicher Sanierungsmaßnahmen eine Großbaustelle und

nur eingeschränkt und zeitweise überhaupt nicht zugänglich.

- **Wikinger Museum Haithabu,** Am Haddebyer Noor 3, 24866 Busdorf, Tel. 04621 813122, https://haithabu.de, geöffnet: April–Oktober tägl. 9–17 Uhr, November–März Di–So 10–16 Uhr, die Wikinger-Häuser im Freigelände sind im Winterhalbjahr geschlossen, Eintritt Museum und Häuser Erw. 8 €, ermäßigt 6 €, Kinder 3 €, nur Häuser Erw. 3 €, ermäßigt 2 €, Kinder 2 €, günstige Familienkarten

Information

- **Touristinformation Schleswig,** Plessenstraße 7 (gegenüber vom Dom), 24837 Schleswig, Tel. 04621 850056, https://ostseefjordschlei.de, geöffnet: April, Mai und Oktober Mo–Fr 10–17, Sa 10–14 Uhr, Juni–September zusätzlich So 10–14 Uhr, Juli und August Mo–Fr 10–18 Uhr, November–März Mo–Fr 10–16 Uhr

Schiffsausflüge

- **MS Wappen von Schleswig,** Gottorfer Damm 1, Tel. 04621 23319, https://schleischifffahrt.de, Linienfahrten mit einem historischen Fahrgastschiff, von Ende April bis Anfang Oktober über Missunde, Ulsnis bis Kappeln, im Juli und August auch weiter über Maasholm nach Schleimünde, aber auch Ausflugsfahrten
- **Hafenrundfahrten,** Stadthafen, Tel. 04621 27530, www.schleifahrten.de, April–September tägl. bis zu fünf einstündige Hafenrundfahrten mit dem Oldtimer MS Atlas
- **Fähre Schleswig Stadthafen – Haddeby,** Tel. 04621 3951768, www.hein-haddeby.de, Anfang Mai–Mitte Oktober tägl. bis zu vier Abfahrten mit der Barkasse „Hein". Vom Anleger in Haddeby kann man das Wikinger Museum zu Fuß erreichen.
- Weitere Möglichkeiten für Schiffsfahrten auf der Schlei siehe Kappeln (s. S. 207).

127 Stellplatz am Stadthafen Kappeln

GPS 54.51208, 9.56815

Der Stellplatz liegt am Stadthafen und ist in der Hauptsaison oft voll belegt. Die Stellplätze in der ersten Reihe direkt an der Kaimauer haben einen schönen Blick auf die Schlei. Innenstadt, Bäcker und Supermarkt ca. 500 m, mehrere Cafés, Bistros und Restaurants direkt am Hafen, Fähre nach Haddeby zum Wikinger Museum (siehe Schiffsausflüge, s. S. 207). Der Platz ist sehr beliebt und oft voll. Die beste Chance, dann einen Stellplatz zu ergattern, besteht am frühen Vormittag. **Lage/Anfahrt:** Vom Schloss Gottorf Richtung Stadtmitte fahren, dort am markanten, weißen Hotel Alter Kreisbahnhof rechts in die Plessenstraße und weiter bis zum Hafen; **Platzanzahl:** 45; **Untergrund:** Schotter, Pflaster; **Service:** Strom, Trinkwasser, Abwasser, Chemie-WC, WLAN, kostenlos; **Sicherheit:** beleuchtet; **Preise:** 20 €/Fahrz. inkl. 3 Pers., Strom, Wasser, Ver- und Entsorgung, Dezember–Februar nur 14 €; **Max. Stand:** unbegrenzt; **Geöffnet:** ganzjährig, von Dezember bis Februar stehen die Sanitäranlagen und die Entsorgung nicht zur Verfügung; **Kontakt:** Am Hafen 5, 24837 Schleswig, Tel. 04621 801450, https://womoplatz-schleswig.de

175wo-he

Einkaufen

- **Fisch frisch vom Kutter** gibt es am Stadthafen von Fischer Jörn Ross in der Regel Mi bis Fr von 9 bis 11 Uhr (Tel. 04621 22192, www.fischerjoernross.de).
- **Schlei-Markt,** Sa 7–13 Uhr, bunter Wochenmarkt auf dem Marktplatz an der Straße Stadtfeld etwa 1 km nördlich vom Stadthafen

Parken

P 97 **Parkplatz Schloss Gottorf,** GPS 54.51101, 9.54095. Kostenloser, großer Parkplatz auf der Schlossinsel vor dem Schloss.

P 98 **Parkplatz Wikinger Museum,** GPS 54.49959, 9.56878. Kostenloser, großer Parkplatz, etwa 200 m bis zum Museum.

128 Stellplatz am Wiking Yachthafen Kappeln

GPS 54.50672, 9.54757

Kaum bekannter Stellplatz im Jachthafen am Wikingturm, direkt am Wasser, Kiosk und Restaurants in der Nähe, Kanu- und Tretbootverleih. **Lage/Anfahrt:** Vom Gottorfer Damm an der Kreuzung mit der Zufahrt zur Schlossinsel gegenüber in die Gottorfstraße fahren, dann links in die Callisenstraße, kurz vor dem Ende rechts ins Wikingeck und weiter bis zur Schranke. Etwas schmal. Wenn die Schranke geschlossen ist, beim freundlichen Hafenmeister melden; **Platzanzahl:** 8; **Untergrund:** Pflaster; **Service:** Strom, Trinkwasser, Abwasser, Chemie-WC, WLAN; **Sicherheit:** umzäunt, bewacht; **Preise:** 12 €/Fahrz., Strom und Wasser 3 €, Entsorgung Abwasser 2 €; **Max. Stand:** unbegrenzt; **Geöffnet:** Mai–September; **Kontakt:** Wiking Yachthafen, Wikingeck 11, 24837 Schleswig, Tel. 04621 35666, www.wiking-yachthafen.de

129 Wikinger-Campingplatz Haithabu

GPS 54.50105, 9.57077

Campingplatz auf ebenem, nicht parzelliertem Wiesengelände, das bis an die Schlei reicht. Der Platz ist durch Büsche und Bäume aufgelockert und man hat einen schönen Blick auf die Schlei und Schleswig mit dem Dom. Spielplatz, empfehlenswertes Restaurant und Laden gegenüber der Einfahrt, Grillplätze, Badestelle mit Liegewiese, kurzer Fußweg zum Wikinger Museum Haithabu. **Lage/Anfahrt:** Von Schleswig auf der B76 Richtung Eckernförde, in Haddeby an Odins Restaurant (gegenüber der Kirche) links auf den Parkplatz, die Einfahrt zum Campingplatz ist dann rechts, ausgeschildert; **Platzanzahl:** 130, davon 100 für Touristen; **Untergrund:** Wiese; fest; **Service:** Strom, Trinkwasser, Abwasser, Chemie-WC, WLAN auf einem Teil des Geländes; **Sicherheit:** umzäunt; **Preise:** 12–14 €/Fahrz., 4 €/Pers., Strom 2 €, Duschmarke 0,50 €, Hund 2 €; **Max. Stand:** unbegrenzt; **Geöffnet:** Anfang April–Mitte Oktober; **Kontakt:** Wikinger-Campingplatz Haithabu, Haddebyer Chaussee 15, 24866 Busdorf, Tel. 04621 32450, https://campingplatz-haithabu.de

176wo-he

Vom Parkplatz des Schlosses Gottorf hält man sich in Richtung Stadtmitte und fährt dort am markanten, weißen Hotel Alter Kreisbahnhof rechts in die Plessenstraße und weiter bis zum Stadthafen, wo es einen sehr beliebten, oft aber leider auch vollkommen belegten Wohnmobilstellplatz 127 gibt. Von dort passiert man die Fischersiedlung Holm und folgt anschließend den Wegweisern in Richtung Klensby/Missunde. Hinter dem kleinen Dorf Klensby gelangt man nach etwa 3,5 km nach Füsing und kann am Dorfanfang gleich rechts Richtung Strand und zum Café Winningmay fahren.

FÜSING

(11 km – km 11)

Das Dorf Füsing, das zur Gemeinde Schaalby gehört, hat 2010 für einiges Aufsehen gesorgt und das Herz von Archäologen höherschlagen lassen, denn etwas westlich des Ortes wurde eine **ehemalige Wikingersiedlung** entdeckt. Wissenschaftler gehen von einer Anlage mit einem Langhaus, in dem der Häuptling gewohnt hat, und bis zu 100 kleineren Häusern aus. Zahlreiche Funde von Schmuck aus Silber, Bronze und Blei sowie Keramikscherben weisen darauf hin, dass die Siedlung bereits um das Jahr 700 bestand und damit 100 Jahre älter ist als Haithabu. Zu sehen ist vor Ort – zumindest für den Laien – bis auf einige Äcker allerdings nichts Außergewöhnliches.

Dafür ist die schöne **Naturbadestelle Winningmay** mit einem kleinen, unbewachten Sandstrand für alle sichtbar. Neben Badegästen kommen viele **Surfer** hierher, denn vor allem Anfänger finden hier optimale Bedingungen.

Auch Naturfreunde kommen auf ihre Kosten. Von der Badestelle führt ein schöner Spazierweg in das **Naturschutzgebiet Reesholm.** Die weit in die Schlei hineinragende Halbinsel, ein flacher Moränenrest aus der letzten Eiszeit, steht seit 1976 unter Naturschutz. Hier brüten zahlreiche Vogelarten. Besondere Bedeutung hat das 120 ha große Gebiet als Rastplatz für Zugvögel im Frühjahr und Herbst.

Einkehren

› **Café Winningmay,** Winningmay 8, 24882 Schaalby/OT Füsing, Tel. 04622 2690, geöffnet: Mo–Fr 14–20, Sa und So 10.30–20 Uhr. Kleines Café mit dem Charme vergangener Zeiten.

Parken

P 99 Parkplatz Naturbadestelle Winningmay, GPS 54.52882, 9.63166. Kostenloser, geräumiger Parkplatz direkt am Strand, Wohnmobile von 20–8 Uhr nicht erlaubt.

ABSTECHER NACH TOLK

(hin und zurück 15 km)

Besonders für Familien mit Kindern dürfte ein Ausflug nach Tolk interessant sein, denn hier lockt die **Tolk-Schau,** Deutschlands nördlichster **Familien-Freizeitpark,** Besucher an. Geboten werden diverse Attraktionen wie eine Bootsrutsche, eine Sommerrodelbahn, eine Achterbahn, eine Trampolinanlage und ein Autoscooter, aber auch Spielplätze, ein Hirschgehege sowie Ausstellungen wie die Insekten- und Schmetterlingssammlung.

Im **Dinopark** lassen sich mehr als 100 Dinosaurier und andere längst ausgestorbene Tiere in Lebensgröße bewundern. Gegen eine geringe Gebühr kann man sich eine von 50 **Grillhütten** mieten.

Die Anfahrt zu Tolk-Schau erfolgt von Füsing aus nach Westen. Nach ca. 400 m biegt man nach Norden in die Raiffeisenstraße Richtung Schaalby ab. Hinter dem Dorf trifft man auf die B201, der man nach rechts folgt. Nach 1 km biegt man links in die Straße Tolk-Schau ab. Von hier ist der Weg ausgeschildert.

Auf dem Rückweg fährt man am besten in die Ortschaft Tolk hinein und dort auf der L189 zurück zur B201, die man geradewegs überquert. Über Scholderup gelangt man nach Brodersby, wo man wieder auf die Route stößt.

Sehenswertes

› **Tolk-Schau,** Tolk-Schau 1, 24894 Tolk, Tel. 04622 2084, https://tolk-schau.de, geöffnet: Mitte April–Mitte Oktober tägl. außer Freitag und einigen weiteren Tagen (Details siehe im Internet) 10–18 Uhr, Einlass bis 16 Uhr, Eintritt 24 €, Kinder unter 95 cm und Geburtstagskinder am Tag ihres Geburtstags frei

Wer den Abstecher nach Tolk nicht gemacht hat, fährt von Füsing auf der Kreisstraße weiter Richtung Brodersby, wo man nach 3,5 km ins Zentrum des Ortes und an die Kreuzung mit der L189 gelangt.

BRODERSBY

(3 km - km 14)

Brodersby (sprich: Brodersbü) bildet zusammen mit dem etwas östlich gelegenen Dorf Goltoft eine Gemeinde mit knapp 700 Einwohnern. Seit 1995 ist sie anerkannter Erholungsort und bietet etwa 200 Übernachtungsmöglichkeiten in Ferienhäusern, Gästezimmern und Appartements, die meisten in Brodersby im Ortsteil Burg. Als Einkaufsmöglichkeiten gibt es einen kleinen Markt-Treff (mit Postagentur), einen Bäcker und einen Bio-Hofladen.

In Brodersby ist die **Felssteinkirche St. Andreas,** die noch weitgehend in ihrer ursprünglichen Form und Ausgestaltung erhalten und damit eine der ursprünglichsten Kirchen im Nordosten Schleswig-Holsteins ist, besonders sehenswert. Die weiß verputzte, romanische Kirche wurde in der zweiten Hälfte des 12. Jh. erbaut. Das mächtige Taufbecken aus Granit stammt ebenfalls aus dieser Zeit. Sehenswert sind das Triumphkreuz (15. Jh.) und die barocke Kanzel aus dem Jahr 1726. Besonders interessant ist die Doppelsanduhr rechts auf der Kanzel. In dem einen Glas läuft der Sand in einer halben Stunde durch, in der anderen in einer. Beide zeigen die Mindestdauer einer Predigt an, 30 Minuten an normalen Sonntagen, eine Stunde an Feiertagen.

Die kleine Orgel auf der hübsch bemalten Empore wurde 1682 gebaut. Bemerkenswert ist auch der hölzerne Turm auf der Westseite der Kirche. Er ist niedriger als die Kirche selbst und das wohl aus Geiz (oder Sparsamkeit), denn in früheren Zeiten sollen die Steuern nach der Höhe des Kirchturms erhoben worden sein.

Auch ein Blick in das kleine, 1988 gegründete **Dorfmuseum** lohnt sich. Neben historischen landwirtschaftlichen Geräten und Gerätschaften aus dem Haushalt ist vor allem die alte Zahnarztpraxis von Interesse.

Im Ortsteil Burg gibt es einen unbewachten **Strand** an der Schlei. Er ist lang, fast durchweg grasig, bietet viele Bänke und Tische und ist auch bei Surfern sehr beliebt. Hundehalter finden einen eigenen Abschnitt für ihre Vierbeiner.

Brodersby liegt an einer sehr schmalen, nur etwas mehr als 100 m breiten Stelle der Schlei. Hier verbindet seit über 50 Jahren eine **Fähre** die beiden Ufer. Die an einem Drahtseil über das Wasser gleitende Fähre kann bis zu 45 Personen und maximal acht Pkw befördern, bei größeren Fahrzeugen (Höchstgewicht 7,5 t) oder Gespannen entsprechend weniger. Die Überfahrt ist ein kleines Erlebnis und weder für Personen noch Fahrzeuge teuer.

Auf der anderen Seite, in **Missunde,** kann man ein Großsteingrab besichtigen und findet auf dem Campingplatz Wees (130) eine sehr gute Übernachtungsmöglichkeit direkt an der Schlei.

Sehenswertes

- **Dorfmuseum Brodersby-Goltoft,** Missunder Fährstraße 4, Tel. 04622 2189, https://hof-bluschke.de, geöffnet: April, Mai, September und Oktober 14–17 Uhr, Juni–August 10–17 Uhr
- **Schleifähre Missunde,** An der Fähre 1, 24354 Missunde, Tel. 0172 1556422, https://schleifaehre-missunde.de, Betriebszeiten Mo–Fr 6–20.50, Sa, So 8–20.50 Uhr

Information

- **Touristinfo im Markt-Treff,** Schleidörfer Straße 11, 24864 Brodersby, Tel. 04622 808, https://brodersby-goltoft.de, Mo–Sa 10–12, Mo, Di und Do zusätzlich 14.30–16.30 Uhr

Gastronomie

- **Das Kuchenhaus,** Missunder Fährstraße 24, Tel. 04622 9839323, https://das-kuchenhaus.de, geöffnet: April–September tägl. 12–18 Uhr, Oktober tägl. 13–17 Uhr, November–April Sa, So 13–17 Uhr, an manchen Abenden von 18 bis 22 Uhr Cocktailzeit. Der Name ist Programm. Im Kuchenhaus werden leckere, selbstgemachte Kuchen und Torten zu fairen Preisen und in gemütlicher Atmosphäre serviert.

130 Campingplatz Wees

GPS 54.52285, 9.72411
Sehr ruhig gelegenes, terrassenförmiges Wiesengelände, das bis an eine Bucht der Schlei reicht, kleiner Laden, Spielplatz, Badestelle mit Liegewiese, Bootsliegeplätze, Kanu- und Fahrradverleih, Angelmöglichkeit und Erwerb von Angelscheinen, Brötchenservice. **Lage/Anfahrt:** Von der Fähre kommend nach etwas mehr als 100 m links in die Straße Zur Fähre, ihr 200 m folgen und dann links in die Straße An de Wees abbiegen, bis zum Ende fahren, ausgeschildert; **Platzanzahl:** 110, davon 40 für Touristen; **Untergrund:** Wiese; fest; **Service:** Strom, Trinkwasser, Abwasser, Chemie-WC, WLAN im Bereich der Rezeption, 2 Std./Tag kostenlos; **Sicherheit:** umzäunt; **Preise:** 8–9 €/Fahrz., 6 €/Pers., Strom 3 €, Duschen 1 €, Hund (Leinenpflicht) 1,50 €; **Max. Stand:** unbegrenzt; **Geöffnet:** Anfang April–Ende Oktober; **Kontakt:** Campingplatz Wees, An de Wees 16, 24354 Missunde, Tel. 04354 98430, https://camping-schlei.de

177wo-he

Einkaufen

› **Hofladen Bluschke,** Missunder Fährstraße 8, Tel. 04622 420, https://hof-bluschke.de, geöffnet: Mo–Fr 16–19 Uhr. Hier werden Bio-Fleisch und Wurstwaren aus artgerechter Haltung vom eigenen Bauernhof verkauft. Im Regiomat, einem Automaten, kann man Tag und Nacht eine Auswahl der Produkte erwerben.

Parken

P 100 **Parkplatz Brodersby Kirche,** GPS 54.53542, 9.70690. Kostenloser Parkplatz etwas nördlich der Kirche an der Missunder Fährstraße.

P 101 **Parkplatz Naturbadestelle Brodersby/Burg,** GPS 54.52572, 9.70493. Kostenloser, geräumiger Parkplatz in der Straße Im Grund auf einer Wiese etwa 250 m vom Strand entfernt.

Auf der Kreisstraße führt die Route von Brodersby weiter nach Goltoft.

GOLTOFT

(2 km – km 16)

In Goltoft sollte man keine Sehenswürdigkeiten erwarten. Die ehemalige Kapelle wurde schon im Mittelalter aufgegeben und heute erinnern nur noch ein Straßenname und ein Flurstück an das einstige Gotteshaus. Dafür bietet der Ort einen empfehlenswerten **Campingplatz** und eine schöne **Badestelle** mit Sandstrand, Picknickmöglichkeiten und WC sowie die von der Webermeisterin Kathrin Schoppmeier betriebene **Handweberei Goltoft.** Hergestellt werden hauptsächlich Gebrauchstextilien wie Schals, Wolldecken und Teppiche aus Leinen und Baumwolle in klaren, frischen Farben. Wer der Weberin über die Schulter schauen oder eine Arbeit erwerben möchte, kann dies in ihrer Ladenwerkstatt tun.

Einkaufen

› **Handweberei Goltoft,** Teichstraße 1, 24864 Goltoft, Tel. 04622 442, www.handweberei-goltoft.de, geöffnet: Mo–Fr 10–13 Uhr

Parken

P 102 Parkplatz Badestelle Goltoft, GPS 54.53345, 9.73457. Kostenloser Parkplatz an der Badestelle. Auf den letzten 200 m erfolgt die Anfahrt auf unbefestigter, schmaler Straße.

Von Goltoft erreicht man über Hestoft nach wenigen Kilometern das Dorf Ulsnis.

131 Naturcamping Hellör

GPS 54.53652, 9.73249

Zum Teil leicht geneigtes, terrassiertes Wiesengelände mit schönem Blick auf die Schlei, sehr ruhig. Badestelle mit Liegewiese, Bootssteg, Brötchenservice, Kiosk, Angelmöglichkeiten. **Lage/Anfahrt:** Von Brodersby kommend am Ortsanfang rechts in die Dorfstraße, an der nächsten Kreuzung rechts, nach 1,2 km links zum Platz, ausgeschildert; **Platzanzahl:** 110, davon 55 für Touristen; **Untergrund:** Wiese; fest; **Service:** Strom, Trinkwasser, Abwasser, Chemie-WC, WLAN an der Rezeption; **Sicherheit:** umzäunt, beleuchtet; **Preise:** 11–13 €/Fahrz., 7,50 €/Pers., Strom 1,50 € zzgl. 0,60 €/kWh, Hund 2 €, Duschen 0,50 €; **Max. Stand:** unbegrenzt; **Geöffnet:** April–Anfang Oktober; **Kontakt:** Naturcamping Hellör, Hellör 1, 24864 Brodersby/OT Goltoft, Tel. 04622 533, https://camping-helloer.de

178wo-he

ULSNIS

(3 km – km 19)

Ulsnis gehört zur gleichnamigen Gemeinde, die sich mit mehreren kleineren Dörfern um das Gunnebyer Noor, einer Bucht der Schlei, schmiegt. Besonders sehenswert ist die am nördlichen Dorfausgang stehende **Kirche St. Wilhadi,** die zumindest in Teilen die älteste Kirche Angelns ist. Ihr Portal stammt aus der Mitte des 12. Jh. Im Laufe der Zeit wurde das Gotteshaus allerdings mehrfach umgebaut und erweitert. Der hölzerne Glockenturm wurde in der zweiten Hälfte des 16. Jh. auf einem Grabhügel aus der Bronzezeit errichtet. 1869 erhielt die Kirche den neugotischen Dachreiter mit Glocke und Uhr.

Die große Kirche, die insgesamt 400 Gläubige fasst, beherbergt zahlreiche historische Kostbarkeiten. So findet man außen im Ostteil der Kirche zwei wertvolle Reliefquader, die zu den ältesten und bedeutendsten romanischen Kunstwerken in Schleswig-Holstein zählen. Kulturhistorisch wertvoll ist auch das Südportal. Links und rechts der Tür finden sich zwei Löwen, links unten das Relief eines Drachen. Das Tympanon aus schwarzem Granit zeigt eine Szene aus der Geschichte von Kain und Abel.

Besonders erwähnenswert ist das Taufbecken, das im 12. Jh. aus Granit aus der Region angefertigt wurde. Auch die beiden Kruzifixe, von denen das an der hinteren Südwand aus dem frühen 13. Jh. stammt, sind von großer Bedeutung. Das Triumphkreuz im Altarraum wurde Anfang des 16. Jh. geschaffen, ebenso wie die Figurengruppe des Ritters auf dem Pferd. Die barocke, hübsch bemalte Kanzel stammt aus dem Jahr 1673, Orgel (1785) und Altar (1803) sind neueren Datums.

Seit einigen Jahren hat Ulsnis eine weitere Sehenswürdigkeit zu bieten. Mitten im Dorf auf einem kleinen Platz an der Hauptstraße steht der **„Riese von Ulsnis“,** eine 5 m hohe Skulptur des Metallbildhauers Andi Feldmann, der im Dorf wohnt. Der jüngere Bruder von Rötger Feldmann, dem Erfinder der Comicfigur Werner, wirkte sowohl als Darsteller als auch als Drehbuchautor an mehreren der Werner-Verfilmungen mit.

Wer sich für die Dorfgeschichte interessiert wird im **Dorfmuseum Ulsnis** fündig. Hier wird anhand von Alltagsgegenständen, die z. T. aus dem 17. und 18. Jh. stammen, Geschichte lebendig.

Etwas außerhalb des Dorfes, am Gunnebyer Noor, gibt es die schöne **Badestelle Hagab.** Der kleine Strand mit Picknickareal, Spielgeräten, WC und Hundestrand ist naturbelassen. Man erreicht ihn auf einer unbefestigten schmalen Straße durch einen alten Laubwald. Der Parkplatz ist klein und für größere Wohnmobile nicht geeignet.

Bis auf eine **Regio-Box** neben der Bushaltestelle an der Hauptstraße gibt es keine Einkaufsmöglichkeiten im Dorf.

Sehenswertes

› **Dorfmuseum Ulsnis,** Strandweg (nach der Abzweigung von der Kreisstraße das zweite Gebäude rechts), 24897 Ulsnis, Tel. 04641 1214, geöffnet: Ostern–Mitte Oktober So und Feiertage 14–17 Uhr

Aktivitäten

› **Wandern:** Rund um Ulsnis hat die Gemeinde 22 Wanderwege zwischen ein und fünf Kilometer Länge zusammengestellt und mit farbigen Dreiecken markiert. Eine entsprechende Karte kann man sich unter https://ulsnis.de herunterladen.

Parken

P 103 Parkplatz Kirche, GPS 54.57424, 9.74741. Kostenloser, geräumiger Parkplatz an der Kirche St. Wilhadi.

P 104 Parkplatz Badestelle Hagab, GPS 54.56958, 9.76393. Kostenloser, kleiner Parkplatz am Ende einer unbefestigten schmalen Straße, für größere Wohnmobile ungeeignet.

Hinter Ulsnis fährt man durch Kius und gelangt kurz darauf an eine Kreuzung mit der K29, der man nach rechts Richtung Eckernförde/Lindaunis folgt. Wenn man zu einer weiteren sehr schönen Badestelle mit Sandstrand am Gunnebyer Noor möchte, kann man nach 2,3 km rechts nach Gunneby abbiegen. Allerdings sind sowohl die Zufahrt als auch der Parkplatz für Fahrzeuge, die größer als ein VW-Bus sind, ungeeignet.

Parken

P 105 Parkplatz Badestelle Gunneby, GPS 54.57563, 9.77761. Kostenloser, sehr kleiner Parkplatz am Ende einer unbefestigten schmalen Straße. Für Wohnmobile, die größer als ein VW-Bus sind, nicht geeignet. Übernachtung verboten.

Die Route führt auf der K29 nördlich an Gunneby vorbei und erreicht am Ortseingang von Lindau die L83. Hier folgt die Route der Landstraße rechts durch den Ort.

179wo-he

Blick ins Innere der Kirche St. Wilhadi in Ulsnis

LINDAU

(6 km - km 25)

Das Dorf Lindau, das zur Gemeinde Boren gehört, ist vielen vor allem als Drehort der Fernsehserie **„Der Landarzt“** bekannt, die von 1986 bis 2013 zahlreiche Fans vor die TV-Geräte lockte. Die berühmten Treppenszenen vor der Landarztpraxis wurden am **Gutshaus Lindauhof** gedreht. Trotz einiger An- und Umbauten ist das im 15. Jh. errichtete sehenswerte Gebäude weitgehend in seiner ursprünglichen Form erhalten geblieben. Heute beherbergt es ein Café. Wohnmobilfahrer finden ganz in der Nähe eine einfache **Übernachtungsmöglichkeit** an der Schlei-Marina-Lindauhof 132.

Gastronomie

› **Café Lindauhof,** Lindauhof 4, 24392 Boren/OT Lindau, Tel. 04641 3710, www.cafelindauhof.de, geöffnet: März–Oktober Mo–Fr 11–19, Sa, So 9–19 Uhr, November, Dezember, Februar Sa, So und feiertags 9–19 Uhr

132 Schlei-Marina-Lindauhof

GPS 54.58752, 9.80277

Stellplätze in der kleinen Marina direkt am Lindauer Noor, sehr ruhig. Gonzo's Biergarten und Café Gonzo, Tretbootvermietung, ca. 100 m zum Café Lindauhof, Stellplatz nur nach telefonischer Anmeldung. **Lage/Anfahrt:** Am Südende des Dorfs noch vor dem Damm durch das Lindauer Noor rechts in die Straße Lindauhof, nach etwa 400 m links; **Platzanzahl:** 5; **Untergrund:** Wiese; fest; **Service:** Strom, Trinkwasser; **Sicherheit:** umzäunt; **Preise:** 13 €/Fahrz. inkl. Pers, Strom 1 €/kWh; **Max. Stand:** unbegrenzt; **Geöffnet:** Mitte April–Mitte Oktober; **Kontakt:** Schlei-Marina-Lindauhof, Lindauhof 5, 24392 Boren/OT Lindau, Tel. 04641 3141, www.schlei-marina-lindauhof.de

Von Lindau fährt man auf einem Damm über das Lindauer Noor und gelangt unmittelbar dahinter an den Campingplatz 133 von Lindaunis.

LINDAUNIS

(1 km - km 26)

Auch Lindaunis gehört zur Gemeinde Boren. Das Dorf liegt wunderbar an der Schlei und dem Lindauer Noor und verfügt über einen **Sportboothafen** mit Liegeplätzen für etwa 100 Boote. Bekannt ist der Ort aber vor allem wegen seiner 1927 erbauten **Rollklappbrücke** über die Schlei. Die schmale Brücke wird im Wechsel von Bahn und Straßenverkehr einschließlich Fußgängern und Radfahrern genutzt. Allerdings verkehrt die Bahn nur jede Stunde. Immer 15 Minuten vor der vollen Stunde, wird sie hochgeklappt, damit der Schiffsverkehr passieren kann. Ein Schauspiel, das man sich nicht entgehen lassen sollte. Die Brücke ist inzwischen allerdings so reparaturanfällig, dass sie durch einen Neubau etwas östlich neben der alten Brücke ersetzt werden soll. Die neue Klappbrücke soll Ende 2023/Anfang 2024 fertiggestellt sein. Dann wird die alte Brücke abgerissen.

ABSTECHER NACH SIESEBY

(hin und zurück 12 km)

Von Lindaunis lohnt ein Abstecher auf die andere Seite der Schlei nach Sieseby, einem der schönsten Dörfer an der Schlei, das als Flächendenkmal unter Denkmalschutz steht. Dazu fährt man über die Klappbrücke und passiert nach wenigen Hundert Metern den **Hofladen des Guts Stubbe** (Mi–So 9–17 Uhr), in dem man Obst und Gemüse und andere Produkte aus der Region kaufen kann. Im Café gibt es Kuchen und Torten und zwischen 12 und 14 Uhr wird ein Mittagstisch angeboten.

Am Ende der Straße hält man sich links und passiert nach 500 m ein sehenswertes Torhaus, das zu einem Gut aus dem Jahr 1749 führt. Etwa 3 km weiter kann man am Ortseingang von **Sieseby** den Wagen auf einem Parkplatz abstellen. Von hier aus kann man entlang schöner alter Reetdachhäuser

133 Camping Lindaunis

GPS 54.58661, 9.81647

Sehr schön gelegenes, überwiegend ebenes Wiesengelände direkt am Ostufer der Verbindung zwischen Schlei und Lindauer Noor. Gaststätte, kleiner Laden, Spielplatz, Badestelle und Liegewiese, Bootsliegeplätze, Fahrrad-, Boots- und Kanuverleih, separater Wohnmobilhafen. **Lage/Anfahrt:** Von Lindau kommend auf dem Damm über das Lindauer Noor fahren, dahinter gleich rechts, ausgeschildert; **Platzanzahl:** 210, davon 40 für Touristen; **Untergrund:** Wiese; fest; **Service:** Strom, Trinkwasser, Abwasser, Chemie-WC, WLAN gegen Gebühr; **Sicherheit:** umzäunt; **Preise:** 10 €/Fahrz., 7 €/Pers., Nebenkosten pauschal 3,50 €, Hund 2 €, Wohnmobilhafen 18 € inkl. 2 Pers., max. 3 Nächte; **Max. Stand:** unbegrenzt; **Geöffnet:** Ende März–Mitte Oktober; **Kontakt:** Camping Lindaunis, Schleistraße 1, 24392 Boren/OT Lindaunis, Tel. 04641 7317, www.camping-lindaunis.de

180wo-he

zum Schleiufer schlendern. Nahe am Ufer steht die **Feldsteinkirche Sieseby,** die in ihrem Kern aus dem 12. Jh. stammt, im Laufe der Jahrhunderte aber mehrfach erweitert und umgebaut wurde. Im Innern der Kirche, in der noch einige historische Gewölbemalereien zu sehen sind, gehört der Jesus am Triumphkreuz am Altar zu den ältesten Stücken. Es stammt aus dem 12. Jh. Hinter dem Altar steht die kleine Orgel, die 1820 gebaut wurde. Orgel, Triumphkreuz und Altar bilden eine hübsche Einheit. Sehenswert ist auch die Renaissance-Kanzel, eine wertvolle Holzschnitzarbeit, die Ende des 16. Jh. gefertigt wurde. Die zugehörige Treppe ist allerdings jüngeren Datums.

Wer einkehren möchte, hat dazu im **Gasthof Alt Sieseby** gleich neben dem Parkplatz eine sehr gut Möglichkeit. Die bodenständigen Gerichte, überwiegend mit Zutaten aus der Region zubereitet, schmecken erstklassig und sind liebevoll angerichtet. Dazu passt das gemütliche Gutshausambiente.

Gastronomie

› **Gasthof Alt Sieseby,** Dorfstraße 24, 24351 Thumby/OT Sieseby, Tel. 04352 9569933, https://gasthof-alt-sieseby.de, geöffnet: Di 18–22 Uhr nur nach Anmeldung, Mi–So 12–23 Uhr

Parken

P 106 **Parkplatz Sieseby,** GPS 54.59344, 9.86319. Kostenloser, kleiner Parkplatz mit WC am Dorfrand.

Hinter dem Campingplatz in Lindaunis 133 führt die Route nicht über die Schleibrücke, sondern nach der Linkskurve geradeaus über die Gleise weiter Richtung Kappeln/Arnis. Die Straße verläuft zunächst landschaftlich sehr schön direkt am Ufer der Schlei, führt dann ins Landesinnere, um bei **Karschau** wieder an die Schlei zu gelangen. Hier findet man mit dem Campingpark Schlei-Karschau 134 einen der wenigen Plätze, die ganzjährig geöffnet haben.

Hinter Karschau gelangt man schnell an die L25, der man rechts Richtung Arnis

181wo-he

134 Campingpark Schlei-Karschau

GPS 54.61963, 9.88421

Leicht geneigtes Wiesengelände, vom Ufer der Schlei durch die Kreisstraße getrennt, durch hohe Hecken und Bäume unterteilte Bereiche. Restaurant mit Terrasse, Kiosk, Brötchenservice, Abenteuerspielplatz, Fahrradverleih, Bootsanleger, Motorbootverleih, Angelmöglichkeit. **Lage/Anfahrt:** Von Lindaunis kommend am Ortseingang auf der linken Seite; **Platzanzahl:** 260, davon 145 für Touristen; **Untergrund:** Wiese; fest; **Service:** Strom, Trinkwasser, Abwasser, Chemie-WC, WLAN; **Sicherheit:** umzäunt, beleuchtet; **Preise:** 10,60 €/Fahrz. (Campingbus günstiger), 5,50 €/Pers., Strom 3 €, Dusche 0,50 €, Hund 2,60 €; **Max. Stand:** unbegrenzt; **Geöffnet:** ganzjährig; **Kontakt:** Campingpark Schlei-Karschau, Karschau 56, 24407 Rabenkirchen-Faulück, Tel. 04642 920820, https://campingpark-schlei.de

folgt. In Klein Grödersby passiert man eine sehenswerte **Gallerieholländer-Windmühle** aus dem Jahr 1888. Sie befindet sich in Privatbesitz und kann nur von der Straße aus betrachtet werden.

In Grödersby, einem Dorf mit etwas mehr als 200 Einwohnern, bleibt man an der Abzweigung nach Kappeln auf der Landstraße und fährt weiter, bis man am Stadtrand von Arnis seinen Wagen auf einem großen Parkplatz abstellen kann (s. S. 206). In der Stadt selbst ist das Parken nur für Bewohner mit einer Parkgenehmigung erlaubt. Lediglich die Durchfahrt zum Fähranleger ist Ortsfremden gestattet.

⊡ *In Arnis bringt eine kleine Seilfähre Personen und Fahrzeuge auf die andere Seite der Schlei*

ARNIS

(11 km – km 37)

Arnis, wunderschön auf einer Halbinsel in der Schlei gelegen, ist die kleinste Stadt Deutschlands und eine der kleinsten der ganzen Welt. Mit weniger als 300 Einwohnern ist sie kleiner als viele Dörfer. Doch Arnis ist auch ohne dieses Alleinstellungsmerkmal durchaus einen Besuch wert.

Mit 800 m Länge und 200 m Breite ist die malerische Stadt sehr übersichtlich. Die **alleeartige Lange Straße,** an der schöne alte Giebelhäuser mit sehenswerten Eingangstüren stehen, verläuft in Längsrichtung von einem Ende der Halbinsel zum anderen. Auch das **Rathaus,** in dem im Sommer Ausstellungen zu sehen sind, befindet sich an der Straße. Am Nordostende gibt es einen guten Aussichtspunkt, von dem man über die Schlei bis nach Kappeln sehen kann.

Am anderen Ende der Straße steht auf einem kleinen Hügel die **Schifferkirche.** Sie

135 Wohnmobilstellplatz Wassersportgemeinschaft Arnis/Grödersby

GPS 54.63346, 9.92878

Separater, durch hohe Hecken abgegrenzter, hinterer Bereich des großen Parkplatzes der Marina. Restaurant, Fahrradverleih, etwa 300 m bis zum Ortsanfang. **Lage/Anfahrt:** Von Grödersby kommend kurz vor dem Ortsschild Arnis links; **Platzanzahl:** 20; **Untergrund:** Schotterrasen; fest; **Service:** Strom, Trinkwasser, Abwasser, Chemie-WC, WLAN kostenlos; **Sicherheit:** umzäunt, bewacht; **Preise:** 18 €/Fahrz. alles inkl., Anmeldung im Hafenmeisterbüro; **Max. Stand:** unbegrenzt; **Geöffnet:** April–Oktober; **Kontakt:** Wassersportgemeinschaft Arnis/Grödersby, Friedenshöher Straße 21, 24376 Grödersby, Tel. 04642 4421, https://wsg-arnis.de

182wo-he

wurde 1673 errichtet und ist das älteste Gebäude der Ortschaft. Die Kanzel ist etwas ganz Besonderes. Sie ist genau 100 Jahre älter als die Kirche und soll, so wird im Ort erzählt, aus einer Kirche der sagenumwobenen Stadt Rungholt stammen, die auf einer Insel in der Nordsee bei Husum lag und im Mittelalter während einer Sturmflut vollkommen zerstört wurde. Historiker sind da anderer Meinung. Sie sind sich sicher, dass die Kanzel von einem Ort an der Ostseeküste stammt. Sehenswert sind auch die schönen Votivschiffe, die unter der Decke hängen. Sie wurden von Seeleuten als Dank für eine glückliche Heimkehr gespendet.

Etwas westlich der Kirche befindet sich eine **Badestelle** mit schönem Strand und einer Liegewiese. Auf der Südseite der Halbinsel, ziemlich in der Mitte, ist der Anleger für die

183wo-he

kleine **Seilfähre** (in der Regel zwischen 9 und 19 Uhr), die Personen und Fahrzeuge für wenig Geld auf die andere Seite der Schlei bringt.

Zum Schluss dann doch nochmal ein Superlativ: Wer will, kann die Stadt auf einem schönen **Wanderweg** umrunden. Mit 1,8 km ist er wohl der weltweit kürzeste Rundweg um eine Stadt.

Information

› **Information** unter https://arnis.de

Parken

P 107 Parkplatz Arnis, GPS 54.63128, 9.93057. Gebührenpflichtiger, großer Parkplatz am Eingang der Stadt.

Von Arnis führt die Route wieder zurück nach Grödersby und dort rechts auf der K22 Richtung Kappeln. Nach 2,5 km endet die Kreisstraße an der B201, die rechts nach wenigen Hundert Metern nach Kappeln führt, dem Endpunkt der Route entlang der Schlei. Von hier hat man Anschluss an die Tour um die **Eckernförder Bucht** (Route 6, s. S. 165) oder kann entlang der Flensburger Förde und durch Angeln nach **Flensburg** fahren (Tour 8, s. S. 234).

KAPPELN

(6 km - km 43)

Kappeln ist mit knapp 9000 Einwohnern neben Schleswig die größte Stadt an der Schlei, wurde 1357 erstmals urkundlich erwähnt und erhielt 1870 die Stadtrechte. Der Ort ist seit vielen Jahrhunderten Handelsplatz und Fischereihafen an der Schnittstelle zwischen Angeln und Schwansen. Auch heute verfügt er noch über eine kleine Fischereiflotte und ist das wirtschaftliche Zentrum der Region.

Schön ist ein Bummel entlang der Hafenmeile, die sich auf der Westseite der Schlei zu beiden Seiten der Schleibrücke erstreckt.

Gleich südlich der Brücke befindet sich der **Museumsbahnhof,** von dem die Züge der **Angelner Dampfeisenbahn** nach Süderbrarup fahren. Die Loks und Wagen stammen fast ausschließlich aus Skandinavien.

Einige Hundert Meter südlich befindet sich sich am Südhafen der **Museumshafen Kappeln.** Hier liegen zahlreiche historische Fracht- und Fischereifahrzeuge vor Anker.

Nördlich der Brücke beginnt eine schöne Promenade mit zahlreichen Restaurants, Cafés und Geschäften. Hier legen Ausflugsdampfer an und man hat einen schönen Blick auf den **historischen Heringszaun** (s. S. 207) und die **Schleibrücke.** Genau wie die Brücke bei Lindaunis wird auch sie tagsüber stündlich um „Viertel vor" für den Schiffsverkehr geöffnet. Weiter nördlich legen die Fischer an. Hier kann man zu unterschiedlichen Zeiten frischen Fisch direkt vom Kutter kaufen.

Das eigentliche Zentrum mit seiner ausgedehnten Fußgängerzone befindet sich etwas oberhalb der Schlei rings um die Kirche **St. Nikolai.** Der spätbarocke Backsteinbau entstand zwischen 1789 und 1793. Als Fundament wurden Findlinge von 22 Großsteingräbern genutzt.

Knapp 500 m westlich der Kirche steht die **Holländermühle Amanda.** In ihr ist die Touristeninformation untergebracht. Während ihrer Öffnungszeiten kann die imposante Mühle, die die größte in Schleswig-Holstein ist, kostenlos besichtigt werden.

Etwas oberhalb der Promenade sind am Hafen die drei Backsteinschornsteine der **Fischräucherei Föh** mit der Aufschrift „AAL" weithin sichtbar. Hier wird seit über 100 Jahren auf traditionelle Art und Weise in Altonaer Öfen Fisch über Buchenholz und Erlenspänen geräuchert und anschließend im Ladengeschäft neben der Räucherei verkauft. Wer Fisch mag, ob geräuchert oder frisch, ist hier genau richtig und sollte sich das Motto des Familienbetriebs zu Herzen nehmen: „Sage Kappeln nie Adieu ohne einen Fisch von Föh".

Sehenswertes

› **Angelner Dampfeisenbahn,** Bahnhofsweg 9, Tel. 04642 925165, https://angelner-dampfeisen

bahn.de, die Bahn verkehrt von Mai bis Oktober sonntags, in der Hochsaison zusätzlich mittwochs, Erw. hin und zurück 18 €, Kinder 9 €, detaillierter Fahrplan und Preise siehe Website

Information

- **Touristinformation Kappeln,** Schleswiger Straße 1 (in der Mühle Amanda), 24376 Kappeln, Tel. 04642 427, https://ostseefjordschlei.de, geöffnet: April, Mai und Oktober Mo–Fr 10–17, Sa 10–14 Uhr, Juni–September zusätzlich So 10–14 Uhr, November–März Mo–Fr 10–16 Uhr
- Infos über die Stadt auch unter https://kappeln.de

Schiffsausflüge

- **MS Stadt Kappeln,** Am Hafen, Tel. 04642 6184, https://schlei-ausflugsfahrten.de, Linienfahrten nach Schleswig, Maasholm und Schleimünde sowie Ausflugsfahrten
- **Raddampfer Schlei Princess** und **MS Nordlicht,** Am Hafen, Tel. 04642 6532, https://schleiraddampfer.de, Linienfahrten nach Maasholm, Schleimünde, Sieseby, Lindaunis und Missunde
- Weitere Möglichkeiten für Schiffsfahrten auf der Schlei siehe Schleswig (s. S. 195)

Gastronomie

- **Alte Räucherei,** Am Hafen 16, Tel. 04642 5095, https://alte-raeucherei-kappeln.de, geöffnet: April–Ende Oktober tägl. außer Di ab 10 Uhr, warme Küche 12–21 Uhr, November, Dezember, März kürzere Öffnungszeiten. Das Fischrestaurant mit Außengastronomie und schönem Blick auf Hafen und Schleibrücke bietet schmackhafte Gerichte, die Portionen sind groß, die Preise angemessen und das Personal sehr freundlich. Dafür bürgt seit 1994 der Koch und Gastwirt Duncan Buckley, ein waschechter Ire.

Einkaufen

- **Fischräucherei und -fachgeschäft Föh,** Dehnthof 28, Tel. 04642 2274, https://foeh.de, geöffnet: Mo–Fr 8.30–17, Sa 8.30–12.30 Uhr
- **Fisch frisch vom Kutter** gibt es an der Mole von Fischer Peter Jöhnk, der mit seinem Kutter „Pollux" direkt vor Kappeln in der Ostsee nach Dorsch und Butt fischt. Genaue Zeiten unter www.fischvomkutter.de/kappeln.html oder Tel. 0170 5813385.

Heringszaun

Der Heringszaun in Kappeln gilt als Wahrzeichen des Orts. 1451 erstmals urkundlich erwähnt, war der Heringsfang mit den seewärts offenen Trichtern über viele Jahrhunderte eine gängige Fangmethode.

Die Fische, die aus der Ostsee in die Schlei zum Laichen kommen, gelangen in die großen Mündungstrichter, folgen dem immer enger zulaufenden Heringszaun und landen schließlich in den Netzsäcken am Ende des Trichters, wo sie abgefischt werden können. Europaweit wurden auf diese Weise zahlreiche Fischarten gefangen. In der Schlei gab es zur Blütezeit um die 40 dieser Trichterreusen.

Heute ist der unter Denkmalschutz stehende Kappelner Heringszaun der letzte seiner Art in Europa, allerdings wird er schon lange nicht mehr für den kommerziellen Fischfang genutzt. Lange rottete er langsam vor sich hin, bis 1977 der Herzog zu Schleswig-Holstein die Rechte an dem Zaun an die Stadt Kappeln übertrug, die seitdem zusammen mit dem Kappelner Verschönerungsverein und anderen Organisationen die Fangvorrichtung in Ordnung hält und immer wieder einen Teil der 2000 bis zu 4,50 m langen Holzpfähle ersetzen muss.

Seit 1979 werden jedes Jahr über die Himmelfahrtstage die sogenannten Kappelner Heringstage veranstaltet, die nach Angaben der Zeitung „Die Welt" zu den 100 größten und bekanntesten Festen der Welt zählen. Die Hauptattraktion ist dabei das Abfischen der Heringe aus den Netzsäcken. Prominente Paten müssen raten, wie viel Pfund der Silberlinge gefangen wurden. Wer dem Ergebnis am nächsten kommt, wird zur Heringskönigin und zum Heringskönig bestimmt. Das Ganze wird durch ein vielfältiges kulturelles Programm ergänzt. Natürlich wird bei den Heringstagen auch für das leibliche Wohl gesorgt und für Augen und Ohren gibt es ein spektakuläres Höhenfeuerwerk.

› **Fischmarkt** von März bis Oktober jeden letzten Sonntag im Monat von 9 bis 17 Uhr am Hafen

Parken

P 108 Parkplatz Kappeln Schleibrücke, GPS 54.66006, 9.94051. Großer, kostenloser Parkplatz. Extra für Wohnmobile ausgewiesen, Höchstparkdauer vier Stunden, mit Parkscheibe. Nur wenige Meter östlich der Schleibrücke. Die beste Parkmöglichkeit für Wohnmobile, wenn man der Stadt nur einen kurzen Besuch abstatten will. Es gibt weitere, allerdings kostenpflichtige Parkmöglichkeiten entlang der Bundesstraße auf der Westseite der Schleibrücke, die aber nur für kleinere Fahrzeuge geeignet und oft voll belegt sind. Das Gleiche gilt für den Großparkplatz in der Wassermühlenstraße nördlich des Zentrums.

137 Wohnmobilstellplatz Kappeln Aral-Autohof

GPS 54.65699, 9.94456

Einfacher Stellplatz an einer Tankstelle neben einem Fast-Food-Restaurant, ca. 1 km ins Zentrum. **Lage/Anfahrt:** In Kappeln über die Schleibrücke Richtung Eckernförde, dahinter gleich rechts in die Eckernförder Straße abbiegen, nach 350 m auf der linken Seite; **Platzanzahl:** 10; **Untergrund:** Pflaster; fest; **Service:** Strom, Trinkwasser, Abwasser, Chemie-WC, WLAN; **Sicherheit:** beleuchtet; **Preise:** 5 €/Fahrz., Strom 5 €, Trinkwasser extra; **Max. Stand:** unbegrenzt; **Geöffnet:** ganzjährig; **Kontakt:** Eckernförder Straße 9b, 24376 Kappeln, Tel. 04642 81008

136 Wohnmobilstellplatz Ancker Yachting

GPS 54.66826, 9.93670

Der Wohnmobilstellplatz befindet sich am Ende des Kappelner Nordhafens auf dem Gelände der Marina. Er ist sehr ruhig und einige Stellplätze haben direkten Schleiblick. WC und Dusche im Servicegebäude des Jachthafens. **Lage/Anfahrt:** Von der B199 im Kreisverkehr im Norden Kappelns in die Wassermühlenstraße, dann links in die erste Straße (500 m, Ziegeleiweg) abbiegen, vorbei an einem Discounter direkt ins Hafengelände, dort am Ende links, ausgeschildert; **Platzanzahl:** 50; **Untergrund:** Schotter; **Service:** Strom, Trinkwasser, Abwasser, Chemie-WC, WLAN am Servicegebäude; **Sicherheit:** umzäunt; **Preise:** 12 €/Fahrz. inkl. Pers., Strom 0,50 €/kWh, Bezahlung am Automaten mit Karte; **Max. Stand:** unbegrenzt; **Geöffnet:** ganzjährig; **Kontakt:** Ancker Yachting, Am Hafen 23B, 24376 Kappeln, Tel. 04642 1563, https://ancker-yachting.de

184wo-he

ROUTE 8

FLENSBURGER FÖRDE UND ANGELN

185wo-he

Strecke:

Maasholm (s. S. 212) – **Hasselberg** (5 km, s. S. 214) – **Pommerby** (8 km, s. S. 216) – **Nieby** (4 km, s. S. 220) – **Gelting** (5 km, s. S. 220) – **Sörup** (30 km, s. S. 226) – **Abstecher nach Langballigau** (hin und zurück 6 km, s. S. 228) – **Abstecher auf die Halbinsel Holnis** (hin und zurück 9 km, s. S. 231) – **Glücksburg** (27 km, s. S. 232) – **Flensburg** (11 km, s. S. 234)

Streckenlänge:

ohne Abstecher ca. 90 km
mit Abstecher ca. 105 km

⊠ Kapitelstartseite: Die Schöpfmühle Charlotte (s. S. 220) ist das Wahrzeichen der Geltinger Birk

ROUTENÜBERSICHT

Diese Route, die über die hügelige Halbinsel Angeln führt, beginnt an der Mündung der Schlei in Maasholm und führt den größten Teil des Wegs entlang der Flensburger Förde, bis sie im nördlichen Flensburg, dem Tor nach Dänemark, endet. Etwa in der Mitte macht sie einen Schlenker in das Landesinnere, wo neben alten Dörfern mit historischen Kirchen, Windmühlen und einem Freilichtmuseum ein wunderbarer Stellplatz an einem See wartet.

Entlang der Förde finden sich zahlreiche erstklassige Sandstrände mit vielfältigen Möglichkeiten für Bade- und Strandfans sowie Wassersportler und anders als in vielen der weiter südlich liegenden Ostseebädern prägt der Massentourismus hier noch nicht das Bild.

Wanderer und Radfahrer können die Landschaft auf zahlreichen, teilweise markierten Routen erkunden und dem Naturliebhaber stehen mehrere Naturschutzgebiete zur Verfügung. Freunde historischer Schlösser kommen mit dem weit über die Region hinaus bekannten Wasserschloss Glücksburg auf ihre Kosten und wer es städtisch mag, findet mit Flensburg, dem „Highlight im Norden“, eine sympathische Stadt, die mit ihrer Mischung aus deutschen und dänischen Einflüssen einmalig ist.

MAASHOLM

Ausgangspunkt der Route ist Maasholm. Wer von Kappeln (Route 7, s. S. 206) kommt, fährt auf der B199 in Richtung Flensburg. Etwa 5 km hinter Kappeln erreicht man eine größere Kreuzung, an der man den Hinweisschildern nach rechts Richtung Kappeln folgt.

Der alte Fischerort Maasholm hat heute noch einen bedeutenden **Fischereihafen** sowie einen beliebten **Jachthafen** zu bieten. Während der Saison zieht er in großer Zahl Segler an und ist oft bis auf den letzten Platz belegt. Das gilt auch für den schönen Wohnmobilstellplatz 138 neben dem Jachthafen in unmittelbarer Strandnähe.

187wo-he

◁ *Blick auf den Jachthafen von Massholm*

Maasholm liegt etwa 2,5 km westlich der **Schleimündung** an der Spitze einer Landzunge, die ursprünglich eine Insel im Mündungstrichter war. 1798 wurde sie durch den Bau eines Damms mit dem Festland verbunden. Wer heute durch den knapp 600 Einwohner zählenden Ort bummelt, wird von seiner maritimen Vergangenheit eingefangen. Dazu tragen auch die strohgedeckten, weiß getünchten **Fischerkaten** bei, die vor allem in der Haupt- und Westerstraße zu sehen sind.

In der Westerstraße direkt am Ufer der Schlei steht die den Seefahrern gewidmete kleine **Petrikirche.** Das 1952 erbaute Gotteshaus wurde dem Fischer und Apostel Petrus gewidmet. Im Innern der Kirche befindet sich die „Mayflower". Das Votivschiff weist ebenso wie ein Holzrelief mit dem Titel „Petri Fischzug" auf die Verbundenheit der Gemeinde mit Seefahrt und Fischerei hin, die bis heute besteht.

Parallel zur Westerstraße verläuft ein Weg entlang des Schleiufers. Hier finden sich in langer Reihe zahlreiche geschützte Anlegestellen für kleinere Boote, die sog. Kahnstellen. Bänke, die aus alten Ruderbooten gefertigt wurden, laden zum Verweilen ein.

Der **Fischereihafen** liegt direkt neben dem Jachthafen an der Südspitze der Landzunge. Dort hat auch das Seenotrettungsboot „Hellmuth Manthey" seinen festen Liegeplatz. Und was wäre ein Fischerdorf ohne Fischverkauf, Räucherei und Fischrestaurant? Alles ist im Ort vorhanden. Besonders beliebt ist der Verkauf **fangfrischer Fische** direkt von den Kuttern „Anna Maria" und „Kobold" der Fischerfamilie Detlefsen. Ihre Boote liegen, wenn sie nicht gerade auf See sind, im Fischereihafen vertäut.

Etwas außerhalb befindet sich das **Naturerlebniszentrum Maasholm,** wo man viel Interessantes und Wissenswertes zur Geschichte, Natur und Kultur der Region erfährt und im Freigelände u.a. einen Jahreszeiten-Garten, eine Obstwiese, einen Findlingsgarten und ein Baumhoroskop (s. rechts) findet. Das Naturerlebniszentrum kann auf einem schönen Spazierweg (etwa 2,5 km) entlang der Schlei vom Wohnmobilstellplatz 138 aus erreicht werden. Etwas kürzer ist der Weg vom Parkplatz Exhöft. Dort stehen gegen eine Spende auch Leihräder zur Verfügung.

Die südöstlich an das Naturerlebniszentrum angrenzende Halbinsel, die bis zur Schleimündung reicht, steht unter Naturschutz **(Naturschutzgebiet Schleimündung)** und darf nur während einer Führung in Begleitung eines Vogelwarts betreten werden. Ausgangspunkt ist die Vogelwärterhütte (mit kleiner naturkundlicher Ausstellung) südöstlich des Naturerlebniszentrums.

Sehenswertes

- **Naturerlebniszentrum Maasholm,** Exhöft-Seeberg 1, Tel. 0461 97892556, www.naturerlebniszentrum.de, geöffnet: Ostern–Ende Oktober tägl. 9–18 Uhr, Eintritt frei
- **Naturschutzgebiet Schleimündung,** Exhöft-Seeberg 1, Tel. 0461 6117, www.jordsand.eu/schutzgebiete/schleimündung, geöffnet: April–Oktober Di–So 10– 17 Uhr, Führungen (etwa 1½ Std.) um 10 und 15 Uhr, Eintritt frei

Gastronomie

- **Am Schleieck,** Schmiedestraße 140, Tel. 04642 6016, www.schleieck-maasholm.de, geöffnet: Di–Fr 16.30–22, Sa/So 12–22 Uhr. Vorwiegend norddeutsche Fischspezialitäten. Kaffeeterrasse und Biergarten direkt am Wasser.
- **Restaurant Störtebeker,** Hauptstraße 36, Tel. 04642 69150, geöffnet: Mo, Di, Do–So 11.30–14 und ab 17 Uhr. Die Spezialität „Likedeeler Fischplatte“ sollte man unbedingt probieren.

Baumhoroskop

Im Unterschied zu den üblichen Horoskopen, die auf Sternbildern basieren, bilden bei Baumhoroskopen verschiedene Baumarten die Grundlage. Baumhoroskope gehen auf die Kelten zurück. Der keltische Baumkalender umfasst insgesamt 21 Arten, die bestimmten Tagen oder Zeiträumen zugeordnet sind. So steht die Buche z. B. für den 22. Dezember. Sie verspricht den unter diesem Baumzeichen geborenen u. a. viel Kreativität und gestalterische Fähigkeiten. Im Naturerlebniszentrum Maasholm (s. links) kann man seinen eigenen Baum finden und das Horoskop mit der Wirklichkeit abgleichen.

- **Imbiss am Hafen,** Uleweg 30, Tel. 04642 6125, geöffnet: tägl. 12–17 Uhr, bei Bedarf auch länger. Hier bekommt man u. a. leckere Fischbrötchen.

Einkaufen

- **Fisch frisch vom Kutter.** Die Fischerfamilie Detlefsen verkauft frisch gefangene Fische, vor allem Dorsch und Butt, direkt vom Kutter im Fischereihafen. Wechselnde Verkaufszeiten, Information dazu unter www.fischvomkutter.de/maasholm.html.

Aktivitäten

- **Ausflüge mit dem Schiff:** Fahrten auf der Schlei mit Stopps u. a. in Kappeln und Schleswig bieten zwei Reedereien an. Informationen und Fahrpläne unter Tel. 04642 6092, www.schleiraddampfer.de bzw. Tel. 04642 6184, www.schlei-ausflugsfahrten.de.
- **Ostsee-Segelschule Hornich,** Hauptstraße 19, Tel. 04642 6771, www.ostsee-segelschule.de. Segel- und Motorbootkurse sowie Motorbootverleih.
- **Surfschule Maasholm,** Ortseingang, Tel. 0171 3474450, www.surfcenter-maasholm.de, tägl. Juni–September. Wind- und Kitesurfen sowie SUP-Kurse.
- **Hochseeangeln:** Dorschangeln mit dem Kutter „Antje D.“. Information und Anmeldung im Restaurant Schunta oder unter Tel. 04642 96560, https://hochseeangelfahrten-maasholm.de.

Parken

Der große Parkplatz am Jachthafen ist für Wohnmobile gesperrt.

- **P 109 Parkplatz Ortseingang,** GPS 54.68661, 9.99253, Ortseingang, kostenlos. Zwei große Parkflächen, auch in der Hochsaison meist noch freie Plätze, für Wohnmobile Parken nur von 7–22 Uhr.
- **P 110 Wanderparkplatz Exhöft,** GPS 54.69536, 9.99322, Exhöft, kostenlos. Kleiner Parkplatz etwa 1,5 km nördlich von Maasholm, für Wohnmobile Parken nur von 7–22 Uhr. Ausgangspunkt zur Wanderung oder Radtour zum Naturerlebniszentrum.

Auf der L277, der einzigen Zufahrtsmöglichkeit nach Maasholm, verlässt man den Ort. Die Straße führt zunächst landschaftlich sehr schön am Ufer des Wormshöfter Noors entlang, einer großen Bucht der Schlei. Der Begriff Noor stammt aus dem dänischen und bedeutet Bucht bzw. Haff.

Im Weiler Wormshöft, der zur Gemeinde Hasselberg gehört, verlässt man die Schlei und biegt rechts auf die K111 Richtung Kronsgaard und Hasselberg ab. Etwa 1,5 km weiter biegt man erneut rechts ab und folgt den Hinweisschildern zum Strand.

HASSELBERG

(5 km – km 5)

Die etwa 800 Einwohner der **landwirtschaftlich geprägten Gemeinde** Hasselberg verteilen sich auf zahlreiche Dörfer auf einer Fläche von gut 11 km². Ein eigentlicher Ortskern ist nicht vorhanden. Haupteinnahmequelle ist der Tourismus, der vor allem vom kilometerlangen, feinen Sandstrand lebt. Shopping-Promenaden gibt es nicht und Restaurants und Einkaufsmöglichkeiten findet man bis auf wenige Ausnahmen nur an den beiden Campingplätzen. Das garantiert einen ruhigen Aufenthalt abseits des gängigen Touristenrummels.

Gastronomie

- **Gasthuus Spieskamer,** Hasselberg 3, Tel. 04642 6683, geöffnet: Mai–Oktober Mo–Fr 11.30–13 und 17.30–20 Uhr. Das Restaurant bietet preiswerte, schmackhafte Gerichte. Für Fischliebhaber ist der Hasselberger Fischteller besonders zu empfehlen.
- **Zum Deichkrug,** Drecht 6, Tel. 04642 6124, im Winter Tel. 04642 6029, geöffnet: Di–So 11.30–22 Uhr. Das griechische Restaurant gehört zum Ostseecamping Gut Oehe.

138 Stellplatz Jachthafen Maasholm

GPS 54.68304, 9.99466

Der ebene, schattenlose Stellplatz liegt neben einem Parkplatz (für Wohnmobile gesperrt) nur wenige Meter vom Strand der Ostsee entfernt. Plätze in der ersten Reihe mit schönem Blick auf die Ostsee. Großzügige, saubere Sanitäranlagen. **Lage/Anfahrt:** Durch Maasholm bis zum Südende des Orts fahren, dort vor dem Parkplatz des Jachthafens links; **Platzanzahl:** 40; **Untergrund:** Schotter, Wiese; fest; **Service:** Strom, Trinkwasser, Abwasser, Chemie-WC, WLAN; **Preise:** 14 €/Fahrz. inkl. Personen, Strom 2 €, Bezahlung am Kassenautomaten, keine Reservierung möglich; **Max. Stand:** unbegrenzt; **Geöffnet:** ganzjährig; **Kontakt:** Platzwart, Uleweg 31, 24404 Maasholm, Tel. 04642 965068

186wo-he

139 Ostseecamping Gut Oehe

GPS 54.71572, 9.99063

Der Campingplatz liegt direkt hinter dem Deich und hat einen leichten Zugang zum Sandstrand. Er bietet zahlreiche Stellmöglichkeiten für Wohnmobile und hat vergleichsweise wenig Dauercamper, die zudem räumlich von den Tagesgästen getrennt sind. **Lage/Anfahrt:** In Hasselberg von Wormshöft kommend an der ersten Abzweigung rechts (ausgeschildert zum Strand). Gleich hinter der Linkskurve die erste Möglichkeit rechts, dann vor dem Deich erneut rechts; **Platzanzahl:** 500, davon 300 Dauercamper; **Untergrund:** Wiese; fest; **Service:** Strom, Trinkwasser, Abwasser, Chemie-WC, WLAN; **Sicherheit:** beleuchtet, bewacht; **Preise:** 9–12 €/Fahrz., 5,50 €/Pers., Duschen frei, Strom 4 €, Hunde 4 €; **Max. Stand:** unbegrenzt; **Geöffnet:** Mitte April–September; **Kontakt:** Drecht 6, 24376 Hasselberg, Tel. 04642 6124, www.camping-oehe.de

188wo-he

140 Campingplatz Hasselberg

GPS 54.71979, 9.98715

Direkt hinter dem Deich gelegen bietet der in der Saison sehr gut besuchte Platz einen schnellen Zugang zum Sandstrand. Etwa 70 % Dauercamper. **Lage/Anfahrt:** In Hasselberg von Wormshöft kommend an der ersten Abzweigung rechts (ausgeschildert zum Strand), der Straße etwa 1,3 km bis zum Deich folgen, wo sich rechts die Rezeption befindet; **Platzanzahl:** 450; **Untergrund:** Wiese; fest; **Service:** Strom, Trinkwasser, Abwasser, Chemie-WC, WLAN; **Sicherheit:** umzäunt, beleuchtet; **Preise:** 8 €/Fahrz., 5 €/Pers., Duschen 0,50 €, Strom 2 €, Hund 2 €, WLAN 5 €; **Max. Stand:** unbegrenzt; **Geöffnet:** April–Anfang Oktober; **Kontakt:** Drecht 7, 24376 Hasselberg, Tel. 04642 6383, https://camping-hasselberg.de

189wo-he

› **Strandrestaurant,** Drecht 7, Tel. 04642 6383, geöffnet: tägl. 10–22 Uhr. Das Restaurant liegt am Deich auf dem Gelände des Campingplatzes Hasselberg und bietet deutsche Küche mit regionalen Produkten.

Parken

P 111 **Parkplatz Hasselberg Strand,** GPS 54.71687, 9.98906, Drecht 6. Größerer Parkplatz am Deich, kostenlos.

Am Eingang zum Campingplatz Hasselberg (140) kann man auf den Deich fahren und links weiter auf einen einspurigen Fahrweg Richtung Kronsgaard. Bei Gegenverkehr muss man sich eine geeignete Ausweichstelle suchen. Zum Glück ist die knapp 1 km lange Deichpassage sehr übersichtlich, Gegenverkehr ist eher selten und kann schon von Weitem erkannt werden. Wer die Fahrt über den Deich umgehen möchte, fährt bis zur K111 zurück und folgt ihr dort nach rechts über Pugholz und Hafferholz bis nach Kronsgaard, wo man wieder auf die Route stößt.

An einer größeren Appartementanlage endet die Fahrt auf dem Deich und man wird links in die Dänische Straße geleitet. An einem für Wohnmobile gesperrten Parkplatz und dem Campingplatz Hoeck Ostsee (nur Dauercamper) vorbei kommt man in das Dorf **Kronsgaard.** Dort geht es, die freiwillige Feuerwehr passierend, bis an die K111, auf der man nach rechts weiterfährt. Wenig weiter zweigt rechts eine Straße ab, die nach **Pottloch** zum Strand führt (deutlich ausgeschildert). Dort findet man nach etwa 750 m einen Parkplatz in Strandnähe. Eine gute Möglichkeit für einen Bade- und Strandstopp.

Parken

P 112 **Parkplatz Pottloch Strand,** GPS 54.73846, 9.97861, Pottloch. Nahe am Strand, kostenpflichtig, Übernachtung verboten.

Wieder zurück auf der K111 geht es durch die hügelige Landschaft weiter Richtung Pommerby, wo man rechts auf die K58 Richtung Nieby fährt.

POMMERBY

(8 km – km 13)

Ähnlich wie Hasselberg hat auch die Gemeinde Pommerby kein eigentliches Zentrum. Die nur etwa 150 Einwohner, die verstreut in mehreren Dörfern und Weilern wohnen, leben im Wesentlichen von der Landwirtschaft und dem Tourismus. Dementsprechend findet man in dem staatlich anerkannten Erholungsort zahlreiche Ferienwohnungen und Gästezimmer sowie zwei große Campingplätze.

Wahrzeichen des Orts ist der weithin sichtbare, rot-weiß gebänderte **Leuchtturm Falshöft** im gleichnamigen Ortsteil. Das 1910 in Betrieb genommene Seezeichen diente ursprünglich als Quermarkenfeuer der Navigation bei der Einfahrt in die Flensburger Förde. 2002 wurde das Leuchtfeuer außer Dienst gestellt. In Zeiten der Navigation mit GPS hat er seine Bedeutung für die Schifffahrt verloren. Heute dient der 25 m hohe Turm touristischen Zwecken. Er kann bestiegen werden und wird darüber hinaus als Trauzimmer genutzt. Von oben hat man einen fantastischen Blick auf die Umgebung und weit über die Ostsee bis zu den dänischen Inseln Ærø und Als. Inzwischen leuchtet der Turm auch wieder und strahlt nachts ein gedämpftes weißes Dauerlicht ab.

Um den Leuchtturm zu erreichen, fährt man auf der K58 Richtung Nieby. Man passiert die ausgeschilderte Abzweigung zu den Campingplätzen Ostseesonne (141) und Seehof (142) und biegt 250 m weiter rechts ab Richtung Leuchtturm. Nach etwa 1,2 km erreicht man den niedrigen Ostseedeich, rechts ragt der Leuchtturm empor und links liegt der Parkplatz Leuchtturm Falshöft. Wer an den Strand möchte findet hier auch einen Zugang.

Der Leuchtturm Falshöft in Pommerby kann bestiegen werden

Sehenswertes

› **Leuchtturm Falshöft,** Pommerby OT Falshöft, www.leuchtturm-falshoeft.de, April–Oktober Di–So 15–17 Uhr, Eintritt 2,50 €

Gastronomie

› **Restaurant Möwe Jonathan,** Geltinger Straße 8, Tel. 04643 2988, Mo, Do und Fr 17–22, Sa, So 12–22 Uhr. Das Restaurant, das im 200 Jahre alten Dorfkrug untergebracht ist und ein gemütliches, ländliches Ambiente hat, bietet – etwas ungewöhnlich für die Region – typisch schwäbische Gerichte wie Spätzle, Schupfnudeln und Maultaschen zu fairen Preisen.

Parken

P 113 Parkplatz Leuchtturm Falshöft, GPS 54.76903, 9.96269, Sibbeskjär. Der Parkplatz (Parken für Wohnmobile nur 8–22 Uhr) mit Strandzugang liegt etwa 150 m nordwestlich des Leuchtturms. Über einen Fahrweg besteht ein Zugang zum Parkplatz Falshöft Strand, der bereits zur Gemeinde Nieby gehört.

190wo-he

141 Campingplatz Ostseesonne

GPS 54.76333, 9.97109

Der Platz liegt am Ende einer Sackgasse direkt am Strand. Wer mag, stellt sein Wohnmobil direkt auf den Deich mit wunderbarer Aussicht auf die Ostsee. Etwas ruhigere Plätze findet man im rückwärtigen Teil. Vor der Schranke gibt es noch zwei Stellplätze (14 € pro Mobil inkl. 2 Personen) ohne Nutzung der Sanitär-, Ver- und Entsorgungsanlagen. **Lage/Anfahrt:** Von Pommerby auf der K58 (Niebyer Straße) Richtung Nieby, dann rechts abbiegen (Hinweis) auf den Gammeldamm, nach 1,5 km auf den Deich fahren und rechts etwa 200 m weiter bis zur Einfahrt; **Platzanzahl:** 170; **Untergrund:** Wiese; fest; **Service:** Strom, Trinkwasser, Abwasser, Chemie-WC, WLAN; **Preise:** 12 €/Fahrz., 5,50 €/Pers., Duschen 0,80 €, Strom 4 €, Hund 3 €; **Max. Stand:** unbegrenzt; **Geöffnet:** Ende März–Ende Oktober; **Kontakt:** Gammeldamm 6, 24395 Pommerby, Tel. 04643 2223, www.campingostseesonne.de

191wo-he

142 Campingplatz Seehof

GPS 54.76508, 9.96807

Der familiäre Campingplatz, der größtenteils Dauercampern Platz bietet, wird nur durch den Deich vom Ostseestrand getrennt. Er erstreckt sich bis zum Leuchtturm Falshöft. **Lage/Anfahrt:** Von Pommerby auf der K58 (Niebyer Straße) Richtung Nieby, dann rechts abbiegen (Hinweis) auf den Gammeldamm, nach 1,5 km links die Einfahrt zum Platz nehmen; **Platzanzahl:** 143, davon 43 für Touristen; **Untergrund:** Wiese; fest; **Service:** Strom, Trinkwasser, Abwasser, Chemie-WC, WLAN; **Preise:** 10 €/Fahrz., 5,50 €/Pers., Duschen 0,70 €, WLAN 1 €/5 € pro Tag/Woche; **Max. Stand:** unbegrenzt; **Geöffnet:** April–Oktober; **Kontakt:** Campingplatz Seehof, Gammeldamm 5, 24395 Pommerby, Tel. 04643 693, www.campingplatz-seehof.de

Man verlässt den Parkplatz am Leuchtturm nicht wieder an der Zufahrt, sondern fährt stattdessen bis zu seinem Ende, wo man auf einem asphaltierten Fahrweg zum **Parkplatz Falshöft Strand** führt, der schon zur Gemeinde Nieby gehört und am Rand des Ortsteils Falshöft liegt. Dabei sollte man sich nicht dadurch verwirren lassen, dass Falshöft sowohl bei Pommerby als auch bei Nieby vorkommt. denn Falshöft ist zweigeteilt. Während der südliche Bereich mit dem Leuchtturm zur Gemeinde Pommerby gehört, ist der nördliche Teil in Nieby eingemeindet. Der Parkplatz bietet einen Zugang zum schönen Sandstrand und ist ein idealer Ausgangspunkt für Wanderungen in die **Geltinger Birk,** die sich nordwärts erstreckt.

Parken

P 114 Parkplatz Falshöft Strand, GPS 54.76985, 9.96183, Falshöft, Nieby. Der langgestreckte Parkplatz (Parken für Wohnmobile nur von 8–22 Uhr erlaubt) mit Strandzugang ist einer der beiden Hauptausgangspunkte für Wanderungen in die Geltinger Birk.

Vom Parkplatz aus fährt man dann durch das alte Dorf Falshöft, wo man gleich auf die links liegende **Integrierte Station Geltinger Birk** stößt, die im ehemaligen Lotsenhaus untergebracht ist. Von hier aus erfolgt die naturschutzfachliche Betreuung der Geltinger Birk und acht weiterer Naturschutzgebiete. In einer kleinen Ausstellung kann man sich über die Birk informieren und in einem Laden gibt es Informationsmaterial, aber auch Eis, Kaffee und verschiedene Produkte und Mitbringsel.

Sehenswertes

› **Integrierte Station Geltinger Birk,** Falshöft 11, Tel. 0160 95573470, www.geltinger-birk.de, Ausstellung in der Hauptsaison Mo, Di, Do–So 11–16 Uhr, in der übrigen Zeit eingeschränkte Öffnungszeiten, bei Regen generell geschlossen, Eintritt frei. Hier werden auch werden verschiedene Bioprodukte angeboten. Liebhaber von Süßem sollten den Honig probieren oder die seltene Kretenmarmelade, eine Konfitüre aus der Frucht einer nahen Verwandten der Schlehe. Für Fleischliebhaber gibt es u. a. Produkte aus dem Fleisch der Galloway-Rinder der Geltinger Birk.

Geltinger Birk

Das Naturschutzgebiet Geltinger Birk liegt auf einer Halbinsel im Nordosten der Landschaft Angeln am östlichen Ende der Flensburger Förde. Geologisch gesehen ist die Birk ein Nehrungshaken, also eine der Küste vorgelagerte Sandbank, die durch Sedimentverdriftung entstanden ist. Ende des 16. Jh. wurde ein Deich errichtet, um die Moore im Inneren von der Ostsee zu trennen und landwirtschaftlich nutzen zu können. Es war der erste Deich an der schleswig-holsteinischen Ostseeküste. 1826 wurde die Windmühle Charlotte gebaut, die das Gebiet großflächig bis auf einen Pegel von mehr als 3 m unter dem Meeresspiegelniveau entwässern konnte. Heute wird das Gebiet durch umfangreiche Maßnahmen wieder vernässt, damit sich Salzwiesen, Moore und Lagunen wieder bilden können.

Besondere Bedeutung hat das schon seit 1934 bestehende Naturschutzgebiet für die Vogelwelt. Die Chance, einen der majestätischen Seeadler zu sehen, ist hier besonders groß. Mehr als 200 Vogelarten nutzen das Areal, darunter 90 Brutvogelarten, z. B. Rotschenkel, Zwergseeschwalbe, Tüpfelralle, Mittelsäger, Blau-, Schwarz- und Braunkehlchen. Für Zugvögel ist es ein wichtiger Rastplatz und einige überwintern hier sogar.

Aber auch Botaniker kommen auf ihre Kosten. Fast 400 Arten wurden in dem Gebiet nachgewiesen, darunter so seltene und gefährdete Arten wie der Echte Meerkohl, der von den Küstenbewohnern früher als Nahrung und Viehfutter genutzt wurde, oder die Natternzunge, ein ungewöhnliches Farngewächs.

Wer über die Birk wandert, kann auch Galloway-Rinder und Konik-Pferde entdecken. Diese Arten sind hier zwar nicht heimisch, haben aber eine wichtige Aufgabe in der Landschaftspflege. Sie beweiden schonend verschiedene Grünflächen, bewahren sie damit vor der Verbuschung und halten sie für zahlreiche Wiesenvögel frei.

193wo-he

Hinter der Station folgt man der Straße weiter bis zu ihrem Ende, wo sie direkt am Ortsschild von Nieby wieder auf die K58 stößt. Nach rechts gelangt man in das Dorf.

NIEBY

(4 km – km 17)

Zum Gemeindegebiet Niebys gehört das gesamte Gelände der Halbinsel **Geltinger Birk,** ein Naturschutzgebiet von herausragender Bedeutung mit vielfältigen Wander- und Radfahrmöglichkeiten und ein optimaler Ort für Naturfreunde, die hier Ruhe und Entspannung finden. Im Ortsteil Beveroe kann man zudem die sehenswerte **Mühle Charlotte** sehen. Sie befindet sich in Privatbesitz und kann nur von außen bewundert werden. Die 1824 errichtete Schöpfmühle ist das Wahrzeichen der Birk. Sie diente der Entwässerung des Noors.

Nieby selbst hat nichts Nennenswertes zu bieten und so verpasst man nichts, wenn man geradewegs hindurchfährt.

Aktivitäten

› Vor allem **Wanderer** und **Radfahrer** kommen im Gemeindegebiet auf ihre Kosten. Die Geltinger Birk ist von mehreren markierten Wanderwegen durchzogen, die zum Teil auch für Radler geeignet sind. Ausgangspunkt sind die Parkplätze Falshöft Strand und Beveroe.

Parken

P **115 Parkplatz Beveroe,** GPS 54.76893, 9.90763, Beveroe, Nieby. Auf dem großen Parkplatz (Übernachten im Wohnmobil verboten) befinden sich ein Kiosk sowie ein WC. Er ist Ausgangspunkt für Wanderungen und Radtouren in die Geltinger Birk und zur Mühle Charlotte.

Hinter Nieby folgt man der Straße und passiert im Weiler Goldhöft den rechts abzweigenden Weg zum Parkplatz Beveroe (Hinweis „Geltinger Birk"), von wo man Wanderungen und Radtouren auf der Halbinsel unternehmen kann. Nach weiteren 1,2 km endet die Straße und führt vorbei an der Zufahrt nach Wackerballig (mit Camping- und Stellplatz) hinein ins Zentrum von Gelting.

GELTING

(5 km – km 22)

Das mehr als 2000 Einwohner zählende Gelting ist der einzige Kneippkurort an der schleswig-holsteinischen Ostseeküste. Der 1231 erstmals erwähnte Ort punktet vor allem mit der ihn umgebenden, sanft hügeligen Landschaft, die zu jeder Jahreszeit ein Fest für alle Sinne bietet, wie es ein Prospekt verspricht. Neben der Geltinger Birk sind es vor allem die flach abfallenden Sandstrände, die die Urlauber anziehen.

Gelting ist seit 1986 anerkannter Luftkurort und seit 1990 darüber hinaus auch **Kneippkurort.** Die entsprechenden Einrichtungen befinden sich im Geltinger Bürgerpark. Das Kneippbecken ist am Eingang Schmiedestraße zu finden.

Sehenswert ist die **Kirche St. Katharinen,** die um 1300 erbaut wurde. Ihr heutiges, klassizistisches Aussehen erhielt sie nach einem Umbau Ende des 18. Jh. Im Innern der in blauen und weißen Tönen gestrichenen und mit goldenen Akzenten versehenen Kirche ist besonders die fünfachsige Altarwand beachtenswert. In ihrem Zentrum befindet sich eine Kreuzigungsszene mit 43 Personen und acht Pferden, die von einem unbekannten Meister aus dem Umfeld des berühmten Lübecker Holzschnitzers Claus Berg (1475–ca. 1535) stammt. Prachtvoll sind auch die frühbarocke Taufe aus dem Jahre 1653 und das Triumphkreuz an der Nordwand, das aus dem Jahr 1525 stammt.

Wer im Ort seine Vorräte auffüllen will, findet einige Möglichkeiten, z. B. einen Discounter an der B199 am Ortsausgang Richtung Flensburg. Auf dieser Bundesstraße verlässt man Gelting dann auch und passiert nach etwa 2 km den Abzweig zum Sportboothafen

143 Stellplatz Jachthafen Wackerballig

GPS 54.75577, 9.87867

Kleiner, ebener Stellplatz nur wenige Schritte vom Jachthafen und der Ostsee entfernt, in der Saison etwas unruhig. Zahlen muss man beim Hafenmeister, der im gelben Gebäude am Jachthafen zu finden ist. **Lage/Anfahrt:** Im Ortsteil Wackerballig. In Gelting am nördlichen Ortsausgang von der Hauptstraße Richtung Wackerballig abbiegen und der Straße etwas mehr als 1,5 km folgen; **Platzanzahl:** 14; **Untergrund:** Wiese; fest; **Service:** Strom, Trinkwasser, Abwasser, Chemie-WC; **Preise:** 14 €/Fahrz. inkl. Personen und Strom, Wasser kostet extra; **Max. Stand:** unbegrenzt; **Geöffnet:** ganzjährig, von November bis März keine Ver- und Entsorgung; **Kontakt:** Hafenmeister, Strandweg 1, 24395 Gelting, Tel. 04643 183221

194wo-he

144 Campingplatz Wackerballig

GPS 54.75771, 9.87870

Der Platz liegt am Ende einer Sackgasse und ist nur durch die Straße vom Strand getrennt. Einige Stellplätze mit Seeblick, Kiosk mit Brötchenverkauf. **Lage/Anfahrt:** Im Geltinger Ortsteil Wackerballig direkt an der Ostsee. In Gelting am nördlichen Ortsausgang von der Hauptstraße Richtung Wackerballig abbiegen und der Straße knapp 2 km bis zum Ende folgen; **Platzanzahl:** 170; **Untergrund:** Wiese; fest; **Service:** Strom, Trinkwasser, Abwasser, Chemie-WC, WLAN, WLAN kostenpflichtig; **Sicherheit:** beleuchtet; **Preise:** 12,50–17,50 €/Fahrz. inkl. Personen, Strom 3 €; **Max. Stand:** unbegrenzt; **Geöffnet:** April–Mitte Oktober; **Kontakt:** Strandweg 2a, 24395 Gelting, Tel. 04643 1335, www.campingplatz-wackerballig.de

195wo-he

Gelting-Mole, wo man direkt am Sporthafen einen Wohnmobilstellplatz 145 findet. Etwas mehr als 4 km weiter biegt man rechts Richtung Norgaardholz/Steinberghaff auf die K106 ab. Die Strecke führt durch mehrere kleine, in einer schönen, hügeligen Landschaft verstreute Dörfer der Gemeinde Steinberg in Richtung Ostsee, wo es mehrere gute Campingplätze gibt, die dicht am Strand der Geltinger Bucht liegen.

196wo-he

145 Stellplatz Gelting-Mole

GPS 54.75185, 9.86377

Der schattenlose Platz liegt unmittelbar am großen Jachthafen und nur einen Steinwurf von einem kleinen Strand entfernt. Die sanitären Anlagen des Sportboothafens können mitbenutzt werden. Brötchenservice bei Bestellungen bis 19 Uhr beim Hafenmeister.
Lage/Anfahrt: Am Sportboothafen Gelting-Mole etwa 2,5 km westlich von Gelting. Von Gelting auf der B199 Richtung Flensburg, nach etwa 2 km rechts ab Richtung Sportboothafen (ausgeschildert). Zum Öffnen der Schranke ist eine Karte nötig, die man nach Bezahlung vom Hafenmeister erhält; **Platzanzahl:** 27; **Untergrund:** Wiese; fest; **Service:** Strom, Trinkwasser, Abwasser, Chemie-WC; **Preise:** 16 €/Fahrz. inkl. Personen; **Max. Stand:** unbegrenzt; **Geöffnet:** 15. März–15. Nov.; **Kontakt:** Hafenmeister, Gelting-Mole 1, 24395 Niesgrau, Tel. 04643 2235, www.sporthafen-gelting-mole.de

Flensburger Förde

Die Flensburger Förde, durch welche die Grenze zu Dänemark verläuft, ist eine ausgedehnte Bucht, die sich ca. 40 Kilometer von der Geltinger Birk im Osten bis nach Flensburg im Westen erstreckt. Bei Flensburg, am Ende der Bucht, befindet sich der westlichste Punkt der Ostsee.

Die Halbinsel Holnis teilt das Gewässer in die südwestliche, kleinere Innenförde und die östliche Außenförde. Im Südosten befindet sich die Geltinger Bucht. Die schmale Innenförde wirkt fast wie ein großer Binnensee, sie ist durch ruhiges Wasser und windgeschützte Strände geprägt. Die ins offene Meer mündende Außenförde ist dagegen etwas rauer und windanfälliger. Hier finden sich zahlreiche wunderbare Strände und kleine Küstenorte.

Die Flensburger Förde ist eines der besten Segelreviere der Ostsee, bietet aber auch für andere Wassersportarten wie Wind- oder Kitesurfen ideale Voraussetzungen. Auch wer nur am Strand liegen oder baden will, ist hier bestens aufgehoben.

Den ersten, in **Steinberghaff** 146, erreicht man, wenn man nach nur 1 km auf der Kreisstraße rechts abbiegt. Über Steinbergholz kommt man nach **Norgaardholz,** wo in einer Linkskurve die Zufahrt zum zweiten Campingplatz (**Nordstern** 147) am Meer und zur Seebadeanstalt abgeht. Wer den Camping nicht anfahren will, folgt in der Linkskurve der Kreisstraße weiter Richtung Steinbergkirche, muss aber nach ca. 1,3 km scharf rechts Richtung Neukirchen/Habernis abbiegen, wo man auf schöner Strecke, die teilweise durch dichten Wald führt, auf den dritten Platz im Bunde, den **Campingplatz Habernis** 148, trifft. Wer nur einen Tagesstellplatz direkt am Ostseestrand sucht, fährt noch etwa 700 m weiter

146 Campingplatz Steinberghaff

GPS 54.76782, 9.82094

Platz auf einem abfallenden Gelände zwischen Weiden und nur durch einen Fußweg vom Strand der Geltinger Bucht getrennt. Hauptsächlich Dauercamper, Imbiss und Kiosk am Platz. **Lage/Anfahrt:** Im Ortsteil Steinberghaff der Gemeinde Steinberg. Zwischen Gelting und Steinbergkirche von der B199 Richtung Norgaardholz/Steinberghaff abbiegen, nach knapp 1 km rechts nach Steinberghaff, dann nach etwa 1,2 km kurz vor dem Ende der Straße links; **Platzanzahl:** 230, davon fast 90 % Dauerstellplätze; **Untergrund:** Wiese; fest; **Service:** Strom, Trinkwasser, Abwasser, Chemie-WC, WLAN gegen Gebühr; **Sicherheit:** beleuchtet; **Preise:** 6 €/Fahrz., 7 €/Pers., Duschen 0,50 €, Hunde 3 €; **Geöffnet:** ganzjährig; **Kontakt:** Campingplatz Steinberghaff, Fischerstraße 21, 24972 Steinberghaff, Tel. 04632 247, www.campingplatz-steinberghaff.de

197wo-he

147 Campingplatz Nordstern

GPS 54.78568, 9.79925

Stellplätze außerhalb des eigentlichen Campingplatzes auf dem hinteren Teil eines Parkplatzes am Zugang zur Seebadeanstalt. Nutzung der Sanitäranlagen des Campingplatzes. Vor allem in der Saison tagsüber wegen der Badegäste lebhafter Betrieb. **Lage/Anfahrt:** Im Ortsteil Norgaardholz von Steinberg. In Steinbergkirche von der B199 Richtung Norgaardholz abbiegen (Hinweisschild), nach knapp 5 km in einer Rechtskurve links; nach der Ankunft an der Rezeption anmelden; **Platzanzahl:** 10 für Wohnmobile, der Platz selbst verfügt über 250 Plätze, davon 220 Dauercamper; **Untergrund:** Wiese; fest; **Service:** Strom, Trinkwasser, Abwasser, Chemie-WC; **Preise:** 15 €/Fahrz. inkl. Personen, Strom 2 €, Duschen mit Duschkarten, die es am Automaten an der Rezeption gibt (0,20 €/Minute); **Max. Stand:** unbegrenzt; **Geöffnet:** April–September; **Kontakt:** Campingplatz Nordstern, Nordstern 1, 24972 Norgaardholz, Tel. 04632 7406, www.campingplatz-nordstern.de

und erreicht einen großzügigen **Parkplatz.** Hier kann man nicht nur das Strandleben genießen oder Wassersport betreiben, sondern auch auf mehreren Rundwegen das **Habernisser Moor** erkunden.

Parken

P 116 Parkplatz Habernis, GPS 54.79683, 9.76723, Habernis. Der Parkplatz (Parken für Wohnmobile nur von 7–22 Uhr) direkt am feinen Sandstrand eignet sich hervorragend für einen Tagesaufenthalt an der See oder für Wanderungen in das Habernisser Moor.

Hinter dem Parkplatz Habernis führt die Route ins Innere der **Halbinsel Angeln,** die von der Flensburger Förde, der Schlei und im Westen von der Autobahn A7 begrenzt wird. Die leicht hügelige Landschaft mit kleinen Feldern, vielen Knicks und Resten von ursprünglichen Buchenwäldern wurde in der letzten Eiszeit durch Moränen geformt. Ihre kleinen Dörfer mit alten, teils mächtigen Kirchen sind durch schmale, kurvenreiche Straßen verbunden. Höchste Erhebung ist der 82 m hohe Höckeberg, der ca. 5 km südwestlich von Flensburg liegt.

Der Name der Halbinsel stammt vom germanischen Volk der Angeln ab, die bis zum Ende des 4. Jh. in der Region siedelten und dann in großer Zahl nach England auswanderten, wo sie bald als Angelsachsen die Herrschaft übernahmen. Noch heute weisen viele englische Ortsbezeichnungen auf sie hin, z. B. die Region East Anglia. Auch der Name England hat seinen Ursprung im Wort Angeln.

Man folgt der kurvenreichen Straße Richtung Kalleby und von dort weiter nach **Nübelfeld,** wo die sehenswerte **Windmühle Hoffnung** steht. Sie befindet sich in Privatbesitz und kann nur von der Straße aus betrachtet werden.

In Nübelfeld wird die B199 überquert. Knapp 100 m weiter findet man mit dem **Landhaus Schütt** eine empfehlenswerte Einkehrmöglichkeit und auf dem zugehörigen Parkplatz einen einfachen Stellplatz.

Gastronomie und Übernachten

S 117 Landhaus Schütt mit Café Kommodig, GPS 54.76851, 9.72622, Nübelfeld 34, 24972 Steinbergkirche, Tel. 04632 8764781 oder 0176 4403246, www.alles-torte.de, Restaurant Mi–Sa

199wo-he

148 Campingplatz Habernis

GPS 54.79494, 9.77584

Ebener Platz, nur durch die kaum befahrene Straße vom Strand getrennt, überwiegend Dauercamper, Kiosk und Gaststätte am Platz. **Lage/Anfahrt:** In Habernis etwa 5 km nördlich von Steinbergkirche. In Steinbergkirche von der B199 Richtung Habernis abfahren und dann der Beschilderung nach Habernis folgen; **Platzanzahl:** 95, davon 5 für Touristen; **Untergrund:** Wiese; fest; **Service:** Strom, Trinkwasser, Abwasser, Chemie-WC, WLAN gegen Gebühr; **Preise:** 6 €/Fahrz., 7 €/Pers., Duschmarke 0,50 €; **Geöffnet:** April–Oktober; **Kontakt:** Campingplatz Habernis, Habernis 7, 24972 Steinberg, Tel. 04632 7616 oder 0170 4870402 (Platzwart), www.campingplatz-habernis.de

ab 17 Uhr, So ab 11.30 Uhr, Café Mi–So ab 14 Uhr. Im Café werden leckere, hausgebackene Kuchen und Torten angeboten, im Restaurant schmackhafte Gerichte, alles zu fairen Preisen. Auf dem Parkplatz gibt es eine einfache Übernachtungsmöglichkeit (10 Plätze) ohne Ver- und Entsorgung, die bei Einkehr im Café oder Restaurant kostenlos ist.

Vom Landhaus Schütt geht es weiter Richtung Großquern. Etwa auf halber Strecke lohnt ein Stopp am Fuße des 70 m hohen **Scheersberg.** Auf ihm thront der **nördlichste Bismarckturm Deutschlands.** Der Turm kann bestiegen werden. Von seiner Aussichtsplattform im 4. Stock hat man einen wunderbaren Panoramablick über Angeln, die Ostsee und weit nach Dänemark hinein.

In Deutschland, aber auch in anderen europäischen Ländern und sogar in Übersee, wurden zwischen 1871 und 1914 meist auf private Initiative zu Ehren des ehemaligen Reichskanzlers Otto von Bismarck hohe Steintürme errichtet. Von den ehemals fast 240 Türmen sind heute noch 170 erhalten, die sich in mehr oder weniger gutem Zustand befinden.

Parken

P 118 Parkplatz Scheersberg, GPS 54.76191, 9.72336, Steinbergkirche OT Nübel. Vom Parkplatz sind es nur wenige Schritte zum Bismarckturm.

Weiter geht es nach **Großquern,** wo man an der Kreuzung vor der Kirche links Richtung Westerholm fährt und an der nächsten Möglichkeit gleich wieder rechts. Hier findet man eine Parkmöglichkeit, von der man direkt auf den Friedhof mit der sehenswerten **Kirche St. Nikolaus** kommt. Die Kirche wurde um 1200 im romanischen Stil erbaut, später mit gotischen und spätgotischen Elementen erweitert.

Parken

P 119 Parkplatz Großquern Kirche, GPS 54.75355, 9.72200, Achtertoft. Kleiner Parkplatz hinter der Kirche mit Zugang zum Kirchengelände.

200wo-he

Über Westerholm erreicht man **Sterup,** wo man an die **Kirche St. Laurentius** gelangt, die am Rande des Dorfes auf einem Hügel steht. Eine Besichtigung der Kirche, die auf das 13. Jh. zurückgeht, lohnt sich. Durch die zweibogige Osterpforte kommt man auf das Kirchengelände. Im Innern ist vor allem der aus dem 15. Jh. stammende spätgotische Flügelaltar sehenswert.

Parken

P 120 Parkplatz Sterup Kirche, GPS 54.72988, 9.73887, Alte Dorfstraße 8. Parkmöglichkeit direkt an der Osterpforte des Kirchengeländes. Ein weiterer Parkplatz liegt knapp 100 m weiter entlang der Straße am Ehrenfriedhof.

Von Sterup geht die Fahrt weiter nach Sörup, wo man einen der schönsten Übernachtungsplätze der Region vorfindet.

Die Kirche St. Laurentius in Sterup ist auch von innen sehenswert

SÖRUP

(30 km - km 52)

Nach Gelting ist Sörup der erste größere Ort, der wieder viele Versorgungsmöglichkeiten bietet. Neben Supermärkten und Discountern findet man auch mehrere Fachgeschäfte. Wer einkehren möchte, kann zwischen einem Imbiss und verschiedenen Restaurants wählen. Eisliebhaber kommen in einer Eisdiele am Bahnhof auf ihre Kosten.

Die knapp 4500 Einwohner zählende Gemeinde liegt im Zentrum der Landschaft Angeln in einem hügeligen, in der Weichsel-Eiszeit entstandenen Grundmoränengebiet. Sörup ist eines der zentralen Dörfer Angelns und durch den Bahnhof entlang der Strecke Kiel – Flensburg auch ein Verkehrsknotenpunkt.

Sehenswert ist die aus dem 12. Jh. stammende romanische **Kirche St. Marien.** Ihr 60 m hoher spätgotischer Turm wurde später angefügt. Touristen werden aber vor allem von der Landschaft um den Ort angelockt. Besonders beliebt sind zwei große Seen: Am südlichen Ortsrand liegt der **Südensee** und knapp 5 km nordwestlich der **Winderatter See.** Beide Gewässer sind am Ende der letzten Eiszeit durch eine Gletscherabflussrinne entstanden. Am Südufer des Winderatter Sees, um den ein schöner, etwa 5,5 km langer Rundwanderweg führt, befindet sich mit der Grauburg ein archäologisches Denkmal, vom dem heute allerdings nur noch ein verlandeter Burggraben zu sehen ist. Am Südensee wurde eine sehr schöne Seebadeanstalt mit Sanitärgebäude, Kiosk und Spielplatz gebaut und ein Wohnmobilstellplatz eingerichtet.

Aktivitäten

› **Angeln am Südensee,** Information und Angelscheine bei Lutz Haman, Schulstraße 27, Tel. 04635 2546, und an der Team-Tankstelle, Flensburger Str. 73

Parken

P 121 **Parkplatz Winderatter See,** GPS 54.73944, 9.62134. Vom Dorf Winderatt kommt man auf einer unbezeichneten, einspurigen Straße zu einem kleinen Parkplatz, von dem ein Wanderweg zum Rundweg um den See führt.

201wo-he

149 Stellplatz Sörup Südensee

GPS 54.71090, 9.66517

Kleiner, kaum bekannter Stellplatz am Ufer des Südensees, nur wenige Schritte von der Seebadeanstalt mit Spielplatz und Kiosk entfernt. Besonders geeignet für Familien mit Kindern. **Lage/Anfahrt:** In Sörup am Bahnhof über den Bahnübergang auf die Schleswiger Straße (L22) Richtung Satrup fahren, an der Kirche vorbei und 250 m weiter rechts in die Straße Seeblick und ihr durch ein Wohngebiet bis zum Ende folgen; **Untergrund:** Schotter, Sand; fest; **Service:** Strom, Trinkwasser, Abwasser, Chemie-WC (Entsorgung im Sanitärgebäude der Badeanstalt); **Sicherheit:** beleuchtet; **Preise:** 10 €/Fahrz. inkl. Personen; **Max. Stand:** unbegrenzt; **Geöffnet:** ganzjährig, die Badeanstalt mit den Sanitäranlagen nur April–Oktober; **Kontakt:** Seeblick 29, 24966 Sörup

Vom Stellplatz am Südensee fährt man zunächst wieder zum Bahnhof und dort gleich hinter dem Bahnübergang links auf die L270 (Flensburger Straße). Nach etwas mehr als 4 km gelangt man im Weiler Hardesby, der noch zur Gemeinde Sörup gehört, an eine Kreuzung mit der L21. Hier biegt man rechts Richtung Sterup und Kappeln ab und gelangt nach etwa 1,5 km in Schwensby an die **Mühle Renata.** Die 1883 erbaute Galerieholländer-Windmühle besteht aus Holz, war bis 1977 in Betrieb und musste dann wegen Sturmschäden stillgelegt werden. Als sie zu verfallen drohte, nahm der 1999 gegründete Mühlenverein sich ihrer an, brachte sie in jahrelanger, ehrenamtlicher Arbeit wieder zum Laufen und hält sie bis heute instand und in Betrieb. Die schmucke Mühle ist eine der wenigen, die heute noch auf althergebrachte Weise Getreide zu Schrot und Mehl verarbeitet. Die Produkte werden an regionale Bäckereien und Lebensmittelhändler verkauft. Wer sich selbst von der Qualität überzeugen will, kann im Mühlenladen neben anderen Produkten Vollkornbackschrote aus Weizen, Roggen und Dinkel kaufen. An manchen Tagen werden auch Vollkornbrote angeboten, von denen man unbedingt probieren sollte.

Sehenswertes

› **Mühle Renata,** Kappelner Str. 27, 24966 Sörup OT Schwensby, Mühlenladen Tel. 0176 54869508, www.windmuehle-schwensby.com, geöffnet: tägl. 13–17 Uhr, während der Winterzeit So geschlossen, Eintritt frei

Hinter der Mühle führt die Route an der nächsten Kreuzung nach links Richtung Dollerup. Am Ende der Straße fährt man rechts, knapp 100 m weiter gleich wieder links und gelangt nach etwa 1,5 km in den südlichen Teil der Gemeinde.

Die Route führt in nördlicher Richtung durch den Ortsteil, stößt schließlich auf die B199 und überquert die vielbefahrene Hauptstraße. Dahinter fährt man gleich links und an der nächsten Gabelung ebenfalls. Nach gut 50 m kann man links auf einem kleinen Parkplatz am Gebäude der **Dolleruper Destille** halten. Die nördlichste Brennerei Deutschlands bietet eine fast unüberschaubare Fülle an verschiedenen Spirituosen, insbesondere Rum, Gin und Obstbrände. Wer es etwas weniger hochprozentig mag, findet diverse Liköre von Sanddorn über Kirsch bis zu Marzipan. Selbstverständlich kommen mit dem Urstrom-Bier, das es in verschiedenen Geschmacksrichtungen gibt, auch Biertrinker auf ihre Kosten.

Wer zur rechten Zeit vor Ort ist (s. Website), kann an einem eintägigen Brennereiseminar teilnehmen und die Geheimnisse der Herstellung erstklassiger Destillate und Spirituosen erfahren. Der Kurs kostet 100 € und beinhaltet ein Buffet und Getränke.

203wo-he

Sörups romanische Kirche St. Marien stammt aus dem 12. Jahrhundert

Wer zu viel Alkoholika probiert hat und inzwischen fahruntüchtig ist, darf auf Nachfrage im Laden auch auf dem Parkplatz übernachten. Das gilt selbstverständlich auch für alle nichtalkoholisierten Fahrer.

Einkaufen und Übernachten

S 122 Dolleruper Destille, GPS 54.78206, 9.67559, Neukirchener Weg 8a, 24989 Dollerup, Tel. 04636 976030, www.dolleruper-destille.de, geöffnet: Mo–Fr 10–18, Sa, So 10–16 Uhr, im Winter So geschlossen. Kostenlose Übernachtungsmöglichkeit auf dem kleinen Parkplatz (5 Stellplätze) direkt an der Rückseite der Destille. Keine Ver-/Entsorgung.

Nach dem Besuch der Destille fährt man auf die B199 und weiter Richtung Flensburg. Schon nach knapp 2 km lohnt der nächste Stopp am **Landschaftsmuseum Angeln** in Unewatt. Das Freilichtmuseum besteht aus fünf Stationen, den sog. Museumsinseln, die auf einem Rundgang durch das historische Dorf besichtigt werden können. Besonders sehenswert ist das aus dem frühen 17. Jh. stammende Marxen-Bauernhaus, das sich direkt am Parkplatz befindet. Weitere Stationen sind eine Räucherei, eine Buttermühle und die Christesen-Scheune. Lohnend ist auch der Weg zur etwas abseits gelegenen Windmühle Fortuna. Die 1878 als Gallerieholländer gebaute Mühle ist heute ein funktionsfähiges technisches Denkmal.

Wer unterwegs Hunger oder Durst bekommen hat, kann diese im **Landhaus Unewatt** in der Ortsmitte des Landschaftsmuseums stillen. Das Restaurant, das in einer ehemaligen königlichen Kate untergebracht ist, bietet eine gehobene gutbürgerliche Küche.

Sehenswertes

P 123 Landschaftsmuseum Angeln, GPS 54.79469, 9.64880, Unewatter Straße 1a, 24977 Langballig, Tel. 04636 1021, https://unewatt.kultur-schleswig-flensburg.de, geöffnet: Mai–September Di–So 10–17 Uhr, April–Oktober Fr–So 10–17 Uhr, Eintritt 5 €, unter 18 Jahren frei, großer, kostenloser Parkplatz

Gastronomie

› **Landhaus Unewatt,** Unewatter Straße 8, 24977 Langballig, Tel. 04636 9771244, Mi–So ab 11 Uhr, Küche durchgehend 12–20 Uhr, im Winter kürzere Öffnungszeiten

Weiter geht es auf der B199 Richtung Flensburg. Schon an der nächsten Kreuzung (ca. 1 km) biegt man in Langballig rechts Richtung Langballigau ab. Etwas mehr als 1,5 km weiter heißt es etwas aufpassen. In einer leichten Rechtskurve zweigt nach links die Straße Freienwillen ab, die nach Siegum führt (leicht übersehbares Hinweisschild). Die Hauptroute folgt dieser Straße. Wer stattdessen nach Langballigau will, bleibt auf der Hauptstraße.

ABSTECHER NACH LANGBALLIGAU

(hin und zurück 6 km)

Langballigau liegt an der Mündung des gleichnamigen Flusses direkt am Sandstrand der **Flensburger Außenförde.** Der **Hafen** des kleinen Ortes war ursprünglich ein Fischereihafen, ist inzwischen aber vor allem als Jachthafen mit weit über 200 Liegeplätzen von Bedeutung. Dennoch werden hier noch je nach Saison und Wetter verschiedene Fischarten wie Plattfische und Dorsche angelandet, die man frisch vom Kutter kaufen kann. Am Hafen findet man auch Restaurants, einen Imbiss und eine Eisdiele.

Der langgestreckte, teilweise breite **Sandstrand** ist besonders bei Familien mit Kindern beliebt, die hier auch noch weitere Beschäftigungsmöglichkeiten finden, z. B. einen weiträumigen Spielplatz, ein Beachvolleyballfeld und eine Boulebahn.

Für Tagesbesucher gibt es mehrere Parkmöglichkeiten. Die Plätze sind aber sehr eng, für größere Wohnmobile nicht geeignet und zumindest in der Saison meist dicht belegt. Wer übernachten will, für den bieten sich zwei Stellplätze an (150 und 151).

⑮⓪ Stellplatz Langballigau

GPS 54.82214, 9.65866

Der schattenlose Stellplatz liegt nur durch die Strandstraße getrennt am Strand neben dem Campingplatz Langballigau. Nur wenige Schritte vom Hafen entfernt, Stellplätze in der ersten Reihe mit schönem Ostseeblick, weitere Stellmöglichkeiten auf dem Campingplatz. **Lage/Anfahrt:** Von Langballig der Hauptstraße nach Langballigau folgen, dort ausgeschildert; **Platzanzahl:** 25; **Untergrund:** Schotter, Wiese; fest; **Service:** Strom, Trinkwasser, Abwasser, Chemie-WC, WLAN kostenpflichtig; **Preise:** 10–11 €/Fahrz. inkl. Personen, Sanitärnutzung 2 € pro Person, Strom 2,50 €; **Max. Stand:** unbegrenzt; **Geöffnet:** ganzjährig, Ver- und Entsorgung im Winter nicht verfügbar; **Kontakt:** Campingplatz Langballigau, Strandweg 3, 24977 Langballig OT Langballigau, Tel. 04636 308, www.campingplatz-langballigau.de

202wo-he

⑮① Stellplatz am Campingplatz Fördeblick

GPS 54.81988, 9.66666

Von einer hohen Hecke und Bäumen umgebener Stellplatz neben dem Campingplatz. Ca. 150 m zum Sandstrand, die Sanitäranlagen auf dem Campingplatz können mitbenutzt werden, weitere Stellplätze auf dem Campingplatz (je nach Saison 21–24 € inkl. 2 Pers.). **Lage/Anfahrt:** Von Langballig kommend auf der Hauptstraße Richtung Langballigau fahren, dort nicht links nach Langballigau abbiegen, sondern noch 800 m weiter auf der Straße, dann links; **Platzanzahl:** 25; **Untergrund:** Wiese; fest; **Service:** Strom, Trinkwasser, Abwasser, Chemie-WC; **Preise:** 10 €/Fahrz. inkl. Personen, Strom 3 €; **Max. Stand:** unbegrenzt; **Geöffnet:** April–September; **Kontakt:** Campingplatz Fördeblick, Kummle 1, 24977 Westerholz, Tel. 04696 8385, www.campingplatz-westerholz.de

204wo-he

Auf der Hauptroute biegt man nach dem Verlassen der nach Langballig führenden Straße bereits nach 150 m wieder rechts ab. Durch eine schöne Allee geht es am Gut Freienwillen vorbei, das auf das Jahr 1433 zurückgeht und heute als landwirtschaftlicher Betrieb genutzt wird. Die Fahrt führt nun auf kurvenreicher, schmaler Straße durch schöne, hügelige Landschaft Richtung Siegum und Bockholmwik. Bei schönem Wetter muss man sich die Straße mit zahlreichen Radfahrern teilen.

Hinter Siegum biegt man scharf rechts Richtung Bockholmwik ab und erreicht nach 400 m die Zufahrt zum Campingplatz Bockholmwik 152, der inmitten schöner Natur direkt an der Ostsee liegt.

An der Zufahrt zum Campingplatz vorbei folgt man weiter der Straße, die bald nach einer Rechtskurve an die Ostsee und dort ein kurzes Stück am Strand entlangführt. Danach geht es wieder ins Landesinnere, bis die Straße schließlich in die L96 einmündet. Vorher führt sie aber noch mitten durch das großzügige Gelände des **Förde-Golf-Clubs Glücksburg,** das sich zwischen Strand und L96 erstreckt. Wer Anhänger dieser Sportart ist, ist hier auch als Gast gern gesehen.

Aktivitäten

› **Förde-Golf-Club Glücksburg,** Bockholm 23, 24960 Glücksburg, Tel. 04631 2547, www.foerdegolfclub.de

Man folgt nun der L96 nach rechts Richtung Bockholm und gelangt nach 1,5 km an eine größere Kreuzung. Hier führt die Route nach links Richtung Glücksburg. Vorher sollte man aber unbedingt noch einen Abstecher nach rechts auf die Halbinsel Holnis machen, wo es auch Stellplätze auf einem Campingplatz gibt.

152 Campingplatz Fördeferien Bockholmwik

GPS 54.82753, 9.60959

Terrassenförmig angelegter Campingplatz, der bis an den Ostseestrand reicht, viele Angebote für Familien mit Kindern (großer Spielplatz, Trampolin, Spielscheune mit Tischtennis und Billard). **Lage/Anfahrt:** Auf einem zur Ostsee abfallenden Wiesengelände nördlich von Ringsberg (B199), Anfahrt ausgeschildert; **Platzanzahl:** 190, davon 140 für Dauercamper; **Untergrund:** Wiese; **Service:** Strom, Trinkwasser, Abwasser, Chemie-WC; **Sicherheit:** umzäunt; **Preise:** 10 €/Fahrz., 6 €/Pers., Strom 3,50 €, Abfallentsorgung 2 €, Hund 3,50 €, Stellplatz vor der Schranke 25 € inkl. 2 Pers. und Strom; **Max. Stand:** unbegrenzt; **Geöffnet:** April–Oktober; **Kontakt:** Fördeblick Bockholmwik, Bockholmwik 19, 24960 Munkbrarup, Tel. 04631 2088, www.foerdeferien-bockholmwik.de

205wo-he

ABSTECHER AUF DIE HALBINSEL HOLNIS

(hin und zurück 9 km)

Die Halbinsel Holnis ragt nordöstlich von Glücksburg in die Flensburger Förde und teilt das Gewässer in die Innen- und Außenförde. Besondere Bedeutung hat sie als 400 ha großes **Naturschutzgebiet,** das weitgehend naturbelassen ist. Vor allem Vögel, darunter viele geschützte und seltene Arten, finden in den verschiedenen Lebensräumen ideale Bedingungen, sei es als Brut- und Rastvogel oder als Wintergast.

Mehrere bis zu 10 km lange, gut ausgeschilderte **Wanderwege** erschließen das Gebiet. Besonders schön ist eine Tour zur Nordostspitze mit Blick nach Dänemark. Auch Radfahrer finden hier zahlreiche Routen.

An der Ostseite gibt es außer einem Abschnitt im Norden mit Steilküste kilometerlange Sandstrände. Hier kommen Wasserratten und Wassersportler voll auf ihre Kosten. Einziger Wermutstropfen: Der Aufenthalt am Strand ist für Erwachsene von Anfang Mai bis Ende September gebührenpflichtig.

Gastronomie

› **Fährhaus Holnis,** Wolfgang Wree, Holnisser Fährstraße 21, 24960 Glücksburg, Tel. 04631 61330, https://faehrhaus-holnis.de, geöffnet: Mi–So 8–21 Uhr. Das Café und Restaurant befindet sich in einem geschichtsträchtigen, sehenswerten Gebäude kurz vor der Südostspitze der Halbinsel. Bei gutem Wetter kann man im parkähnlichen Garten sitzen und den Blick auf die Förde genießen. Die bodenständige Küche bietet Gerichte, die sich nach der jeweiligen Saison richten, darunter viel Fisch. Wer mit einem kleinen Wohnmobil unterwegs ist, kann am Fährhaus auch parken, ansonsten steht ein etwa 500 m langer Fußweg vom Parkplatz Holnis Nord an.

Aktivitäten

› **Wassersport Holnis,** An der Promenade 8, 24960 Glücksburg, Tel. 01573 4682428. Die Surfschule befindet sich am Parkplatz Ziegeleiweg. Angeboten werden Windsurf-, Kitesurf- und SUP-Kurse. Darüber hinaus kann man geführte SUP-Touren zur Spitze der Halbinsel buchen.

153 Ostseecamp Holnis

GPS 54.85725, 9.59065

Der nördlichste Campingplatz Deutschlands grenzt direkt an den Sandstrand. Eigener Bereich für Wohnmobile etwas abseits der Sanitäranlagen, ideal für Familien mit Kindern. **Lage/Anfahrt:** Etwa in der Mitte der Halbinsel Holnis auf ihrer Ostseite, Anfahrt ausgeschildert; **Platzanzahl:** 225, davon 125 für Touristen; **Untergrund:** Wiese; **Service:** Strom, Trinkwasser, Abwasser, Chemie-WC; **Sicherheit:** umzäunt, beleuchtet; **Preise:** 19,50–32 €/Fahrz. inkl. 2 Pers., Strom 3,50 €, Hund 2,50 €; **Max. Stand:** unbegrenzt; **Geöffnet:** Ende März–Mitte Oktober; **Kontakt:** Ostseecamp Glücksburg-Holnis, An der Promenade 1, 24960 Glücksburg-Holnis, Tel. 04631 622071, https://ostseecamp-holnis.de

206wo-he

Parken

124 **Holnis Nord,** GPS 54.87165, 9.60039. Die nördlichste Parkmöglichkeit auf der Halbinsel. Von hier führt ein nur gut 1 km langer Wanderweg vorbei am Fährhaus Holnis zur Nordostspitze. Der kostenlose Parkplatz bietet nur wenigen Autos Platz und ist in der Saison meist schon am frühen Vormittag belegt. Für größere Wohnmobile ist er ungeeignet.

125 **Parkplatz Ziegeleiweg,** GPS 54.86573, 9.59784. Der gebührenpflichtige, auf einer Wiese liegende Parkplatz (Tageskarte 2 €) ist nur über einen holprigen Feldweg zu erreichen. Er liegt wenige Schritte vom Strand entfernt.

126 **Parkplatz Strand Drei,** GPS 54.85758, 9.58811. Sehr großer, gebührenpflichtiger Parkplatz (Tageskarte 4 €) im Westen, an den Campingplatz angrenzend. Ca. 250 m bis zum Strand.

Die Hauptroute führt auf der K94 bis Glücksburg, wo man nach knapp 3 km direkt an das **Schloss Glücksburg** kommt.

Das Wasserschloss Glücksburg steht malerisch auf einer Insel in einem See

GLÜCKSBURG

(27 km – km 79)

Glücksburg, die nördlichste Stadt Deutschlands, ist vor allem wegen seines imposanten **Renaissance-Wasserschlosses** bekannt, das zu den schönsten Schlössern Schleswig-Holsteins und den bedeutendsten seiner Art in Nordeuropa gehört. Das weiße, 1582 bis 1587 erbaute Gebäude mit seinen sechseckigen Rundtürmen liegt malerisch auf einer Insel im Schlossteich und war zeitweilig **Residenz der dänischen Könige.** Heute ist es als Museum der Öffentlichkeit zugänglich. Neben Originalmöbeln aus der Zeit zwischen Empire und Biedermeier, wertvollem Porzellan und Silber beherbergt es eine bedeutende Sammlung von Wandteppichen und Ledertapeten. Besonders sehenswert ist die Kapelle mit Deckenfresken aus dem 16. Jh. und einem Schnitzaltar aus der Zeit des Dreißigjährigen Krieges.

An den Schlossteich grenzt der barockartige **Schlossgarten** mit einer klassizistischen Orangerie an, die heute für Ausstellungen und Konzerte genutzt wird. Direkt neben dem Park befindet sich ein 5000 m² großer Rosengarten. Dort werden über 500 verschiedene, vor allem englische Rosen kultiviert.

207wo-he

Ein beliebtes Naherholungsgebiet ist der sich an den Jachthafen im Quellental anschließende **Badestrand.** Wer auch bei schlechtem Wetter oder im Winter baden oder in die Sauna gehen will, hat dazu in der **Fördeland Therme** Gelegenheit.

Sehenswertes

› **Stiftung Schloss Glücksburg,** Schloss, 24960 Glücksburg, Tel. 04631 442330, www.schloss-gluecksburg.de, geöffnet: tägl. 10–18 Uhr, Eintritt ab 16 Jahren 9 €, ermäßigt 6 €, günstigere Familientickets, Führungen Januar–April und November So 14 Uhr, Mai und Juni Sa, So 15 Uhr, Juli–Oktober täglich 14 Uhr, 11 € inkl. Eintritt

Information

› **Tourist Information Glücksburg,** Schinderdamm 5 (im Rathaus), 24960 Glücksburg, Tel. 04631 451100, www.flensburger-foerde.de, April–Oktober Mo–Fr 9–12.30, 13.30–18 (April und Oktober bis 17 Uhr), Sa, So und feiertags 10–14 Uhr, November–März Mo–Fr 9–12.30, 13.30–17 Uhr

Gastronomie

› **Restaurant Scheune,** Schinderdamm 7, 24960 Glücksburg, Tel. 04631 443937, www.scheune-gluecksburg.de, Di–Sa 17–21 Uhr, So 11.30–14.30 und 17–21 Uhr. Das Restaurant befindet sich in einer ehemaligen Scheune am Marktplatz im Zentrum. Vom Schloss in wenigen Minuten durch den Schlossgarten, den man hinter der Orangerie verlässt, zu Fuß zu erreichen. Geboten werden Fisch- und Fleischgerichte zu fairen Preisen.

Aktivitäten

› **Fördeland Therme Glücksburg,** Sandwigstraße 1a, Tel. 04631 444070, www.foerdelandtherme.de, Mo–Do, So 10–20, Fr, Sa 10–22 Uhr, Eintritt je nach Dauer und Angebotswahl ab 4,50 € bis 22 €

Parken

P **127 Parkplatz Schloss Glücksburg,** GPS 54.83173, 9.54605. Kostenpflichtiger Parkplatz gegenüber der Schlossinsel. Der Platz ist oft schon am frühen Vormittag belegt, für große Fahrzeuge nicht geeignet.

P **128 Parkplatz Gorch-Fock-Straße,** GPS 54.83390, 9.55235. Auch für größere Wohnmobile geeignet. Zum Schloss sind es gut 600 m, in den Ortskern etwa 400 m.

P **129 Parkplatz Fördeland Therme,** GPS 54.83748, 9.53316. Großräumiger Parkplatz.

P **130 Parkplatz Jachthafen Quellental,** GPS 54.83740, 9.52107. Der vordere, asphaltierte Platz ist nur für Pkw, auf dem hinteren, näher am Strand gelegenen Platz dürfen auch Wohnmobile parken.

Vom Schloss führt die Route weiter Richtung Flensburg. Gut 300 m hinter dem Parkplatz biegt man rechts in die L249 (Uferstraße) ein. Durch dichten Wald geht es vorbei an der Abzweigung zur Fördeland Therme und etwas später passiert man die Zufahrt zum Jachthafen Quellental. Dahinter gelangt man in den Ortsteil Meierwik, wo man am Vitalhotel Alter Meierhof vorbeikommt. Das Aushängeschild der großzügigen Hotelanlage ist das **Restaurant Meierei** des Sternekochs Dirk Luther, der seit 2008 vom Guide Michelin durchgängig zwei Sterne verliehen bekommen hat. Wer sich schon immer mal von einem Sternekoch beköstigen lassen wollte, sollte sich rechtzeitig anmelden und über genügend Geld verfügen.

Gastronomie

› **Meierei im Vitalhotel Alter Meierhof,** 24960 Glücksburg, Uferstraße 1, Tel. 04631 6199411, www.alter-meierhof.de. Für die erlesenen Menüs muss man je nach Anzahl der Gänge mit Preisen zwischen gut 100 und 200 € rechnen, zusätzlich kommen für die Weinbegleitung nochmals zwischen 50 und 100 € hinzu (jeweils pro Person), bei besonderen Weinen auch mehr.

Meierwik geht fast nahtlos in den Flensburger Vorort Solitüde über. Man verlässt die Straße ca. 3,5 km hinter der Meierei an einer groß ausgebauten Abzweigung nach rechts und fährt an der Zufahrt zum Stellplatz Am Industriehafen (154) vorbei ins Zentrum Flensburgs, wo man am Südostende des Hafens einen zentral gelegenen, großen Parkplatz findet. Hier hat man das Ende der Route erreicht.

FLENSBURG

(11 km – km 90)

Flensburg, das „Tor zum Norden“, wie sich die Stadt selbst betitelt, liegt am Ende der Flensburger Förde unmittelbar an der deutsch-dänischen Grenze. Mit einer Mischung aus altehrwürdiger Hafen- und weltoffener Handelsstadt sowie der traditionellen, dänisch anmutenden Beschaulichkeit, gehört der um das 12. Jh. entstandene Ort zu den attraktivsten Städten des nördlichen Bundeslandes. Mit ca. 90.000 Einwohnern ist die Stadt nach Kiel und Lübeck die drittgrößte in Schleswig-Holstein.

Obwohl vom Handel geprägt, war Flensburg nie eine Hansestadt, wohl aber für wenige Wochen im Mai 1945 nach Hitlers Selbstmord Sitz der letzten Reichsregierung und somit de facto Reichshauptstadt. Dass Flensburg nicht nur die Stadt der Verkehrssünderdatei, der Flensburger Brauerei oder Deutschlands Rum-Hauptstadt ist, erfährt man eindrucksvoll bei einem Stadtbummel, denn die Hafenstadt ist eine der wenigen Städte, die im Zweiten Weltkrieg nicht zerstört wurden. Dementsprechend gibt es eine Menge Sehenswürdigkeiten aus allen Epochen. In der **historischen Altstadt,** die von deutscher und dänischer Baukultur geprägt ist, wurden die alten Gassen und Häuser behutsam nach dem Motto „Neues Leben in alten Höfen“ saniert. Heute befinden sich dort kleine Restaurants, Kneipen, Pubs, Cafés, Galerien und Boutiquen und zwischen dem Nordertor und der Roten Straße erstreckt sich über einen Kilometer eine der abwechslungsreichsten Shoppingmeilen Norddeutschlands mit mehr als 500 Ladengeschäften.

Wer vom 1595 erbauten **Nordertor,** das heute Wahrzeichen der Stadt ist, auf der Norderstraße nach Süden schlendert, kommt zunächst zum Wissenschaftszentrum **Phänomenta,** das in einem alten Kaufmannshof untergebracht ist. Das zur Europa-Universität Flensburg gehörende Institut wendet sich vor allem an Kinder im Schulalter, die hier an verschiedenen Stationen durch Ausprobieren spielerisch einiges über Naturwissenschaft und Technik lernen können. Dahinter passiert man den **Kaufmannshof,** einen typischen Handelshof aus dem 18. Jh. Nur wenig weiter steht das **Flensborghus,** das 1725 als Waisenhaus fertiggestellt wurde und heute der dänischen Minderheit als Kultur- und Versammlungshaus dient.

Etwa 150 m hinter der Einmündung der von rechts kommenden Schlossstraße kann man rechts über die **Marientreppe** zum **Aussichtspunkt Duborg** steigen, von wo man einen einzigartigen Blick auf die Stadt und die Förde hat.

An weiteren sehenswerten Kaufmannshäusern vorbei kommt man an die **St.-Marien-Kirche,** wo die Fußgängerzone beginnt. Die gotische Backsteinkirche mit ihrem mächtigen Turm wurde Ende des 13. Jahrhunderts erbaut und ist die älteste Innenstadtkirche Flensburgs. Wer sie von innen besichtigt, sollte außer auf den geschnitzten Hochaltar und die schönen Glasmalereien auch einen Blick auf das Deckengewölbe werfen, wo an verschiedenen Stellen noch größere Reste der spätmittelalterlichen Bemalung erhalten sind.

An weiteren historischen Häusern vorbei erreicht man die kleine, 1386 erbaute **Heiliggeistkirche.** Das gotische, zweischiffige Gotteshaus ist die Hauptkirche der evangelisch-lutherischen Dänen in Flensburg.

Knapp 200 m weiter kreuzt man die Rathausstraße. Hier sieht man durch die Straßenschlucht auf das Heinrich-Sauermann-Haus, das auf dem **Museumsberg** thront. Die beiden imposanten Häuser auf dem Museumsberg – neben dem Sauermann-Haus steht das Hans-Christiansen-Haus – beherbergen eines der größten Museen Schleswig-Holsteins, in dem vor allem auf die Kunst- und Kulturgeschichte des ehemaligen Herzogtums Schleswig eingegangen wird. Im Erdgeschoss des Heinrich-Sauermann-Hauses ist darüber hinaus das Naturhistorische Museum untergebracht.

Flensburg
0
200 m
© Reise Know-How 2021
Nordertor
Duburger Straße
Phänomenta
Norderstraße
Schiffbrücke
Glücksburg
Ballastkai
Ballastbrücke
Schloßstraße
Museumswerft
Schifffahrtsmuseum
Kaufmannshof
Museumshafen
Burgstraße
Flensborghus
Am Lautrupsbach
Ritterstraße
Hafendamm
Hafen
Treppe zum Aussichtspunkt Duborg
Oluf-Samson-Gang
Nordstraße
B199, Kappeln,
Kraftfahrtbundesamt
1
P 132
Toosbüystraße
Neue Str.
Salondampfer Alexandra
Knuthstraße
Burghof
St.-Marien-Kirche
Fähre nach Glücksburg
2
Marienstraße
Norder-markt
Fördebrücke
Schiffbrücke
Marienhölzungsweg
Lilienstr.
Schiffbrückstr.
Norderhofenden
St.-Jürgen-Str.
Selckstraße
Speicherlinie
Große Straße
P 131
Heilig-Geist-Kirche
Nordergraben
Hafendamm
Johannisstraße
Mühlenstr.
Stuhrsallee
Rathausstraße
Museumsberg
Süderhofenden
Reepschlägerbahn
Südergraben
Holm
Nikolaistraße
3
Holmhof
Nikolai-Kirche
Süder-markt
Angelburger Straße
Südergraben
Friesische Straße
Todsen-Straße
Rote Straße
Friedrich-Ebert-Straße
Heinrichstr.
Pferdewasser
4
Rum-Museum
Bahnhofstr.
156
Neu-markt
Flensburger Brauerei
Schleswiger Str.
155
Bahnhof
Waitzstraße
Stellplätze und Parken
154 Stellplatz Am Industriehafen
155 Campingplatz Jarplund
156 Stellplatz Citti-Park
P 131 Parkplatz Hafendamm
P 132 Parkplatz Schiffbrücke
Gastronomie
1 Hansens Brauerei
Einkaufen/Sonstiges
2 Rumhaus Johannsen
3 Tourist Information Flensburg
4 Wein- und Rumhaus Braasch

Auf dem weiteren Weg durch die Fußgängerzone passiert man erneut einige hübsch restaurierte Handelshöfe, in denen heute oft Pubs oder Restaurants untergebracht sind. An der **Nikolaikirche** am Südermarkt endet die Fußgängerzone. Die Ende des 14. Jh. errichtete gotische Kirche ist die größte der Stadt. Ihr Turm mit einem Glockenspiel aus 17 Glocken ragt 90 m in den Himmel. Im Inneren sind vor allem der spätbarocke Altar aus dem Jahr 1749, das Ende des 15. Jh. hergestellte bronzene Taufbecken und die reich verzierte, weltweit einmalige Doppelorgel zu bewundern.

Etwas weiter südlich verläuft die **Rote Straße,** ein mustergültiges Sanierungsprojekt. In die alten Höfe sind unterschiedliche kleine Läden und Lokale eingezogen, die der Straße ein besonderes Flair verleihen.

Ein absolutes Muss für jeden Besucher Flensburgs ist ein Gang entlang der **Hafenmeile** auf der Westseite der Förde mit dem Museumshafen, der Museumswerft und dem Schifffahrtsmuseum. Die Anlagen des **Museumshafens** sind Teil des historischen Flensburger Hafens. Am hölzernen Bohlwerk, auf dem auch ein historischer Kran steht, liegen 15 Traditionssegler.

Gegenüber befindet sich die 1996 gegründete **Museumswerft,** wo Bootsbauer nach alten Plänen an historischen Booten arbeiten. Hier erfährt man u. a. Interessantes über den Werftalltag vor mehr als 100 Jahren und kann an Bootsbaukursen teilnehmen. Im **Schifffahrtsmuseum,** das in einem ehemaligen Zollpackhaus untergebracht ist, erfährt man in sieben permanenten Ausstellungen und einer Sonderausstellung viel über die maritime Geschichte der Stadt und die Seefahrt. Im historischen **Rumkeller** des Packhauses kann man unter dem Motto „vom Eichenfass ins Grogglas" eine interessante Multimediashow zur Flensburger Rumgeschichte erleben.

Am Hafen werden von mehreren Reedereien Ausflugsfahrten angeboten. Besonders beliebt ist der **Salondampfer Alexandra.** Das 1908 gebaute schmucke Schiff ist der letzte seetüchtige, kohlebefeuerte Passagierdampfer Deutschlands.

Zum Schluss noch ein besonderer Tipp: Wer kennt sie nicht, die Flasche mit dem „Plopp"? Spätestens seit der Comicfigur Werner ist die „Flasch Flens" deutschlandweit bekannt. Wer sich für das Bierbrauen interessiert, kann hinter die Kulissen der **Flensburger Brauerei** schauen und Sudhaus, Lagerkeller und Abfüllung besichtigen.

Und wenn wir schon beim Alkohol sind, dann darf eine Bemerkung zum **Rum** nicht fehlen. Der Zuckerrohrschnaps ist seit mehreren Jahrhunderten ein wichtiges Handelsgut. Im 18. Jahrhundert kam es Dank des Rumhandels zu einer wirtschaftlichen Blüte der Stadt. Zunächst wurde Zuckerrohr importiert und in der Stadt zu Rum verarbeitet, später das fertige Getränk, das dann verschnitten und nach ganz Europa exportiert wurde. Zeitweilig gab es mehr als 200 Rumhäuser in der Stadt, von denen heute nur noch wenige existieren. Das älteste noch bestehende Unternehmen ist das 1878 gegründete **Rumhaus Johannsen,** das seit über 100 Jahren in der Marienstraße 6 in der schmucken Marienburg untergebracht ist. Ein kleines **Rum-Manufaktur-Museum** findet sich im Wein- und Rumhaus Braasch in den Braasch-Höfen in der Roten Straße.

Sehenswertes

› **Phänomenta,** Norderstraße 157–163, Tel. 0461 144490, www.phaenomenta-flensburg.de, geöffnet: Di–So 12–18 Uhr, Eintritt Erw. 12 €, ermäßigt 9 €, 3–6 Jahre 3 €

› **Museumsberg Flensburg,** Museumsberg 1, Tel. 0461 852956, www.museumsberg-flensburg.de, geöffnet: Di–So 10–17 Uhr, April–September im Wechsel eines der beiden Häuser Do bis 20 Uhr, Eintritt Erw. 8 €, ermäßigt 3 €. Die Verbundkarte (Erw. 10 €, ermäßigt 4 €) berechtigt darüber hinaus zum Besuch des Schifffahrtsmuseums.

› **Museumswerft Flensburg,** Schiffbrücke 43–45, Tel. 0461 182247, www.museumswerft.de, geöffnet: Mo–Fr. 8–17, Sa, So 10–17 Uhr, Eintritt 1 €

- **Schifffahrtsmuseum Flensburg,** Schiffbrücke 39, Tel. 0461 852970, www.schifffahrtsmuseum-flensburg.de, geöffnet: Di–So 10–17 Uhr, Eintritt Erw. 8 €, ermäßigt 3 €. Die Verbundkarte (Erw. 10 €, ermäßigt 4 €) berechtigt darüber hinaus zum Besuch der Museen auf dem Museumsberg.
- **Flensburger Brauerei,** Munketoft 12, Tel. 0461 8630, www.flens.de, Brauereiladen „Plop-Shop" Mo–Fr 13–18 Uhr, Termine für Führungen mit Verkostung siehe Website

Information

- **Tourist Information Flensburg,** Nikolaistraße 8, 24937 Flensburg, Tel. 0461 9090920, www.flensburger-foerde.de, Mo–Fr 10–17, Sa, So 10–14 Uhr

Gastronomie

- **Hansens Brauerei,** Schiffbrücke 16, Tel. 0461 22210, www.hansensbrauerei.de, geöffnet: tägl. von 11.30 Uhr bis nach Mitternacht. Im Restaurant mit schmackhafter norddeutscher Küche und Blick auf den Hafen wird in der eigenen kleinen Brauerei hergestelltes Bier (neudeutsch Craft Bier) angeboten, das nach Meinung vieler Kenner über einen besonders guten Geschmack verfügt.

Einkaufen

- **Rumhaus Johannsen,** Marienstraße 8, Tel. 0461 25200, www.johannsen-rum.de, geöffnet: Mo–Fr 10–18, Sa 10–15 Uhr. Wenn das Ladengeschäfft, die sog. Hökerei, zu den Öffnungszeiten geschlossen ist, einfach in den Hof gehen und sich in der Produktion oder im Büro melden.
- **Wein- und Rumhaus Braasch,** Rote Straße 26–28, Tel. 0461 141600, www.braasch.sh, Öffnungszeiten des Museums Mo–Fr 10–18.30, Sa 10–16 Uhr, Eintritt frei. Von Mai bis September wird jeweils mittwochs um 16 Uhr eine Führung inkl. Rumverkostung angeboten, Kosten 5 €.

154 Stellplatz Am Industriehafen

GPS 54.80367, 9.44294

Der Platz liegt in einer ruhigen Sackgasse direkt an einem Hafenbecken. Er strahlt etwas „industrielles Flair" aus, ist aber für eine Übernachtung und um Flensburg zu besuchen, gut geeignet. **Lage/Anfahrt:** Vom Parkplatz Hafendamm der Straße entlang der Förde nach Norden folgen, nach 1,5 km links in die Straße Am Industriehafen abbiegen und knapp 100 m weiter wieder rechts. Der Weg ist im Innenstadtbereich ausgeschildert; **Platzanzahl:** 15; **Untergrund:** Schotter, Sand; **Preise:** kostenlos; **Max. Stand:** 1 Nacht; **Geöffnet:** ganzjährig; **Kontakt:** Am Industriehafen, 24937 Flensburg

208wo-he

Schiffsfahrten

› **Salondampfer Alexandra,** Schiffbrücke 37, Tel. 0461 18291805, www.dampfer-alexandra.de. Öffentliche Rundfahrten finden von Ende Mai bis Anfang Oktober meist sonntags statt, darüber hinaus werden zu bestimmten Ereignissen Sonderfahrten angeboten. Der Fahrplan und die Preise für die Fahrten können online auf der Website eingesehen werden.

155 Campingplatz Jarplund

GPS 54.74443, 9.43833

Einfacher, sauberer Campingplatz mit großem Spielplatz und Pool, der sich anbietet, wenn man einen längeren Aufenthalt in Flensburg plant. Die Innenstadt ist mit öffentlichen Verkehrsmitteln oder dem Fahrrad schnell erreicht. Supermarkt und Bäcker nebenan. **Lage/Anfahrt:** An der B200 etwas südlich von Flensburg in Handewitt im Ortsteil Jarplund, etwa 5 km von Flensburgs Innenstadt entfernt, an der Bundesstraße weiträumig ausgeschildert; **Platzanzahl:** 100; **Untergrund:** Wiese; fest; **Service:** Strom, Trinkwasser, Abwasser, Chemie-WC; **Sicherheit:** umzäunt; **Preise:** 8,50 €/Fahrz., 6,50 €/Pers., Strom 2,50 €, Hund 1 €, Müllgebühr 1 €; **Max. Stand:** unbegrenzt; **Geöffnet:** 15. März–15. November; **Kontakt:** Campingplatz Jarplund, Europastraße 80, 24976 Handewitt OT Jarplund, Tel. 0461 979024, www.campingplatz-jarplund.de

217wo-he

Parken

P **131 Parkplatz Hafendamm,** GPS 54.78769, 9.43853. Geräumiger, gebührenpflichtiger Parkplatz an der Südostspitze des Hafens, der auch für größere Wohnmobile gut geeignet ist.

P **132 Parkplatz Schiffbrücke,** GPS 54.79080, 9.43374. Der kostenpflichtige Parkplatz liegt zentral direkt am Hafen und nur wenige Schritte von der Einkaufsstraße entfernt. Er ist allerdings oft belegt und wegen seiner Enge für größere Wohnmobile nur bedingt geeignet.

156 Stellplatz Citti-Park

GPS 54.77416, 9.39459

Stellplatz mit dem Flair eines Großraumparkplatzes gegenüber von einem Shoppingcenter. Knapp 5 km von der Innenstadt entfernt. Mit den Bussen der Linie 11 schnelle und häufige Verbindung ins Zentrum. Vielfältige Einkaufsmöglichkeiten. **Lage/Anfahrt:** Von der A7 an der Anschlussstelle Flensburg/Harrislee abfahren, weiter auf der B199 Richtung Flensburg, nach 3 km rechts. Die Anfahrt ist weit im Voraus ausgeschildert; **Platzanzahl:** 30; **Untergrund:** Asphalt, Pflaster; **Service:** Trinkwasser, Abwasser, Chemie-WC; **Sicherheit:** beleuchtet, Frischwasser 1 €/100 Liter; **Preise:** kostenlos; **Max. Stand:** 1 Nacht; **Geöffnet:** ganzjährig; **Kontakt:** CITTI-Park Flensburg, Lilienthalstraße 6, 24041 Flensburg

218wo-he

ANHANG

209wo-he

PRAKTISCHE REISETIPPS

GASVERSORGUNG

Beim Austausch leerer Gasflaschen gibt es in der Region keine Probleme. Die meisten Campingplätze bieten den Tausch leer gegen voll an. Auch an vielen Baumärkten kann man Gasflaschen tauschen.

INFORMATIONEN

Die meisten der touristisch interessanten Orte haben eigene Touristeninformationen oder zumindest Websites. Die Angaben hierzu findet man bei den einzelnen Ortsangaben der Routen. In der folgenden Aufstellung sind Stellen aufgeführt, die überregionale Informationen bereithalten.

- **http://sh-tourismus.de:** offizielles Portal der Tourismus-Agentur Schleswig-Holstein e. V. mit zahlreichen Informationen für ganz Schleswig-Holstein
- **http://ostsee-schleswig-holstein.de:** offizielle Website der Ostsee-Holstein-Tourismus e. V. Vielfältige Informationen über die Ostseeküste Schleswig-Holsteins inkl. Holsteinischer Schweiz. Auch als kostenlose App („Ostsee Schleswig-Holstein") für Android und iOs erhältlich.

210wo-he

LANDKARTEN

- **Falk Regionalkarte Hamburg,** Schleswig-Holstein, 1 : 150.000, 8,99 €
- **ADAC Regionalkarte Schleswig-Holstein/ Hamburg,** 1 : 150.000, 9,95 €
- **ADFC Rad-Regionalkarten,** 1 : 75.000, für folgende Regionen: Kieler Förde/Fehmarn/Holsteinische Schweiz, Schleswig/Flensburg, Lübeck und Umgebung
- **Kompass Wanderkarte Ostseeküste von Lübeck bis Dänemark,** 1 : 50.000

LITERATUR

Wer einen umfassenden Reiseführer über die Region oder spezielle **Regionalführer** sucht, dem seien folgende Bücher empfohlen:

- **Ostseeküste Schleswig-Holstein,** Reise Know-How Verlag, Bielefeld
- **CityTrip Lübeck mit Travemünde,** Reise Know-How Verlag, Bielefeld
- **CityTrip Kiel mit Kieler Förde,** Reise Know-How Verlag, Bielefeld
- **InselTrip Fehmarn,** Reise Know-How Verlag, Bielefeld

Für **Wanderer** bieten sich folgende Führer an:

- **„Ostseeküste Schleswig-Holstein",** Bernhard Pollmann und Wolfgang Schwartz, Rother Bergverlag, Oberhaching. Im Buch werden 50 Wanderungen zwischen Flensburg und Lübeck beschrieben.
- **„Holsteiner Land",** Tonia Körner, Conrad Stein Verlag, Welver. Das Buch enthält 22 Wanderungen zwischen Schleswig und Maasholm.
- **„Schlei",** Michael Hennemann, Conrad Stein Verlag, Welver. Der Autor stellt 23 Wanderungen zwischen Kiel und Lübeck vor.

Diese Bücher eignen sich für **Wassersportler:**

- **SUP-Guide Ostseeküste und Holstein,** Thomas Kettler Verlag, Hamburg. 15 Tourenbeschreibungen zwischen Lübecker Bucht und Kiel mit Holsteinischer Schweiz.
- **Kanu Kompakt Holsteinische Schweiz – Seen und Schwentine zwischen Eutin und Kiel,** Thomas Kettler Verlag, Hamburg

- **Die schönsten Kanutouren in Schleswig-Holstein und Hamburg – 48 Kanuwandertouren auf Auen, Flüssen und Seen,** Deutscher Kanu-Verband, Hamburg

KURABGABE

An den meisten touristisch geprägten Orten in Schleswig-Holstein wird eine **Kurabgabe** für Übernachtungsgäste beziehungsweise eine **Strandbenutzungsgebühr** für Tagesgäste ohne Kurkarte erhoben. Sie betragen je nach Saison 1,50 bis 3 € pro Person und Tag, die Strandbenutzungsgebühr entfällt im Winter an den meisten Orten.

Die Kurabgabe wird auf den Campingplätzen bei der Anmeldung erhoben, auf Stellplätzen mit Automatenzahlung kann man sie am Automaten lösen. Einige Gemeinden erkennen die Kurkarte, die dann **ostseecard** heißt, untereinander an, sodass man die Kurabgaben oder Strandbenutzungsgebühren nicht mehrfach bezahlen muss, nur weil man an einem Tag den Strand oder Kurbereich zweier unterschiedlicher Gemeinden aufsuchen möchte.

PANNE/UNFALL

- **Polizei:** Tel. 110
- **Notfall/Feuer:** Tel. 112
- **Notfon D:** Tel. 0800 6683663 (Hilfe bei Panne und Verkehrsunfall durch den Notruf der Autoversicherer)
- **ADAC:** Tel. 089 222222, Mobil 222222
- **AvD:** Tel. 0800 9909909
- **ACE:** Tel. 0711 530343536

Ein kostenloser Pendelbus verkehrt zwischen Damp und dem Großparkplatz am Rand des Ortes (s. S. 181)

Wer einen **Mobilitätsservice** seines Fahrzeugherstellers hat, findet die entsprechende Telefonnummer in den Fahrzeugunterlagen.

REISEZEIT

Grundsätzlich sind die Ostseeküste Schleswig-Holsteins, die Holsteinische Schweiz und die Region um die Schlei zu jeder Jahreszeit eine Reise wert. In der **Hauptreisezeit** zwischen Ende Juni und Ende August und rund um Ostern muss man damit rechnen, dass die schönsten Stellplätze auf den Campingplätzen schon vergeben und schlimmstenfalls Campingplätze und Wohnmobilhäfen sogar komplett belegt sind. Hier sollte man vorher telefonisch anfragen, ob es noch Stellmöglichkeiten gibt und – wenn möglich – schon im Voraus einen Platz reservieren.

Wer zeitlich unabhängig ist, sollte sich im **Mai und Juni** oder von **September bis Anfang Oktober** auf die Reise machen. In dieser Jahreszeit spielt das Wetter meist mit und die touristischen Einrichtungen sind noch nicht oder nicht mehr überlaufen. Besonders schön ist es von Ende April bis Mitte Mai, wenn das sog. „Gelbfieber“ ausbricht und die Landschaft vom intensiv leuchtenden Gelb der Rapsfelder durchzogen ist.

Wer Einsamkeit und Ruhe sucht und Regen, Wind und Kälte nicht scheut, kann auch im **Winter** auf Tour gehen. Manche Wohnmobilisten sind besonders gern in dieser Jahreszeit an der Ostsee unterwegs und kommen jedes Jahr wieder. Es hat schon seinen ganz besonderen Reiz, wenn man nach einem Strandspaziergang ordentlich vom Wind durchgepustet im warmen Wohnmobil sitzt und bei einem Grog, Pharisäer oder einer Toten Tante auf die schäumende See blicken kann. Allerdings sollte man bedenken, dass in dieser Jahreszeit viele Restaurants, Geschäfte und die meisten Campingplätze geschlossen sind bzw. auf manchen Wohnmobilstellplätzen die Ver- und Entsorgungseinrichtungen nicht zur Verfügung stehen.

STELL-, CAMPING- UND PARKPLÄTZE

Entlang der im Buch vorgestellten Routen gibt es ausreichend Übernachtungsmöglichkeiten auf **Campingplätzen.** In manchen Regionen reihen sie sich wie auf einer Perlenkette aufgezogen dicht an dicht. Beachten muss man allerdings, dass auf einigen Plätzen die Anzahl der Dauercamper sehr groß ist und für Touristen manchmal nur die weniger attraktiven Stellmöglichkeiten zur Verfügung stehen. In den Beschreibungen der einzelnen Campingplätze werden die Anteile von Dauercampern und Touristen genannt. Nicht immer war die Anzahl der Stellplätze und das jeweilige Verhältnis genau zu ermitteln, sodass die Angaben in diesem Buch als Annäherungswerte zu verstehen sind.

Viele Campingplätze bieten inzwischen auch Stellplätze vor der Schranke an. Diese manchmal als **Wohnmobilhafen** bezeichneten Übernachtungsmöglichkeiten haben den Vorteil, dass man nicht auf die Öffnungszeiten der Schranke angewiesen ist und sie sind meist etwas preiswerter. Allerdings ist die Höchstdauer oft begrenzt, manchmal nur auf eine Übernachtung.

Wer Mitglied eines **Automobilklubs** ist, eine Camping Card International (CCI), CampingCard ACSI oder Camping Key Europe (CKE) hat, erhält auf einigen Campingplätzen **Rabatte** bis zu 10 %, in der Vor- und Nachsaison sogar bis zu 60 %.

Erst in den letzten Jahren hat man sich mit den speziellen Bedürfnissen der Wohnmobilisten, die nicht auf einem Campingplatz übernachten wollen, beschäftigt und es sind mehr und mehr **Wohnmobilstellplätze** entstanden, auf denen auch die entsprechenden Ver- und Entsorgungseinrichtungen zur Verfügung gestellt werden. Das gilt vor allem für die größeren Städte, wo man oft nur wenig vom Zentrum entfernt attraktive Übernachtungsmöglichkeiten findet.

Übernachten und Campen auf **öffentlichen Parkplätzen** ist vielerorts ausdrücklich verboten, was auch mit Schildern angezeigt wird. Wo das nicht der Fall ist, sollte man bedenken, dass das Übernachten im Fahrzeug auf öffentlichen Parkplätzen in Deutschland grundsätzlich verboten ist und lediglich zur „Wiederherstellung der Fahrtüchtigkeit“ toleriert wird. Wer zu müde ist, um weiterzufahren, darf eine Nacht im Wohnmobil auf einem Parkplatz stehen, aber weder die Markise ausfahren, noch Campingstühle aufstellen. An manchen Orten, vor allem an den touristischen Hotspots, wird dies Verbot überwacht und Verstöße werden geahndet.

Auch beim **Parken** gilt es einige Regeln zu beachten: Ist ein Parkplatz nur für Pkw ausgewiesen, dürfen dort keine Fahrzeuge abgestellt werden, die als Wohnmobile oder Lkw zugelassen sind, egal wie schwer sie sind. Natürlich darf man auch dort nicht parken, wo ein Zusatzschild Wohnmobile ausdrücklich ausschließt.

Da manche Urlauber auch mit Fahrzeugen unterwegs sind, die als Pkw (z. B. VW-Bus) zugelassen sind, wurden im Führer auch Pkw-Parkplätze aufgenommen, die nicht von allen Wohnmobilisten genutzt werden können. Darauf wird jeweils hingewiesen.

STRASSEN

Bis auf sehr wenige Ausnahmen bei Zufahrten zu Campingplätzen, sind die Straßen, über die die im Buch vorgestellten Routen führen, alle in einem sehr guten Zustand. Allerdings sind sie, vor allem in ländlichen Regionen, manchmal nur einspurig. Ein **Ausweichen** bei entgegenkommenden Fahrzeugen kann dann etwas knifflig werden.

Vor allem im Sommer sind auf diesen Straßen auch sehr viele **Radfahrer** unterwegs. Ein Überholen mit ausreichendem Sicherheitsabstand ist oft nicht möglich. In diesen Fällen hilft nur Geduld und abwarten, bis sich eine sichere Möglichkeit bietet. Im Übrigen wird man auch schnell merken, dass die meisten Autofahrer hier viel ruhiger unterwegs sind als anderswo.

REGISTER

N

O

P

R

S

T

U, V

W

Z

Liebe Leserin, lieber Leser,

ein unabhängiger Verlag für unabhängig Reisende – das sind wir, der Reise Know-How Verlag aus Bielefeld, eines der letzten Familienunternehmen in der Branche. Obwohl wir zu den größten Reiseführerverlagen Deutschlands gehören, ist der familiäre Umgang miteinander in allen Bereichen des Verlagslebens zu spüren: In der Geschäftsführung in zweiter Generation, in einer wertschätzenden Arbeitsatmosphäre, in der Nähe zu unseren frei arbeitenden Autorinnen und Autoren, im engen Austausch mit unseren Leserinnen und Lesern – und auch in der Zusammenarbeit mit Druckereien in Deutschland, in denen wir ausschließlich und regional unsere Bücher produzieren. Die sollen schließlich erst mit Ihnen auf große Reise gehen.

Alles, was wir in unsere Bücher und Landkarten stecken, soll Ihnen eines ermöglichen: Auf Ihre ganz eigene, individuelle Weise die Welt zu entdecken. Wir wünschen Ihnen viel Freude und unvergessliche Erlebnisse mit diesem Wohnmobil-Tourguide.

Es grüßen herzlich
Peter Rump & Wayan Rump

REISE
KNOW-HOW

ÜBER DEN AUTOR

003wi-he

Hartmut Engel trieb es schon in frühester Jugend hinaus in die Welt. Bereits als 14-Jähriger heuerte er auf einem Frachtschiff an und schipperte quer durch Europa. Auch nach seinem Studium der Meeresbiologie und Zoologie blieb er dem Reisen und Erkunden ferner Länder treu. Während seiner Tätigkeit als Wissenschaftler nahm er an zahlreichen Forschungsreisen teil, die ihn u. a. in die Arktis und Antarktis, aber auch nach Südamerika und Südafrika führten.

Seit mehr als 25 Jahren ist er als Reise- und Sachbuchautor tätig und hat in dieser Zeit über 30 Bücher verfasst, darunter im Reise Know-How Verlag den Wohnmobil-Tourguide „Die schönsten Routen durch Irland".

Auch wenn es ihn immer wieder hinaus in die weite Welt zieht, hat er die Heimat im Herzen behalten und verbringt viel Zeit an der schleswig-holsteinischen Küste, die für den Hamburger direkt vor der Haustür liegt.

Über die von Hartmut Engel verfassten Bücher kann man sich auf seiner Website unter www.hp-engel.de informieren.

IMPRESSUM

Hartmut Engel

Die schönsten Routen an der OSTSEEKÜSTE SCHLESWIG-HOLSTEINS

1. Auflage 2021

ISBN 978-3-8317-3485-6

Druck und Bindung:
mediaprint solutions GmbH, Paderborn

Herausgeber: Klaus Werner
Layout: amundo media GmbH (Inhalt), Wayan Rump (Umschlag)
Lektorat: amundo media GmbH
Routenkarten: Ingenieurbüro B. Spachmüller
Ortspläne: amundo media GmbH, Ingenieurbüro B. Spachmüller, der Verlag
Kontakt: Osnabrücker Str. 79, 33649 Bielefeld, info@reise-know-how.de

---

Bildnachweis
Alle Fotos inklusive Umschlag: Hartmut Engel (he, der Autor)

ROUTENATLAS

211wo-he

FLENSBURG
GLÜCKSBURG
(Ostsee)
Harrislee
Padborg
Kruså
Frøslev
Handewitt
Gråsten
Egernsund
Nybøl Nor
Rinkenæs
Kollund
Flensburger Förde
Fl e n s b
Munkbrarup
Langballig
Husby
Hürup
Freienwill
Oeversee
Großsolt
Tarp
Sieverstedt
Wanderup
Eggebek
Bollingstedt
Böklund
Tolk
Satrup
Mittel-
A n
-angeln
S c h l e s w i
Großenwiehe
Jarplund
Weding
ROUTE 8
ROUTE 7
231
232
234
228
197
254
NSG
Flens-
burg
Schleswig
Kiel
Fehmarn
Neu-
münster
Lübeck
Wismar

1 cm = 2 km
5 km
SØNDERBORG
Sønderborg V
Sundsmark
Dybbøl
Dybbøl Mølle
Barstenen
Skanser
Vemmingbund
Broager
Dynt
Gammelmark
Gammelmark Klinter
Broager Land
Søndersborg Bugt
Skeldekobbel
Skelde
Frydenlund
Skelde Vig
Måling
Frydendal
Frydenhavn
Rojhus
Borreshoved
Spang
Vollerup
Lambergs-kov
Klinting
Klinting Høj
Sønders-kov
Stenholt
Yachthafen
Hørup
Høruphav
Majbøl
Mintebjerg
Lebøl Løkke
Vibæk Mølle
Viбøge
Holballe
Lebøl
Lebølgard
Lille-Mommark
Sarup
Lysabild
Fjelby
Ny Pøl
Neder Lysabild
Lysabildskop
Skovbyballe
Skovby
Skovbymose
Gammel Pøl
Pølkshuk
Hørup Hav
Vesterkobbel
Torsthoved
Hjortholm
Windpark
Midt-kobbel
Kongshoved
Vestermark
Skoven
Trænge
Lillekobbel
Sønderby
Bredsten
Holm-kobbel
Drejby
Østerby
Kegnæs
Kegborg
Kegnæshøj
Flensburger Förde
Westerholz
Geltinger Bucht
Kalkgrund
Birk
NSG
Beveroe
Nieby
Falshöft
Seehof
Goldhöft
Pommerby
Gelting
Nadelhöft
Niedamm
Golsmaas
Haffskoppel
Kronsgaard
Hasselberg
Drecht
Oehe
Maasholm-Bad
Maasholm
Lotseninsel
Schleimünde Lotsenstation
Wormshöfter Noor
Rabel
Kappeln
Grimsnis
Olpenitzdorf
Olpenitz
Hafen
Marinestützpunkt
Ellenberg
St. Nikolai
Lüttfeld
Dothmark
Kopperby
Arnis
Brodersby
Schönhagen
Karby
Dörphof
Schwansener See
Schubystrand
Ostseebad Damp
Aqua Tropikana
Damp
Karlsburger Holz
Winnemark
Thumby
Sieseby
Bienebek
Lindau
Lindaunis
Zugbrücke
Boren
Faulück
Süderbrarup
Norderbrarup
Rabenkirchen
Angelner Dampfeisenbahn (Museumsb.)
Nottfeld
Steinfeld
Naturpark
Loit
Twedt
Ulsnis
Gunnebyer Noor
Taarstedt
Stubbe
Kiesby
Mohrkirch
Böel
Rügge
Saustrup
Wagersrott
Scheggerott
Oersberg
Stoltebüll
Stangheck
Sörup
Sterup
Ahneby
Esgrus
Steinbergkirche
Steinberg
Niesgrau
Dollerup
Nübelfeld
Bismarckturm
Scheersberg
Neukirchen
Habernis
Norgaardholz
Quern
Grundhof
Rundhof
Bojum
Angeln
Schlei
ROUTE 6
ROUTE 7
ROUTE 8
199
201
203
427
255

252
190
ROUTE 7
197
198
199
SCHLESWIG
Schlei
ROUTE 6
Neuberend
Schaalby
Goltoft
Brodersby
Lürschau
Schuby
Husby
Friedrichsberg
Fahrdorf
Borgwedel
Reesholm
Missunde
Kosel
Gammelby
Barkelsby
Rieseby
Busdorf
Wikingermuseum Haithabu
Schloss Gottorf
Port Wiking
Dannewerk
Selk
Geltorf
Fleckeby
Güby
Hummelfeld
Osterby
Windeby
ECKERNFÖRDE
Borby
Nikolaikirche
Meerwasser-Wellenbad
171
Naturpark
Hüttener
Ascheffel
Hütten
Brekendorf
Damendorf
Hüttener Berge
Klein Rheide
Jagel
Lottorf
Kropp
Owschlag
Groß Wittensee
Klein Wittensee
Wittensee
Alt Duvenstedt
Ahlefeld
Bistensee
Holtsee
Haby
Sehestedt
Borgstedt
Rickert
BÜDELSDORF
Schacht-Audorf
Bovenau
Fockbek
RENDSBURG
Nübbel
Westerrönfeld
Osterrönfeld
Schülldorf
Hohn
Königshügel
Jevenstedt
Wildes Moor
Emkendorf
Bokel
Brammer
Katzheide
Nienkattbek
Kattbek
NORD-OSTSEE-KANAL
Hochbrücke mit Schwebefähre
Flensburg
Schleswig
Kiel
Fehmarn
Neumünster
Lübeck
Wismar

253
1 cm = 2 km
5 km
Kieler Bucht
Eckernförder Bucht
Waabs
Kleinwaabs
Loose
Ludwigsburg
Karlsminde
Steingrab
ROUTE 6
Noer
Surendorf
Dänisch Nienhof
Schwedeneck
Dänischer Wohld
Bülker Leuchtturm
Strande
Olympia-zentrum
Neudorf-Bornstein
Gettorf
Osdorf
Dänischenhagen
Felm
Altenholz
Schilksee
Laboe
Stein
Wendtorf
Heikendorf
Probsteier Hagen
Lindau
Tüttendorf
Neuwittenbek
Regionalflughafen Kiel-Holtenau
Holtenau
Friedrichsort
Mönkeberg
Schönkirchen
KIEL
Kronshagen
Quarnbek
Schinkel
Melsdorf
Achterwehr
Felde
Westensee
Naturpark Westensee
Russee
Hassee
Gaarden-Ost
Gaarden-Süd
Elmschenhagen
SCHWENTINENTAL
Raisdorf
Dobersdorf
ROUTE 5
Mielkendorf
Molfsee
Freilichtmuseum
Flintbek
Kronsburg
Wellsee
Preetz
ROUTE 4
Honigsee
Boksee
Klein Barkau
Kirchbarkau
Großflintbek
Böhnhusen
Techelsdorf
Blumenthal
Langwedel
Rendsburg
Bordesholm
Postfeld
Kühren
256
259

e l e r
c h t
Göteborg, Oslo
Klaipeda
ROUTE 3
ROUTE 4
144
104
103
101
99
97
95
94
122
255
260
Heidkoppel
Kalifornien
Brasilien
Heidkate
Schönberger Strand
Stakendorfer Strand
Ferienzentrum Holm
Fernwisch
Wisch
Neuschön-berg
Barsbek
Krokau
Schönberg (Holstein)
Stakendorf
NSG
Hohenfelde Strand
Grünberg
Schmoel
Malmsteg
Hubertsberg
Hohenfelde
Grenzenberg
Museumsbahn Hein Schönberg
Sommer-hof
Fiefbergen
Pras-dorf
Krummbek
Höhndorf
Bendfeld
Im Rögen
Passade
Schwart-buckerholz
Schwart-buck
Söhren
Krum-breiten
Moorrehmen
Monkamp
Haffkamp
Todendorf
Hafer-stoppel
Neuland
Sachs-kamp
Satjendorf
Maaskamp
Bollbrügge
Diekenbusch
Futterkamp
Finkfsoll
Matzwitz
Behrensdorf (Ostsee)
Kleiner Binnensee
Lippe
Hohwachter
Osterkamp
Hohwacht (Ostsee)
Fahrener-mühle
Fahren
Göders-dorf
Ratjen-dorf
Neu Sophienhof
Wulfsdorf
Passader See
Jabek
Stolten-berg
Ottenhof
Legbank
Köhn
Sophienhof
Mühlen
Mühlenau
Gleschen-dorf
Petersberg
Blankenwater
Stubbenrade
Gadendorf
Fernhausen
Charlottental
Regen 63
Salzau
Pratjau
Pülsen
Trögel
Dransau
Emkendorf
Hessenstein
Pilsberg
125
Panker
Schloss Panker
Water-neverstorf
Großer Binnen-see
Christinen-hof
Georgen-felde
Münstertal
Burg
Fargau-
Giekau
Friedrichshof
Stöfs
Haßberg
Sehlendorfer Binnensee
Dobersdorfer See
Schlesen
Friedrichs-felde
Neuen-krug
Naturschutz-gebiet
Warderhof
Gut Neuhaus
Ölböhm
Strezerberg 130
Darry
Nienthal
Neudorf
Jasdorf
Hütten
Voßberg
45
Friesenhof
Wenkrögen
Grabensee
Selenter See
Fresendorf
Tannbrook
Mittelsberg 66
LÜTJENBURG
Sehlendorf
Friederikenhof
Lillenthal
Selkau
Wittenberger-passau
Hohen-klampen
Selent
Seekrug
Klamp
Winter-feld
Rönfeld-holz
Schmieden-dorf
Futterkamp
Bleken-dorf
Sechen-dorf
Kaköhl
Barensdorf
Hoheneichen
Rastorfer Passau
202
Naturpark
Gottesgabe
Vogels-dorf
Helms-torf
Klinten
Martensrade
Bellin
Wentorf
Vörsten-moor
Friederiken-tal
Hünengrab
Schwien-kuhl
Hanskamp
Rögen
Ellhornsberg
Stell-böken
Lammershagen
Gut Lammers-hagen
Bauersdorf
Wilden-horst
Brook
Kühren
Friedrichs-leben
Nessendorf
Esel- und Landspielhof
Kornhof
Rathlau
Marienhorst
Friedeburg
Wittenberg
Großes Holz
Gödfeld-teich
Treufeld
Dorf Rantzau
Engelau
Mühlenfeld
Wetterade
Högsdorf
Boden-teich
Hohenredder
Bredeneek
Wakendorf
Spolsau
Christians-ruhe
Mucheln
Heisch
Kletkamp
School-brook
Groß Rolübbe
Ellert
Damm-dorf
Rethwisch
Hohen-hütten
Helenenruhe
Hasselburg
Hohenhof
Rantzau
Käsestraße
Gowens
Stein-busch
Flehm
Kirchkamps-katen
Gut Rantzau
NSG
Dannau
Luxrade
Grimmels-berg
Hahner-saat
Schachen-see
Klein-rolübbe
Bakersberg
68
Lehm-
Marienwarder
Buchholz
Neu-hegge
Brekels
Tresdorfer See
Schönweide
430
Dannauer See
Timmrade
Altharm-horst
Katharinen-tal
Schell-horn
Scharstorf
Falken-dorf
Franzen-burg
Lebrader Teich
Sellin
Ruine Neuschlag
Groß-koppel
Söhren
Haßkampsberg
66
Neuer Kanal
Alter Kanal
Vieh-damm
Voßberg
127
Neuharm-horst
Kirchmühl
Bungsberg
167
Elisabe
Schar-see
Freuden-holm
Sophien-hof
Kreuz
Lepahn
kuhlen
Lebrade
Lebrader Mühle
Rotten-see
Sasel
Neu-kirchen
Benz
Benzer Seen
Großen-holz
Kirch-nüchel
Glaser-koppel
Tiefental
Wielener See
Trenter See
Rixdorfer Teich
Trent
Trenthorst
NSG
Rixdorf
Kossau
Alt-mühlen
Görnitz
Grebiner See
Holsteinische
Malkwitz
Bruhns-koppel
Nüchel
Bungsberg-hof
Hof Wahlstorf
Twiete
Wielen
Lassabek
Theresien-hof
Langereihe
Breiten-stein
Sieversdorf
Krumm-see
Krummsee
Kiebitzhörn
Bergfeld
Käsestraße
Fuhlensee
Eichhorst
Käse-straße
Grebin
Schierensee
Raum
Schluen-see
Schmark
Fuchsberg
Malente
Sielbecker Moor
Ukleisee
Freudenholm
Schmütz-berg
Bergholte
76
Rathjensdorf
Neversfelde
Kellersee
Sielbeck
Kükelühn
Wüsten
Döhn
Dohnsdorf
Bredeneek
Voßberg

Flensburg
Schleswig
Kiel
Fehmarn
Neumünster
Lübeck
Wismar
1 cm = 2 km
5 km
Markeldorfer Huk
Niobe-Denkmal
FEHMARN
ROUTE 2
Petersdorf
Dänschendorf
Landkirchen
Burg auf Fehmarn
Fehmarnsund
Fehmarnsundbrücke
Flügger Leuchtfeuer
Leuchtfeuer Strukkamphuk
Großenbrode
HEILIGENHAFEN
ROUTE 3
ROUTE 1
Gremersdorf
Neukirchen
OLDENBURG in Holstein
Wallmuseum
Wallburganlage
Heringsdorf
Göhl
Grube
Dahme
Kellenhusen (Ostsee)
Cismar
Haus der Natur
Lensahn
Manhagen
Schönwalde am Bungsberg
Wangels
Badeparadies Weissenhäuser Strand
Käsestraße
Herrenhaus
Elisabethturm
Beschendorf
Riepsdorf
261
258

Fehmarnbelt
Rødbyhavn
Eisenbahnfähre (mit Autotrans...
geplante Fehmarnbeltbrücke
Fehmarn
FEHMARN
Markelsdorfer Huk
Niobe-Denkmal
Teichhof
Westermarkelsdorf
Altenteil
Wenkendorf
Dänschendorf
Schlagsdorf
Fastensee
Dorotheenhof
Gammendorf
Seelust
Krummensiek
Johannisberg
Puttgarden
Fährhafen Puttgarden
Marienleuchte
Bojendorf
Petersdorf
ROUTE 2
Vadersdorf
Todendorf
Presen
Wallnau
Kopendorf
Lemkendorf
Hinrichsdorf
Bannesdorf auf Fehmarn
Wasservogelreservat
Gollendorf
Mittelhof
Altjellingsdorf
Bisdorf
Klingenberg
Sulsdorf
Bellevue
Ostermarkelsdorf
Niendorf
Klausdorf
Püttsee
Lemkenhafener Mühle
Sartjendorf
Landkirchen auf Fehmarn
Meereszentrum Fehmarn
Gahlendorf
Flügge
Orth
Neujellingsdorf
Lemkenhafen
Burg auf Fehmarn
St. Nikolai
St. Jürgen
Vitzdorf
Katharinenhof
Flügger Leuchtfeuer
Gollendorfer Wiek
Lemkenhafener Wiek
Warder
Westerberg
Mummendorf
Teschendorf
Rosenhof
Meeschendorf
Flüggesand
Orther Reede
Albertsdorf
Blieschendorf
Burgstaaken
Neue Tiefe
Sahrensdorf
Hinrichsberg
Gold
Strukkamp
Avendorf
Staberdorf
Strukkamphuk
Burger Binnensee
Ruine Glambek
Leuchtfeuer Strukkamphuk
Fehmarnsund
Wulfen
Burgtiefe
Fehmarnstrand
Gut Staberhof
Leuchtturm Staberhuk
Fehmarnsund
Fehmarnsundbrücke
Großenbroderfähre
Orthfeld
Heinrichsruh
Seevogelschutzgebiet
Großenbrode
Am Hohen Ufer
Ortmühle
Lütjenhof
Mittelhof
Heiligenhafen-Mitte
Heiligenhafen-Ost
Lütjenbrode
Großenbrode Kai
ROUTE 1
Neuklaustorf
Binnenhafen
Klaustorf
Seekamp
Sulsdorf
Rossee
Neuratjensdorf
Löhrstorf
Gremersdorf
Sütel
Ölendorf
Klingstein
Ostermade
Meeschendorf
Flensburg
Schleswig
Kiel
Neumünster
Lübeck
Wismar
Fehmarn

255
1 cm = 2 km
5 km
260
ROUTE 4
Bordesholm
Stiftskirche
Brügge
Wattenbek
Datgen
Seedorf
Skulpturenpark
Schülp
Schülper Moor
Schönbek
Mühbrook
Loop
Krogaspe
Timmaspe
Groß Buchwald
Negenharrie
Nettelsee
Löptin
Wahlstorf
Alte Schanze
Dosenmoor
Einfeld
Neumünster-Nord
Großharrie
Schillsdorf
Bokhorst
Wankendorf
Stolpe
Kalübbe
Belau
Ruhwinkel
Tungendorf
Tasdorf
NEUMÜNSTER
DB Museum
Tierpark
Gartenstadt
Rasthof Aalbek
Bönebüttel
Hollenbeker Holz
Wasbek
Böcklersiedlung-Bugenhagen
Brachenfeld/Ruthenberg
St. Vicelin
Neumünster-Mitte
Faldera
Stör
Hünengräber
Ehndorf
Padenstedt
Wittorf
Gadeland
Groß Kummerfeld
Neumünster-Süd
Willingrade
Gönnebek
Bornhöved
Schmalensee
Tarbek
Hügelgräber
Trappenkamp
Erlebniswald Trappenkamp
Staatsforst Neumünster
Rasthof Brokenlande
Boostedt
Rickling
Daldorf
Latendorf
Großenaspe
Europäische Route der Backsteingotik
Halloher Gehege
Hardebek
Heidmühlen
Fehrenbötel
Negernbötel
WAHLSTEDT
Wiemersdorf
Wildpark Eekholt
Großer Waterwinkel
Buchholz
Fahrenkrug
Rasthof Schackendorf
Fuhlendorf
Staatsforst Segeberg
BAD BRAMSTEDT
Bimöhlen
Stellbrookmoor
Hegebuchenbusch
Bockhorner Tannen
Wittenborn
Hunengrab
Bad Segeberg-Nord
Bad Segeberg-Süd
Mözen
Lindeloh
Hasenmoor
Hartenholm
Bark
Todesfelde
Kükels
Bad Bramstedt
Kurbahn
Struvenhütten
Fredesdorf
Leezen
Stuvenborn
Sievershütten
Seth
Holmer Moor
Groß Niendorf
Kattendorf
Hüttblek
Oering
Kisdorferwohld
Flensburg
Schleswig
Kiel
Fehmarn
Neumünster
Lübeck
Wismar

256
259
PLÖN
Großer Plöner See
Ascheberg (Holstein)
Bad Malente-Gremsmühlen
Kellersee
Dieksee
Behler See
EUTIN
Großer Eutiner See
Bosau
Nehmten
Dersau
Stocksee
Bösdorf
Rathjensdorf
Wittmoldt
Dörnick
Timmdorf
Sielbeck
Fissau
Neudorf
Kasseedorf
Süsel
Schweiz
ROUTE 4
Hutzfeldt
Hassendorf
Glasau
Sarau
Seedorf
Tensfeld
Schlamersdorf
Nehms
Travenhorst
Gnissau
Ahrensbök
Pönitz
Gleschendorf
Ratekau
BAD SCHWARTAU
Stockelsdorf
LÜBECK
Moisling
St. Lorenz
St. Jürgen
Rothebek
Pansdorf
Garbek
Wensin
Rohlstorf
Warder
Klein Rönnau
Groß Rönnau
BAD SEGEBERG
Stipsdorf
Weede
Schieren
Pronstorf
Westerrade
Strukdorf
Geschendorf
Mönkhagen
Heilshoop
Zarpen
Rehhorst
Dissau
Curau
Krumbeck
Badendorf
REINFELD (Holstein)
BAD OLDESLOE
Traventhal
Bühnsdorf
Dreggers
Wakendorf I
Klein Gladebrügge
Blunk
Travenbrück
Groß Wesenberg
Hamberge
Heidekamp
Feldhorst
Staatsforst Reinfeld
Neuengörs
Krems II
117
123
129
133
115
114
138
139
140
110
16

ÜBERSICHT DER STELL- UND CAMPINGPLÄTZE

Route 4

Route 5

Route 6

Route 7

Route 8

Seite 252
Seite 254
Seite 259
Sønderborg
Ærø
Flensburg
Glücksburg (Ostsee)
Flensburger Förde
Sønderborg Bugt
Geltinger Bucht
Angeln
Kappeln
Schlei
Arnis
Schleswig
Eckernförde
Eckernförder Bucht
Schwansen
Dänischer Wohld
Kieler Förde
Kiel
Husum
Naturpark
Hüttener Berge
Nord-Ostsee-Kanal
Büdelsdorf
Rendsburg
Westensee
Schwentinental
Preetz
Heide
Neumünster
Aukrug
Itzehoe
Brunsbüttel
Wilster
Kellinghusen
Bad Bramstedt
Glückstadt
Krempe
Kaltenkirchen
Elbe
Handewitt
Harrislee
Sankelmarx
Schleswigsche Geest
Süder Goesharde
Friedrichstadt
Meldorf
Wahlstedt